工业和信息化普通高等教育“十三五”规划教材立项项目

21世纪高等学校经济管理类规划教材

高级财务管理

□ 张绪军 主编

人 民 邮 电 出 版 社

北 京

图书在版编目（CIP）数据

高级财务管理 / 张绪军主编. -- 北京 : 人民邮电出版社, 2017.8(2021.12重印)
21世纪高等学校经济管理类规划教材
ISBN 978-7-115-46098-1

Ⅰ. ①高… Ⅱ. ①张… Ⅲ. ①财务管理－高等学校－教材 Ⅳ. ①F275

中国版本图书馆CIP数据核字(2017)第168646号

内 容 提 要

本书是对中级财务管理课程内容的补充和延伸，主要研究中级财务管理未涉及或未深入探讨以及一些新出现、有特殊性的问题。全书的主要内容包括企业价值评估、财务目标与治理、财务战略管理、企业并购财务管理、企业财务制度设计、企业业绩管理、股票首次公开发行与再融资、财务危机管理以及企业集团财务和国际财务管理、金融衍生工具与风险管理。本书每章均设置学习目标和要求、引导案例和复习思考题，并配有知识拓展、课堂讨论、问与答和案例分析等栏目，便于教学。

本书提供教学PPT、习题及习题答案等资源，用书老师可通过人邮社区或编辑QQ（602983359）索取。

本书可供高等院校财务管理、会计学等专业教学使用，对从事财务管理理论研究和财务工作的人员也有一定的参考价值。

♦ 主　　编　张绪军
责任编辑　万国清
责任印制　周昇亮
♦ 人民邮电出版社出版发行　　北京市丰台区成寿寺路 11 号
邮编　100164　　电子邮件　315@ptpress.com.cn
网址　http://www.ptpress.com.cn
固安县铭成印刷有限公司印刷
♦ 开本：787×1092　1/16
印张：17.75　　2017 年 8 月第 1 版
字数：446 千字　　2021 年 12 月河北第 9 次印刷

定价：49.80 元

读者服务热线：(010)81055256　印装质量热线：(010)81055316
反盗版热线：(010)81055315
广告经营许可证：京东市监广登字20170147号

前言

多年来，我一直承担高级财务管理课程的教学工作。在教学过程中，我和同事们一直在探索优化教学过程要素，提高教学质量，在教学方法、教材建设、考核评价等方面做了许多尝试。我们感到教材对于培养高素质专业人才起着至关重要的作用。一本好的专业教材不应局限于对现行制度、准则的解释，还应阐述隐藏在其背后的规律，让学生知其所以然；但教材又有别于专著，应主要介绍某一学科领域成熟的、已有定论的理论和方法。对于初、中级财务管理课程，无论是教学还是教材建设都有较成熟的经验，而对于高级财务管理的教学内容，高校之间没有达成共识，彼此内容差异较大。根据编者多年来的授课经验，我们认为，高级财务管理的“高级”应体现在两方面：在内容体系上体现整体综合性，体现财务管理在整个企业管理过程中的价值管理特性；在内容层次上应体现承续性，是中级财务管理课程的延伸与拓展。

近年来，随着国内外学术交流的增多和实证研究方法的运用，我国财务管理理论的研究有了长足发展。在参考有关高级财务管理书籍编写经验的基础上，结合财务学科的新成果、新发展，我们编写了本书。本书旨在使读者在掌握财务管理基本原理和方法的基础上，能够更深层次地进行理论与实践相结合的学习，从而拓宽视野，增强实践操作和理论研究的能力。为了便于教师教学和学生学习，本书每章均设置学习目标和要求、引入案例和复习思考题，并配有知识拓展、课堂讨论、问与答和案例分析等栏目，紧扣所在章节的内容。在编写过程中，我们力求符合教学规律，满足本科教学需要，同时有一定创新。本书还具有一定的专题研究性质，除可供高等院校有关专业教学使用外，还可作为从事财务管理研究人员、企业高管人员以及财政、金融与企业财务实际工作者的参考用书。

本书由张绪军担任主编。各章的编写分工如下：第一章、第二章由袁业虎撰写；第三章、第六章由张绪军撰写；第四章、第八章由张可撰写；第五章由贺清燕撰写；第七章由邹斌撰写；第九章由罗程撰写；第十章由刘文艳撰写；第十一章由罗璇撰写。全书由张绪军统稿。

本书提供教学 PPT、习题及答案、模拟试卷等资源，用书老师可通过人邮社区（http://www.ryjiaoyu.com）或编辑 QQ（602983359）索取。

本书的编写得到了江西财经大学会计学院领导和同仁的大力支持和帮助。在教材编写时，我们也参考了许多前辈和同仁的研究成果，在此表示诚挚的谢意。尽管我们已尽了最大努力，但由于水平所限，本书肯定存在错误和缺点，在此，恳切希望读者批评指正。

编　者

2017 年 5 月

目　录

第一章　企业价值评估

学习目标和要求

通过学习本章内容，理解企业的性质、价值与企业价值的内涵，进一步加深对各种企业价值概念的认识；并在理解企业价值评估理论的基础上，熟悉企业价值评估各种方法的原理及应用。

引导案例

某公司2016年12月31日的资产负债状况如表1.1和表1.2所示。

表 1.1　资产负债表（账面价值）　　单位：万元

资产	120	债券	60
		股票	60
	120		120

表 1.2　资产负债表（市场价值）　　单位：万元

资产	50	债券	40
		股票	10
	50		50

从表1.1和表1.2两张表中可以看出该公司其实已处于资不抵债的境地。若债券现在到期，则该公司价值为其清算价值50万元，且全归债权人所有（假设不考虑清算费用），股票价值为零。但现在的情况是债券还有两年到期，两年后的本息和（连续复利）为60万元，因此公司还存在改善财务状况的机会，股票的价值就不等于零。

启发思考

（1）企业价值一般由哪些因素构成？

（2）进行企业价值估值的方法有哪些？

（3）上述情形下，企业价值应该如何确定？

第一节　企业与企业价值

一、企业的性质

马克思曾揭示了社会生产过程中劳动的二重属性：自然属性和社会属性。由于企业是由一系列社会生产过程组成的基本单元，因此企业也是其自然属性与社会属性的统一。

企业的自然属性是指生产力的组织形式，它是分工发展的必然结果。有分工就会有协作。

“许多人在同一生产过程，或在不同的但相互联系的生产过程中有计划地一起协同劳动，就叫协作。协作提高了生产力，同时也创造了一种生产力，这种生产力本身必然是集体生产力”，是一种“特殊的生产力”。同时，协作劳动的具体形式，随着生产力和分工的发展，依次经历家庭作坊、手工业工场、工厂等多种形式，逐步形成了企业。

企业的社会属性是指生产资料的所有制形式以及与其相联系的劳动者之间的经济关系和分配关系。因此，马克思是对企业进行理论分析的第一人。马克思通过分析认为，企业具有其自然属性，是一种具有更高劳动生产效率的经济单位，是人类社会进入资本主义社会之后，所形成的用以取代家庭和手工作坊并且从事生产和流通活动的基本经济单位；同时，企业具有其社会属性，是资本家通过雇佣工人，榨取工人的剩余价值，获得垄断利润的经济组织。

而在古典经济学家那里，企业被描述为一种生产函数，是将土地、资本、劳动力等生产要素联系起来的一种组织，其效率源于劳动的分工与合作。新古典经济学则在此基础上进一步深化了企业作为一种生产函数的含义。在企业作为抽象的理性经济人的前提下，其目标函数为利润最大化并且明确：在完全竞争的市场假设下，生产要素的购买和产出的销售都是按照市场处于供需均衡时确定的价格进行交易的；在充分信息的假设下，企业和个体是完全统一的，企业之间是同质的，并且企业的一切输入与输出的数量和价格都是确定的。

因此，新古典经济学的厂商理论就基于以下两个函数式：

$$Q=Q(X_1, X_2, \cdots) \quad \text{式（1-1）}$$

$$\text{Max}\pi=P(Q)Q-C(Q) \quad \text{式（1-2）}$$

式（1-1）表示企业的投入产出系统，即在既定的生产技术条件下，至少两种要素投入组合最大产出点的轨迹。式（1-2）表示企业利润最大化的目标，由于完全竞争及充分信息的假设，这里利润最大化的目标就直接转为除去各种投入成本后的剩余收益的索取者（股东或资本所有者）的财富最大化。

可见，在古典经济学家及新古典经济学家这里，只注意到了企业作为生产力组织形式——其自然属性的一个方面，而用一系列的假设把其社会属性简化了。在这里企业的本质特征就是利用一定的技术，按照利润最大化原则将投入转化成为产出。因此没有科学解释企业存在的内涵，企业只是一个“黑箱”。

科斯（Ronald Coase）第一个在 *The Nature of the Firm*（《企业的性质》）中对企业为什么而存在的理由进行了说明，从而开创了现代企业理论。科斯发现，在对资源的配置上企业与市场可以相互替代，因为企业的存在可以节约交易费用，从而可取代市场机制。科斯由此而提出了“交易费用”这一概念，交易费用是指“一系列的制度成本，包括信息成本、谈判成本、拟定和实施契约的成本、界定和控制产权的成本、监督管理的成本和制度结构变化的成本。简言之，包括一切不直接发生在物质生产过程中的成本”。广义的“交易费用”扩展为社会成本，即市场交易费用、企业组织费用和政府管制费用。因此，“交易费用”就成为科斯及其追随者所代表的新制度经济学的理论基石。在经济活动中，无论是政府的管制，还是市场的交易，甚至企业的管理，都会发生交易费用，如何选择？取决于比较的交易费用最低化，“政府”“企业”与“市场”的边界就由此确定。

现在回到科斯所提出的企业的性质问题上来。企业为什么会产生呢？那是因为市场的运行会发生大量的交易费用，如市场组织生产过程中“价格发现成本”与“重新谈判成本”等，当这一过程中的不确定性增加时，会导致这些成本的迅速递增。而企业正是为弥补这一市场的缺陷而出现的，在持续经营的前提下，企业主或中央协调者管理着资产的配置，有权重新分配任务，在新的偶然事件发生时，他也有权改变支付条件——从而得到节约。也就是说，企业可以借助其行政权威关系而降低市场交易费用，将一系列的市场交易纳入企业，企业就作为市场的替代形式而出现了。但同时科斯也说明，并非所有的市场交易都可纳入企业，企业通过一系列的管理控制权来组织生产也会发生企业内组织费用。因此，“市场”与“企业”的边界取决于市场交易费用与企业内层级组织费用的差异。后来的 Williamson 与 klein 等人从资产的专用性、交易的不确定性、交易的频率等方面，进一步论证了企业作为垂直一体化生产组织的性质的合理性和企业作为长期契约的有效性。

由此，我们在这里可以确定企业的第一种性质：企业是由于凭借其有效的（完全理性与充分信息下的决策）行政权威关系而更能节省交易费用的一种垂直一体化生产组织。

另一方面，阿尔钦（Alchian）和德姆塞茨（Demsetz）则把企业看作“团队生产”。此种“团队生产”由于具有许多人联合生产在经济及技术上的不可分性，也即团队生产的结果具有不可分性，当生产是联合进行的时候，没有个人产品，因而就无法精确确定每个成员对产出的贡献量。为了保证整个团队的生产效率，防止成员的机会主义行为，成员就必须签订各种合约以进行监控和激励。因此，他们认为，在社会资源的配置过程中，资源的所有者通过专业化协作提高生产效率，由此产生了对那种能促进合理的经济组织的需求。企业就是团队生产成员的各种契约的组合。而简森（Jensen）和梅克林（Meckling）更进一步认为，企业作为一组个人签订合作契约的联结点（这里的个人代表着企业生产要素的所有者），企业不能视为一个个体，企业并不拥有自己所有的投入，那么企业的所有者在这里是不相关的。在这里，只是各个生产要素的所有者在形成契约的过程中相互博弈，使“个人相互抵触的诸多目标会被契约框架带入均衡”，最终保证团队生产效率。从这里我们又可以确定企业的第二种性质：企业是综合了各生产要素所有者目标的一系列契约的组合。

最近一些学者指出，科斯及其后的新制度经济学者所确定的企业的两方面的性质，没有注意到一个更为重要的问题，即企业作为不同于市场的一个有效的经济组织，其根本使命在于创造财富。因此，企业对于各个生产要素所有者来说更是一种投资工具，一种资产组合，该组合能够形成某种“集体生产力”，创造出可观的“组织租金”，从而为相关当事人获得大于“个体户”生产经营方式的收益提供了一种可能。自发的市场机制本身不具备创造新财富的功能，否则就无法解释市场交易的等价性。当然，这里的“企业”是一种集体名词，而非一个具体的企业，在分析个体企业时，由于已经假定企业的存在，纯粹的市场交易也可以给企业带来收益。同时，由于企业本身就是产生于市场的，市场的这只“看不见的手”可以有效地促进企业财富创造的效率与效果。因此，企业的形成源于创造财富的动力，若一个企业不能创造财富，也即失去赢利能力基础，企业价值就会低于其清算价值，则该企业也就失去了存在的必要了。那么，企业是如何能够创造新财富的呢？首先，按阿尔钦和德姆塞茨的说法，企业财富的有效创造必定是合作生产，这也意味着市场交易的内部化实际上是企业财富创造的必要条件；其次，企业还必须具有作为一个生产组织的核心知识与能力。由此，我们可以确定企业的第三种性质：企业是一种具有核心知识与能力、能为各生产要素所有者创造财富的资产组合。

二、企业价值

（一）价值

亚当·斯密（Adam Smith）在其《国富论》（*The wealth of Nations*）中指出：“价值一词，有两方面含义，即有时表示某特定物品的效用，有时表示因占有该物而取得对他物的购买力。

前者称为使用价值（value in use），后者称为交换价值（value in exchange）。”而马克思更进一步从“凝结在商品中的无差别的人类劳动”中揭示价值的本质。因此，物品的效用、物品的劳动耗费以及该物品在市场上的稀缺性与可替代性，就构成了物品价值的内涵。

就是在此经济学的价值理念基础上，成本价值或工业工程上的价值观念得以发展。在1947年，美国通用电气公司（GE）的Miles发明了一系列价值研究技术，可适用于创意、设计、采购、制造、销售及使用各阶段，由此而开创了所谓的价值工程（value engineering）活动。

价值工程根据价值内涵的相对性理念，为了获取必要的功能或提供确实的效用，以最低的耗费而对产品或服务的功能研究做有组织的努力和系统的整合。价值工程有三个基本概念：功能、寿命周期费用和价值。其中，功能是价值工程的核心概念，它指的是价值工程分析对能够满足某种顾客需求的特定属性。寿命周期费用是从价值工程分析对象产生起到顾客停止使用为止的时间段里支付的全部费用。以某种产品的寿命周期费用为例，它包括产品研制过程中发生的成本，该产品分摊到的制造费用、税金以及顾客使用过程中为产品支付的各种费用。价值是为了可靠地满足一个产品或一项服务规定的功能所需要支付的最低成本。价值公式为

$$V = \frac{F}{C} \qquad \text{式（1-3）}$$

式中：

V——价值；

F——功能；

C——产品寿命周期费用。

由公式可以得到提高价值的途径。

（1）提高功能 $F\uparrow$，同时降低产品寿命周期费用 $C\downarrow$，从而大幅度提高价值。

（2）在保证价值工程对象必要功能的前提下，即 $F\rightarrow$，采取措施使产品寿命周期费用降低 $C\downarrow$，从而提高价值 $V\uparrow$。

（3）在功能与费用都增加 $F\uparrow$、$C\uparrow$ 的情况下，大力提高功能，使功能提高的程度大于费用增加的程度，从而使价值增加 $V\uparrow$。

（4）在功能与费用都降低 $F\downarrow$、$C\downarrow$ 的情况下，大力减少费用，使费用的降低程度大于功能降低的程度，使价值增加 $V\uparrow$。

在这里要注意的一个问题是，价值工程研究对象一般表现为各种产品或某项服务，也可以是特定的作业程序或其他。当然价值的最终实现——财富的创造，必须依靠某种生产组织（即企业），因此，企业的生产才是价值的源泉。价值的评估必须与企业联系在一起。

（二）企业价值

案例 1.1

雪津啤酒卖出天价引起的风波

2005年，有20年历史的雪津啤酒，在全国同行业企业净资产排名第八位，企业净资产账面价值为5亿多元人民币。在福建，还有另外一家著名啤酒企业，叫惠泉，2003年被燕京啤酒收购，出让价格是在净资产基础上加了20%。

2005年8月31日，净资产评估值为6.19亿元人民币的福建雪津啤酒有限公司100%的股权在福建省产权交易中心挂牌，在全球范围内征集竞买者。经过近半年的严谨工作，2006年1月23日比利时英博集团公司宣布，以人民币58.68亿元的价格收购雪津100%的股权，增值率高达850.89%。

启发思考

（1）什么是企业价值？企业价值的表现形式有哪些？

（2）雪津啤酒评估值与成交价之间为何会产生如此巨大的差距呢？

1. 企业价值的内涵

从前面概括出的企业三方面的性质及价值的概念可知，企业价值的内涵包括以下三个方面。

首先，企业价值与企业的生产组织效率有关。而所谓“效率”是指以最少的资源投入达到最大的产出。根据科斯的定义，企业的存在正是以企业的效率高于市场的效率为前提，其实现代学者也大多指出科斯这里所论的企业的效率就是企业的管理效率，这就说明，企业价值也就是企业管理效率。企业的管理过程也就是价值实现过程。

其次，企业价值与组成企业的各相关利益者的利益相联系。企业是各种契约的组合，是市场契约的一个“联结点”。因此，企业价值最大化也即契约各方的相关者利益最大化。

最后，企业价值还与创造财富的能力相关。现代企业存在的一个基本理由在于通过各要素的有效配置与管理能产生“集体生产力”，以创造财富。这种能创造财富的“集体生产力”，经济学家称之为“组织资本”（organization capital）。

2. 企业价值的形式

（1）账面价值（book value）。账面价值是指企业现有的净资产，它反映的是历史的、静态的企业资产情况，并没有反映企业未来的获利能力。它没有考虑通货膨胀、资产的功能性贬值和经济性贬值等重要因素的影响，企业的账面价值难以反映企业的真实价值。

（2）持续经营价值（going-concern value）。“持续经营”是企业赖以存在的前提，也是会计核算的重要假设之一。其价值是由企业营业所产生的未来现金流量（期望值）的现值。

（3）清算价值（liquidation value）。清算价值是指企业被迫破产停产或其他原因（如合作经营期满），在解散清算时将企业资产部分或整体变现出售的价值。企业发生清算，大部分情况乃迫不得已，因此清算价值又称逼售价值（forced-sale value）。企业一旦发生清算，就丧失了整体的“集体生产力”，丧失了赢利能力及“组织资本”，清算时的企业价值仅指企业的有形资产及可识别的无形资产之净变现价值（net realizable value），商誉价值丧失殆尽。

（4）公平市场价值（fair market value，FMV）。公平市场价值是指在公平的交易中，熟悉情况的双方，自愿进行资产交换或债务清偿的金额。一个企业的公平市场价值，应当是其持续经营价值与清算价值中较高的一个。

（5）现时价值（current value）。现时价值有两方面的性质，一方面为现时变现价值，即当前市场价值；另一方面为现时购价，即重置成本（replacement cast）。重置成本是指重新建造、制造或在现行市场上重新购置全新状态下的资产价值。重置成本又分复原重置成本与更新重置成本。复原重置成本是指按照现时市场价格，按照评价资产相同的材料和设计标准、制造工艺，重置一个功能完全相同的全新资产所需的全部成本。更新重置成本是指按照现时的市场价格，使用先进的材料、设计工艺，建造、制造或购买与评估资产具有相同功能的全新资产所需全部成本。由于技术进步导致的新材料、新生产工艺的出现，一般不可能对评价资产完全复原，因此重置成本通常指更新重置成本。

（6）内在价值（intrinsic value）。内在价值又称真实价值（real value），是指凭事实本身而具有的价值，这些事实包括资产、赢利、股息及管理的因素和理性的预期，即企业本身存在的合理性所产生的价值。它的基础是赢利能力价值，一般以公平市价为代表。内在价值只能逼近而不能达到，其难以精确之处表现在只要企业内的任何一种价值驱动因素（多层次的）变动，就会导致内在价值的变化。

知识拓展

一个企业持续经营的基本条件，是其持续经营价值超过清算价值。只有当未来现金流的现值大于清算价值时，投资人才会选择持续经营。

现时市场价值并不一定是公平市场价值。现时市场价值是按现行市场价值计量的资产，它可能是公平的，也可能是不公平的。

综上所述，企业价值的本质为内在价值，但由于企业内在价值难以精确，通常用企业的FMV代表。而企业的FMV又常常用它的清算价值与持续经营价值中较高的一个，当未来现金流量现值很低时，企业消亡比存活更有价值，FMV就等于清算价值。在较高的种种未来现金流量期望水平上，清算价值变得越来越不相干，从而FMV几乎等于持续经营价值。当企业的某些资产在清算时较有价值，而其他资产持续经营则较有价值时，企业的FMV就是分别用于各资产的清算价值和持续经营价值的总和。

另一方面，在即使企业消亡比存活更有价值的情况下，若控制公司的个别人不选择清算的话，则情况出现例外：由于少数股权不能强制清算，少数股权的FMV可能降到清算价值之下，这时控制公司的个别人就在摧毁一部分企业价值。如果出现这种情况的话，少数投资者在这时所确定的价格就不反映企业的真实价值。若价值与销售价格统一的话，则公司价值的一个明显指标就是它的市场价值，即它的股票价值加上债务价值。然而，市场价值衡量的是公司对少数投资者的价值，是少数当前已交易股票的价格，不是控制股权可以交易的可靠价格指标。另外，账面价值虽然不能代表企业价值，但它时常提供给我们所能得到的最好的信息，是企业价值评估的第一步。而重置成本常常被用来与市场价值比较，来反映企业的竞争力。

第二节　企业价值评估

一、企业价值评估理论

（一）艾尔文·费雪的资本价值理论

企业价值评估的研究可以追溯到20世纪初的资本价值论。早在1906年，美国经济学家艾尔文·费雪就在其专著《资本与收入的性质》中完整地论述了收入与资本的关系及资本的价值确定问题。费雪在书中指出投资者之所以进行投资，是由于资本能带来一系列的未来收入，因而资本的实质就是未来收入的折现值，也就是说未来收入的资本化。任何财产或所拥有财富的价值均来源于这种能产生预期货币收入的权利，从而财产或权利的价值可通过对预期未来收入的折现而得到。连接收入与资本之间的桥梁就是利息率，正是由于利息率的作用，投资者从货币的现值计算货币的未来价值，或从货币的未来价值得到货币的现值。事实上后者更为常用，因为人们常常根据未来货币流量的净现值对财产或权利进行定价。而且从某种意义上讲，货币收入来源于资本物品，但收入的价值并非来源于资本物品本身。人们对资本物品价值的评估实际上是对资本物品未来收益的判断，它是人们主观判断的结果。

资本价值是通过以下步骤确定的，具体如图 1.1 所示。

（1）从资本物品确定未来所提供服务的流量。

（2）确定这些服务的收入价值。

（3）从这些收入的价值推导出资本的价值。

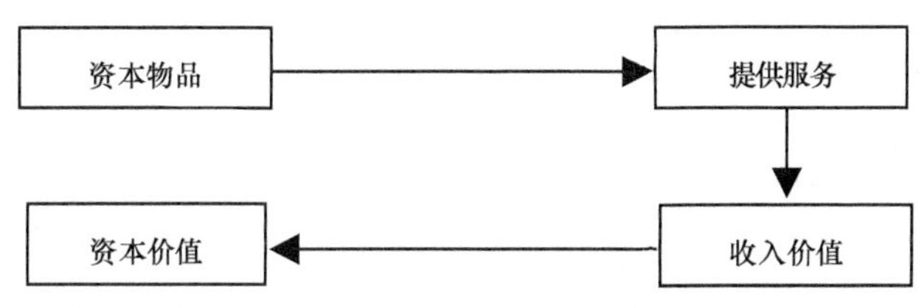

图 1.1　资本价值的确定

1907 年费雪又出版了《利息率：本质，决定及其与经济现象的关系》一书，从对利息率的本质和决定因素的分析中进一步研究了资本收入和资本价值的关系，从而形成了完整而系统的资本价值评估框架，可以说这本书是价值评估理论建立的丰碑。1930 年，费雪对《资本和收入的性质》这本书重新进行编排和补充，更名为《利息理论》。这本书所提供的确定性条件下的价值评估技术，是现代标准或正统评估技术的基础。在确定性情况下，一个投资项目预期现金流量的现值大于现在的投资额，则投资可行，反之则不可行。投资者所期望获得的未来收益的现值就是现在所以投资的价值，只有当项目未来收益的现值大于它的投资成本时，投资者才进行投资。如果把建立企业也看作一种投资的话，企业价值就是企业所能带来的未来收入流量的现值。

（二）莫迪格莱尼—米勒（MM）的价值评估理论

严谨的现代意义上的企业价值评估理论源于莫迪格莱尼和米勒在 1958 年提出的 MM 资本结构理论及 1961 年题为《股利政策、增长以及股票价值评估》一文。

1958 年，莫迪格莱尼和米勒在《美国经济学评论》上发表了《资本成本、公司融资和投资理论》一文。在这篇文章中，他们第一次成功地回答了不确定情况下企业价值与企业资本结构的关系问题，第一次科学地提出了企业价值的定义和企业价值的评估方法，标志着现代企业价值评估理论的建立。MM 理论认为，在没有公司所得税和个人所得税的情况下，企业价值取决于投资组合和资产的获利能力，而与资本结构和股息政策无关，即杠杆公司的价值等于无杠杆公司的价值，并且股东的期望收益随财务杠杆的增加而增加。

1961 年，莫迪格莱尼和米勒又发表了题为《股利政策、增长以及股票价值评估》的文章。这篇文章分析了股利政策对企业价值的影响，并且推导出了在资本市场完善、人们行为理性和完全确定情况下企业价值评估公式：

$$V=\sum_{t=0}^{n-1}\frac{X_t-I_t}{(1+r)^{t+1}}+\frac{V_n}{(1+r)^n} \qquad 式（1-4）$$

当 $n\to\infty$，原式残值为 0，则

$$V = \lim_{n \to \infty} \frac{X_t - I_t}{(1+r)^{t+1}}$$
$$= \sum_{t=0}^{\infty} \frac{X_t - T_t}{(1+r)^{t+1}} \qquad \text{式（1-5）}$$

其中，

X_t——第 t 期企业的净利润；

I_t——企业的投资水平或在第 t 期持有的实物资产。

在这篇文章中，MM 对企业价值评估方法进行了归纳总结，提出了当时文献中出现的四种企业价值评估方法，即现金流量折现法、投资机会法、股利流量法和收益流量法，并对各种模型的适用性进行了证明。

资本价值理论与 MM 理论科学地提出了企业价值的定义与企业价值评估的方法，认为企业价值是未来现金流量的折现。在这一基础上又衍生出了许多价值评估方法，如 DDM（股利折现模型）法、DCF（自由现金流量折现模型）法以及经济利润折现法。因此，可以说，它们的出现为企业价值评估理论的发展奠定了基础，也为日后企业价值评估技术的不断完善提供了理论基础。

二、企业价值评估方法

（一）调整账面价值法

调整账面价值法是指直接利用待评估公司的资产负债表来计算企业价值。利用资产负债表提供的信息来评估一个企业价值有两种方法：一种是通过加总投资者要求权的价值直接计算出公司的价值，即投资人要求权法，投资者要求权包括短期借款、长期借款、优先股和普通股；[①]另一种是间接地通过加总净资产，再扣除流动负债（而不是欠投资人的负债）和递延税收来计算，即资产—负债法。递延税收不应该包括在估算的价值之内，因为它不是投资者的要求权，只是由于推迟支付税收而形成的一项资产或负债，在资产寿命周期的最后，递延税收恢复到零。

要对资产的账面价值调整得较为客观和真实，还必须参考会计附表及报表附注和有关的公告材料，如公司的关联交易、资产重组、债务重组及或有事项等，还有借款费用资本化、计提准备、存货计价、会计政策与会计差错的变更等方法都应考虑在内，并应密切关注公司的挂账行为、存货的积压、合并报表数据的调节、非经常性损益项目，以及各种自愿储备租赁资产和 R&D 项目，以剔除非实质性资产、增加实质性资产，使资产的账面价值反映企业价值。

通常情况下，价值评估人员可视资产的性质，以重置成本、当前市价、收益现值等替代账面价值，反映企业的内在价值。

（二）市场比较法

市场比较法的基本思路是在市场中找一个或几个参照企业，这些企业与待评估企业相同或者相似。通过比对和分析参照企业与待评估企业共有的一些重要指标，在此基础上修正和

① 在有些情况下租赁也可以资本化，作为债务计算，这样做将增加公司的总账面价值，但不增加股票的账面价值。

调整参照企业的价值从而确定待评估企业的价值。市场比较法是建立在"替代原则"这个理论基础上的。根据替代原则，一项资产的价值是由和它具有同等效用的代替物的价值所决定的。也就是说投资者在购买一项资产时，他所愿意支付的价格不会超过在市场上获得这项资产的代替物的成本价格。运用市场比较法有两个基本前提：第一，要有一个比较活跃的市场，而且这个市场是公开的；第二，市场上要有可比的资产。

市场比较法的基本模型为

$$V(\text{目标公司})/X(\text{目标公司})=V(\text{可比公司})/X(\text{可比公司}) \quad \text{式(1-6)}$$

其中，V表示价值指标的数值，X表示可观测变量的数值。

依据不同的参照指标，市场比较法可以分为市盈率法、市净率法和市销率法等。

1. 市盈率法

市盈率法的基本公式为

$$\text{市盈率}(P/E)=\frac{\text{普通股每股市价}}{\text{普通股每股盈利}(EPS)}$$

$$V(\text{目标公司})=\text{目标企业赢利}\times P/E(\text{可比企业的}) \quad \text{式(1-7)}$$

市盈率法假设股票市价与每股赢利是成一定比例的。企业市盈率越大，企业的股票价值就越大。所以，目标企业的价值可以用企业当期的赢利与同类企业类似的平均市盈率相乘得到。其中，股息支付率、股权成本和预期增长率是影响市盈率的主要因素。市盈率法比较适用于能够连续赢利的企业，而且其风险与市场风险也比较接近。

2. 市净率法

市净率法的基本公式为

$$\text{市净率}(P/B)\ \frac{\text{每股市价}}{\text{每股净资产}}$$

$$V(\text{目标企业})=\text{目标企业净资产}\times P/B \quad \text{式(1-8)}$$

该方法认为，企业的股权价值可以通过同类企业类似的平均市净率乘以目标企业的净资产得到，企业价值是净资产的函数。该方法的基本公式能为投资者提供一个直观的判断，当市价与其账面价值（净资产）发生偏离的时候，就有投资的机会。而且，市净率可以进行跨企业比较，同一行业中的不同企业的市净率可以为投资者提供市场对不同企业的估价，从而发现投资机会。但是市净率最大的缺点就是账面价值采用的是历史成本，这不能满足评估的及时性要求。因此这个方法比较适合那种拥有比较多资产且行业波动不大的企业。

3. 市销率法

市销率法的基本公式为

$$\text{收入乘数}=\frac{\text{每股市价}}{\text{每股销售收入}}$$

$$V(\text{目标企业})=S(\text{目标企业销售收入})\times\text{企业平均收入乘数} \quad \text{式(1-9)}$$

这种方法选择的自变量是销售收入，这就可以不受不同企业的会计政策的影响，也不容易受到人为操作的影响，因而更加客观公正。它认为目标企业的价值是销售收入和收入乘数的乘积。这种方法适用的企业是销售成本率比较低的服务型企业和一些销售成本率相似的传统行业的企业。

（三）未来现金流量折现法

如果从现值角度来考虑企业的价值，那么企业价值即其未来收益的折现值。该收益概念是经济收益基础，即在抵补各种优先求偿权的价值及维持企业正常的生存与发展需要之后，以机会成本衡量的次优先求偿权（如债权）及剩余产权的那部分价值。简单来说，以未来现金流量折现法考察的企业价值应等于所有者与债权人的预期税后现金流量的现值，用公式表示，即

$$企业的\ FMV=\sum_{t=1}^{n}\frac{CF_t}{(1+k)^t} \qquad 式（1-10）$$

在这里，影响企业价值的因素主要有三个方面：①现金流量（cash-flows）；②折现率（k）；③企业的持续期（n）。

首先现金流量是指企业经营活动所创造的、支付所得税后及可维持的资本支出之前的营业现金流量，其产权归资本的供应者，企业经营者可将该现金流量支付给资本所有者，也可以留存在企业，有一定的自主支配权，即自由现金流量（free-cash-flows，FCF）。

自由现金流量中的“自由”体现了管理当局在不影响企业持续发展的前提下，可以自由地将这部分现金流量分派给企业所有的索偿权持有人，包括短期、长期债权人和股权持有人[②]。詹森教授（1986）正式提出了自由现金流量这一概念，企业在满足了净现值大于零的所有项目所需资金后的那部分现金流量，即为自由现金流量，并用其来研究公司代理成本的问题。科普兰教授（1990）更是比较详尽地阐述了 FCF 的计算方法：“FCF 等于企业的税后净营业利润（NOPAT），即将公司不包括利息收支的营业利润扣除实付所得税税金之后的数额，加上折旧及摊销等非现金支出，再减去营运资本的追加和物业厂房设备及其他资产方面的投资。它是公司所产生的税后现金流量总额，可以提供给公司资本的所有供应者，包括债权人和股东。”

自由现金流量的计算公式为

FCF=（税后净营业利润+折旧及摊销）–（资本支出+营运资本增加）　　式（1-11）

自由现金流量通常不受企业财务结构的影响，尽管财务结构可能影响企业加权平均的资本成本（WACC）并因此影响其价值。

值得注意的是，在以自由现金流量为基础计算企业价值时还要考虑非营业现金流量。所谓非营业现金流量是指不包括在自由现金流量中的、与经营无关的项目的税后现金流量，如非常项目，以及对无关的子公司进行投资的现金流量等。非营业现金流量不反映在公司的风险中，但其价值应反映在公司的总价值中。因此，公司的总价值又等于自由现金流量现值加上非营业现金流量现值。

要计算出自由现金流量的现值，第二个问题就是要确定一个合理的折现率。该折现率如同在基础的财务管理课程中所介绍的一般净现值法运用一样，它有两方面含义：第一，它是资本成本，是项目资本供应者所应得的必要报酬率，也即项目投资（企业是一个组合投资工具）所应取得的最低收益率；第二，它对应着企业现金流量的风险，是一种风险调整贴现率，企业的筹资风险本质上是一种违约风险，由投资风险所决定，企业的未来现金流量风险可通过测算概率由确定性等值系数来调整，也可通过贴现率来调整。因此，此处的折现率（k）一般用企业的加权平均资本成本（WACC）表示。

最后，也是最重要的一个步骤，就是要合理地确定企业的持续期（n），也即未来一系列的自由现金流量所发生的持续期。正是投资者对企业有一个持续的赢利能力——产生持续的

② 汪平. 自由现金流量概念研究. 河北经贸大学学报，2003（4）。

自由现金能力的预期，才使他们不再局限于短期的现金流量的增加与减少，也才使得有采用现值技术来评估企业价值的必要，因为持续期越长，企业价值越大。但随之而来的一个问题是，除非未来一系列的自由现金流量都是相等的，否则，要准确地估计企业价值将是十分困难的。下面介绍几种常用的估价模式。

课堂讨论

这几种估价模式各自适用什么情形？

1. 零增长模式

首先从式（1-10）可知，

$$\text{企业的 } FMV=\sum_{t=0}^{n}\frac{CF_t}{(1+k)^t}$$

如前面式（1-10）所示

若 $CF_t=FCF_t$，同时，资本支出与营运资本支出及△dep 折旧及摊销的增加额都等于 0，且 $n\to\infty$，则可得

$$FMV=\sum_{t=1}^{n}\frac{EBIT_t(1-T)}{(1+k)^t} \quad \text{式（1-12）}$$

若未来现金流量零增长，即 $EBIT_1(1-T)=EBIT_2(1-T)=\cdots=EBIT_n(1-T)=V_0$，$(n\to\infty)$，则式（1-10）就成为

$$\begin{aligned}FMV&=V_0\sum_{t=1}^{n}\frac{1}{(1+k)^t}\quad(n\to\infty)\\&=V_0\times\frac{1-\frac{1}{(1+k)^t}}{k}\quad(n\to\infty) \quad \text{式（1-13）}\\&=V_0\times\frac{1}{k}=\frac{EBIT(1-T)}{k}\end{aligned}$$

式（1-13）就成为一个永续年金形式。（$k>0$）。该式一般用于无到期日的债券（consol）的估价，它是下面几种估价模式的最简化形式。

2. 固定比率增长模式

该模式在第一种模式的基础上假设未来现金流量以一固定比率（g）增长，即 $EBIT_1(1-T)=EBIT_0(1-T)(1+g)$，$EBIT_2(1-T)=EBIT_1(1-T)(1+g)=EBIT_0(1-T)(1+g)^2$，$EBIT_n(1-T)=EBIT_0(1-T)(1+g)^n$，代入式（1-12），可得

$$FMV=\frac{EBIT_0(1-T)(1+g)}{1+k}+\frac{EBIT_0(1-T)(1+g)^2}{(1+k)^2}+\cdots+\frac{EBIT_0(1-T)(1+g)^n}{(1+k)^n}(n\to\infty) \quad \text{式（1-14）}$$

将式（1-14）两边同乘以 1+k/1+g，可得

$$\frac{1+k}{1+g}FMV=EBIT_0(1-T)+\frac{EBIT_0(1-T)(1+g)}{1+k}+\cdots+\frac{EBIT_0(1-T)(1+g)^{n-1}}{(1+k)^{n-1}}(n\to\infty) \quad \text{式（1-15）}$$

将式（1-15）减去式（1-14），得

$$\frac{k-g}{1+g}FMV=EBIT_0(1-T)\frac{EBIT_0(1-T)(1+g)^n}{(1+k)^n}(n\to\infty) \quad \text{式（1-16）}$$

在满足（$n \to \infty$），$k>g$ 的假设条件下，$\frac{(1+g)^n}{(1+k)^n}$ 的极限值趋于 0，则可得

$$\frac{k-g}{1+g}FMV = EBIT_0(1-T)$$

$$FMV = \frac{EBIT_0(1-T)(1+g)}{k-g} = \frac{EBIT_1(1-T)}{k-g}$$ 式（1-17）

式（1-17）即 Gordon Model，是较为常用的证券估价及企业价值评估模式。

3. 超常增长后的零增长模式

该模式假设企业的未来现金流量在前 n 期有一个超常的增长率 g_s（假设为固定的），且 $g_s>k$，则在第一种的假设基础上，可得前 n 期的企业价值：

$$FMV_n = \sum_{t=1}^{n} \frac{EBIT_0(1-T)(1+g_S)^t}{(1+k)}$$ 式（1-18）

同时，从 n+1 期开始直到永远，现金流量为零增长，则可得后 n+1 期的现金流量现值：

$$PVA = [EBIT_0(1-T)(1+g_S)^{n+1}\sum_{t=n+1}^{\infty}\frac{1}{(1+k)^t}]\times\frac{1}{(1+k)^n}$$ 式（1-19）

将式（1-18）与式（1-19）合并，就可得该模式的企业总价值：

$$FMV_n = \sum_{t=1}^{n} \frac{EBIT_0(1-T)(1+g_S)^t}{(1+k)^t} + \frac{EBIT_0(1-T)(1+g_S)^{n+1}}{k(1+k)^n}$$ 式（1-20）

4. 超常增长后的固定比率增长模式

该模式在式（1-17）与式（1-18）的基础上，只要估计第二阶段（从 n+1 期开始直到永远）的现金流量现值：

$$PMV = \frac{EBIT_0(1-T)}{k-g}\times\frac{(1+g_S)^{n+1}}{(1+k)^n}$$ 式（1-21）

将式（1-21）与式（1-18）合并，可得企业总价值：

$$FVA = \sum_{t=1}^{n} \frac{EBIT_0(1-T)(1+g_S)^t}{(1+k)^t} + \frac{EBIT_0(1-T)}{k-g}\times\frac{(1+g_S)^{n+1}}{(1+k)^n}$$ 式（1-22）

知识拓展

综合比较三种价值评估方法，如表 1.2 所示。

表 1.2 综合比较三种价值评估方法

	调整账面价值法	市场比较法	现金流量折现法
假设前提	企业价值等于资产的市场价值之和减去负债的价值	产品市场和资本市场是有效率的	企业的价值是未来现金流量的现值；货币具有投资机会
使用方法	把资产的账面价值调整为公允市场价值或重置成本	行业比率（价格乘数）；市盈率；市净率	把未来现金流量按照风险调整折现率贴现
评估结果	公允市场价值；清算价值	市场价值	内在价值
优点	客观，风险较小；可评估有形资产较多的企业	简便直观；在成熟市场中比较有效	理论严密，反映了价值的本质（未来赢利能力）
缺点	把企业分拆成单项资产，忽略赢利能力和组织资本	参照系选择和市场价格波动会影响准确性	对未来预测的主观性和不确定性强

（四）经济利润估价法

经济利润是企业的净经营资产产生的剩余收益，它反映了企业税后营业净利润与全部投入资本（借入资本和自有资本之和）之间的差额，是衡量经济组织价值和财富创造的度量标准。它实质上是一种超额利润。

在现代市场经济条件下，企业的基本目标是股东财富最大化或企业价值最大化。现代财务理论认为投资者是理性的，他们总是渴望至少能获得最低报酬率，否则他们就把资金投向别处。如果一个公司能够获得资金，并投资于新的项目，获得和投资者期望值一样多甚至更多的报酬，那么就会促使更多的人投资该公司，公司的市场价值就会上升；如果公司投资者获得的报酬低于投资者的期望值，那么投资者就会出售股票，抽回资金，公司的市场价值就会下降。

经济利润就是这样一种企业财务评价和管理系统，研究的是公司的价值，而不仅仅是利润。其本身衡量的，就是公司获取的利润究竟是高于还是低于投资者所期望的最低报酬。这种最低报酬指的是“资本成本”，这是企业为了使用投资者的资金而必须为投资者获取的最低量，超过这个最低量的所有者收益称为“超额收益”。这种最低报酬率根据每个公司的风险级别而存在差别，如果企业的资本收益超过了它的资本成本即经济利润为正值，那么它就具有真实利润，企业的经营者就增加了企业的价值，同时也为股东创造了真实的财富。反之，如果企业当年的经济利润为负值，这说明公司发生经营亏损，企业的价值遭到损害，同时股东的财富也受到侵蚀。

由于经济利润与企业价值之间的正相关关系，所以经济利润指标不仅可以用于评价企业的经营业绩，而且还可用于评估企业价值。

根据经济利润的内涵，可用下式计算：

经济利润=息前税后利润−资本费用

=息前税后利润−（投资资本×加权平均资本成本）　　式（1-23）

=投资资本×（投资资本回报率−加权平均资本成本）

式（1-23）中，息前税后利润=未含利息收支的税前经营利润−未含利息收支的税前经营利润之税赋；投资资本是指企业在经营中所投入的资本金额，包括计息负债和权益，不包括非计息负债、非营业性投资。

未含利息收支的税前经营利润是指主营业务利润、其他业务利润、利息收支差额以及营业投资的投资收益之和，不包括营业外收支差额、非营业投资的投资利润、非持续增长的利润或亏损。之所以包括利息收支差额是因为营业利润已扣除了利息收支。

上述计算是站在企业角度，考虑全投资资本所计算的经济利润。如果站在企业所有者角度考虑，经济利润或超额利润是归属企业所有者的，则经济利润可用下式计算：

经济利润=税后利润−产权资本费用

=税后利润−（股权×产权资本成本）　　式（1-24）

=股权×（净资产收益率−产权资本成本）

在计算经济利润时，为了纠正会计惯例对税后利润和投入资本计量的扭曲性影响，要对损益表和资产负债表项目做相应调整，使其更能反映企业的真实价值。通常调整项目归类如表1.3所示。

表 1.3　计算经济利润需要调整的项目归类

需要调整的项目	需要调整的项目
费用与利润的确认时间	可出售证券的被动投资
证券化资产和其他表外项目融资	重组、并购中费用资本化
通货膨胀	外汇与本币之间转换
存货成本	坏账确认
无形资产	税收
养老金	退休费用
商誉及其他收购事项的处理	战略投资
折旧（直线折旧法与年金折旧法）	研发、营销、培训等费用的资本化

经济利润估价原理源于 Preinreich 在 1938 年提出的剩余收益估价模型。随着净剩余理论的发展，基于剩余收益估价模型的经济利润估价法得到进一步完善。根据剩余收益估价模型，企业的内在价值由企业账面净资产和未来产生的剩余收益的折现值两部分组成：账面净资产的价值是企业的正常收益，用以满足股东所要求的基本报酬；未来产生的剩余收益是企业通过经营活动为股东创造的超过其投资总成本的超额利润，即剩余收益等于企业的税后净收益与股东所要求的基本报酬之差。基于剩余收益估价模型的经济利润估价，首先要满足净剩余关系，即

$$bv_t = bv_{t-1} + x_t - d_t \qquad 式（1\text{-}25）$$

式中，

bv_t——第 t 期的账面价值；

x_t——第 t 期税后盈余（net income）；

d_t——第 t 期对所有者的净支付。

这一等式表明公司所有的收益项目都要先经过损益表才能进入资产负债表中的所有者权益项目。

每个期间的剩余收益被定义为该期间的会计利润与该期间的资本成本之差：

$$x_t^a = x_t - kbt_{t-1} \qquad 式（1\text{-}26）$$

式中，x_t^a——剩余收益。

这里用未来股权收益流的现值表述公司价值：

$$V_t \sum_{i=1}^{n} \frac{E(d_{t+i})}{(1+k)^i} \qquad 式（1\text{-}27）$$

将式（1-26）代入式（1-25）得

$$d_t = x_t^a - bv_t + (1+k)bv_{t-1} \qquad 式（1\text{-}28）$$

将式（1-28）代入式（1-27），推出定价模型的基本表达式为

$$V_t = \sum_{i=1}^{\infty} E_t \frac{(1+K)bv_{t+i-1} + x_{t+i}^a - bv_{t+i}}{(1+k)} \qquad 式（1\text{-}29）$$

如果令 $i \to \infty$，则

$$E_t = [\frac{bv_{i+1}}{(1+k)^i}] = 0 \quad 式（1-30）$$

$$V_t = bv_t + \sum_{i=1}^{\infty} \frac{E_t(EP_{t+i}^a)}{(1+k)^i} \quad 式（1-31）$$

由于调整后的剩余收益其实就是经济利润（EP），因此，用经济利润表述为

$$V_t = bv_t + \sum_{i=1}^{\infty} \frac{E_t(EP_{t+i})}{(1+k)^i} \quad 式（1-32）$$

式（1-32）主要用于有明确预测期的经济利润折现，也即经济利润估价的理论模型，但事实上在实际操作中对未来的预测不可能是无限的，因此，对于明确预测期以后的经济利润折现可直接用公式：

$$明确预测期后的经济利润现值= \frac{连续价值}{(1+WACC)^n} \quad 式（1-33）$$

因此，考虑明确预测期以后经济利润的企业估价公式为

企业价值=投资资本+明确预测期经济利润现值+明确预测期后经济利润现值 （式 1-34）

问与答

问：经济利润与会计收益、剩余收益有何区别？

答：会计收益是按照GAAP计算出来的归属于企业所有者的剩余，一般不会扣除所有者的资本成本；剩余收益是指从会计收益中扣除所有者资本成本后的余额，但是剩余收益一般不涉及会计收益的调整；而经济利润是一种特定形式的剩余收益，而且一般需要进行会计调整，与EVA是同一事物的两个不同名称，理论界一般不对二者加以区分。

（五）期权估价法

实物期权（real options）的概念最早由 Stewart Myers 于 1977 年提出。他认为期权的分析对企业成长机会的估价非常重要，企业内许多实物资产可以视为“看涨期权”。实物期权作为金融期权在实物资产投资领域的扩展，其定价过程可参照金融期权的定价思想。实物期权理论的基本模型借鉴了金融期权理论的模型，在实际应用时，可针对具体情况进行调整。基本模型有以下两种。

1. Black-Scholes 模型（BS 模型）

1973 年美国芝加哥大学教授 Fischer Black 和斯坦福大学教授 Myron Scholes 在一份研究报告中提出，一个期权的损益特征可以通过标的股票和无风险债券的适当组合来精确复制，也就是说，任意一个期权可以通过人工合成来实现。根据无套利原则，合成期权所需要的成本即为对应期权的当前价值。因此，Black-Scholes 模型可用于在一系列的加速条件下，对不付红利的欧式买入期权进行定价。其主要的假设条件如下。

（1）标的资产（如股票）的价格服从对数正态分布的随机过程；

（2）在期权的有效期内，股票收益率的方差和无风险利率恒定，可以以不变的利率进行借贷，利率按连续复利计算；

（3）在期权的有效期内无红利或其他所得；

（4）市场无摩擦性，包括无税，无交易成本，无卖空限制，资产可无限细分等。

在风险中性的条件下，Black-Scholes 模型可表示为

$$C_0 = S_0 N(d_1) - Xe^{-rt} N(d_2)$$ 式（1-35）

$$d_1 \frac{\ln\left(\frac{S_0}{X}\right) + \left(r + \frac{\sigma^2}{2}\right) \times t}{\sigma\sqrt{t}}$$ 式（1-36）

$$d_2 = d_1 - \sigma\sqrt{t}$$ 式（1-37）

式中，

C_0——买入期权的价值；

S_0——标的资产的当前价值；

$N(d)$——累积正态分布中离差小于 d 的概率；

σ——标的资产的波动率，即 S 的标准差；

X——期权的执行价格（投资成本）；

r——无风险报酬率；

t——期权距离到期日的剩余时间（年）。

2. 二叉树（Binomial tree）模型

二叉树模型又称为二项式模型。J.Cox、S. Ross 和 M. Rubinstein 等人于 1979 年在 Black-Scholes 模型的基础上，设计出了一种更为简单直观的期权定价方法——二叉树模型。该模型成为建立复杂期权定价模型的基本手段。二叉树模型是基于动态规划的模型，在每一个时间段将出现两种可能性的假设下，构筑的现金流或价格波动的模型，如图 1.2 所示。标的资产从初始价格 C_0 出发，在每一个时间段上可能发生上下两个方向的变化，即要么上升到 C_u，要么下降到 C_d。在下一个时间段，资产的价格继续上升或者下降，其值可能为 C_{uu}、C_{ud}、C_{dd}，以后阶段依次类推。其主要的基本假设如下。

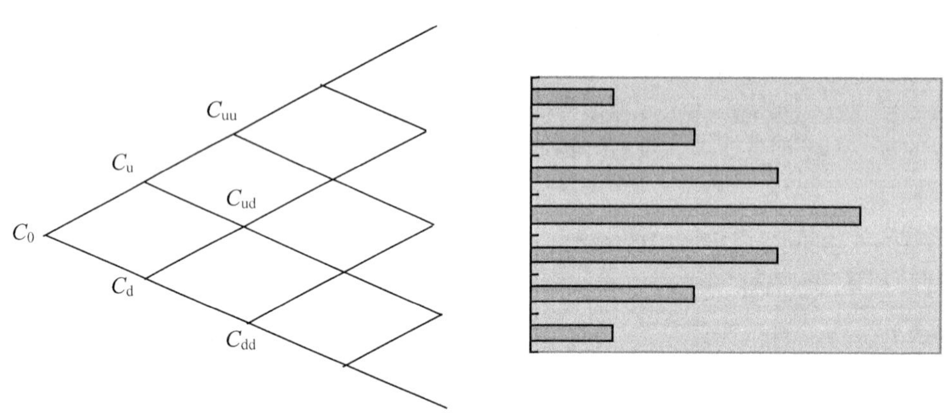

图 1.2 不确定性二叉树描述

（1）市场投资没有交易成本；

（2）投资者都是价格的接受者；

（3）允许完全使用卖空所得款项；

（4）允许以无风险报酬率借入或贷出款项；

（5）未来股票的价格将是两种可能值中的一个。

二叉树模型的推导始于建立一个投资组合：①一定数量的股票多头头寸；②该股票的看涨期权的空头头寸。股票的数量要使得头寸足够抵御资产价格在到期日的波动风险，即该组合可以实现完全的套期保值，产生无风险报酬率。

单期二叉树模型可表示为

$$C_0=\left(\frac{1+r-d}{u-d}\right)\times\frac{C_u}{1+r}+\left(\frac{u-1-r}{u-d}\right)\times\frac{C_d}{1+r} \qquad \text{式（1-38）}$$

$$H=\frac{C_u-C_d}{S_u-S_d}=\frac{C_u-C_d}{S_0\times(u-d)} \qquad \text{式（1-39）}$$

式中，

H——套期保值比率；

C_0——看涨期权现行价格；

C_u——股价上行时期期权的到期日价值；

C_d——股价下行时期期权的到期日价值；

S_0——股票现行价格；

S_u——上升后的股价；

S_d——下降后的股价；

r——无风险报酬率；

u——股票上行乘数；

d——股票下行乘数。

【例 1.1】 期权价值的计算

假设有一个股票买权合约，到期日为一年，执行价格为 112 美元，股票当前的价格为 100 美元，无风险利率为 8%（连续复利折算为单利）。在到期日股票的价格有两种可能，即 180 美元或者 60 美元。求期权的价值。

解：

$S_u=u\times S_0=u\times100=180$（美元）

$S_d=d\times S_0=d\times100=60$（美元）

$u=1.8$

$d=0.6$

$C_u=\max(S_u-1112,0)=180-112=68$（美元）

$C_d=\max(0,S_d-1112)=0$（美元）

$$H=\frac{C_u-C_d}{S_u-S_d}=\frac{68-0}{180-60}=0.57$$

$$C_0=\frac{(1+r-d)}{u-d}\times\frac{C_u}{1+r}+\frac{(u-1-r)}{u-d}\times\frac{C_d}{1+r}$$
$$=\frac{(1+8\%-0.6)}{1.8-0.6}\times\frac{68}{1+8\%}$$
$$=25.18\text{（美元）}$$

多期二叉树模型即在单期二叉树模型的基础上增加分割期数，使得期权价值更加接近于实际价值。期数增加后，需要通过调整价格变化的升降幅度，确定其百分比，保证年收益率的标准差保持不变。把升降百分比和年收益率标准差联系起来的公式是：

$$C_0 = \frac{\left[\sum_{j=0}^{n} \frac{n!}{j!(n-j)!} \times \left(\frac{1+r-d}{u-d}\right)^j \times \left(\frac{u-1-r}{u-d}\right)^{n-j} \times \max\left(0, u^j d^{n-j} - X\right)\right]}{(1+r)^n} \qquad 式（1\text{-}40）$$

$$u = 1 + 上升百分比 = e^{\sigma\sqrt{t}} \qquad 式（1\text{-}41）$$

$$d = 1 - 下降百分比 = 1 \div u \qquad 式（1\text{-}42）$$

式中，e——自然常数；

σ——标的资产连续复利收益率的标准差；

t——以年表示的时间长度。

其他参数和方法同单期二叉树，从后往前为每个结点赋值，倒推回项目的当前价值。当模型的时间间隔无限增加时，该定价模型的结果会与 Black-Scholes 模型一致。

期权估价法考虑了外部经济条件的不确定性对企业价值的影响，将企业放置于一个动态的经济环境中，这与现实世界更加贴合，能够更加全面真实地体现企业价值，特别适用于那些高风险、资本密集型的高科技企业和拥有同行没有的特殊投资机会的企业。同时，采用这种方法可以避免企业的短视行为，更加注重企业未来的发展机会，有利于企业长期战略的决策和运行。

复习思考题

1. 讨论企业的二重属性。
2. 什么是“交易费用”？试举几例说明。
3. Coase 与 Demsetz 所论企业的性质有何不同？
4. 什么是“核心能力”？它与企业价值有何关系？
5. 讨论价值的内涵。
6. VE 是怎样描述价值的？试举例说明。
7. 什么是“组织资本”？讨论其表现形式。
8. 描述企业的各种价值形式，并讨论它们相互之间的关系。
9. 企业价值评估要评估什么价值？为什么？如何才能准确评估企业价值？
10. 如何使用调整账面价值法？其有何缺点？
11. 如何使用市场比较法？其有何缺点？
12. 如何确定自由现金流量、折现率与企业的持续期？
13. 如何确定经济利润？
14. 经济利润估价法与未来现金流量折现法有何联系与区别？
15. 什么是实物期权？如何理解期权估价法的两个基本模型？

第二章　财务目标与治理

学习目标和要求

通过本章的学习，理解企业目标的二重性及其不同模式、财务目标在企业目标体系中的主导地位，以及企业财务目标的特性，并能结合各种利益相关者的目标冲突去理解公司治理与财务治理的内容。本章的重点在于对财务目标内涵、目标冲突及治理内容的掌握。难点在于对企业目标的二重性、利益相关者的界定与代理成本的内涵的理解。

引导案例

乔治是一家大财务公司的首席执行官（CEO）。在浏览公司财务报告时，他发现最近一季度的赢利很大，利率的巨大波动给公司带来了一笔意外之财。虽然这笔额外收益不是公司本身的努力所带来的，乔治仍然很高兴。不过他知道，由于竞争，公司在下一季度绝不会得到相同的大笔利润，这次额外收益不过是运气罢了。现在公司必须决定如何处理这笔额外收益，乔治将就此事对公司董事会提出推荐方法。他把此事限定为两种可能方案：发给雇员超额资金，作为今年如此兴旺的奖赏；或发给股东们一次性“额外”现金股利。

启发思考

现在假设你是一个雇员，能得到些奖金，但你并不是股东。作为此例中的代理人，你希望乔治推荐哪一方案？

最后，考虑首席执行官乔治。他是既是股东（委托人），又是可拿奖金的雇员（代理人）。对两种可选方案，他会认为孰优孰劣呢？换言之，激励他的力量何在？这里还有一些事实可帮助你判断他会选择哪一方案：①首席执行官自己可得到今年雇员奖金总额中的4%；②如果支付股利，这笔额外股利将在公司的900万份股票中平均分配，乔治拥有其中27000份股票，因此他可得到全部额外股利中的0.3%。若考虑这些在金钱上的一次性激励因素，你认为乔治可能会推荐哪一方案？

第一节　企 业 目 标

一、企业目标的二重性

企业具有二重性，因此，企业的基本目标也具有二重性。

首先，从企业的自然属性来看，企业的目标即企业的效率。所谓效率，即以最少的资源利用达到最大的产出。按价值工程的原理，该效率即体现为价值。在这里，企业的目标也就表现为企业价值最大化（从企业作为一个经济主体来说）。企业的创立、生存、发展，都在于追求企业的效率（作为生产组织的效率），在于追求企业价值的最大化（作为组合资产价值的最大化）。企业价值最大化成为支配企业整个经营过程和所有经济活动的最高准则，成为企业计划、控制、决策的评判标准，也应是企业的基本目标。

企业的效率体现为无所不在的过程的价值链。该价值链从消费市场的开发而进行的 CRM（即客户关系管理，包括力求提供全面、满意的服务以降低顾客成本和开发消费者新的需求等），到生产管理的 JIT（适时生产方式）、LP（精益制造）、TQM（全面质量管理），以及企业整体的 ERP（企业资源计划）、BPR（业务流程重组）实现组织的效率，加上技术的创新，形成具有竞争优势的企业核心能力，使企业价值持续增加。

其次，从企业的社会属性来看，企业是契约的集合，是市场合约的一个“联结点”，因此，企业的目标应当充分考虑到契约各方目标，应是所有参与集团共同作用和妥协的结果，而不能简单地等同于任一“参与者”的个别目标。构成企业的利益集团通常是指资本所有者、经营者、员工、客户、债权人、消费者、政府及社会公众。这些利益集团构成对企业有要求权的利益主体，他们都直接或间接影响企业的经济活动，成为企业的参与者。企业的目标就是各类参与者个别目标的综合，成为企业的目标体系。或者也可以说，企业的目标是在各类参与者个别目标相互作用（博弈）下的折中表现（均衡）。要使企业目标得到实现，就必须使各类参与者个别目标得到实现，只有如此，企业的利益才得以平衡，企业才得以维系，并保证企业的可持续发展。

二、不同模式下的企业目标

正如企业的效率其实为其适应性效率，企业的目标在不同的环境下有所不同，也就是说，企业的治理结构决定着企业的目标。按照现代学者（杨瑞龙、周业安）的归纳，到目前为止，企业（公司）的治理结构有传统的“股东至上”模式、传统的“劳动控制”模式、欧洲的“共同决定”模式、日本的“经理协调”模式、“社会责任”模式及“共同治理”模式。在这些不同的模式下，企业的目标是不同的。

（1）英美传统的股东至上模式。其模式结构如图 2.1 所示。

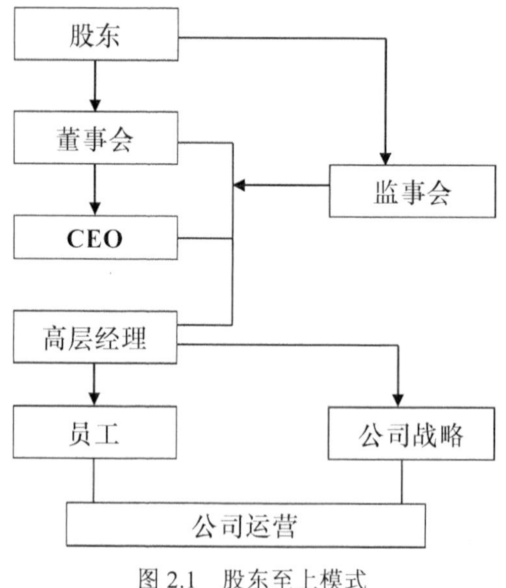

图 2.1　股东至上模式

在该模式下，由于股东是企业经营的终极控制者，因此企业的利益也就是股东的利益，企业追求利润最大化的目标也即股东财富最大化。企业效率的衡量取决于股东权益，在这里，企业的所有权等同于财产所有权。

（2）传统的“劳动控制”模式。其模式结构如图 2.2 所示。

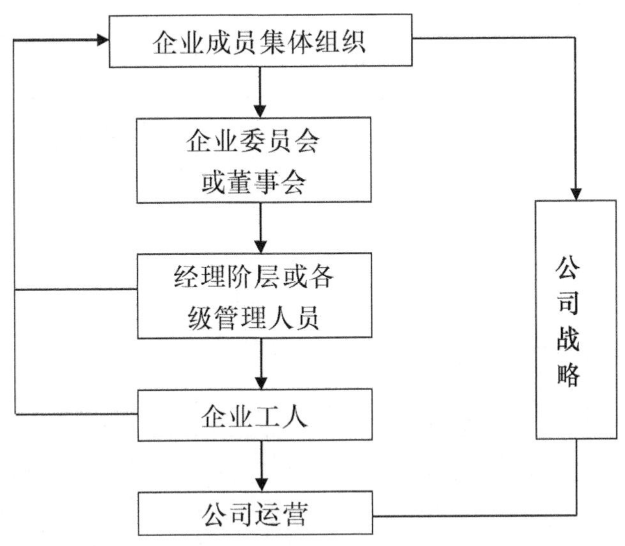

图 2.2 “劳动控制”型治理结构

该模式曾经在前南斯拉夫的工人自治制度中实施过一段时间。在该模式下，企业的重大决策权都由工人自己掌握，工人组成的企业管理委员会类似于董事会负责企业的决策，同时委员会再聘任职业经理负责日常的经营管理工作，因此，工人既是企业的决策者，又是自己所选出的经理的服从者，可以提高劳动效率。企业的所有权不是资本所有者可转让的产权，而是不可转让的剩余权益，其目标即劳动者权益的最大化。

（3）欧洲的“共同决定”模式。其模式结构如图 2.3 所示。

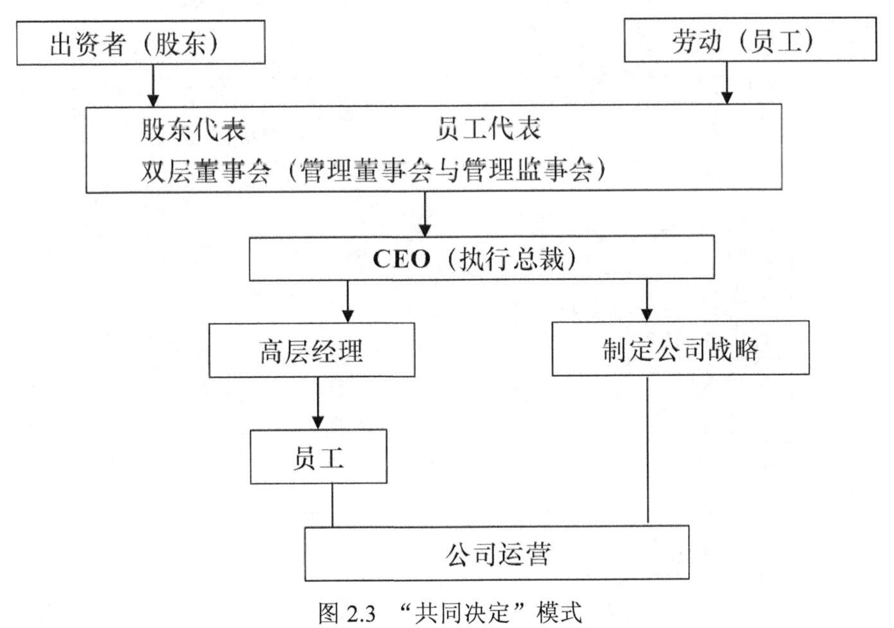

图 2.3 “共同决定”模式

该模式的核心就是工人参与决策，即全体工人选出若干代表依法进入公司的决策机构（董事会和监事会），与所有者代表一起决定公司发展的重大事项。工人代表可以由代表工人的行业工会推荐，也可以不通过工会推荐。工人代表可在监事会中占到三分之一至一半的比例。在德国，该监事会的权力要大于董事会，董事会由经理阶层组成，重大事项的决策权在监事会。其企业的目标就在于最大化股东与工人的权益。

（4）日本的“经理协调”模式。其模式结构如图 2.4 所示。

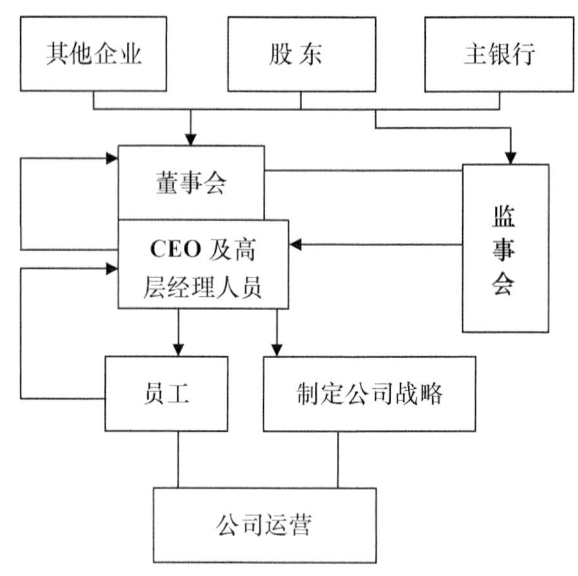

图 2.4 “经理协调”模式

在这种模式中，由于日本企业广泛的相互持股以及较深的银企关系，造成股东之间相互牵制和股东债权人之间的相互制约。因此，企业的经营不可能只考虑单方面的股东利益。另外，由于员工的相对稳定状态及经理产生的年功序列制，员工的权益也能相应得到保障。在这种模式中的企业目标应是股东、债权人、经理及员工的利益最大化。

（5）“社会责任”模式。其模式结构如图 2.5 所示。

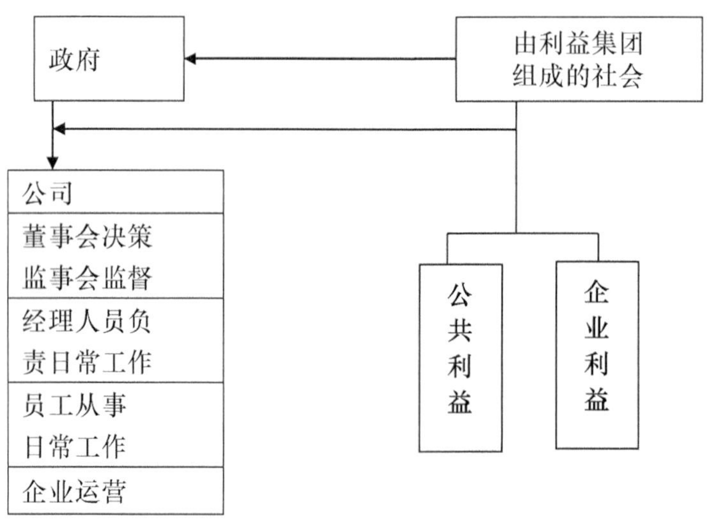

图 2.5 “社会责任”模式

该模式主要针对公司行为所产生的外部性问题。一方面，由各方利益主体组成社会集团直接对企业的经营施加压力；另一方面，由政府出面对企业经营进行管制（国有化），以协调企业的利益与社会公共利益。最终的结果都会导致企业的目标为实现其社会责任。

（6）“利益相关者”模式。其模式结构如图 2.6 所示。

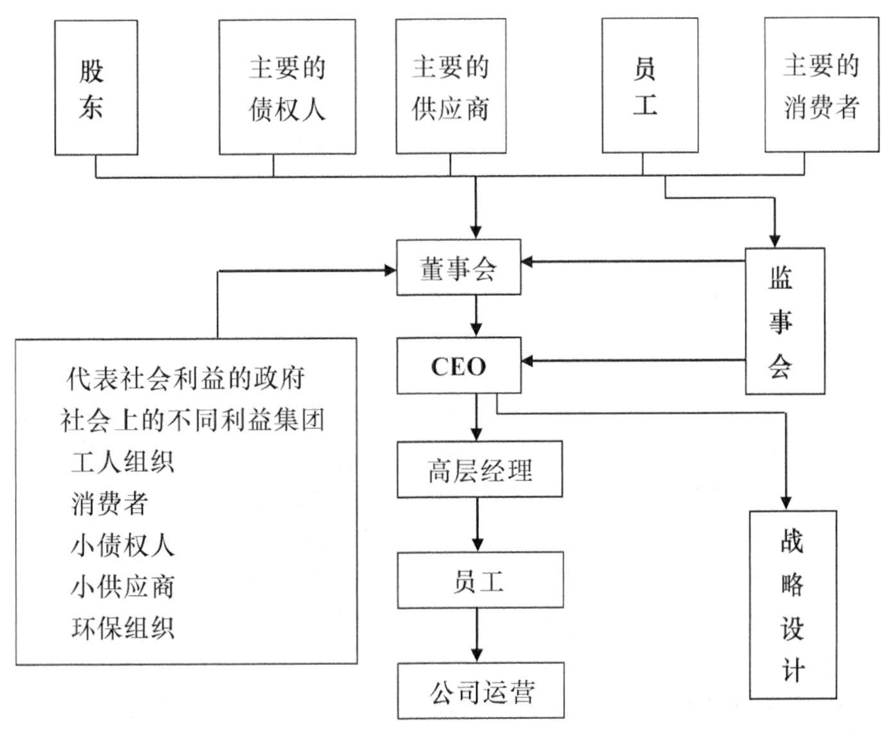

图 2.6 “利益相关者”模式

在该模式下，利益相关者对企业经营的影响不是通过政府的直接管制，而是一方面通过政府立法间接规范竞争秩序，为公司的良好运转创造一个良好的条件，另一方面，一部分利益相关者通过直接介入公司的决策机构，参与公司的战略制定，来保障自身的利益。

综上所述，利益相关者模式不同于股东至上模式，它强调利益相关者的多方决策权；不同于劳动控制模式，它还包括员工以外的相关者的利益；不同于共同决定模式，它强调在企业中不同的利益相关者的发言权是相对的，因而企业所有权的安排具有相机治理和“状态依存性”；不同于经理协调模式，它的经理人员是利益相关者代表中选举出来的，而且协调的是不同利益相关者的利益；不同于社会责任模式，它回避了政府直接干预的不利影响，强调利益相关者在企业内部协调矛盾，进而减少企业的外部性。因此，利益相关者模式正日益在各国企业的治理中受到重视，自然在此模式下的相关者利益最大化的企业目标也将成为一种趋势。

第二节　财务目标的内涵

一、财务主体与财务目标

何谓财务主体？对现代企业（公司制）来说，基本的财务主体有两类：一类是企业的利益相关者，他们分别是企业的财产资本、人力资本、市场资本和公共资本的所有者，都有参与公司财务管理以维护自身专业化资产不受损害的权利；另一类就是作为一个相对独立的经营实体的企业自身。财务主体的基本特征在于：①从事财务活动的独立性（自主理财）；②财务目标的明确性；③活动的价值性或现金流量性。财务主体不一定是法人，凡是能独立从事财务活动的一个空间范围都能称之为财务主体。

财务目标是指特定财务主体的目标。由上述讨论，可从两个方面来理解财务目标：一方面，对企业来说，存在着一般层次上的基本财务目标，这就是利益相关者的个别资本保值与增值要求；另一方面，企业作为一个相对独立的经营实体（组合资产）与利益相关者契约关系的"联结点"的统一，它又必须实现企业（整体）价值最大化和相关者（综合）利益最大化。前者是一般层次的个别目标，后者是企业层次的综合目标，两者相辅相成，缺一不可。

二、财务目标的特性

（一）财务目标在企业目标（体系）中的性质

其性质由财务管理在企业管理中的地位与作用所决定。从前面所述企业的内涵可知，企业存在的合理性在于创造价值，因此价值管理本应是企业管理的本质内涵，随着 20 世纪 90 年代以后市场竞争的加剧，接管和并购的压力以及利益相关者主体意识的增强，财务管理逐渐成为企业管理的核心，通过企业价值链的形式及 BPR 使企业价值最大化。在这里，企业的目标等同于企业财务目标。而我国自十五大以后健全现代企业制度、产权市场与资本市场，伴随着企业经营方式的转变，财务管理在整个企业管理中的作用日益显现，财务目标正逐渐成为企业目标体系中占支配性质的目标。

另一方面必须指出的是，虽然目前财务管理在企业管理中的地位日益重要，价值最大化的财务目标在企业目标体系中占有主导性、核心性地位，但财务管理又承担着专业管理职能，这就是使资金运动合理。在企业的生存、发展的过程中，财务必须给予必要的支持，使现金收支合理配比，实现现金流转的良性循环——资金的效率，最终实现价值最大化，也即企业在财务上获利。

（二）财务目标的多层次性

企业财务目标有基本目标和具体目标的不同。财务基本目标是对企业财务活动所希望实现的结果的一种高度概括和一般性描述。而在不同的企业、不同的理财环境下，作为评价企业财务活动是否合理的标准的具体财务目标，则有不同的表现形式。因此，基本目标具有普遍性，而具体目标则具有针对性、从属性（subserviency），也具有多元性及多层次性。具体来说，企业的基本财务目标有两方面，一方面为企业价值最大化，另一方面为相关者利益最大化。在两方面的基本财务目标下，又可分成许多具体的财务目标。

在企业价值最大化的基本财务目标下有：①产值最大化；②利润最大化；③经济效益最大化；④财务状况最优化；⑤资金运动合理化；⑥收益增长最大化；⑦净现值最大化；⑧资本成本最小化等具体财务目标。

在相关者利益最大化下的具体财务目标有：①股东财富最大化；②每股收益最大化；③权益资本利润率最大化；④现金股利最大化；⑤经理利益最大化；⑥职工利益最大化；⑦公共利益最大化；⑧债权人利益最大化；⑨股东、债权人利益最大化；⑩股东与员工利益最大化等。

（三）财务目标的可操作性

这主要指具体的财务目标，在遵循企业价值最大化与相关者利益最大化的基本财务目标下，具体财务目标设定得合理与否，取决于其可操作性，具体表现在以下几方面。

1. 要有针对性

不同的企业有不同的具体目标，如独资制、合伙制及公司制企业有不同的具体目标，国有企业与民营企业也有不同的具体目标；同时企业在不同的环境下，如计划经济时期与市场经济时期，激烈竞争市场与垄断市场，经济的繁荣期与衰退期，均有不同的具体目标；以及不同的理财层次和部门的具体目标也应不同。

2. 要明确且清晰

目标要明确且清晰。如将利润最大化作为财务目标是有其具体的约束条件的，若一概而论，就是一个较为模糊的财务目标了。

3. 要有可控性

目标是系统所要达到的结果，该结果是不确定的，但其实现的过程应是可控的。有的学者提出以股票价格最大化作为公司财务目标，而股票价格（市场价值）变动频繁且受外部因素干扰太大，并不能与企业的业绩完全正相关，有时甚至是负相关。因此，股票价格最大化不宜作为企业财务目标，因为其很难为企业管理当局所控制。

第三节　财务目标的冲突

一、利益相关者的内涵及界定

何谓企业的利益相关者？许多学者有不同的论述，归纳起来，目前国外学者有三类表述。第一类是最宽泛的定义，即凡是能影响企业活动或被企业活动所影响的人或团体都是利益相关者。如“利益相关者依靠企业来实现其个人目标，而企业也依靠他们来维持生存”；“利益相关者是能够影响一个组织目标的实现或能够被组织实现目标的过程影响的人”等。这样，股东、债权人、员工、供应商、消费者、政府部门、相关的社会组织和社会团体、周边的社会成员等，都属于企业的利益相关者。第二类是稍窄的定义，即凡是与企业有直接关系的人或团体都是利益相关者。如“利益相关者是那些与企业有合约关系的要求权人”；“利益相关者是那些公司对其负有责任的人”；“利益相关者是那些在公司活动的过程中及活动本身有合法利益的人或团体”。第三类的定义最窄，它认为，只有在企业中下了“赌注”（资产的专用性）的人或团体才是利益相关者。如“利益相关者在企业中投入资产，构成一种多种形式的‘赌注’，通过这些‘赌注’，他们也许影响企业的活动，或受企业活动的影响”；“利益相关者已经在企业中投入了一些实物资本、人力资本、金融资本或一些有意义的价值物，并因此而承担了一些形式的风险，或者说，他们因企业活动而承担风险”等。

我国也有学者提出类似观点，认为企业的利益集团应符合：①必须对企业有投入，即对企业有资金、劳动或服务方面的投入；②必须分享企业收益，即从企业取得诸如工资、奖金、利息、股利和税收等各种报酬；③必须承担企业风险，即当企业失败时，都会承担一定损失等三条标准。因此“企业所有者”“企业债权人”“企业职工”及“政府”就成为利益相关者。

虽然三种定义使利益相关者的界定有所不同，但从企业作为一组“契约的联结点”来说，该契约应是整个社会契约的有机组成部分，因此企业的利益相关者应是广泛的，只是在不同的时期和不同条件下，各利益相关者在企业中的地位与作用（“紧迫性”）有所不同。另外由于企业契约的相对动态性，也有的学者用潜在的利益相关者与真实的利益相关者两分法把三种定义协调起来。即凡符合第一类定义的均是潜在的利益相关者；只有当潜在的利益相关者在企业中投入专用性资产时，才转化为真实的利益相关者。

二、代理成本

企业的契约理论就已说明了企业是一个多层的委托—代理关系组成的链。各利益相关者对企业的求偿权就可描述为委托—代理关系，其中代理人具有“受托经济责任”。

由于委托—代理关系的存在，在现实中，委托人与代理人就存在潜在的利益冲突，该冲突会导致双方利益的损失，于是代理问题及代理成本就相关产生了。或者从委托人一方来说，由于代理问题的存在，代理人的决策常常不会导致委托人利益的最大化。其原因主要在于以下方面。

第一，个人理性。无论委托人、代理人都有其个人利益目标，都首先追求个人利益的最大化。该种个人理性会导致集体的非理性——综合目标的非最优化，这类似于博弈论中的“囚徒困境”（prisoners’ dilemma）原理。因此，这种集体非理性而导致的效率的损失就是该代理问题所产生的成本，即代理成本。

第二，非对称性信息与合同的不完备性。一方面，若订立契约时信息是对称的，签约后代理人可以选择工作努力或是不努力的行动，但委托人只能观测到结果，而不能直接观测到代理人的行动本身。因此，只要代理人趁人不察，就会采取符合自己利益但侵害委托人利益的行为，道德风险就随之产生。这里的代理成本也就表现为委托人用于监督的费用及代理人出现行为不当的可能性所造成的损失。

另一方面，若委托人与代理人订立契约时信息是不完全的，则首先导致“逆向选择”的产生，即代理人知道自己的类型（如工作技能、努力的程度），而委托人不知道，只能根据可选择的信号（如平均水平）进行判断，以至于出现“劣币驱逐良币”或“棘轮效应”，导致最终双方利益的损失。其次，由于订立契约时的信息不完全，导致所订立契约的“不完备性”，使日后修改契约的成本增加，或契约本身订立的成本增加。

由此可以看出，代理成本是由于代理问题的产生而导致的成本，该种成本对委托人、代理人双方都是损失。目前所指的代理成本较多是从委托人一方来定义的，包括：①直接的契约成本，如订立合约的交易成本、各种制约因素强制产生的机会成本以及激励费用（奖金）；②委托人监督代理人的成本（如审计费用）；③剩余损失。尽管存在监督，委托人可以通过为代理人设计恰当的激励合同和发生监督成本来限制代理人的越轨活动从而限制自己利益的受损程度，但在所有的代理关系中，代理人的决策和那些最大化委托人福利的决策之间存在着某些偏差。由这种偏差导致的委托人福利的下降的货币等价也是代理关系的一种成本，我们把这一成本称作“剩余损失”。因此，代理成本就为“委托人的监督支出、代理人的保证支出以及剩余损失”之和。

三、股东—经理的目标冲突

股东亦称出资者（物质资本所有者）的目标即典型的“经济人”目标，符合资本最一般的属性——追求资本增值的最大化。经理的目标则非纯粹的“经济人”目标，包括：①物质报酬，如工资与奖金等；②权力与地位，一方面可获得本身的精神满足，另一方面也可增加直接与间接的物质利益，如使用公司的轿车或办私事时用公费开支，以及使用豪华的办公室等；③避免风险，由于人力资本的不可分散性和专用性，经理总是希望减少其投入劳动的所得的不确定性，以使其劳动与收益能合理配比；④规避义务，即闲暇时间的追求，包括较少的工作时间、工作时间里的空闲和有效工作时间中较小的劳动强度，这种“偷懒”的绝对化行为就是一些经理希望不做出任何努力就得到报酬。

这种目标的矛盾常常会促使两种行为的发生。一种是经理（管理者）所采取的不利于股东利益的行为。如①管理者常常会放弃投资大、耗时长但长期收益较高的项目，而优先选择成本较低但很快能见效的短期项目；②管理者为了避免公司被兼并，自己被替代，常常会放弃早期可能会亏损但整个投资期效益出色的项目，有时甚至会为了初期的高额现金流量而不惜选择整体净现值很低的项目；③管理者为了达到规避自身资产专用的风险目的，常常使用各种降低公司风险的财务指标；④管理者为了保住自己在公司中的权力与地位，常常追求公司规模的扩大而导致资产滥用行为。

另一种行为即经理（管理者）为了保护自己的利益不受股东侵害的管理层持股甚至管理层收购。由于资本市场、经理市场的广泛存在，导致股东物质资本的非质押性，广大中小股东以及代理人理财的机构投资者都越来越倾向于追求短期利益的机会主义。

四、股东—债权人的目标冲突

债权人的目标是企业到时能按期偿还本金与约定的利息（假设为固定利率）；而股东的目标在于使用杠杆使资金信用转化为更大的资本效益——企业规模的扩大所带来的剩余收益的增加。

该目标的背离常常会诱使股东通过经营者采取一些不利于债权人的行为，如资产替换行为。因为债权人对公司只有固定承付金额的求偿权，并由公司总价值担保，而股东则有剩余求偿权。因此，一方面若公司提高财务杠杆就可提高股东获利的机会，当然另一方面当公司资产风险增加时，提高财务杠杆也会导致股东的损失，但这种损失相对于债权人的损失来说要小。因为股东可以选择违约，而对债权人来说承付金额是固定的，所以公司资产风险的上升会降低其求偿权的价值。这点可通过期权的原理来做进一步的解释。由于债权人的固定收益性质，股东只对公司承担有限责任，因此债权人的投资在偿还之前是一项风险投资。股东就对债权人具有一项选择权，其价值是随着基础资产风险的变化同方向增减的。由上面的阐述可知，这里的“基础资产”是公司的全部资产，因此，如果公司（即股东）通过资产替换提高了资产的风险，这一期权的价值就会上升，则将降低负债额的期望价值。若公司到了资不抵债的边缘时，股票就成了虚值的买入期权了，如图 2.7 所示。

图 2.7 展示了债权人与股东之间的零和博弈（假设公司只有股东与债权人作为求偿者）。资产替换之后，股东能以比以前更高的价值卖出股票；而若债权人卖出债券，会出现一个对等的减少额，因为市场会把违约风险的增大考虑在内。

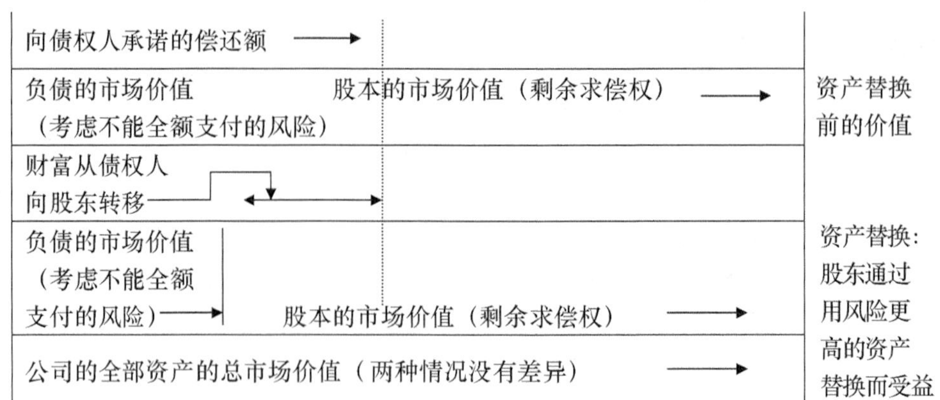

图 2.7　债权人与股东之间的零和博弈

资料来源：Douglas R.Emery，John D. Finnerty.*Corporate Financial Monagement*.

案例 2.1

下面援引一个期权价值计算的实例进行进一步的说明。从第一章内容我们知道若其他条件不变，基础资产价值的方差或其变动程度越大，期权价值越高。因此，增大公司价值的方差符合期权持有者（此处为股东）的利益。履约价格既定时，公司价值的概率分布离散程度的增大会使股东的期权价值增加。因此，股东可通过加大公司资产的风险性而增加其期权价值。然而这对公司的债权人是不利的，因为他们的投资市值将会因此而下降。

以Black-Schole期权定价模型来举例说明。假定某公司的总价值为400万元人民币，刚刚发行总面值为300万元的五年期贴现债券，目前公司总价值的连续复利报酬率的标准差为0.12，短期无风险利率为6%。

则可据式（1-35）、式（1-36）、式（1-37）计算出：d_1=2.32；d_2=2.06；N（d_1）=0.9898；N（d_2）=0.9803。因此，股票价值为1 780 526元，债券价值为4 000 000−1 780 526=2 219 474（元）。

假定该公司现在的经营风险大幅增加，使其连续复利报酬率的标准差由0.12增至0.36。采用上述计算方法，可得股票价值为2 084 431元，债券价值为1 915 569（4 000 000−2 084 431）元，而二者在风险增加前分别为1 780 526元和2 219 474元。

因此，股东可以通过增加公司的风险，并牺牲债权人的利益来增加自己所持股票的价值。原因是股东对公司的全部价值享有期权。对任何期权而言，基础资产的方差增加时，期权价值也增加。

五、公司与其他利益相关者的目标冲突

其他利益相关者主要包括一般职工、政府、客户、消费者及社区等。一般职工（除经理等高级管理人员之外的劳动力资源），其个体的目标为获得相应的工资报酬、劳动安全保障、相关的福利以及人身的自由权利等。政府的角色有两个方面。一方面政府是企业的出资者，那么其目标就等同于股东的目标。另一方面“作为行使社会管理职能的国家机构”，政府的目标在于：①如果主要追求宏观经济（粗放式）增长，政府就会通过制定政策诱导企业追求产值；②如果主要追求税收增长，政府就会通过制定政策诱导企业主要追求利润，尤其是短期利润；③如果认为“企业的发展也就是国民经济的发展”，从而奉行“藏富于企业”的政策，政府就会诱导企业追求发展。另外，政府作为全体民众意志的代表，根本目标还应在于维护

全体民众的利益，保证所有公民（如企业的利益相关者）的权益不受侵害，因此，政府又是企业目标体系的主要协调者。消费者的目标为获得“价廉物美”的产品或服务，产品的质量（包括售后服务的承诺等）就成为其对企业的首要要求。客户的目标是企业的诚信，以便维持长期的合作和伙伴关系。社区（公众）的目标是希望企业很好地履行其社会责任（企业对一般社会公众承担的责任），如环境保护、平等就业、节约资源、社会救济、教育投入等。

第四节　公 司 治 理

由于企业内存在着广泛的委托—代理关系，因此就需要公司治理以达到协调各利益相关者的财务目标。

一、公司治理的内涵

综合国内外的相关研究，公司治理主要有以下两层含义：①委托—代理关系的广泛存在，各利益相关者目标的冲突，是公司治理以及财务治理的起因，解决代理问题并协调各利益相关者的（财务）目标，以最终实现企业价值最大化，则是公司治理（财务治理）的目标，因此公司治理与财务治理是一致的；②公司治理是企业各利益相关者（治理主体）在不同的环境下（治理环境，如文化习俗、伦理道德、政治信仰等宏观环境，以及企业的特征等微观环境）为维护自身利益而达成的一系列法律与合约规定，以形成一种权力制衡与管理激励作用，促使各利益相关者的长期合作和公司管理的效率——企业价值最大化。

二、公司治理的内容及框架

（1）治理的核心（治理客体）在于公司剩余索取权与剩余控制权的配置。

剩余索取权即企业的利益相关者（稀缺资源或要素提供者），对合作收益或剩余的求偿权，它构成利益相关者相互之间的利益关系；剩余控制权即利益相关者为确保自身利益的取得，所拥有的对其他利益相关者（或代理人）的监督、约束及奖惩权，该权力表现为以资源配置的控制权为核心的一系列权力。

（2）公司治理的方法有外部与内部两种治理机制。

外部机制主要指市场治理机制，如产品市场、劳动力市场、经理市场和股票市场、借贷市场对企业经营状况、企业经营业绩以及经营者业绩的评价，并约束与激励企业及企业经营者的行为，这种治理方法是通过市场自发的优胜劣汰机制而实现的。市场治理机制能否起作用，取决于两个因素：一是政府合理制定和合规执行的各项法律、法规以及相机诱导性政策，二是各种行业鉴证（监督）组织的自律，如产品质量认证组织、信用及资产评估组织、民间审计组织等。

企业的内部治理机制，主要通过进入企业的多元的利益相关者集团代表组成剩余索取权联盟（如股东大会、债权人会议、经理会、职代会等）制约企业的剩余控制权，通过多元的董事会代表制约公司的决策权，通过多元的监事会代表制约公司的监督权，甚至还可以通过董事会下设多种委员会（如财务委员会、经营委员会、任免委员会、红利分配委员会等）制约总经理（CEO）的执行权，以及利益相关者联盟、董事会、监事会、总经理之间权力的相互制衡作用。

知识拓展

在不同的环境下公司的内部法人治理结构有不同的模式，如“股东至上”模式、传统的“劳动协调”模式、欧洲的“共同决定”模式、日本的“经理协调”模式、“社会责任”模式、“利益相关者”模式，各种模式都有其适应性效率的较好实例。

（3）公司治理的一般性框架。

公司治理的一般性框架，如图 2.8 所示。

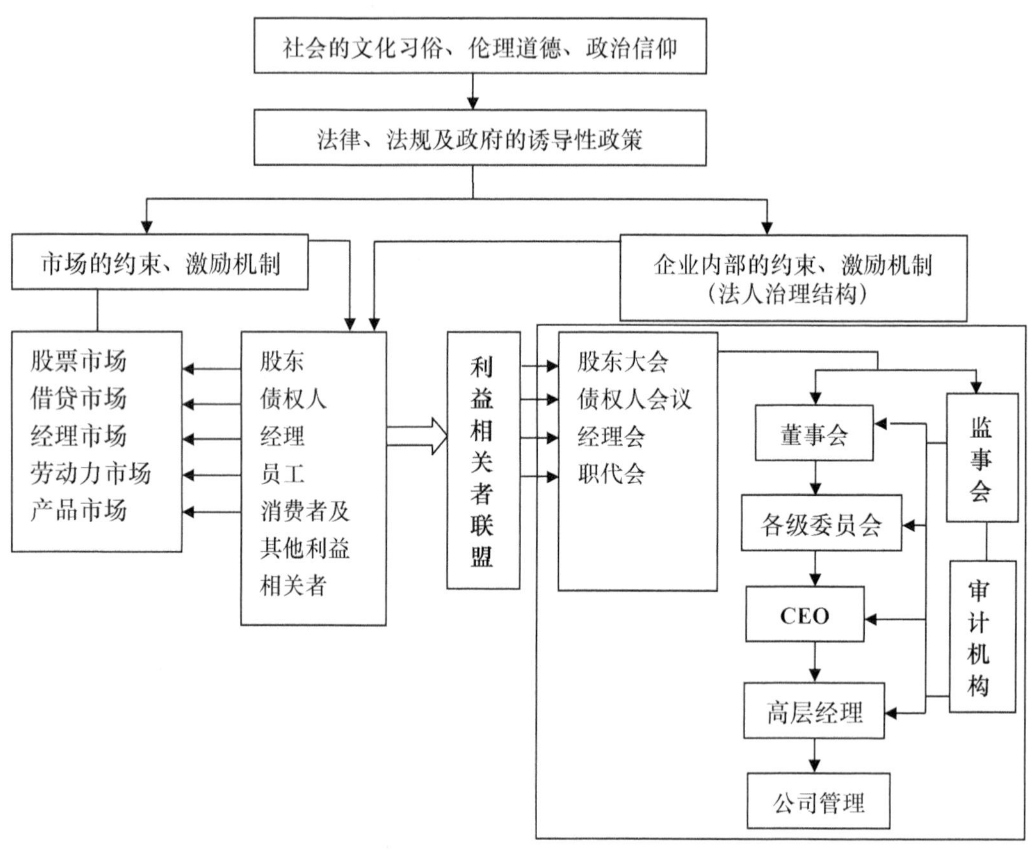

图 2.8　公司治理的一般性框架

三、治理动因

公司治理与财务治理的基本动因在于两方面：一方面增加利益相关者的合作收益，即委托—代理的双方从建立代理关系中获益；另一方面代理关系的建立又会发生代理成本（外部效应），且治理过程本身就是一个代理成本的发生过程，治理的目标应是代理成本最小化。总的来说，只有当委托—代理双方从代理关系的建立中获得的收益超过代理成本时，这些代理成本才会发生。在这里，“收益”来自所需资本投资超过了初始所有者的个人财富的获利性投资机会的出现。而代理成本则取决于代理人的嗜好（目标）、他们实现自己的与企业价值最大化不相一致的偏好的容易程度以及监督和保证活动的成本；也取决于测度和评价代理人绩效的成本、设计与应用和委托人的福利相关的代理人报酬指标的成本、设计和实施具体的行为规则和政策的成本；甚至还取决于代理人市场（经理市场、劳动力市场）上潜在的代理人竞争对代理人获取额外收益的限制程度——一个代理人能够偏离监督和保证成本皆为零的情况中所实现的理想解的程度，这一程度与该代理人拥有的专用性知识、替代与绩效评价容易程度有关；最后，代理成本还取决于资本市场的制约。

四、相机治理与治理手段

（一）相机治理

通过前面的叙述可知，在不同的宏观、微观环境下，企业的法人治理结构有不同的模式。这就是，从动态的角度上看，企业治理具有状态依存性。所谓状态依存性，就意味着当企业的现存既得利益状态被打破时，若其中某产权主体的利益受损，就必须有某种机制启动，自动地赋予受损方保护自已权益的机会与权利。这时，谁拥有企业所有权分配的支配权就显得特别重要。

张维迎（1996）曾给出一个简单的例子描述了企业所有权的状态依存性。设 x 代表企业总收入，N 为股东最低预期收益，W 为应付工人的合同工资，r 为债权人的合同收入（本金加利息）。并假定 x 在零到 X 之间连续分布（其中 X 为最大可能收入）；工人的索取权优先于债权人。状态依存的企业所有权说的是，如果企业处于“$W+r < x < W+r+N$”的状态，股东是企业所有权分配的支配者；若企业处于“$W< x < r+W$”，债权人是支配者；如果企业处于“$x > W+r+N$”的状态，经理人员就是实际的支配者。由此可见，从事后的利益状态看，企业所有权的分配是动态的、相机的。然而，企业所有权的状态依存性并不等价于支配权的自动让渡。比如当“$x < W+r$”时，股东会主动把支配权让渡给其他人吗？答案是不确定的。如果不存在事前的法律规定，企业所有权分配的支配权的让渡就必须依靠产权主体之间的自愿谈判来完成的。然而，信息不对称、“强权界定产权”现象、集体行动的失败等都可能造成其中一方主动剥夺另一方或多方的支配权，或者其中一方或多方面临交易成本的约束被迫放弃对支配权的要求。要防止这些不良后果的出现，必须有一套制度以确保支配权的顺利让渡，并保证让渡的有序性。这套制度就是“相机治理机制”（the contingent governance）。

（二）治理手段

企业的治理手段可从多方面考虑：从范围上看，有外部治理手段与内部治理手段；从功能上看，有约束、监督、评价手段，还有激励手段；从运用方式看，有设置治理机构和设计治理程序等手段。以下主要从范围上来叙述企业的治理手段。

1. 外部治理手段

企业外部的治理手段有如下两种。

（1）社会的文化习俗、伦理、道德及法律、法规制度。文化即“人文”，“习俗”即习惯约定，伦理即“人理”，道德即“得道”，这些都是特定自然环境下人们求生存与发展所形成的“合约”的历史积淀，它是当前一切制度的土壤。而社会的法律制度则对许多代理人不当行为进行强制性约束，为每个人都提供了种种监督形式。政府作为公共利益的代表，可以凭借其公共权力，制定用于保护公众利益的法规并设定法规的执行机构与程序，对企业进行监督，如证券交易委员会、食品与药品监督管理局、技术质量监督局、政府税务机构与审计机构等。另外，政府作为国有企业的产权所有者，可通过制定国有企业财务制度，设置国有资本管理机构，评价国有资本金绩效，向国有企业委派董事及委派财务总监、稽查特派员、会计人员等手段进行治理。

（2）产品市场、各类要素市场的约束、激励以及市场中的各类中介机构的评价、监督。如股票市场既便利了企业的财务活动，又反过来约束了其财务行为；同时，有效市场不仅通过“用脚投票”机制评价企业经营绩效，更构成了企业的接管与重组的威胁。而借贷市场上债权人不仅可以通过债务合约的限制性条款直接约束企业的财务行为，而且有破产程序来作为治理手段，甚至“主办银行”可以向企业派驻董事。经理市场及劳动力市场上的供需状况所形成的对经营者与员工的潜在替代的威胁，使其代理成本不至于过大。产品市场上的供需状况则直接对企业所有的代理行为进行约束与激励。

另外，市场上的产品与技术质量鉴证机构、资产与信用评估机构、民间审计机构等民间中介组织以及新闻舆论等媒体，对企业的行为与结果进行鉴证与评价，对企业的声誉造成影响，则是另一种形式的公司治理手段。

2. 内部治理手段

内部治理手段有如下几种。

（1）企业精神、企业伦理、企业形象等企业文化治理手段。企业精神是企业把各种文化要素紧密地结合起来，统一于共同的目标之下，所形成的共同的价值观，它是企业文化的集中反映，是企业文化的核心。企业伦理是一种特殊的行为规范，它通过善良与邪恶、正义与非正义、公正与偏私、诚实与虚伪、谦虚与傲慢等对立的道德范畴来评价企业及其员工的各种行为。它是政府法规与企业法规的必要补充，能起到调整企业与国家、企业与企业、企业与用户、企业与别的社会经济组织以及企业内部各单位、个人之间的关系的作用。企业形象（corporate image），即企业识别系统（corporate identity system），它是用统一的形象将企业标志、广告文案、商标造型以及经营服务特色等，通过自身、各种媒介推而广之，给社会公众，尤其是消费者留下统一、深刻、系统的印象，从而创造一种最佳经营环境。所有这些都可以从价值观等方面约束代理行为，从而降低代理成本。

（2）设置利益相关者联盟有关的组织，如股东大会、债权人会议、职代会、经理会等，以及董事会、监事会等治理结构，并配以相应的表决权、人事任免权、收益分配权，如表2.1所示。

表2.1 公司利益相关者相关组织的职权

股东大会的职权	董事会的职权	监事会的职权	总经理的职权
决定公司的经营的方法和投资计划，选举和更换董事，决定有关董事的报酬事项；选择和更换由股东代表出任的监事，决定有关监事的报酬事项；审议批准董事会的报告；审议批准公司的年度财务预算方案、决算方案；审议批准公司的利润分配方案和弥补亏损方案；对公司增加减少注册资本做出决议；对发行公司债券做出决议；对公司合并、分立、解散和清算等事项做出决议；修改公司章程	负责召集股东大会，并向股东大会报告工作；执行股东大会的决议；决定公司的经营计划和投资方案；制定公司的年度财务预算方案、决算方案；制定公司的利润分配方案和弥补亏损方案；制定公司增加减少注册资本的方案以及发行公司债券的方案；拟订公司合并、分立、解散的方案；决定公司内部管理机构的设置；聘任或者解聘公司经理，根据经理的提名，聘任或者解聘公司副经理、财务负责人，决定其报酬事项；制定公司的基本管理制度	检查公司的财务；对董事、经理执行公司职务时违反法律、法规或者公司章程的行为进行监督；当董事和经理的行为损害公司的利益时，要求董事和经理予以纠正；提议召开临时股东大会；公司章程规定的其他职权。监事列席董事会会议	主持公司的生产经营管理工作，组织实施董事会决议；组织实施公司的年度经营计划和投资方案；拟订公司内部管理机构的设置方案；拟订公司的基本管理制度。制定公司的具体规章；提请聘任或者解聘公司副经理，财务负责人；决定聘任或解聘除应由董事会决定聘任或者解聘以外的负责管理人员；公司章程和董事会授予的其他职权。经理列席董事会会议

另外，还可通过构建治理机构的多元主体，进行相互的权力制衡。并运用委托代理投票制、信托投票制、累积投票制以限制表决权等措施，以保证各利益相关者的平等待遇。还可引入独立董事。独立董事参与董事会工作可以弥补其他董事专业知识不足、局限于本位利益、局部利益与短期利益等缺陷。例如，主要由独立董事组成的审计委员会能以更公正、客观的立场，评价主要的财务决算方案，发现公司财务管理中的问题，督促信息披露工作，对公司内部控制制度进行监督和审查，防止公司违背法律规定的行为准则与披露程序，向经理人员转达审计员们的意见和审计报告；主要由外部董事组成的人事任免委员会和收益分配委员会就董事会成员和高层经理人员的人选提出建议，并负责高层经理人员的绩效和报酬支付。

（3）运用各种激励手段进行治理。通过激励合约，建立一种利益分享机制或称激励兼容机制，使代理人的努力行为对自己和委托人都有好处，使代理人的不努力行为对双方都没有好处。这里有三种办法：①根据代理人努力所取得的货币收入给予一定数量的奖金或惩罚；②收益按照比例分成；③委托人只得到固定收入，使代理人承担全部风险，这时代理人就会和为自己工作一样努力工作。但是，如果代理人是风险规避者，第三种办法就行不通。不过，代理人会为其不努力工作而必须承担一定的风险，因此规避风险的代理人更加倾向于选择努力工作。

激励的核心是将经营者对个人效用最大化的追求转化为对企业利润最大化的追求。针对经营者对货币收入的追求，董事会通过确定一个最优报酬计划来实现对经营者的激励。经营者的报酬一般由薪金、奖金、股票期权计划、退休金计划等构成。每一种报酬形式都既有优点，又有缺点。

固定薪金虽缺乏足够的灵活性和高强度的刺激性，但它能为经营者提供可靠和稳定的收入，可起到保险的作用。奖金基于当年企业的赢利状况，奖金尽管具有灵活性和刺激性，但它易诱发经营者的短期行为，也不能完全反映经营者的真实贡献，因为不少非经营性因素也会影响企业的当年赢利水平。股票期权计划是指经营者可以在一定期限后以签约日的股票价格购买一定量本公司股份的计划。股价的上涨对于经营者是最有利的，因为他可以获得股票溢价，而股价的变动通常能反映企业的真实业绩。所以实施这一计划最具有刺激作用，它有助于激发经营者努力提高企业的经营绩效，但对于经营者来说风险太大。退休金计划则有助于激励经营者的长期行为。

针对报酬形式的不同特点，经营者的最优报酬计划应是所有不同报酬形式的最优组合。特别是为了防止各级经理人员只追求短期赢利或账面利润，只追求本事业部或子公司的经济效益，忽视部门间配合和公司的整体效益，可以加大根据企业的长期经营业绩付给经营者的激励性报酬，如延期支付的奖金、公司利润分成、购股证和赠股等。

（4）运用破产程序进行终极治理。破产程序作为终极治理手段，其目的为保护债权人的债权现值最大化，同时给予经营者可置信的惩罚，具体步骤如下。

第一，债权人或债务人提出破产申请。

第二，在规定期限内债权人或债务人可提出重组或整顿申请。申请人必须与债权人会议达成和解协议。

第三，人民法院批准和解协议后，发布公告，终止破产程序，并转入重组程序，执行和解协议。法院指定债权人会议和政府或股东推举各自的代表组成重组委员会，负责协调重组工作，成员5～7人，其中一人为召集人，由法院在债权人代表中指定。

第四，清偿程序包括五个子程序。按《破产法》第一百一十三条规定，职工是第一级债权人。政府是第二级债权人，银行或其他金融机构为第三级债权人。因此五个子程序的顺序依次是职工、政府、银行或其他金融机构、股东、经营者。

第五，法院指定会计师事务所评价各级债权人的债权现值。设定 X_1 为企业所欠职工工资和劳保费用；X_2 为所欠税款；X_3 为贷款本利。

第六，法院委托重组委员会设立重组权，其价值相当于 $X=X_1+X_2+X_3$，重组权归第一级债权人实际持有，但重组期权（即购买重组权的权利）分别授予其他债权人及股东、经营者。

第七，重组期权程序的启动次序为，经营者或股东—第三级债权人—第二级债权人—第一级债权人。解释如下：假如经营者或股东愿意重组企业，则行使其重组期权，向重组委员会提交重组方案，经委员会多数表决通过即可实施，条件是支付 X 费用购买重组方案；若经营者和股东放弃重组期权，则转入第三级债权人。如果该债权人愿意行使重组期权，则必须支付（X_1+X_2）的费用购买重组权；依次第二级债权人可出价 X_1 购买重组权。值得强调的是，如果低一级程序提出重组期权的行使要求，高一级程序必须转让；经营者行使重组期权时，允许进行非现金投标，即如果经营者提出的重组方案得到各级债权人的首肯，在缺乏必要的资金时，债权人也可以授予经营者重组权。上述前一条目的在于保证重组程序与清偿次序相一致，以免各级债权人的权益受损；后一条目的在于让有能力但缺少财富的经营者有机会拯救企业。

复习思考题

1. 企业的赢利为何不能作为企业的目标？
2. 结合企业治理讨论企业不同的目标模式。
3. 相关者利益最大化的企业目标会成为一种趋势吗？
4. 如何从财务主体的概念出发来理解企业财务目标？
5. 应怎样理解企业目标与财务目标的关系？
6. 描述企业财务目标体系，并很好地理解各目标之间的关系。
7. 讨论利润最大化作为企业财务目标的条件。
8. 讨论各类具体的利益相关者在企业中的作用。国有企业与私有企业，独资制企业、合伙制企业与公司制企业中利益相关者的地位与作用有何不同？
9. 讨论国有企业中存在的多重委托—代理关系。
10. 试述代理成本及其表现形式。
11. 股东—经理的目标冲突主要表现在哪些方面？如何治理？
12. 经理可以忽视股东吗？为什么？
13. 股东—债权人的目标冲突是怎样表现的？应采用什么手段治理？
14. 财务危机会加剧上述目标冲突吗？为什么？
15. 试理解公司与其他利益相关者目标冲突中各自处于何种委托—代理关系的角色？
16. 讨论公司治理的功效。
17. 试述外部治理机制与内部治理机制的作用。
18. 公司治理应考虑什么因素？
19. 描述公司的多种治理手段。

第三章　财务战略管理

本章在介绍财务战略与战略管理概念的基础上，对财务战略规划、财务战略实施和财务战略控制等问题进行了深入的探讨。通过本章的学习，理解财务战略与战略管理概念的内涵和特征，了解财务战略的类型、财务战略控制的内容和方法，掌握财务战略规划方法和财务战略实施策略。

引导案例

上汽集团作为第一家合资企业的中方企业，自2004年收购“双龙”起，其“走出去”战略正式进入公众的视野。在这之前，上汽集团已通过其子公司试探过国外市场。作为中国汽车企业的典型代表，在特定的社会经济背景下，上汽集团的发展战略比较成功，对我国其他汽车企业不乏借鉴意义（参见表3.1）。

表 3.1　上汽集团“走出去”战略的行动路径

时　　间	战 略 行 动
1985.03.21	上海大众汽车有限公司成立并于同年 9 月正式开业
1997.06.12	投入 15.2 亿美元，当时中美最大的合资项目——上海通用汽车有限公司正式成立
2000.10.19	中国第一家汽车销售合资企业——中德合资上海大众销售总公司成立
2002.06	中国第一家汽车服务贸易合资企业——安吉天地汽车物流有限公司开业
2002.12.18	中国第一家汽车租赁合资企业——安吉汽车租赁有限公司开业
2004.08.18	中国第一家汽车金融黑子企业——上海通用汽车金融有限公司开业
2004.10.28	上汽以约 5 亿美元收购韩国双龙汽车公司 48.9%的股权
2006.10	上汽集团自主品牌“荣威”正式发布，标志着进入合资合作与自主开发并举的新阶段
2009.02	双龙汽车进入“回生程序”（类似破产保护），上汽被迫放弃双龙的管理控制
2009.12	上汽与合作伙伴通用汽车成立印度合资公司，计划一同开拓亚太市场
2012.12.04	上汽集团与泰国正大集团联合宣布，计划在泰国建立合资公司
2012.12	上汽放弃对印度公司继续增资，在通用增资后，所持股份被稀释至 7%
2015	上汽计划在硅谷设立一家风险投资公司，作为上汽及时了解全球最新技术动态的“窗口”

启发思考

（1）上汽集团是如何进行财务战略定位的？合资企业采取这样的投资策略有何优势？

（2）“走出去”战略中，直接成立合资公司与并购当地企业哪个更有利？

（3）在财务战略实施过程中，怎样进行有效的财务战略控制？

第一节　财务战略概述

一、财务战略在企业战略中的地位

（一）企业战略与财务战略的概念

战略一词最早是军事方面的概念，意为作战的谋略、指导战争全局的计划和策略，我国古代常称谋略或韬略。英语 strategy 源于希腊语，意思是“将兵术”或“将道”。现代“战略”一词被引申至政治和经济领域，其含义演变为泛指统领性的、全局性的或决定全局的谋划和对策。

学术界对企业战略进行理论研究的时间并不长。企业战略一词最早出现在 1963 年巴纳德（Barnad）的《经理的职能》一书中，而真正对企业战略进行系统研究的则是 1965 年安索夫（H.I.Ansoff）的《企业战略论》一书，该书被学术界誉为现代企业战略理论的奠基石。现代管理学家和战略学家曾对企业战略从不同角度进行了定义，迄今为止学术界尚未对此达成共识。综合各种观点，企业战略是指在对企业外部环境和内部条件深入分析和准确判断的基础上，为提高企业的竞争力，对企业全局和未来所进行的总体和长远谋划。

知识拓展

企业战略具有多元结构特征，它包括企业总体战略、经营单位战略和职能战略三个层次。企业总体战略是指为实现企业总体目标，对企业未来发展方向做出的长期性和总体性战略；经营单位战略是指企业的第二层次的经营单位（如子公司、分公司或事业部）为贯彻企业总体经营战略，适应环境的变化和要求，对其从事的经营活动所制定的长远性的谋划与方略；职能战略是指企业各职能部门制定的指导职能活动的战略，可以分为营销战略、人事战略、财务战略、生产战略、研究与开发战略等。财务战略是企业诸方面职能战略之一。

企业财务战略是指为适应企业的总体发展战略而筹集必要资本并有效地管理与运用这些资本的方略，为谋求企业资金均衡有效的流动，增强企业财务竞争优势，在分析企业内外部环境因素对资金流动影响的基础上，对企业资金流动进行全局性、长期性和创造性的谋划，并确保其有效执行的过程。财务战略是企业发展战略的一个子系统，是对企业财务活动制定并实施的中长期目标和战略规划。

尽管国内外学者对财务战略的定义不尽相同，但在一些基本认识上不乏共识，主要有以下方面[①]。

（1）在目标上，财务战略关注的焦点是谋求企业资金均衡有效的流动，来实现股东价值的保值增值和企业长期战略。这是企业财务战略区别于其他各种战略的质的不同。

（2）在空间上，财务战略是为了保证企业整体战略管理目标的实现而制定的一系列财务决策。

（3）在时间上，财务战略是针对企业长期发展目标而制定的一系列财务决策。

（4）在依据上，财务战略是在对企业内部环境和外部环境深入分析和准确判断的基础上形成并实施的，企业内外环境任何重大变化都将对企业财务战略的制定与调整产生深刻影响。对环境的重视是企业财务战略区别于传统财务的一个重要标志。

① 干胜道.财务理论研究[M]. 大连：东北财经大学出版社，2011.

（5）在重要程度上，财务战略对企业未来经营具有决定性的影响。没有配套财务战略的支持保证，任何影响企业的战略规划都会落空。财务战略是企业战略的重要组成部分。

（二）财务战略与企业战略的联系与区别

1. 财务战略与企业战略的联系

企业战略与财务战略之间是整体与局部的关系。财务战略是企业战略的一部分，是企业战略的职能战略之一。资金在企业中的重要作用，决定了财务战略必定成为企业战略的核心战略。

企业战略对财务战略具有指导作用。财务战略的目标必须与企业战略的目标协调一致，财务战略的制定与实施必须服从并贯彻企业战略的总体要求，来支持和完成企业总体战略。企业战略对财务战略具有指导作用，两者在内容上应体现一致性原则，这是企业战略获得成功的基本要求。

财务战略对企业战略及其子战略起支持作用。无论是企业总体战略，还是营销战略、人才开发战略、技术开发战略和发展战略等职能子战略，它们的实施都离不开资金上的筹集与投放。制定财务战略时，必须确保财务战略与各职能部门之间战略的一致性。

2. 企业战略与财务战略之间的区别

（1）企业战略虽然居于主导地位，但财务战略对企业战略及其职能子战略具有制约作用。原因如下。①企业的资金具有有限性。所谓资金的有限性，有两层含义：第一，从全社会来看，金融市场所能提供的资金总量总是有限的；第二，就某一个特定的企业而言，从金融市场上获得的资金总量总是有限的。由于资金的有限性，要求企业在制定企业战略及其职能子战略的过程中需要对资金的可得性进行研究，企业既要确保各项业务活动的资金需要，又要合理地分配和利用资金。资金的有限性是构成财务战略相对独立的一个重要原因。②货币资金的独立性。随着金融资本从产业资本中分离出来，企业资金的筹集与运用及收益分配等其他财务活动的管理都必须以满足资金提供者的利益要求为基本前提。因此，货币资金的独立性又是财务战略相对独立的一个重要原因。

（2）企业财务战略关注的重点是营业现金流的状况，而企业制定战略时首先要考虑营业收入和利润的规模。从长远来看，获取利润对每个企业都是必要和重要的，因此，企业制定战略时首先要考虑营业收入和利润的规模。但企业有利润没有现金流入的状况经常出现。一个企业如果没有足够的现金满足企业发展或生产经营的需要，即便有利可图，也可能会因现金流出现危机而使整个企业发生危机。因为不论是偿还银行贷款，还是上缴政府税款，都需要企业有实实在在的现金而不是账面收益。因此，企业制定财务战略时应该追求利润，但更应该重视营业现金流量。

（3）企业战略制定时侧重于企业整体目标，而财务战略制定时侧重于企业的财务目标。一般企业的财务目标是实现企业价值最大化，实现了企业价值最大化，才可能实现股东财富最大化。因此，制定企业战略时必须考虑到它与财务战略目标的协调性，在企业战略的目标中，必须涵盖有关企业资金使用效益及现金流量方面的目标。

企业战略与财务战略之间呈现为一种辩证关系。一方面，企业战略居于主导地位，对财务战略有指导作用，另一方面，财务战略又具有一定的相对独立性，对企业战略起着制约和支持作用。

二、财务战略的特征

企业财务战略，是为谋求企业资金均衡有效的流动和实现企业整体战略，增强企业财务竞争优势，在分析企业内外环境因素对资金流动影响的基础上，对企业资金流动进行全局性、长期性与创造性的谋划。企业财务战略是基于内外环境对资金流动的影响而制定的，其关注的焦点是企业资金流动，最终目标是确保企业资金均衡有效流动而最终实现企业总体战略。财务战略具有以下主要特征。

1. 长期性

财务战略的着眼点不是企业的当前，不是为了维持企业的现状，而是面向未来，为了谋求企业的长远发展。因此，在制定财务战略时，不应急功近利，而要从企业长期生存和发展的角度出发，有计划、有步骤地提高企业的资金实力，提高企业对未来环境的适应能力。

2. 支持性

财务战略的支持性，不仅表现为它是企业战略的一个子系统，也对其他战略产生重要影响。任何战略活动的实施都离不开资金流动，离不开财务战略的支持。只有资金实现了均衡、有效的流动才能保证企业总体战略的顺利实现；而资金长期均衡、有效流动的本身又有赖于企业制定并实施正确的战略。财务战略并不是简单地服从于企业战略，更重要的是两者之间保持一致。

3. 外向性

现代企业经营的实质就是在复杂多变的内外环境条件下，解决企业外部环境、内部条件和经营目标三者之间的动态平衡问题。财务战略把企业与外部环境融为一体，观察分析外部环境的变化为企业财务管理活动可能带来的机会与威胁，增强了对外部环境的应变性，从而大大提高了企业的市场竞争能力。

4. 风险性

企业所有者总是希望在风险一定的情况下保持经济的持续增长和收益提高。财务战略必须随着企业面临的经营风险的变动而进行调整。如对于资本结构问题，资本结构战略决策要求在企业经营风险较大时保持相对较低的负债率，从而降低财务风险。

5. 动态性

战略管理区别于其他一般战术管理的根本特征之一就是它对环境的重视。财务战略以理财环境和企业战略为逻辑起点，理财环境和企业战略的动态性决定了财务战略管理的动态性。在企业财务战略中，对环境因素的分析，着重考察的是它们对资金流动有何影响。财务战略的动态性主要体现在连续性、循环性、适时性和权变性。正确把握企业财务战略的动态性特征非常关键。有些学者经过对企业长期观察后总结出导致企业破产的原因之一就是，企业思想僵化，缺乏随环境变化而变化的战略及战略管理的灵活性。

6. 全员性

财务战略的全员性体现在：从纵向看，财务战略制定与实施是企业高层经理、财务部门主管、事业部财务主管及分厂财务主管多位一体的管理过程；从横向看，财务战略必须与其他职能战略相配合，并循着企业的发展阶段与发展方向来体现各职能战略管理的主次，财务战略意识要渗透到横向职能的各个层次，并最终由总部负责协调。

三、财务战略的类型

（一）按资金筹措与使用特征划分

1. 扩张型财务战略

扩张型财务战略，是指以实现企业资产规模的快速扩张为目的的一种财务战略。实施这种财务战略，企业往往需要在将绝大部分乃至全部利润留存的同时，大量地进行外部筹资，更多地利用负债。大量筹措外部资金，是为了弥补内部积累相对于企业扩张需要的不足；利用负债而不是股权筹资，是因为负债筹资既能为企业带来财务杠杆效应，又能防止净资产收益率和每股收益的稀释。企业资产规模的快速扩张，也往往会使企业的资产收益率在一个较长时期内表现为相对的低水平，因为收益的增长相对于资产的增长总是具有一定的滞后性。总之，快速扩张型财务战略一般会表现出“高负债、高收益、少分配”的特征。

2. 稳健型财务战略

稳健型财务战略，是指以实现企业财务绩效的稳定增长和资产规模的平稳扩张为目的的一种财务战略。实施这种财务战略的企业，一般将尽可能优化现有资源的配置和提高现有资源的使用效率及效益作为首要任务，将利润积累作为实现企业资产规模扩张的基本资金来源。为了防止过重的利息负担，这类企业对利用负债实现企业资产规模从而经营规模的扩张往往持十分谨慎的态度。所以，实施稳健型财务战略的企业的一般财务特征是“适度负债，中等收益，适度分配”。

3. 防御收缩型财务战略

防御收缩型财务战略，是指以预防出现财务危机和求得生存及新的发展为目的的一种财务战略。实施这种财务战略的企业，一般将尽可能减少现金流出和尽可能增加现金流入作为首要任务，通过采取削减分部和精简机构等措施，盘活存量资产，节约成本支出，集中一切可以集中的人力用于企业的主导业务，以增强企业主导业务的市场竞争力。由于这类企业多在以往的发展过程中曾经遭遇挫折，也很可能曾经实施过快速扩张的财务战略，因而历史上所形成的负债包袱和当前经营上所面临的困难，就成为迫使其采取防御收缩型财务战略的两个重要原因。“低负债、低收益、高分配”是实施这种财务战略的企业的基本财务特征。

（二）按生命周期划分

行业生命周期在很大程度上决定了企业生命周期。行业生命周期一般可分为幼稚期、成长期、成熟期和调整期四个阶段，不同阶段对应着该阶段的财务战略。识别一个行业处于生命周期的哪一个阶段，主要取决于市场增长率、需求增长率、产品品种、竞争者数量及进入或退出壁垒。

同行业生命周期一样，企业生命周期也分为四个阶段，即初创期、成长期、成熟期和调整期，处于不同阶段的企业有不同的战略重点，从而有着不同的财务战略。财务战略可分为初创期财务战略、成长期财务战略、成熟期财务战略和调整期财务战略四种类型。关于四种类型财务战略的具体分析将在本章第三节讨论。

知识拓展

（1）行业处于幼稚期的特征有，市场增长率较高，需求增长较快，技术变动较大。行业中企业主要致力于开辟客户、占领市场，但技术上有很大的不确定性，在产品、市场、服务等策略上有很大发展余地，对行业特点、行业竞争状况、用户特点等方面的信息掌握不多，市场进入壁垒较低。

（2）行业处于成长期的特征有，市场增长率很高，需求高速增长，技术渐趋定型；行业特点、行业竞争状况及用户特点比较明朗，市场进入壁垒提高，产品品种及竞争者数量增多。

（3）行业处于成熟期的特点有，市场增长率不高，需求增长不高，技术趋于成熟；行业特点、行业竞争状况、用户特点非常清楚，买方市场形成，行业赢利能力下降，新产品和产品的新用途开发更为困难，市场进入壁垒很高。

（4）行业处于调整期的特征有，市场增长率下降，需求下降，产品品种及竞争者数目减少。

（三）按财务管理对象划分

1. 筹资战略

它是根据企业的内外环境的现状与发展趋势，适应企业整体战略与投资战略的要求，对企业的筹资目标、原则、结构、渠道与方式等重大问题进行长期的、系统的谋划。筹资目标既涵盖筹资数量的要求，更关注筹资质量。筹资原则是企业筹资应遵循的基本要求，包括低成本原则、稳定性原则、可得性原则、提高竞争力原则等。企业还应根据战略需求不断拓宽融资渠道，对筹资进行合理搭配，采用不同的筹资方式进行最佳组合，以构筑既体现战略要求又适应外部环境变化的筹资战略。

2. 投资战略

它主要解决战略期间内投资的目标、原则、规模和方式等重大问题。它是在一定时期内为获得预期收益，而运用企业资源购买实际资产或金融资产行为的根本性谋划。投资目标包括收益性目标、发展性目标、公益性目标等。投资原则主要有集中性原则、准确性原则、权变性原则。在投资战略中还要对投资规模和投资方式做出恰当的安排。

3. 收益分配战略

企业的收益应在其利益相关者之间进行分配，包括债权人、企业员工、国家与股东。然而前三者对收益的分配大都比较固定，只有股东对收益的分配富有弹性，所以股利政策也就成为收益分配战略的重点。股利政策要解决的主要问题是确定股利战略目标、是否发放股利、发放多少股利以及何时发放股利等重大问题。从战略角度考虑，股利政策的目标为：促进企业长远发展；保障股东权益；稳定股价，保证企业股价在较长时期内基本稳定。

4. 并购战略

企业实施并购通常可以快速实现战略和经营目标，扩大市场份额，补充与获得资源，获得协同效应等。在实施并购策略时，企业要合理评估并购可能带来的风险，比如难以对目标企业进行正确的预测和评估、并购后整合难度大等，合理估计并购价格，制定合适的并购方式、支付方式和并购后协同策略。例如，吉利汽车并购沃尔沃，试图在更高的平台上整合汽车行业。

四、财务战略管理

（一）财务战略管理的含义

财务战略管理，或称战略财务管理，指的是对企业财务战略或战略性财务活动的管理，是对企业财务战略制定直至实施全过程的管理。企业财务战略管理一般包括战略规划、战略实施和战略评价三个阶段。本章主要阐述财务战略规划及财务战略实施的相关问题，财务战略评价的有关内容将在第六章中讨论。

1. 财务战略规划

财务战略规划实际上就是战略方案的设计。它是在审视企业以往财务战略和对企业外部环境因素分析的基础上，根据企业在未来发展阶段的目标定位、企业总体战略、经营单位战略，探索企业财务战略的路径选择、拓展方向、措施和目标体系等问题，对企业未来发展阶段的筹资、投资和分配等财务活动进行全局性、长期性和创造性的谋划。

2. 财务战略实施

财务战略实施实际上就是将财务战略转化为行动，并采取一些措施或者手段保证既定的财务战略目标得以实现。财务战略实施要求企业忠诚地将战略规划落实到可以量化的关键成功因素和关键绩效考核指标，与企业全面预算体系对接，确定本年度的具体目标体系，作为编制、监督、考核预算的起点和依据。一般来说，财务战略实施主要包括制定中期计划、议定行动方案、编制全面预算、确定工作程序和实施质量控制等内容。

3. 财务战略评价

财务战略评价就是通过评价企业的经营业绩，审视财务战略的科学性和有效性，它是财务战略管理的最后阶段。在阶段性推进财务战略实施之后，管理者需要了解该财务战略是否得到了有效实施，以及该财务战略本身是否需要调整。财务战略评价主要包括重新审视内部和外部因素，度量企业业绩并进行研究考核，采取纠正措施，调整下一期财务战略等活动。

（二）财务战略管理的特征

财务战略管理既是企业战略管理的一个不可或缺的组成部分，也是企业财务管理的一个十分重要的方面。因此，财务战略管理既要体现企业战略管理的原则要求，又要遵循企业财务活动的基本规律。财务战略管理与传统财务管理在视角与层面、逻辑起点、职能范围等方面都存在差异。财务战略管理有以下三个方面的基本特征。

其一，财务战略管理的逻辑起点是企业目标和财务目标的确立。明确了企业目标，即明确了企业的总体发展方向；明确了财务目标，则为财务战略管理提供了方向。有了明确的企业目标和财务目标，才可以界定财务战略方案选择的边界，才能排除那些明显偏离企业发展方向和财务目标要求的战略选择。也就是说，只有明确了企业目标和财务目标，才可以将财务战略管理尤其是财务战略形成过程限定在一个合理的框架之内，才能避免漫无目的地探寻财务战略方案。

其二，环境分析是财务战略管理的重心和难点。任何财务管理都离不开一定的环境分析，对于财务战略管理而言，环境分析的重要性更是非同一般。这种“特殊”首先表现在，财务战略管理环境分析特别强调动态分析，不仅关心某一特定时点的环境特征，更为关心这些环境因素的动态变化趋势。作为社会的一个微观主体，企业对未来环境的分析和预测自然是颇具挑战性的。其次，从企业长远发展的愿望出发，企业战略和财务战略需要保持相对稳定，然而环境的多变性又会迫使企业动态地调整财务战略，所以，如何恰当地处理环境的多变性与财务战略的相对稳定性之间的关系，是财务战略管理环境分析的又一难题。最后，财务战略管理中的环境分析不可能只是单项环境分析，还必须是综合环境分析；不仅要分析诸如政治、法律、社会文化、经济等宏观环境，而且还必须认真分析产业、供应商、客户、竞争者以及企业内部因素等微观环境。

其三，与企业战略管理的其他方面一样，财务战略管理也并非仅指财务战略管理方案的形成，且也包括财务战略方案的实施与评价。由于财务战略方案的实施过程所需采取的具体手段、策略和技术多与一般财务管理相同或类似，因此，将财务战略管理的研究重点偏于财务战略方案的形成也就有其适当的理由。而财务战略方案的评价，事实上只是财务战略形成动态过程的一个必要的环节。也就是说，广义的财务战略形成过程已经包含了财务战略评价。从这一意义上说，同其他战略管理一样，财务战略管理也是一个连续不断的过程。

第二节　财务战略规划

财务战略作为企业战略的一个子战略，虽然它涵盖的范围较企业战略狭窄，侧重企业财务，但财务战略在许多方面仍具有企业战略的一般特征，故其规划程序可以采用与企业战略类似的程序。企业战略规划的一般程序为，企业内外部环境分析、制定战略、战略实施与控制。

问与答

问：影响企业财务战略规划的因素有哪些呢？

答：第一，资本市场。资本市场为企业财务战略的制定与实施提供了前提，没有资本市场为依托，企业财务战略的制定与实施将非常困难。资本市场为筹资战略的制定、并购与股票回购的实施等提供了市场环境，为资金的流动提供了市场信号。

第二，管理者的风险态度。企业财务战略的制定与实施需要高层管理者介入。风险态度分为三种类型，即风险厌恶型、风险稳健型和风险偏好型。相应地，不同风险偏好的管理者会选择稳健型的财务战略、中庸型的财务战略和激进型的财务战略。

第三，公司治理结构。公司治理结构是公司各利益相关者之间关系的描述，直接决定和控制企业的战略方向和管理业绩。良好的公司治理结构是保障财务战略有效实施的关键。

一、财务战略环境分析

财务战略环境是指企业财务活动赖以存在和发展的内外部各种因素的结合，环境构成了企业财务活动的客观条件。财务战略环境分析是指在确定企业财务管理目标的前提下，分析企业财务工作所处的外部环境、内部环境，并识别其对实现企业财务管理目标的优势与威胁，明确可以利用的内外部资源以及限制条件，从而选择有效配置资源的路径，最终利用优势，化解威胁进而实现企业战略目标。财务战略环境可以分为宏观环境与微观环境，具有整体复杂性、不确定性等特点。

（一）财务战略环境因素识别

企业财务战略是指通过选择最佳的财务资源配置路径，实现企业价值目标。企业财务战略制定过程中的环境因素识别，是指在制定企业财务战略过程中应考虑哪些内外部环境因素，并判断这些因素对企业财务战略可能造成的影响。

1. 外部环境因素识别

由于财务战略的目标是有效配置财务资源，包括融资管理、投资管理、收益管理、成本费用管理、信息披露管理和财务风险管理等涉及的财务资源。因此，基于财务战略所应识别的外部环境因素主要包括以下几个方面。

（1）经济环境。

经济环境因素包括经济体制、经济发展阶段、经济发展特征、经济政策和市场竞争等。

①在社会主义市场经济体制下，企业成为自主经营、自负盈亏的经济实体，有独立的经营权和理财权。②经济发展阶段是指企业所在特定区域的经济处于什么样的发展阶段，是高速增长，还是平稳缓慢增长，还是经济衰退。在不同的经济发展阶段，企业所应采取的财务战略是不一样的。因此，经济发展阶段影响着企业财务战略的制定。③经济发展特征是指外部经济发展的周期性规律。财务战略是相对稳定并相对时间较长的，因此，制定财务战略必须考虑经济发展特征。④经济政策是指企业所处区域所采取的特定经济政策。经济政策对财务战略制定的影响是非常明显的。⑤市场竞争是指企业所处市场的开放程度、自由竞争程度。不同的市场特征意味着企业不同的资源配置方式，也必然影响到企业的财务战略。

（2）政治法律环境。

政治法律环境因素主要包括法律进程、法律完善程度和企业自由权程度三个方面。

①法律进程是指企业所处特定区域下立法的进度，比如税收方面的立法情况、反垄断方面的可能立法等，企业制定财务战略应予以高度关注；②法律完善程度是指涉及企业运营的商事法律、金融法律等的完善程度。企业制定财务战略时应全面分析已有法律的影响，同时，对未立法规范的行为要评估风险；③企业自由权程度是指在特定政治法律环境下，企业行为权力的范围及限制。企业制定财务战略时，应重点分析企业融资权利、投资权利和收益管理权利等，以明确企业未来的行动以及限制。

政治法律环境因素中，企业应重点关注经济、商事方面的法律、政治因素。

（3）金融环境。

金融环境因素主要包括金融机构、资本市场、货币政策等。从广义上说，金融环境可以归入经济环境中，但是，对制定财务战略而言，金融环境特别重要，因此，必要时将其单独列出进行分析。

财务战略的主要内容是融资战略、投资战略和收益管理战略等，这些内容与金融环境密切相关。金融机构的分布、功能决定了企业外部融资、投资渠道，从某种意义上也决定了企业的融资成本、投资收益；资本市场的发达程度决定了企业财务资源配置的自由度；此外，货币政策将对企业的运营效益产生直接的影响。

（4）技术环境。

技术环境是指与企业财务资源配置相关的各类技术及其未来发展，包括财务信息产生及披露技术、资本市场交易技术、内部控制技术等。随着互联网技术的发展，财务资源配置的技术环境正发生着革命性的变化。因此，企业在制定财务战略时，必须充分评估技术环境，同时，预测未来技术发展前景，以增加财务战略的适宜性、可操作性。

（5）行业环境。

行业环境是指企业所处的行业现状及其未来发展。行业环境很大程度上决定了企业总体战略。对制定财务战略而言，同样必须关注行业环境。在财务战略制定过程中，必须关注行业的各项财务指标、行业的主要融资方式、主要投资方向以及收益管理所采取的主要政策。

（6）社会文化环境。

社会文化环境是指企业所处特定区域的人文环境、文化传统和社会文化发展进程等。社会文化环境的变化必然影响到整个社会资金的积蓄、分配和运用方式，并最终反映到企业中来，对企业资金流动产生各种各样的影响。

（7）经济全球化环境。

经济全球化已经是大势所趋。对制定财务战略而言，经济全球化意味着财务资源的配置是全球化的，比如，国际资本市场融资、全球的投资等。因此，经济全球化给财务战略的制定带来了非常广阔的思维空间，也使财务战略的制定必须考虑更多更复杂的因素。

（8）会计准则环境。

会计准则是有经济后果的，这也意味着会计准则的变化影响着企业价值目标的实现。因此，在财务战略制定过程中，必须分析所采用的会计准则，全面判断准则的影响。

2. 内部环境因素识别

财务战略规划过程中，内部环境因素的识别也是至关重要的。内部环境因素是指企业内部可以配置的财务资源或影响企业内部财务资源配置的因素，主要包括企业总体战略、企业所处发展阶段、企业所提供的产品（服务）特征、企业内部治理结构、企业内部控制和企业资产资源等。

（1）企业总体战略。

企业财务战略必须服务、服从于企业总体战略，在企业战略框架中，企业财务战略应是企业总体战略下的一个子系统。战略管理大师迈克尔·波特认为，战略就是在企业的各项运营活动之间建立联系。企业的总体战略可以区分为业务层战略与企业层战略两个层面。业务层战略一般区分为低成本战略、差异化战略和集中化战略，而企业层战略一般有多元化、国际化等。因此，财务战略必须在企业总体战略格局下确定。

（2）企业所处的发展阶段。

任何企业都有其自身的生命周期，企业的生命周期一般可以划分为初创期、发展期、成熟期和调整期四个阶段。处于不同生命周期阶段的企业，其自身所能产生提供的资源及发展所需要的资源是不一样的，由此也决定了处于不同生命周期阶段的企业所采取的财务战略是不一样的。制定财务战略时，必须考虑企业所处的不同生命周期阶段，分析所处阶段自身所能产生提供的资源及所需要的资源。

（3）企业所提供的产品（服务）特征。

企业所提供的产品（服务）特征决定了企业自身的赢利能力，也就是企业自身产生提供资源的能力。同样，企业所提供的产品（服务）特征也决定了企业为生产、提供产品（服务）所需要的资源。

（4）企业内部治理结构。

企业内部治理结构事实上决定了企业内部的权力分配及其相互牵制。良好的内部治理结构意味着企业财务战略能够得到良好的实施。因此，制定企业财务战略时，必须考虑企业内部治理结构能否保证财务战略得到有效执行。

（5）企业内部控制。

良好的企业内部控制可以有效降低企业经营风险、财务风险。企业制定财务战略的一个目的是降低企业预期的财务风险。因此，制定财务战略必须考虑企业内部控制的完善性、有效性。

（6）企业现有的资产资源。

财务战略是企业为达到设定的未来目标而确定的资源配置路径。其基本思路是，现有资源如何配置，未来如何配置资源。因此，制定财务战略时必须对企业现有的资产资源进行详细分析，包括静态的企业已经拥有或控制的资产，动态的企业通过运营活动或政策途径可能取得的资产等。

内部环境状况是决定企业财务战略的内因，脱离一定的内部环境，要制定一个良好的财务战略并加以实施是不可能的。分析企业财务战略内部环境就是要搞清楚这些因素对企业资金流动的影响，同时发现企业自身的长处与短处，分析造成这些情况的原因，以充分挖掘潜力，发挥优势，结合外部环境制定企业的财务战略。

（二）财务战略环境分析的程序

财务战略环境影响企业财务战略管理的各个环节：在战略制定阶段，企业需要对现有环境进行识别，寻找机会与威胁，并对未来环境进行预测，以制定科学、合理、正确的财务战略；在战略执行阶段，有利的财务战略环境能强化财务战略的有效执行，而不利的财务战略环境将会制约、阻碍财务战略的有效执行，从而弱化财务战略的绩效；在战略控制阶段，各环境要素将对控制标准的确定及财务战略实际执行情况的衡量产生影响，从而影响财务战略控制效率及效果；在战略修订阶段，现行战略环境及未来的财务战略环境的预测将影响修订行为及方案的选择。财务战略环境分析的一般程序如下。

1. 收集企业财务战略环境的信息

可以通过建立信息研究部门、战略研究部门等安排专门人员收集信息，也可以通过组织外部社会调查、情报研究等专业机构进行。信息的主要来源包括互联网、电视、政府公报、国家法律法规文件、报纸、杂志等。

2. 分析环境因素对企业资金流动的影响

在掌握大量环境因素并对其趋势进行预测分析的基础上，要进一步分析各环境因素对企业资金流动可能造成的影响，估计影响的性质、大小和发生的时间，从而明确企业未来在资金流动方面可能受到的威胁和可以利用的机会。

3. 归纳环境分析的结果

将各种资料和数据进行归纳和整理，编写环境分析报告书。内容应包括，企业今后将面临什么样的财务环境，各种环境因素会如何变化，对企业资金流动造成什么影响，未来财务环境对企业资金流动来说，存在哪些机会和威胁，它们出现的可能性有多大。

二、财务战略规划程序

为制定出一个使得企业可持续发展的财务战略，并使财务战略得以良好地贯彻和执行，就必须采用科学的方法和遵循必要的程序来制定企业的财务战略。遵照企业战略的生成程序，财务战略制定的一般程序是：在企业内外部环境分析和确定战略目标的基础上，广泛地寻求企业各种可能的备选方案，检测各备选方案与企业战略的一致性，通过各种具体指标对备选方案进行评价与比较，从中选择最优的战略方案，如图 3.1 所示。

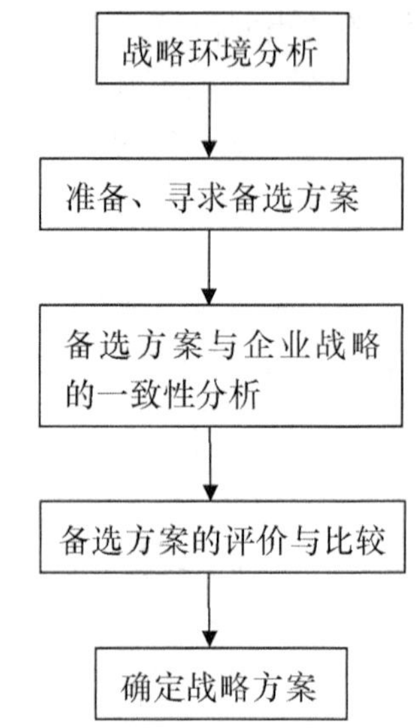

图 3.1　财务战略规划的程序示意图

1. 进行理财环境分析

理财环境分析是指对制定财务战略时面对的外部环境和内部资源经营条件进行分析。企业财务是一个开放性系统，应与外部环境相适应，与企业内部的资源经营整合能力相配合。只有知内知外，寻求机会，明确风险，找出优势和劣势，才能制定出切合企业实际的财务战略。

2. 确定企业的长远发展财务战略目标

在议定长远财务战略目标，制订方案时要遵循下列原则：扬长避短，发挥优势；以创新求发展；力求贡献、效益与速度同步增长；和企业的其他战略协调进行；集思广益，发挥群体智慧。

3. 可行性论证

比较分析各个备选方案、各个方面的可行程度、风险大小、效益高低，从中选出最佳的财务战略方案。

4. 最终决策

经过反复论证和审议，最后由企业决策机构进行决策并组织实施。

三、财务战略规划方法

财务战略的制定方法主要有 SWOT 分析法、波士顿矩阵法、生命周期矩阵法及行业结构分析法、通用电气经营矩阵法等。

（一）SWOT 分析法

SWOT 分析法又称为态势分析法，英文字母分别代表优势（strength）、劣势（weakness）、机会（opportunity）和威胁（threat）。SWOT 分析，就是将与研究对象密切相关的各种内部优势和劣势、外部机会和威胁等列举出来，并依照矩阵形式排列，然后用系统分析的思想，把各种因素相互匹配起来加以分析，从中得出有利于公司发展的战略选择。企业内部的优势和劣势、外部的机会与威胁一旦确定，管理者即可着手制定一种利用自己的内部优势与抓住外部机会的战略。SWOT 分析法常常被用于制定企业发展战略和分析竞争对手情况，在战略分析中，它是最常用的方法之一。

从整体上看，SWOT 可以分为两部分：第一部分为 SW，主要用来分析内部条件；第二部分为 OT，主要用来分析外部条件。按照企业竞争战略的完整概念，战略应是一个企业“能够做的”（即组织的强项和弱项）和“可能做的”（即环境的机会和威胁）之间的有机组合。

问与答

问：企业的SWOT分别包括哪些因素？

答：优势，是企业的内部因素，具体包括充足的资金、良好的企业形象、先进的技术力量、良好的产品质量、较大的市场份额、成本优势、有利的竞争态势、广告攻势等。

劣势，也是企业的内部因素，具体包括资金短缺、设备老化、管理混乱、经营不善、缺少关键技术、研究开发落后、产品积压、竞争力差等。

机会，是企业的外部因素，具体包括开发出新产品、扩展新的市场、外贸市场壁垒解除、竞争对手失误等。

威胁，也是企业的外部因素，具体包括新的竞争对手、替代产品增多、市场紧缩、行业政策变化、经济衰退、客户偏好改变、突发事件等。

SWOT 分析主要有以下方面的内容。

1. 分析环境因素

分析出企业所处的外部环境因素和内部环境因素。内部环境包括优势和弱点，是企业自身存在的积极和消极因素，属主观因素。外部环境包括机会和威胁，是对企业发展有直接影响的有利和不利因素，属于客观因素。在调查分析这些因素时，不仅要考虑到历史与现状，更要考虑未来发展问题。企业要发挥优势、扬长避短，抓住机会、避开威胁。

2. 构造 SWOT 矩阵

将调查得出的各种因素根据轻重缓急或影响程度等排序方式，构造 SWOT 矩阵。在此过程中，将那些对企业发展有直接的、重要的、可持续的影响因素优先排列出来，而将那些间接的、次要的、短期的影响因素排列在后面。

3. 制订行动计划

在完成环境因素分析和 SWOT 矩阵的构造后，便可以制订出相应的行动计划。制订计划的基本思路是：发挥优势因素，克服弱点因素，利用机会因素，化解威胁因素；考虑过去，立足当前，着眼未来。运用系统分析的综合分析方法，可以形成 SO 战略（发挥优势，利用机会）、WO 战略（利用机会，克服劣势）、ST 战略（发挥优势，回避威胁）、WT 战略（克服劣势，回避威胁）四种类型，具体如图 3.2 所示。

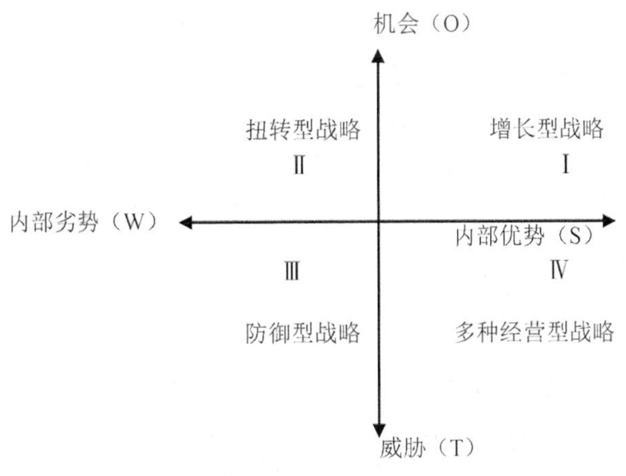

图 3.2　SWOT 矩阵分析示意图

处在第一象限的企业具有很好的内部优势和众多的外部机会，应采用发挥内部优势、利用外部机会的增长型战略。

处在第二象限的企业，存在一些外部机会，但企业内部的一些弱点妨碍其利用这些外部机会，应采用利用外部机会来弥补内部弱点的扭转型战略。

处在第三象限的企业，内部存在劣势，外部面临重大威胁，应采用旨在减少内部劣势同时回避外部环境威胁的防御型战略。

处在第四象限的企业，具有一定的内部优势，但外部环境存在威胁，应采取多种经营战略，利用自身的优势，在多样化经营上寻找长期发展的机会，以回避外部环境威胁。

SWOT 方法的优点在于考虑问题全面，是一种系统思维，把对问题的“诊断”和“开处方”紧密结合在一起，条理清楚，便于检验。但 SWOT 也存在局限性，过去关注成本、质量，而现在可能更强调组织流程、价值链来改变企业现状，或通过寻找新的资源来创造企业所需要的优势，从而达到过去无法达成的战略目标。此外，有太多的场合可以运用 SWOT 分析法，这也会导致效果不明显。

（二）波士顿矩阵法

波士顿矩阵法是由美国著名的管理学家、波士顿咨询公司创始人布鲁斯·亨德森于 1970 年首创的一种产品结构分析方法。这种方法的核心在于，要解决如何使企业的产品品种及其结构适合市场需求的变化，同时如何将企业有限的资源有效地分配到合理的产品结构中去，以保证企业收益，这是企业在激烈竞争中能否取胜的关键。

波士顿矩阵认为一般决定产品结构的基本因素有两个，即市场引力与企业实力。市场引力包括企业销售量（额）增长率、目标市场容量、竞争对手强弱等，其中最主要的是反映市场引力的综合指标——销售增长率，这是决定企业产品结构是否合理的外在因素。企业实力包括市场占有率、技术、设备、资金等，其中市场占有率是决定企业产品结构的内在要素，它直接体现企业竞争实力。销售增长率与市场占有率既相互影响，又互为促进。

波士顿矩阵也称为市场增长率—相对市场份额矩阵，参见图 3.3。矩阵横轴表示企业在行业中的相对市场份额（与其最大的竞争对手比较），用数字 0.1～1.0 表示；纵轴表示销售增长率，指企业所在行业的某项业务最近两年的销售增长率，通常用 10%作为界限。

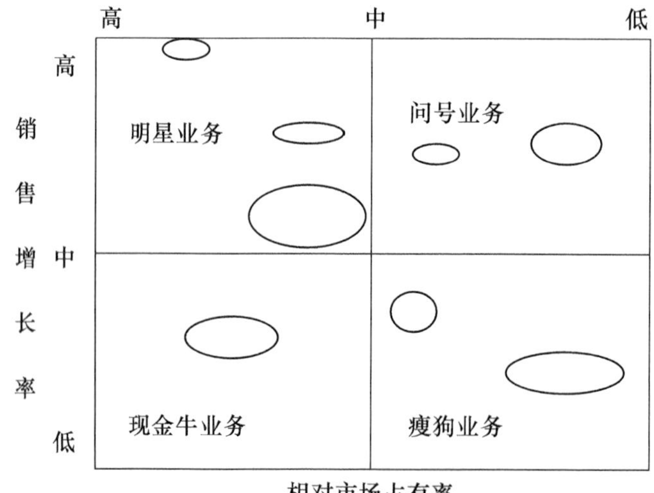

图 3.3　波士顿矩阵示意图

通过以上两个因素相互作用，会出现四种不同性质的产品类型，形成不同的产品发展前景：①销售增长率和市场占有率“双高”的产品群（明星类产品）；②销售增长率和市场占有率“双低”的产品群（瘦狗类产品）；③销售增长率高、市场占有率低的产品群（问号类产品）；④销售增长率低、市场占有率高的产品群（现金牛类产品）。

1. 明星产品

它是指处于高增长率、高市场占有率象限内的产品群。这类产品可能成为企业的现金牛产品，需要加大投资以支持其迅速发展，以长远利益为目标，提高市场占有率，加强竞争地位。建议采用事业部形式，由对生产技术和销售两方面都很内行的经营者负责。

2. 现金牛产品

现金牛产品又称厚利产品。它是指处于低增长率、高市场占有率象限内的产品群，已进入成熟期。其财务特点是销售量大，产品利润率高，负债比率低，可以为企业提供资金，而且由于增长率低，也无须增大投资，因而成为企业回收资金、支持其他产品，尤其明星产品投资的后盾。此类产品，适合用事业部制进行管理，其经营者最好是市场营销型人物。

3. 问号产品

问号产品是处于高增长率、低市场占有率象限内的产品群。前者说明市场机会大，前景好，而后者则说明在市场营销上存在问题。其财务特点是利润率较低，所需资金不足，负债比率高，例如在产品生命周期中处于引进期的产品。对问题产品的管理组织，最好是采取智囊团或项目组等形式，选拔有规划能力、敢于冒风险、有才干的人负责。

4. 瘦狗产品

瘦狗产品，也称衰退类产品。它是处在低增长率、低市场占有率象限内的产品群。其财务特点是利润率低，处于保本或亏损状态，负债比率高，无法为企业带来收益。对这类产品应采用撤退战略：首先整顿产品系列，减少批量，逐渐撤退，对于彻底失败的产品应立即淘汰；其次是将剩余资源向其他产品转移。最好将瘦狗产品与其他事业部合并，统一管理。

课堂讨论

这四类产品各适用于什么样的财务战略？

按照波士顿矩阵的原理，产品市场占有率越高，创造利润的能力越大；另外，销售增长率越高，为了维持其增长及扩大市场占有率所需的资金亦越多。利用波士顿矩阵分析法，企业可以进行财务战略的选择，主要有以下选择。

（1）发展。这一战略特别适用于问题业务。如果要使问题业务成为明星业务，其市场份额有较大的增长，公司就需要尽可能扩大投资。财务部应进一步分析，判断使其成为明星业务所需要的投入资金量，分析其未来是否赢利，研究是否值得投资的问题。

（2）维持。此目标在于保持战略单元的市场份额。这个战略适用于强大的现金牛业务，如果公司需要它们继续产生大量现金流量的话。

（3）收获。此目标在于增加短期收入，不考虑长期影响。这一战略适用于处境不佳的现金牛业务，这种业务前景黯淡又需要从它身上获得大量现金收入。收获战略也适用于问题业务和瘦狗业务。

（4）放弃。此目标在于出售或清理业务，以便把资源转移到更有利的领域。它适用于瘦狗业务和问题业务，这类业务常常拖公司赢利的后腿。

需要指出的是，由于经营环境的变化，业务单位在矩阵中的位置也可能发生变化。即使非常成功的业务单位也有一个生命周期，可能从问题业务开始，继而成为明星业务，然后成为现金牛业务，最后变成瘦狗业务，直至生命周期的终点。正因为如此，企业经营者不仅要考察每项业务在矩阵中的现有位置，还要观察其未来可能的发展趋势，选择合适的战略。

（三）生命周期矩阵法

查尔斯·霍弗把行业生命周期理论与企业竞争地位结合起来，提出生命周期矩阵分析法。该方法是根据企业各种业务所处的产品市场生命周期阶段和业务的大致竞争地位决定战略类型的方法。产品都沿着一定的生命周期发展，产品生命周期包括引进、成长、成熟和衰退等四个阶段（见表 3.2）。在引进阶段和成长阶段，销售增长迅速，进入该市场比较容易；在成熟阶段，随着销售增长的放慢和各个企业经验的不断积累，原进入者已经具备了成本优势，新的加入比较困难；在衰退阶段，替代产品的出现使原有产品的销售量和价格不断下降，业务将变得无利可图。企业在制定财务战略时需要考虑产品生命周期各阶段的不同特点。

表 3.2　产品生命周期矩阵分析

竞争地位	强	中	弱
引进阶段	赢利	问号	亏损
成长阶段	赢利	赢利或问号	可能亏损
成熟阶段	赢利	赢利	亏损
衰退阶段	赢利	亏损	亏损

生命周期矩阵法强调对企业内各部门或业务的分析应结合其所处的生命周期阶段进行。例如，对于在市场中拥有较强竞争力且赢利的部门，如果该部门或业务处于引进阶段，就应追加投资以迅速扩大规模和巩固其市场领先地位；而对处于衰退阶段的部门或业务，即使其当前的赢利还十分可观，但由于市场在逐渐消失，也不能再大力追加投资而应逐步做好撤资退出的打算。同样对于竞争地位较弱，经营亏损的部门或业务，若其处于引进和发展阶段，由于其尚有提高市场竞争地位的可能，只是需要追加大量资金，则应综合分析竞争环境及发展前景，做出是否继续投资以扭亏为盈的决策；但对于处于成熟和衰退阶段的亏损业务或部门，一般应做好撤资退出的准备。

Render 和 Ward 在其所著的《公司财务战略》（2002）一书中，提出了根据产品的生命周期进行财务风险和经营风险的反向搭配，并根据各阶段的风险特点做出相应的融资决策和股利分配决策。其决策的方式如表 3.3 所示。

表 3.3　产品生命周期与经营决策分析

产品生命周期	经营风险	财务风险	融资来源	股利支付率
引入期	非常高	非常低	权益融资（风险资本）	零
成长期	高	低	权益融资（增长的投资者）	一般
成熟期	中等	中等	债务与权益融资（留存收益）	高
衰退期	低	高	债务融资	100%

在引进期，极高的经营风险就该对应极低的财务风险，相应地，只有通过发行股票这样的权益融资方式才能保证极低的财务风险，在投资者对现金股利与资本利得没有特别偏好且权益可以获得具有吸引力的再投资机会的前提下，由于引进期的现金流量多为负数，从长期发展的

资金决策角度，该阶段的股利支付率应为零。相反，在衰退阶段，由于债务融资产生的较高的财务风险可以被低的经营风险抵消不会产生高的综合风险，而债务融资的财务杠杆效应又会增加企业的留存收益，因此资本结构应以债务资本为主。衰退期企业的自由现金流量增加再加上利息的税盾效应，其股利支付率可达100%。成长期与成熟期的分析，与之类似。

（四）行业结构分析法

行业结构分析法一般采用哈佛商学院著名管理学者迈克尔·波特在20世纪90年代末提出的五力模型。“五力”是指行业现有的竞争状况、供应商的议价能力、客户的议价能力、替代产品或服务的威胁、新进入者的威胁五种力量，见图3.4。

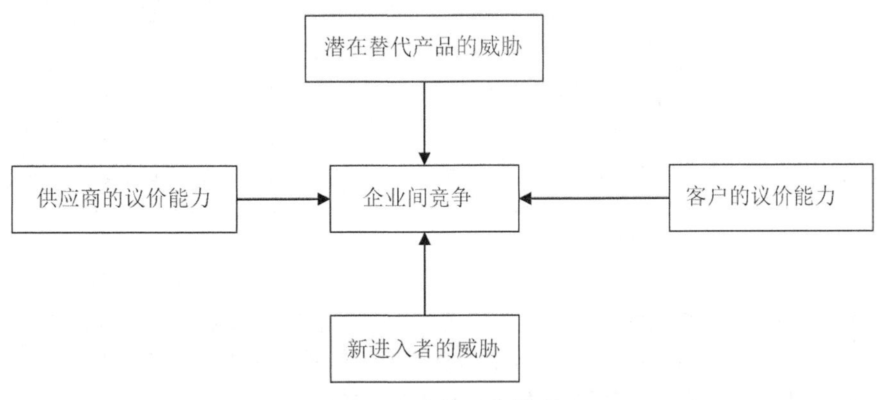

图3.4　波特五力模型

行业现有的竞争状况、供应商的议价能力、客户的议价能力、替代产品或服务的威胁、新进入者的威胁这五种力量构成了行业的竞争结构。而每一种力量又分别受一些相关因素的影响，五种力量各自的主要影响因素见表3.4。

表3.4　五种力量的主要影响因素表

决定新进入者威胁的因素	进入壁垒（规模经济、产品差异化、资本需求、转化成本、销售渠道、成本劣势、政府的政策）、预期的报酬等
决定买方议价能力的因素	购买数量、购买的产品无差异化、买方后向整合的能力、转换成本低、买方赢利低、买方对产品无偏好、掌握充分信息等
决定现有公司间竞争的因素	众多势均力敌的竞争者、行业增长缓慢、高固定成本、产品缺乏差异、退出壁垒高等
决定替代品威胁的因素	替代品数量的多少、替代品的相对价格、买方对替代品的购买倾向等
决定供方议价能力的因素	供应商高度集中、供应的商品无替代品、产品的差异化、转换成本高、供方产品是买方业务的主要投入品、供方前向整合的威胁等

在每一行业中，这五种竞争力量的大小强弱是不同的，因此，每个行业都具有独特的竞争结构。也正是这五种力量决定着企业产品的价格、成本和投资，因此也就决定了行业的长期赢利水平。企业战略的核心在于选择正确的行业，以及行业中最具有吸引力的竞争位置。企业可通过成本领先、产品差异化和专业化三个基本战略来获取企业的竞争优势。成本领先战略的目标是使企业产品的单位成本低于产业范围内的其他对手，实现成本领先的途径有规模经济、学习曲线、生产力利用模式等；产品差异化是提供标新立异的产品或服务，形成一些在全产业范围内具有独特性的东西，或找出可能产生差异化的环节；专业化的战略是主攻某个特定的顾客群、产品系列的一个细分区段或细分市场。

波特的行业结构分析法被许多企业运用于投资战略的制定。通过行业结构的分析，企业可以确定每个行业中决定和影响五种竞争力量的基本因素，明确企业生存与发展的优势和劣势，从而发现该行业是否能够提供较高的持续赢利机会，并结合企业实际情况决定是否向该行业投资。

（五）通用电气经营矩阵法

通用电气公司（GE）针对波士顿矩阵所存在的问题，于20世纪70年代开发了吸引力/实力矩阵。该矩阵也提供了产业吸引力和业务实力之间的类似比较，但波士顿矩阵用市场增长率来衡量吸引力，用相对市场份额来衡量实力，而GE矩阵使用数量更多的因素来衡量这两个变量。也由于该矩阵使用多个因素，可以通过增减某些因素或改变它们的重点所在，很容易地使矩阵适应经理的具体意向或某产业特殊性的要求。

GE矩阵可以根据业务单位在市场上的实力和所在市场的吸引力对这些业务单位进行评估，也可以表述一个企业的业务单位组合，判断其强项和弱点。在需要对产业吸引力和业务实力做广义而灵活的定义时，可以以GE矩阵为基础进行战略规划。GE矩阵法的基本程序如下。

1. 定义各因素

选择要评估业务（或产品）实力和市场吸引力所需的重要因素，在GE内部，分别称之为内部因素和外部因素。确定这些因素的方法可以采取头脑风暴法或名义小组法等，关键是不能遗漏重要因素，也不能将微不足道的因素纳入分析。

2. 估测内部因素和外部因素的影响

从外部因素开始，根据每一因素的吸引力大小对其评分。若一个因素对所有竞争对手的影响相似，则对其影响做总体评估，若一个因素对不同竞争者有不同影响，可比较它对自己业务的影响和重要竞争对手的影响。

3. 对外部因素和内部因素的重要性进行估测

对外部因素和内部因素的重要性进行估测，得出衡量实力和吸引力的简易标准。估测的方法有定性和定量两种方法可以选择。

4. 将该战略事业单位标在GE矩阵上

将该战略事业单位标在GE矩阵上，矩阵坐标横轴为业务实力，纵轴为产业吸引力。每条轴上用两条线将数轴划为三部分，这样坐标就成为网格图。

5. 对矩阵进行诠释

通过对战略事业单位在矩阵上的位置分析，企业就可以选择相应的战略举措。

绘制GE矩阵，需要找出内部和外部因素，然后对各因素加权，得出衡量内部因素和市场吸引力外部因素的标准。当然，在开始搜集资料前仔细选择哪些有意义的战略事业单位是十分重要的。GE矩阵如图3.5所示。

通用电气矩阵法认为，对于A、B、D区域的业务单元应予必要的资金资助，对于E区域的业务单元应予适当的观察，对于C、G区域的业务单元应充分利用其强有力的竞争地位或行业吸引力，使之尽可能提供利润和现金，对于F、H、I区域的业务单元则应减少或停止投资。

		竞争地位		
		高	中	低
行业吸引力	高	领先地位 A	不断强化 B	加强发展 C
	中	发展领先地位 D	密切关注 E	分期撤退 F
	低	收获现金 G	分期撤退 H	不再投资 I

图 3.5　GE 矩阵示意图

管理者通过通用电气矩阵分析，可以知道整个企业的经营活动是否为一个平衡的经营组合。在一个“平衡”的经营组合中，应该包括一定数量的 A、B 和 D 业务单元和部分 G 业务单元。只有这样才能提供必要的现金流量，支持未来的 A、B 和 D 业务单元和有可能成为这类业务单元的 C 业务单元，以保证合理的利润和未来发展。

第三节　不同发展阶段的财务战略

在不同的发展阶段，企业所面临的市场环境差异悬殊，从而财务战略的侧重点也不尽相同。从这个层次上讲，财务战略实施策略也可以理解为财务战略的基本定位在不同发展阶段的具体化。

一、初创期财务战略

（一）初创期的经营风险与财务特征

初创期的企业往往面临着很大的经营风险，主要表现在以下几个方面。

（1）企业产品产量规模不是很大，规模效益还没有完全发挥出来，单位产品分担的固定成本较高；

（2）企业的核心能力还没有完全培育成熟，核心产品不能为企业提供大量的现金流；

（3）在需要大规模扩张时，面临着融资环境相对不利的问题；

（4）初创期企业没有规模优势，市场缺乏对企业产品的认知与了解，其市场份额的确定缺乏依据与理性；

（5）企业的未来发展没有完整的规划，战略管理处于较低的层次，投资项目的选择有时显得无序，甚至出现较大的管理失误和投资失败；

企业的管理水平还没有提升到一个较高的层次，因此管理的无序要求强化集权。

（二）初创期财务战略定位

初创期企业的财务实力相对较为脆弱，为了更好地聚合资源并发挥财务整合优势，客观上要求企业必须采取一体化的财务战略。另外，从经营风险与财务风险的互逆关系看，较高的经营风险必须以较低的财务风险与之相配合，从而在财务战略上保持稳健原则。初创期财务战略管理的特性主要表现为稳健与一体化。

1. 权益资本型的筹资战略

在企业初创阶段，负债筹资的风险很大，债权人借贷资本要以较高的风险溢价为前提条件，从而企业的筹资成本很高，因此最好的办法不是负债筹资，而是采用权益资本筹资方式。对于权益资本筹资，投资者之所以愿意将资本投资于企业，不是看到它现在的负收益，而是看到其未来的高增长。从财务上考虑，由于这一阶段企业并无或者只有很少的应税收益，因此，即使利用负债经营也不能从中得到任何税收上的好处（无节税功能）。

从稳健策略考虑，初创阶段权益资本的筹措应当强调一体化管理的原则。这意味着：企业应在相对较长时间内确定合理的资产负债率，以此作为企业负债融资控制的最高限制；任何内部经营单位不具有对外负债的权利，由企业统一对外负债。这样做的原因有两条：一是利用贷款规模优势来降低负债成本；二是限制经营单位的融资权利，从而保证企业整体融资管理的有序与一体化。

2. 一体化集权型投资战略

企业组建初期，往往因为资本的匮乏而无力对外扩张，也没有足够的财务实力与心理基础来承受投资失败的风险，更重要的是项目选择的成败将直接影响着企业未来的发展。因此，基于各种因素考虑，初创期的企业应当实施一体化的投资战略。

3. 无股利政策

由于企业在初创期收益不高，且为稳健考虑需要进行大量积累，因此，这时的分配政策应是零股利，若非发放股利不可，也应主要考虑股票股利方式。

（三）初创期财务战略实施重点

从总的原则看，初创期财务战略实施遵循以下原则与程序。

1. 全方位落实财务战略意图

企业高层管理者应当让股东和投资者甚至员工都充分认同企业财务战略意向与内容，并达成共识，且付诸行动。

2. 制定财务战略，实施阶段性财务规划

在企业战略发展规划基础上，确定近期与未来三年的资本支出项目计划。指标支出规划是企业战略发展规划的重要内容，主要包括投资时间、资本支出额及财务可行性研究等。针对资本支出规划，确定企业的融资规划，包括何时融资、融资方式选择及融资金额量的大小；慎重对待股利发放，企业的发展离不开内部积累，只有积累才使企业具有后劲与实力，因此不主张发放股利。

二、发展期财务战略

（一）发展期的经营风险与财务特征

当企业步入发展期时，产品定位与市场渗透程度都已提高，但是企业仍然面临较大的风险和财务压力。这是因为：①投资冲动、现金缺口大、资本不足矛盾依然突出；②技术开发和巨额的资本投入形成长期资产，并计提大量的折旧及摊销费用，因此账面收益水平低，很难利用负债筹资来达到节税效果；③投资欲望高涨可能导致盲目性增加，从而造成很大财务损失或低效率、过度经营等。

（二）发展期财务战略定位

企业的经营战略及其风险特征，要求处于该阶段的企业应当采取稳固发展型的财务战略。

1. 相对稳健型的筹资战略

由于资本需求远大于资本供给能力，而且负债筹资在此期间并非首选，因此，资本不足的矛盾仍然要通过以下途径解决：一是企业投资者追加投资，二是将大多数收益留存于企业内部。这两条途径都是权益筹资战略的重要体现。

2. 适度分权的投资战略

在企业发展期，投资的适度分权型战略应视投资项目的不同情形予以相宜选择，主要内容包括以下方面。①依据项目投资金额大小和对企业整体战略与利益影响程度的大小而确定不同的决策权层次。②严格中小项目投资决策与管理。在特定情况下，一些大型投资项目，可能是基于扩充生产能力而进行的，因此其决策风险并不比中小型投资项目大。也就是说，中小型的投资项目可能是出于战略调整角度而进行的试探性的投资，其投资决策风险可能比大型投资项目还大。在这种情况下，大型投资项目可能会采用分权式的审批或备案制，而中小项目可能要采用更为集权式的直接决策制。③采用灵活的项目资本供应方式。对于投资项目所需资本，可采用自主供应与集中供应相结合。

3. 剩余股利政策

发展期企业的经营风险与财务特征，决定了该时期的企业应倾向于零股利政策或剩余股利政策。在支付方式上，也宜以股票股利为主导。

（三）发展期财务战略实施重点

发展期是企业生命力最强的时期，也是风险四伏的时期，因此，强化财务战略的实施并保持有效的监控对集团的发展至关重要。一般认为，发展期的财务战略实施主要从以下方面考虑。

1. 合理测定企业的发展速度

企业的发展受制于两方面：一是营销能力及销售增长率；二是融资能力。就营销能力而言，它主要解决销售规模与销售速度问题。从财务角度看，融资能力是制约企业发展的关键，融资能力要受两个方面影响：利润规模的大小及再投资率；资本市场的限制。

2. 主动谋取市场机会，充分利用各种金融工具积极融资

在发展期，企业所面临的财务问题大部分集中在资金短缺上，弥补资金缺口的市场机会在这一时期会更多，手段与方法显得更为灵活。

3. 充分规划投资项目

融资的目的是为了项目投资，而投资项目从立项、审批到落实，都要在战略上做出充分的考虑。

4. 积极推进商业信用管理，为全面落实财务战略服务

商业信用管理之所以在这一时期尤显重要，其原因在于：商业信用管理可大大减少销售增长的盲目性，从而将营销至上的战略意图置于严格的财务考评基础之上，从而做到营销与财务管理的互动；大大减少坏账和收账费用，并加速应收款的回收，降低借款额度和利息支出；为以后的规范经营、强化制度管理提供良好的基础。

三、成熟期财务战略

（一）成熟期的经营风险与财务特征

成熟期的基本标志是企业的市场份额较大，在市场中的地位相对稳固，因此经营风险相对较低。与此相应的财务状况具有以下几个特征。

（1）成熟期的市场增长潜力不大，产品的均衡价格也已经形成，市场竞争不再是企业间的价格战。在价格稳定的前提下实现赢利的唯一途径是降低成本，因此成本管理成为成熟期财务管理的核心。

（2）成熟期的企业现金流入增长快速，相反固定资产等资本性新增项目通常不多或增长不太显著，而且固定资产所需资本支出主要是更新所需，并且基本上能通过折旧的留存方式来满足其需要，故该期间企业现金流出相对较小，从而形成较大的现金净流入量。

（3）成熟期资产收益水平较高，加之现金净流入量较大，因此财务风险抗御能力较强，有足够的实力进行负债融资，以便充分利用负债杠杆作用达到节税与提高权益资本报酬率的目的。

（4）成熟期企业的权益资本或股票价值可能被高估。

（5）成熟期股东或出资者对企业具有较高的收益回报期望，因此高股利成为这一时期的必然。

（二）成熟期财务战略定位

竞争者之间具有挑衅性的价格竞争的出现，标志着成长阶段的结束。这时，销售量大且利润空间合理的成熟阶段开始出现，经营风险会再次降低。在此期间，战略重点转移到保持现有的市场份额和提高效率，此外，正的净现金流量使得借款和还款成为可能。伴随着较高的赢利现金比率，股利支付率必然提高。与上述经营风险和财务特征相对应，此阶段的财务战略主要包括以下方面。

1. 激进的筹资战略

激进是相对于保守而言的，此阶段的激进是对前两个阶段保守战略的“能量”释放。可采用相对较高的负债率，以有效利用财务杠杆，给企业较高的权益回报。

2. 多样化的投资战略

成熟期是企业日子最好过也是最难过的阶段。好过，就在于它有优势的核心业务和核心竞争力，有较为雄厚的营业现金净流量甚至自由现金流量做保障，所在行业或业务领域没有更大的市场竞争压力及投资与经营风险；难过，是由于对企业的未来走向需要从现在开始考虑，未来不确定因素需要管理者进行分析并决策，以推动企业走向更高层次，拓展更大的发展空间。它决定了成熟期企业一方面必须关注既有核心业务竞争优势的继续保持、巩固与现有生产能力的不断挖潜，并以既有核心能力为依托衍生母体，走出一条一元核心编造下的项目投资与业务经营多样化的发展道路；另一方面也需要前瞻性地为未来战略发展结构的优化、调整，探索新的业务领域及市场空间，并努力培养起新的核心竞争力。

3. 现金性、高比率股利政策

投资者的投资冲动来自收益预期，而收益预期的实现反过来又推动新的投资热情。成熟期企业现金流量充足，投资者的收益期望强烈，因此适时制定高股利支付率分配战略，利大于弊。这一时期是股东收益期望的兑现期，如果不能在此时满足股东期望，则资本投资收益永远也不会得到满足，股东对企业的投资积极性将受到影响，必然影响企业未来再筹资能力。

（三）成熟期财务战略实施重点

步入成熟期的企业，不仅在市场上所占份额相对稳定，而且管理技术也日臻成熟，因此，财务战略实施的重点不是让管理者去关心具体操作与实施，而是让他们对集团目前所采取的战略在管理意识上保持认同。在实施过程中，首要问题是解决管理者的忧患意识。对此，要重点做好以下工作。

（1）完善企业治理结构，强化对管理者的奖励与约束机制。任何战略的实施都要靠人来实现，尤其是管理者自身。国外研究表明，当企业发展到成熟阶段，由于存在大量的现金流量，最容易出现的问题是管理者资源的无效投资与使用。其表现形式是，不顾企业整体发展战略，将资本投入与未来发展产业或行业不相关的领域，或者投资于达不到企业所设定的必要报酬水平的领域，这类投资都可称之为无效投资。其后果是降低了企业资产的总体收益水平，增加了劣质资产的总量。

（2）强化成本控制，保持成本领先优势。企业步入成熟期，企业产品的价格趋于稳定，在市场价格一定的条件下，企业只能借助于内部成本管理来实现赢利目的。内部成本管理主要强调目标成本管理，即在价格一定的情况下，根据投资额及目标利润预期来倒推出成本目标，并分级、分岗位落实到人。成本管理不单是某一部门的责任，它是全员式的。成本管理及成本战略思想是企业财务战略乃至整体战略的主要方面，它也是实现成本领先战略、差异化战略等产品竞争战略的重要手段。

（3）规划制度，控制风险。成熟期企业财务战略整体趋于激进型，财务杠杆利用率较高，财务风险也较大。为了抓住机遇，加速发展，既要充分发挥财务杠杆作用，又要规避财务风险，此时最重要的在于建立一系列有关财务战略实施的审批制度。

四、调整期财务战略

（一）调整期的经营风险与财务特征

当原有的产业或市场领域进入衰退期或夕阳阶段，企业的经营战略需要做出大幅度的调整。首要工作是加强经营方向调整，即一方面对某些行业或经营领域实施退出，另一方面进行内部经营调整，实施组织再造与管理更新。

进入调整期的企业，其经营风险主要表现在两个方面：一是对于现有产品的经营，其经营风险并不大，尽管面临市场负增长，但原来的市场份额并没有变化，从而已有的利润点及贡献能力并未失去；二是对将要进入的新领域，则可能存在极大的经营风险，它如同初创期的经营状况一样，需要进行市场前景、市场定位、部分转产与保留等可行性研究。但与初创期不同的是，此时的企业已有比较雄厚的资本实力与市场地位，其融资能力也大大增强，并且具有初创期不可比拟的财务优势与管理优势。

（二）调整期财务战略定位

企业在成熟期创造正现金流量的能力不可能永远持续下去（除非它能创造巨大的市场，并能无限制地持续），因为市场对产品的需求最终将逐渐衰退。这时，与之相关的经营风险仍然比成熟期有所降低，所以仍然可以采用高负债融资。在此期间，企业不需要为再投资而进行权益资本筹资，负债经营的潜能应用于产生现金流，而产生的现金流量要尽快支付给投资者。企业所制定的财务战略涵盖以下内容。

1. 财务资源集中配置战略

企业在此阶段所面临的最大问题是，由于在管理上采用分权策略，从而在需要集中财力进行调整时，财务资源的分散导致财力难以集中控制与调配。面对这一情形，本着战略调整的需要，在财务上要进行分权基础上的再集权。

2. 高负债率筹资战略

进入调整期后，企业还可以维持较高的负债率而不必调整其激进型的资本结构。这是因为，调整期的企业并不是没有财务实力，而是说它未来经营充满各种危险，当然也充满再生机会。调整期是企业新活力的孕育期，它充满风险，高的风险将会带来高的报酬率。

3. 高支付率的股利政策

调整期企业必须考虑对现有股东提供必要的回报，这种回报既作为对现有股东投资机会的补偿，也作为对其初创期与发展期高风险、低报酬的一种补偿。但高回报具有一定的限度，它以不损害企业未来发展所需投资为最高限，即采用类似于剩余股利政策同样效果的分配战略。

（三）调整期财务战略实施重点

调整期财务战略是防御型的，一般步骤是先退后进，或者边退边进，因此，财务上既要考虑扩张和发展，又要考虑调整与缩减规模。为了有效地实施退与进相结合的财务战略，必须在财务上着重解决以下问题。

（1）强化财务的再集权，从制度上保证战略的实施。

（2）改善与加强现金流量的管理，其方法可以是：削减费用或改善现金流量，将资本投入更需要资金的新的行业或领域中；调整股权结构，出售分部的股权和部分资产；对不能出售但其存续有损于企业现金流的经营单位，主动实施财务清算战略，终止其业务经营，以减少更大的财务损失。

（3）评估进入新领域的财务可行性，提出或解决实施过程中的财务问题。

财务战略必须适应于企业的发展阶段，并和利益相关者的风险及收益特征相联系。很显然，财务战略主要关注的是战略决策的财务方面，但不能孤立地看待财务战略问题，财务战略如同企业的其他次级战略一样，应该放在企业制订和实施的合作与竞争总战略中才能评判其是否恰当。

案例 3.1

阿里巴巴基于生命周期理论的财务战略选择分析

阿里巴巴是中国最早的电子商务门户网站，发展到今天的阿里巴巴集团，已经成为世界上最大的电子商务公司。其业务包括B2B、B2C、C2C、团购、阿里云计算等，目前淘宝天猫网和支付宝业务是其成长性最好的业务。

阿里巴巴截至2016年年底一共进行过六次融资，而且在不同的生命周期阶段有着不同的融资选择，具体情况如下。

第一次融资（引入期）：1999年10月，500万美元天使投资。企业处于初创，急需资金投入，阿里巴巴坚信互联网的美好前景，并不断给投资人灌输这样的投资理念。很快有38家投行表示感兴趣，但马云看中的不是投行能给多少钱，而是投行是否有专业背景和业界声望，于是拒绝了这38家，而接受了由高盛牵头的一批投资银行500万美元的风险投资。

第二次融资（引入期）：2001年1月，2 000万美元软银集团注资。虽然企业还在引入期，但马云已有不小的名气，经知名券商介绍，马云见到了软银集团孙正义。软银提出投资3 000万美元，占股30%，为了阿里巴巴管理团队的绝对控股地位，马云没有立即接受，双方就此洽谈，最后投资额谈妥为2 000万美元。

第三次融资（成长期）：2004年2月，8 200万美元私募。此时阿里巴巴B2B业务已经赢利，淘宝网刚搭建不久，还在免费试用阶段，企业正是需要加大投资的时候。阿里巴巴没有选择上市，而是募集了当时互联网行业最大的一笔私募基金，继续保持阿里巴巴管理团队第一持股人的地位。

第四次融资（快速成长期）：2005年8月，10亿美元私人投资。此时阿里巴巴专心做淘宝业务，但还没有过承诺的三年免费期，需要大量投资，所以需要继续吸引投资。此时的雅虎看中了中国市场的潜力，注资后占投资比例40%，到2010年10月，持有股权39%的雅虎，投票权从35%上升到39%，而阿里巴巴管理层相应地从35.7%降至31.7%，为后来的雅巴之争埋下了隐患。

第五次融资（快速成长期）：2007年11月，在中国香港上市募集近17亿美元。虽然路演一直反响很好，建议定价也越来越高，但马云冷静分析后，最终定价13.5港元，开盘首日就以39.5港元开盘，刷新了多项纪录。2012年2月，阿里巴巴以每股13.5港元发行价进行私有化，从中国香港证交所摘牌退市。同年5月，以71亿美元回购雅虎所有股份，为雅、巴之争画上句号。

第六次融资（成熟期）：2014年9月19日，正式在纽约证券交易所挂牌上市，股票代码为“BABA”，首次公开招股IPO为每股68美元，筹资额将近250亿美元，是美国市场上有史以来最大的IPO交易。当天开盘价92.7美元，较发行价68美元上涨36.3%，收盘价93.89美元，暴涨25.89美元，涨幅达38.07%，市值高达2 314.39亿美元，超越Facebook成为仅次于谷歌的第二大互联网公司。

启发思考

（1）为何阿里巴巴在初期接受风险投资、私募这类权益融资，而在快速成长期与成熟期选择股票融资？各自有何优势？

（2）阿里巴巴的每一次融资选择都适应所处的企业生命周期阶段吗？说说你的看法。

（3）阿里巴巴很少利用债券融资和间接融资，可能出于怎样的考虑？这种做法可取吗？

第四节　财务战略控制

一、财务战略控制的作用和特征

（一）财务战略控制的作用

战略在实施的过程中，有时与人们的期望并不一致，当出现非理想状态时，在战略学上称之为战略失效。战略失效从时间来看有早期失效、偶然失效和晚期失效。战略实施的早期失效率特别高，因为新战略还没有被员工理解和接受，或者实施者对新的环境、工作不适应；偶然失效是指在战略的平稳实施阶段所出现的一些意外情况；而晚期失效是指由于外部环境的变化使得战略的实施受到了一定程度的阻碍。

企业财务战略管理中的一个基本矛盾是既定的战略同变化着的环境之间的矛盾。企业财务战略的实施结果与预定的战略目标产生偏差的原因很多，主要有以下方面：①制定财务战略的内外环境发生了新的变化，导致原定财务战略与新的环境条件不相配合，如在外部环境中出现了新的机会或意想不到的情况，企业内部资源条件发生了意想不到的变化；②财务战略本身有重大的缺陷或者比较笼统，在实施过程中难以贯彻，企业需要修正、补充和完善；③在财务战略实施的过程中，受企业内部某些主客观因素变化的影响，偏离了战略计划的预期目标。

在企业财务战略实施过程中出现与预定的战略目标偏离的情况时，如果不及时采取措施加以纠正，财务战略目标就无法顺利实现。要使企业财务战略能够不断顺应变化着的内外环境，除了使战略决策具有应变性外，还必须加强对战略实施的控制。

财务战略控制就是指在财务战略的实施过程中，检查企业为达到目标所进行的各项活动的进展情况，评价实施企业财务战略后的企业绩效，把它与既定的战略目标与绩效标准像比较，发现差距，分析产生偏差的原因，纠正偏差，使财务战略的实施更好地与企业当前所处的内外环境、企业目标协调一致。财务战略控制在战略管理中的作用主要表现在以下方面。

（1）财务战略控制是企业财务战略管理的重要环节，它能保证财务战略的有效实施。战略决策仅能决定哪些事情该做，哪些事情不该做，而战略实施的控制的好坏将直接影响战略决策实施的效果好坏与效率高低。因此，企业财务战略实施的控制虽然处于财务战略决策的执行地位，但对财务战略管理是十分重要的，必不可少的。

（2）财务战略控制能力与效率的高低又是战略决策的一个重要制约因素，它决定了企业财务战略行为能力的大小。企业财务战略实施的控制能力强，控制效率高，则企业高层管理者可以做出较为大胆的、风险较大的财务战略决策；反之，则只能采用较为稳妥的财务战略决策。

（3）财务战略控制与评价可为财务战略决策提供重要的反馈，帮助财务战略决策者明确决策中哪些内容是符合实际的、正确的，哪些是不正确的、不符合实际的。这对于提高财务战略决策的适应性和水平具有重要作用。

（4）财务战略控制可以促进企业财务基础工作建设，为财务战略决策奠定良好的基础。

（二）财务战略控制的特征

财务战略控制的基本特征主要有以下几个方面，它是对战略控制的一些基本的要求。

1. 保证适宜性

判断并保证企业财务战略是适宜的，首先要求这个战略具有实现既定的财务和其他目标的良好前景。因此，适宜的战略应处于企业希望经营的领域，必须具有与之相协调的文化，如果可能的话，必须建立在企业优势的基础上，或者以某种可能确认的方式弥补企业现有的缺陷。

2. 保证可行性

可行性是指企业一旦选定了财务战略，就必须认真考虑企业能否成功实施，企业是否有足够的财力、人力或者其他资源、技能、技术、诀窍和组织优势，换言之，企业是否有有效实施财务战略的核心能力。如果在可行性上存在疑问，就需要将战略研究的范围扩大。

3. 保证可接受性

可接受性强调的问题是，与企业利害相关的人员，是否对财务战略满意，并且给予支持。一般来说，企业越大，对其有利害关系的人员就越多。要保证得到所有的利害相关者的支持是不可能的，但是，财务战略必须经过最主要的利害相关者的同意，在财务战略被采纳之前，必须充分考虑其他利害相关者的反对意见。

4. 调节整体利益和局部利益、长期利益和短期利益的不一致性

企业的整体是由局部构成的。从理论上讲，整体利益和局部利益是一致的，但在具体问

题上，整体利益和局部利益可能存在着一定的不一致性。企业财务战略控制就是要对这些冲突进行调节，如果把战略控制仅仅看作一种单纯的技术、管理业务工作，就不可能取得预期的控制效果。

5. 适应多样性和不确定性

企业的财务战略是一个方向，其目的是某一点，其过程具有多样性。同时，虽然财务战略是明确的、稳定的且是具有权威的，但在实施过程中由于环境变化，战略必须适时地调整和修正，因而也必须因时、因地地提出具体控制措施。这即是说财务战略控制具有适应多样性和不确定性的特征。

6. 保持弹性和伸缩性

战略实施中如果过度控制，频繁干预，容易引起消极反应。因而针对各种矛盾和问题，财务战略控制有时需要认真处理，严格控制，有时则需要适度控制、弹性处理。财务战略控制中只要能保持正确的战略方向，应尽可能地减少干预实施过程中的问题，尽可能多地授权下属在自己的范围内解决问题，这样反而能够取得有效的控制。

二、财务战略控制的内容和实施条件

（一）财务战略控制的内容

在制定和实施财务战略的过程中，必须充分考虑定量分析因素、信息上的缺陷因素、不确定性因素、不可知因素以及人类心理等因素。在这些因素中，有一些是企业的内部的特点，正是这些特点才使同一行业中的各个企业有所差异；有一些则与行业性质和环境相关，这使一个行业中的企业战略较为相似。无论何种行业，尽管各种因素的影响力度不同，但影响财务战略控制的因素都包括需求和市场、资源和能力、组织和文化。针对企业财务战略的影响因素，企业财务战略实施控制的主要内容有以下几方面。

（1）设定绩效标准。根据企业财务战略目标，结合企业内部人力、物力、财力及信息等具体条件，确定企业绩效标准，作为战略控制的参照系。

（2）绩效监控与偏差评估。通过一定的测量方式、手段、方法，监测企业的实际绩效，并将企业的实际绩效与标准绩效对比，进行偏差分析与评估。

（3）设计并采取纠正偏差的措施，以顺应变化的条件，保证企业财务战略的圆满实施。

（4）监控外部环境的关键因素。外部环境的关键因素是企业财务战略赖以存在的基础，这些外部环境的关键因素的变化意味着战略前提条件的变动，必须给予充分的注意。

（5）激励战略控制的执行主体，以调动其自控制与自评价的积极性，以保证企业战略实施的切实有效。

（二）财务战略控制的实施条件

企业财务战略控制的有效实施需要有一定的条件，主要如下。

（1）必须有财务战略规划和实施计划。企业财务战略控制是以企业的财务战略规划为依据的，战略规划和实施计划越明确、完整和全面，其控制的效果就有可能越好。

（2）健全的组织机构。组织机构是战略实施的载体，它具有具体执行战略、衡量绩效、评估及纠正偏差、监测外部环境的变化等职能，因此组织结构越合理、明确、全面、完整，控制的效果就有可能越好。

（3）得力的领导者。高层管理者是执行财务战略控制的主体，又是财务战略控制的对象，因此要选择和培训能够胜任新战略实施的得力的企业领导人。

（4）优良的企业文化。企业文化的影响根深蒂固，如果有优良的企业文化能够加以利用和诱导，这对于财务战略实施的控制是最为理想的，当然这也是财务战略控制的一个难点。

三、财务战略控制的方式

（一）按控制时间划分

从控制时间来看，企业财务战略控制的方式有以下三种。

（1）事前控制。在财务战略实施之前，要设计好正确有效的战略计划。该计划要得到企业高层领导人的批准后才能执行，所批准的内容往往也就成为考核财务活动绩效的控制标准。这种控制多用于重大问题的控制。

由于事前控制是在战略行动成果尚未实现之前，通过预测发现财务战略行动的结果可能会偏离既定的标准，因此，管理者必须对预测因素进行分析与研究。预测因素一般有：投入因素，即财务战略实施时投入资源的种类、数量和质量；早期成果因素，即财务战略实施的早期成果；外部环境和内部条件的变化。

（2）事后控制。这种控制方式发生在企业的财务活动之后，把财务活动的结果与控制标准相比较。这种控制方式工作的重点是要明确财务战略控制的程序和标准，把日常的控制工作交由相关人员去做。即在财务战略计划部分实施之后，将实施结果与原计划标准相比较，由相关人员定期地将战略实施结果向高层领导汇报，由领导者决定是否有必要采取纠正措施。

事后控制的具体操作方法主要有联系行为和目标导向等形式。联系行为即对战略实施行为的评价与控制直接同被评价者的工作行为联系挂钩，使其行动导向和企业财务战略导向接轨；同时，通过行动评价的反馈信息修正战略实施行动，使之更加符合财务战略的要求；通过行动评价，实行合理的分配，从而强化员工的战略意识。目标导向即让被评价者参与财务战略行动目标的制定和工作业绩的评价，既可以看到个人行为对实现战略目标的作用和意义，又可以从工作业绩的评价中看到成绩与不足，从中得到肯定和鼓励，为战略推进增添动力。

（3）随时控制。随时控制，即过程控制，是指企业高层领导者控制企业财务战略实施中的关键性的过程或全过程，随时采取控制措施，纠正实施中产生的偏差，引导企业沿着战略的方向进行。这种控制方式主要是对关键性的战略措施进行随时控制。

（二）按控制主体的状态划分

从控制主体的状态来看，财务战略控制的方式有以下两种。

（1）避免型控制。即采用适当的手段，使不适当的行为没有产生的机会，从而达到不需要控制的目的。

（2）开关型控制。在财务战略实施的过程中，按照既定的标准检查战略行动，确定行与不行，类似于开关的开与止。开关控制方法的具体操作方式有多种：直接领导，管理者对财务战略活动进行直接领导和指挥，发现差错及时纠正，使其行为符合既定标准；自我调节，执行者通过非正式的、平等的沟通，按照既定的标准自行调节自己的行为，以便和协作者配合默契；共同愿景，组织成员对目标、战略宗旨认识一致，在战略行动中表现出一定的方向性、使命感，从而达到殊途同归、和谐一致、实现目标的效果。

（三）按控制的切入点划分

从控制的切入点来看，企业的财务战略控制方式有以下几种。

（1）财务控制。这种控制方式覆盖面广，是用途极广的非常重要的控制方式，包括预算控制和比率控制。

（2）生产控制。生产控制即对企业产品品种、数量、质量、成本、交货期及服务等方面的控制，可以分为产前控制、过程控制及产后控制等。

（3）销售规模控制。销售规模太小会影响经济效益，太大会占用较多的资金，也影响经济效益，为此要对销售规模进行控制。

（4）质量控制。质量控制包括对企业工作质量和产品质量的控制。质量控制的范围包括生产过程和非生产过程的其他一切控制过程。质量控制是动态的，着眼于事前和未来的质量控制，其难点在于全员质量意识的形成。

（5）成本控制。成本控制，是指通过成本控制使各项费用降低到最低水平，达到提高经济效益的目的。成本控制不仅包括对生产、销售、设计、储备等有形费用的控制，而且包括对会议、领导、时间等无形费用的控制。成本控制的难点在于企业中大多数部门和单位是非独立核算的，因此缺乏成本意识。

复习思考题

1. 什么叫企业财务战略？它和企业战略的关系是怎样的？
2. 企业财务战略有哪些特征？
3. 什么叫企业财务战略管理？它有哪些特征？
4. 在进行财务战略规划时，怎样进行财务战略环境分析？
5. 企业财务战略规划常见的方法有哪些？
6. 简述企业在不同发展阶段的财务和风险特征及财务实施策略。
7. 如何理解财务战略控制的作用和特征？
8. 财务战略控制有哪些方法？

第四章　企业并购财务管理

学习目标和要求

本章阐述了并购的相关概念及并购理论，对并购支付和融资方式、并购税务安排、企业并购财务评价等财务问题进行了深入探讨。通过本章的学习，在理解并购相关概念内涵的基础上掌握它们之间的相互关系，了解并购尽职调查的程序和内容，掌握各种并购支付及融资方式的特点、并购税务筹划及财务评价方法。

引导案例

双汇国际并购史密斯菲尔德食品公司

2013年9月26日，双汇国际控股有限公司与美国史密斯菲尔德食品公司发布联合声明，宣布历时四个月的并购交易正式完成。双汇共出资71亿美元收购史密斯公司全部股份，并承接全部债务。其中，40亿美元由中国银行牵头全球八家一流银行组成银团贷款给予支持。此次收购，创下中国民营企业在海外收购金额的最高纪录，也是中国企业对全球非自然资源产业的最大一笔收购。

双汇国际控股的双汇发展是中国最大的肉类加工企业，是中国肉类品牌的开创者。史密斯菲尔德是全球规模最大的生猪生产商及猪肉供应商、美国最大的猪肉制品供应商，具有优质的资产、健全的管理制度、专业的管理团队和完善的食品安全控制体系。对于双汇来说，收购史密斯菲尔德的目的是实现优势互补，加速双汇在全球的扩张步伐。

这次双汇国际并购虽然完成了，但是并不代表并购后的企业经营能够成功，双方此后需要做的工作还很多。资本并购完成后，双汇国际控制下的史密斯菲尔德，无论其成功还是失败都会给中资背景的企业提供一个经验和教训，从这个意义上讲这次并购意义非凡。

启发思考

（1）什么是并购？

（2）双汇国际为什么要并购史密斯菲尔德？

（3）双汇国际是如何筹集巨额跨国并购资金，从中显示怎样的融资风险偏好？

（4）是什么因素导致了双汇国际采用该种融资模式？

（5）关注其后续发展，此次收购会给我国的企业提供一个怎样的经验或是教训？

第一节　企业并购概述

一、并购相关概念的界定

并购实质上是企业控制权变动行为。控制权就是对公司或其他商业组织的监督、指导与控制的权利，或者说是对某种资产或资源拥有的排斥他人使用的权利。并购是极为复杂的企业资本运营行为，涉及一系列相互关联而又彼此迥异的名词和术语。

1. 兼并

兼并源于英文 merger，指物体或权利之间的融合或相互吸收，通常被融合或吸收的一方在价值或重要性上要弱于另一方，融合或吸收之后，较不重要的一方不再独立存在。理论界倾向于强调兼并概念中对于控制权的取得，将兼并区分为广义和狭义。狭义的兼并是指一个企业通过产权交易获得其他企业的产权，使这些企业的法人资格丧失，并获得企业经营管理控制权的经济行为。广义的兼并是指一个企业通过产权交易获得其他企业产权，并企图获得其控制权，但是这些企业的法人资格并不一定丧失。广义的兼并包括狭义的兼并、收购。我国《关于企业兼并的暂行办法》《国有资产评估管理办法施行细则》和《企业兼并有关财务问题的暂行规定》都采用了广义上兼并的概念。

2. 收购

收购源于英文 acquisition，是指获得或取得的行为。收购是一家公司用现金、债券或股票购买其他公司的部分或全部资产或股权以获得对其他公司的控制权的行为，被收购公司的法人地位并不消失。

收购有两种形式：资产收购和股权收购。资产收购是指一家公司购买另一家公司的部分或全部资产，而收购方无须承担被收购方的债权债务；股权收购是指一家公司直接或间接购买另一家公司的部分或全部股份（已发行在外的股份或发行的新股），从而成为被收购公司的股东。

收购与兼并相比，最显著的差别表现在：兼并后被兼并企业法人实体不复存在，兼并企业成为被兼并企业新的所有者和债权债务的承担者；而收购后，被收购企业的产权可以是部分转让，可仍以法人实体存在，收购企业以收购出资的资本为限承担被收购企业的风险。兼并多发生在被兼并企业财务状况不佳、生产经营停滞或半停滞之时，兼并后一般需调整其生产经营，重新组合其资产；而收购一般发生在企业正常生产经营状态下，产权流动比较平和。

3. 合并

企业合并是指两个或两个以上的企业互相合并成为一个新的企业。合并包括两种法定形式：吸收合并和新设合并。吸收合并是指两个或两个以上的企业合并后，其中一个企业存续，其余的企业归于消灭，用公式可表示为 $A+B+C+\cdots=A$（或 B 或 $C\cdots$）。新设合并是指两个或两个以上的企业合并后，参与合并的所有企业全部消灭，而成立一个新的企业，用公式表示为 $A+B+C+\cdots=$新的企业。

4. 并购

并购是兼并和收购的合称，在西方两者习惯于联用为一个专业术语 merger and acquisition，缩写为 M&A。企业并购是一种企业控制权交易，是一种产权交易行为，直接结果是被并购企业法人地位被取消或法人实体改变。从我国目前的法律条文来看，还没能在法律界上给出准确的定义，因此从根本上讲，企业并购并不属于一个法律术语。

兼并、收购和合并三个词语既有联系，又有区别。严格地讲，兼并、合并、收购的定义是不同的，但由于在运作中它们的联系远远超过其区别，因而在我国不十分强调三者的区别，常做同义语使用，统称为并购，泛指在市场机制作用下，企业为了获得其他企业的控制权而进行的产权交易活动。

5. 重组

重组（restructuring）字面意义是重建，改建，企业重组是企业对其资产或资源进行重新配置和组合的行为。重组发生之后，可能仅仅是企业的一部分资产或资源的控制权发生变动，也可能出现新的企业。对于我国的企业重组来说，在很多情况下实质上是产权界定行为，国有企业通过剥离劣质资产，引入优质资产，达到股份制改造上市，或提高上市公司业绩的目的。

并购的实质是在企业控制权运动过程中，各权利主体依据企业产权做出的制度安排而进行的一种权利让渡行为。并购活动是在一定的财产权利制度和企业制度条件下进行的。在并购过程中，某一或某一部分权利主体通过出让所拥有的对企业的控制权而获得相应的收益，另一个部分权利主体则通过付出一定代价而获取这部分控制权。企业并购的过程实质上是企业权利主体不断变换的过程。

二、企业并购的理论

西方历史悠久的公司并购史中，学者们从各种角度对并购活动进行了不同层面的分析探讨，提出了许多假说。目前有关并购的理论主要包括代理理论、效率理论、交易成本理论和产权理论等。总的看来，对企业并购的理论研究尚未形成一个公认的系统框架，各持一家之言，众说纷纭。但其研究的基点却是一致的，即并购发生的原因和并购所能带来的利益价值的大小。

（一）代理理论

代理问题产生的基本原因在于管理者和所有者间的合约不可能无代价地签订和执行。当管理者只拥有公司所有权股份的一小部分时，可能会导致管理者的工作缺乏动力，或导致其进行额外消费，大多数花费将由拥有大多数股份的所有者来承担。为了保证管理者能为股东的利益努力工作，公司必须付出代价，这些代价被称为代理成本。解决代理问题、降低代理成本有两个方面的途径：组织机制方面的制度安排和市场机制方面的制度安排。

代理理论从不同角度对企业并购进行了解释，形成了以下不同观点。

1. 并购的目的是降低代理成本

公司代理问题可以通过适当的组织程序来解决。在公司所有权和经营权分离的情况下，决策的议定和执行是经营者的职能，决策的评估和控制由所有者管理，这种互相分离的内部机制可以解决代理问题。并购提供了解决代理问题的一个外部机制，当目标企业的代理人有代理问题产生时，通过收购股票获得控制权，可以减少代理问题的产生。

2. 代理人行为

穆勒（1969）认为，代理人的报酬由公司规模决定，代理人有动机使公司规模扩大而接受较低的利润率，通过并购增加收入和提高职业保障程度。1977 年辛格和美克斯对并购后的企业利润情况的研究表明，并购后的企业利润一般都下滑。这表明企业并购注重的是企业长远发展，而不太注重获利能力，甚至牺牲短期利润。而卢埃林和亨茨曼（1970）的研究表明，代理人的报酬与公司的报酬率有关而与公司规模无关。这构成对代理人行为论的挑战。

3. 自由现金流量说

这一理论源于代理问题。詹森（1986）认为自由现金流量的减少有利于减少公司所有者和经营者之间的冲突。如果公司要使其价值最大化，自由现金流量应完全交付给股东，此举会削弱经理人的权力；同时，再度投资所需现金将在资本市场上筹集而受到监控，由此降低代理成本。詹森认为，适度的债权由于必须在未来支付现金，更易降低代理成本。他还强调，对那些已面临低度成长而规模逐渐减少，但仍有大量现金流量产生的公司，控制资本结构是重要的。此时公司可通过并购活动，适当提高负债比率，从而减少代理成本，增加公司价值。

（二）效率理论

效率理论认为公司并购活动能够给社会收益带来一个潜在的增量，而且对交易的参与者来说无疑能提高各自的效率。这一理论包含两个基本的要点：①公司并购活动的发生有利于改进管理层的经营业绩；②公司并购将导致某种形式的协同效应。效率理论可细分为六个子理论。

1. 效率差异化理论

效率差异化理论认为并购活动产生的原因在于交易双方的管理效率是不一致的，具有较高效率的公司将会并购效率较低的目标公司，并通过提高目标公司的效率而获得收益，所以该理论也被称之为管理协同理论。效率差异化理论中，并购方具有目标公司所处行业所需的特殊经验，并致力于改进目标公司的管理。该理论适用于解释横向并购。

2. 非效率管理理论

非效率管理理论一般很难和效率差异化理论及代理理论区分开来。一方面，非效率管理可能仅是指由于既有管理层未能充分利用既有资源以达到潜在绩效，相对而言，另一控制集团的介入能使目标公司的管理更有效率；另一方面，非效率管理亦可能意味着目标公司的管理是绝对无效率的，几乎任一外部经理层都能比既有管理层做得更好。该理论为混合并购提供了一个理论基础。

3. 经营协同效应理论

该理论认为，由于在机器设备、人力或经费支出等方面具有不可分割性，因此产业存在规模经济的潜能。横向、纵向甚至混合并购都能实现经营协同效应。该理论的假定前提是在行业中存在着规模经济,且在合并之前公司的经营活动水平达不到事先规模经济的潜在要求。

横向并购获得经营协同效应是指把目标公司中好的部分同本公司各部门结合并且协调起来，而去除那些不需要的部分，通过两者的优势互补产生经营协调效应。纵向并购可将同行业中不同生产阶段的公司联合在一起，以避免相关的联络费用和各种形式的交易费用，从而获得更为有效的协同效应。

4. 多样化经营理论

该理论不同于股份持有者证券组合的多样化理论。由于股东可以在资本市场上将其投资分散于各类产业，从而分散其风险，因此，公司进行多样化经营和扩张并不是出于为股东利益着想。该理论认为，分散经营之所以有价值是基于许多原因：其中包括管理者和其他员工分散风险的需要、公司无形资产的保护，以及能在财务和税收方面带来的好处等。

5. 策略性结盟理论

该理论认为，企业的战略规划不但与经营决策有关，而且与公司的环境和顾客有关。公司的购并活动有时是为了适应环境的变化而进行多角化收购以分散风险的，而不是为了实现规模经济或是有效运用剩余资源。并购使得企业的调整速度快于内部发展的调整速度，可使公司有更强的应变能力以面对变化着的经营环境，并且还可能存在管理协同效应的机会。

6. 价值低估理论

这一理论认为，当目标公司的市场价值由于某种原因而未能反映出其真实价值或潜在价值时，并购活动将会发生。公司市值被低估的原因一般有以下几种：①公司的经营管理未能充分发挥应有潜能，即机构投资者强调短期经营成果，导致有长期投资方案的公司的价值被低估；②收购公司拥有外部市场所没有的、有关目标公司真实价值的内部信息；③由于通货膨胀造成资产的市场价值与重置成本的差异，而出现公司价值被低估的现象。

（三）交易成本理论

交易成本理论的产生是由于存在以下因素：人是有限理性的，因为他得到的信息和处理信息的能力都是有限的；人又是机会主义的，在市场交易中会想方设法损人利己；未来是不确定的，这导致交易合约的签订、监督具有很高的费用，是市场的一个主要缺陷；小数目条件，即当市场上某种产品和服务的供给者只有一家或少数几家时，机会主义带来的损失可能就难以避免。上述因素导致交易的完成需付出高昂的交易成本，为节约这些成本，可采取新的交易形式——企业代替市场交易。并购是企业内部的组织协调对市场的替代，目的是为了降低交易成本。

交易成本理论借助于资产专用性、交易的不确定性、交易频率三个概念来解释纵向一体化并购：交易所设计的资产专用性越高、不确定性越强、交易频率越大，市场交易的潜在成本就越高，纵向并购的可能性就越大；当市场交易成本大于企业内部的协调成本时，纵向并购就会发生。交易成本理论对混合并购的解释是内部市场说，即多部门组织可以看作一个内部化的资本市场，运用其决策职能与执行职能分离等原则使其管理费用可以低于这些不相关活动通过市场进行交易所发生的费用，它反映资本市场经由管理协调取代市场协调而得以内部化，从而大大提高资源利用效率。

（四）产权理论

产权理论是运用不完全契约的方法，通过分析产权分配的效率研究企业并购问题，它是交易成本理论的一个重要突破。产权理论认为，企业是否应该一体化，取决于企业之间的资产是互为独立，还是严格互补。根据哈特的证明，若企业之间的资产是互为独立的，则非合并状态是一种有效率的安排，非合并状态优于合并状态。即如果资产互不依赖的两家企业实施并购，并购企业的所有者几乎得不到什么有用的支配权，但被并购企业的所有者却丧失了有用的支配权。如果企业之间的资产严格互补，则某种形式的合并是最佳的，即高度互补的资产应该被置于共同所有权之下。因为如果两家高度互补的企业的所有者不同，那么每一位所有者都不具有真正的支配权。通过并购，把所有的权力给予其中一位所有者，可以增加企业价值。

产权理论认为，就企业并购而言，问题不仅仅是是否应出现，更重要的是控制权由谁拥有，或者说由谁并购更有效率，即最优所有权结构问题。最优一体化应该将控制权让渡给这样的主体，即他的投资决策相对于另一方更重要。

补充阅读

根据哈特的研究，一体化的主要所有权结构是：①如果$M2$的投资决策是无弹性的，那么最好把所有的控制权都给予$M1$，相反，如果$M1$的投资决策是无弹性的，那么$M2$就应该拥有全部控制权；②如果$M2$的投资相对缺乏生产力，那么全部控制权给予$M1$是最佳的，相反，如果$M1$的投资是相对缺乏生产力的，那么，$M2$就应该拥有全部控制权；③如果$M1$的人力资本是资产运行必不可少的，或者他们的行动对资产价值有重大影响，那么由$M1$拥有全部资产是最佳的，相反，如果$M2$的人力资本是必要的，那么$M2$就应该拥有全部资产；④如果$M1$和$M2$都拥有必要的人力资本，那么所有权结构就无关紧要，因为在对方达不成协议的情况下，任何一方的投资都不会有收益。

三、企业并购尽职调查

（一）尽职调查的意义

尽职调查（due diligence）又称谨慎性调查，一般是指投资人在与目标企业达成初步合作意向后，经协商一致，投资人对目标企业一切与本次投资有关的事项进行现场调查、资料分析的一系列活动。其主要是在并购（投资）等资本运作活动时进行，但企业上市发行时，也需要事先进行尽职调查，以初步了解是否具备上市的条件。

在收购与兼并中，对目标公司的调查之所以重要，其原因是，如果不进行调查，收购中所固有的风险就会迅速增加，在缺少充分信息的情况下购买一个公司可能会在财务上导致重大的损失。尽管这些基本的道理听起来似乎非常简单，但是在实际中却常常会发生违背这些原则的事例。要保证公司的兼并与收购业务有较大的成功机会，在准备兼并一家公司之前，必须对目标公司进行必要的审查，以便确定该项兼并业务是否恰当，从而减少兼并所可能带来的风险，并为协商交易条件和确定价格提供参考。兼并与收购的调查是由一系列持续的活动组成的，涉及对目标公司资料的收集、检查、分析和核实等，包括企业的背景与历史、企业所在的产业、企业的营销方式、制造方式、财务资料与财务制度、研究与发展计划等各种相关的问题。

收购与兼并中的调查既可以由公司内部的有关人员来执行，也可以在外部顾问人员（例如会计师、投资银行家、律师、行业顾问、评估师等）的帮助下完成。但是，一般来说，收购方的经理人员参与调查是非常重要的，因为经理人员对出售方及目标公司的“感觉”和一些定性考虑，对做出收购决策来说都是非常必要的。如果经理人员不参与调查或在调查中不发挥主要作用的话，就会失去这些“感觉”。

知识拓展

尽职调查这项操作已经广泛地应用在世界各地的并购交易实践中。在一项经验研究中，德国学者对德国1997年到2000年的1 932次企业并购交易进行了统计，其中有74%执行了尽职调查。在这些尽职调查中，买受人最主要的目的（45%）是减少风险；此外，还有确定企业的价值和买卖合同的价格、对目标企业进行分析、对未来的整合前景进行分析等目的。在各种尽职调查中，最常进行的是财务与税收调查（95%），其次是法律关系调查（90%），再次是市场与战略调查（85%）。

（二）尽职调查的范围和流程

1. 尽职调查的范围

尽职调查的范围与程度受多个因素的影响。

首先，它与委托方在时间上的要求及费用支出有关，越详尽的尽职调查所需的时间和费用就越多。

其次，它与被调查公司的规模、声誉有关。被调查公司的规模越大，部门越多，业务越复杂，产品越多样，需要调查的范围也就越大，相同程度的了解亦需更多的工作量，需花费的时间也就越多；而对那些历史悠久、声誉卓著、由著名会计师公司进行年审、财务状况良好的公司，尽职调查的范围或时间就可以相对减少。

再次，它与并购中股权交易的比例有关。一般认为，购买交易对手拥有的全部股权与购买部分股权相比较，需要进行范围更广、程度更深的尽职调查。

最后，它与被调查公司是上市公司还是私人公司有关。上市公司信息披露有法律规范，而私人公司的信息相对没有那么透明。因此，如果被调查公司是上市公司，那么相对调查的依据和材料比较充分，调查的工作量相对可以轻一些，时间可以短一些。但上市公司相当于私人公司一般规模更大，业务更复杂，因此也有需要更大调查范围和更多调查时间的情况。

2. 尽职调查的操作流程

尽职调查通常包括以下流程。

（1）准备阶段。

在具体实施尽职调查前，通常要完成以下几方面的工作。

① 保密约定。在具体的调查进行之前，当事人首先要做的就是做保密约定。应当承担保密义务的人，不仅有具体执行尽职调查的专业人员如律师、会计师等，更主要的是接触这些信息的购买人。如果购买人是一个企业的话（这种情况在实践中往往占多数），则该企业的董事会成员、经理等，都要签署保密协议。保密协议通常也可以在意向书中进行约定。

② 约定调查内容及确定尽职调查资料室的位置与相关规则。这是指双方当事人约定具体对哪些事项进行调查，共同起草有关的调查项目的目录，以便出卖人提供有关的具体材料，由于所有材料都放在一个特定的资料室中，实践中又叫资料室目录。一般资料室都在目标企业所在地，不过考虑到调查的方便，也可能放在其他地方。资料室规则，主要指对人员出入、资料存取等具体事项的规定。其主要目的是确保资料的安全与合理使用。

③ 听取出卖人管理层对企业状况进行陈述与说明。在具体进行调查之前，听取管理层对有关情况进行说明，一定程度上说，这有助于执行尽职调查人员更快上手。

（2）执行阶段。

执行阶段的工作包括提出尽职调查清单，并进行具体调查和撰写调查报告，并在报告中做出调查的结论，说明调查的方法、调查的具体内容、所存在的疑问或者怀疑，提出自己的意见与结论等。

调查清单应包括影响目标企业的财务、经营、法律与并购交易状况的重要因素，其内容应根据工作经验，结合目标企业的具体情况提出。随着调查进度的深入其内容可以不断调整。

另外，在开始进行尽职调查时，财务顾问会向调查对象提出一份需要了解的文件清单。调查小组会在熟悉文件内容，进而了解调查对象的基础上确定进一步访谈和核对的内容，确定调查的重点，一般可包括基本情况，财务信息，经营协议，人事管理，行政章程，环保、法律事项和其他重要文件等内容。

（三）尽职调查的内容

尽职调查是企业并购过程中一项重要工作，是以财务顾问为主导的并购工作小组进场后首先要进行的一项工作，其目的是全面了解公司的经营管理状况，了解并购可能面临的各种风险，以确定防范风险的办法，使并购可以顺利进行。尽职调查的主要内容包括四个方面：

审查财务报告，审查经营管理，审查业务的合法性，审查并购交易过程。

1. 审查财务报告

审查企业的财务报告是尽职调查的最重要的内容，因为企业的业绩、盈亏或企业价值都需要在深入审视企业财务报告的基础上做出。当然，审查企业的财务报告也是发现可能的并购陷阱和风险的重要途径。如果被考察的企业是上市公司，其财务报告经过注册会计师审计，那么审查的质量可以得到更好的保证；如果企业是非上市公司，审查的财务报告未经注册会计师审计，审计工作则需要更加谨慎、更加详细，工作量会大大增加。

问与答

问：尽职调查时，审计的财务报告都有哪些？这些财务报告能反映什么？

答：尽职调查时，审计的财务报告主要是企业的资产负债表、利润表和现金流量表，其中最重要的是资产负债表和利润表。资产负债表是企业全部资产负债的“清单”，通过它可以看到企业的净资产或股东权益的实际情况；利润表反映的是企业的赢利能力和实际的盈亏情况；而现金流量表反映了企业的投资、经营和所有其他财务活动所产生的现金流的情况。

收购方在分析财务报告时，一般包括以下内容。

（1）考察若干重要指标。收购方需要考察目标企业的若干重要财务指标，包括总资产、流动资产、固定资产、无形资产、流动负债、长期负债、股东权益、营业收入、营业利润、利润总额、净利润、未分配利润，以及经营、投资和筹资活动产生的现金流量，以及每股收益、每股净资产、资产收益率、每股净现金流量等。通过分析这些重要指标，收购方可以得到对目标企业财务状况的基本了解。

（2）考察若干重要财务比率。通过考察重要财务比率，收购方可以对目标企业的财务状况有更深入的了解。这些比率主要包括赢利能力比率（净资产收益率、总资产报酬率、收入利润率、成本费用利润率）、营运能力比率（总资产周转率、流动资产周转率、流动资产垫支周转率、存货周转率、应收账款周转率、固定资产周转率）、偿债能力比率（流动比率、速动比率、现金比率、现金流量比率、资产负债率、股东权益比率、利息保证倍数）、发展能力比率（股东权益增长率、利润增长率、收入增长率、资产增长率）、市场比率（市盈率、市净率、托宾Q）等。

（3）结构比重分析。通过计算报表中各项目占总体的比重或结构，反映报表中的项目与总体的关系情况。会计报表经过结构比重处理后，通常称为同度量报表，如同度量资产负债表、同度量利润表、同度量成本报表等，它能帮助收购方确认目标企业财务报告的结构特点、优势与潜力和其中可能存在的问题。

（4）变动趋势分析。根据企业连续几年或几个时期的资料，运用指数或完成率，确定有关项目的变动情况及趋势。变动趋势分析既可用于对报表的整体分析，即分析一定时期各报表项目的变动趋势，也可用于对某些主要指标的发展趋势分析。变动趋势分析可以帮助收购方了解目标企业财务状况的历史情况和变动趋势，对于预测目标企业的未来的财务状况有主要作用。

在审查财务报告时，应注意不同类型的企业财务报告有不同的特征。如一般制造业与服务型的企业的债务比率相对会比较低，而金融机构的债务比率显然会高很多。因此，在审查分析企业的价值和风险时，应对具体对象进行有针对性的判断。同时，也要注意到企业在编制报表时为了追求某些利益人为地调高或降低某些重要的财务指标，如为了减少纳税人为地降低实际的赢利水平，为了获得在股市上配股或增发的目的，人为地调高企业的净资产收益率的利润指标。在尽职调查中，准确识别财务报告中的不实数据，对于发现收购风险具有重要意义。

知识点滴

美国学者霍华德·希尔特在《会计诡计：如何发现财务报表中的会计欺诈与舞弊行为》中提到七种欺诈形式：提前确认营业收入，不实地记录营业收入，运用一次性收益的方式增加营业收入，延期计入费用以减少亏损，不记录所有的负债，延期记录收入以减少利润，以及将费用提前计入当期损益。

2. 审查经营管理

进行这一审计的基本目的在于更深入地了解企业主要股东的背景和经营理念，了解和把握企业并购后可能存在的弱点和风险，更好地发展企业的文化，获取更多进一步发展的商机。经营管理审查围绕企业基本的"人和事"展开，即围绕企业所要开展的活动和活动组织者和领导者进行，因此经营管理审查涉及的领域十分广泛。

经营管理评价的关键在于关注风险。收购方可以通过以下途径获得大量具有价值的风险评价：目标企业的年度报告、定期的营业指数、信用评估机构、报纸、研究服务机构、各类研究报告和互联网资源等。但评价企业经营管理风险，主要是通过对企业管理层和其他相关人员的访谈和问卷调查的方式进行。在所有相关人员中最重要的访谈对象是企业的创建者，这可以最好地把握企业的灵魂和精神，了解企业的核心理念，更好地把握企业商誉的价值。当然，董事长、总经理也是极重要的了解对象，他们对企业精神和核心理念的理解和把握与企业的一般管理人员相比较要深刻得多。但是，也有资料显示，企业的中层管理人员和员工对企业业务的核心内容最熟悉，并且，他们很少撒谎，也愿意揭露企业不规范的行为和管理活动。

在实施尽职调查时，要同时注意企业资产的常规性风险和非常规性风险。前者是日常经营活动中常常会出现的风险，如财务风险、经营风险和竞争风险。后者是日常经营活动中很少出现的一些因素所导致的风险，如企业员工、代理人及第三方有意的非法行为和恶意行为，与企业员工和财产有关的灾难性的事件，经营环境发生重大的、难以想象的、灾难性的变化，主要诉讼，整体管理不善等。

除了对资产风险的评估，收购方还需要对管理、文化、人力资本、市场营销和其他"软"领域进行尽职调查。这些"软"因素不像企业的财务数据那样可以量化，但这些因素同样会造成企业业绩的下滑，同样会给收购方带来很大的收购风险。例如，收购方和目标企业的文化不同，会给收购后企业带来极大困难；再如并购双方管理层的人际关系不够融洽，也会给双方并购后的合作投下阴影。

3. 审查业务的合法性

在并购尽职调查中，除了主要审查财务报告和经营管理外，还主要审查业务的合法性。合法性审查的目的主要有两个：一是确保收购的是一家没有法律纠纷或基本上没有法律纠纷的企业，二是整个收购过程是合乎法律法规要求的，没有触犯相关的法律法规条款。显然，有关法律法规的尽职调查需要由专业的律师来进行，因为只有专业的律师才清楚企业的法律环境、相关的法律法规内容，以及如何判断企业的法律状况。在进行尽职调查时，律师要对企业的经营管理、资金往来、高管行为等各个方面进行调查和了解，确认有关环节是否有司法诉讼，判断企业是否存在合法性问题，进而确定收购企业的过程中是否面临重大的合法性风险。

4. 审查并购交易过程

尽职调查并购交易过程审查主要包括：并购协议的审查，确定协议是否保障了收购的利益，协议中是否含有收购方无法承担的义务的风险；签订并购协议前审查并购交易是否触犯了有关的各项法规，包括证券及证券交易的法律法规、税收方面的法律法规、会计方面的法律法规、反垄断方面的法律法规及知识产权、消费者保护、雇佣者保护、环境保护等方面的法律法规。

并购协议是关于交易双方对股权转让交易所达成合法共识的法律文件，它确定了并购双方在并购交易上的法律责任，因此，审查这些承诺所具有的风险程度就变得十分重要。在我国上市公司的股权转让协议一般包括以下几个方面的内容。

第一部分是交易安排。其内容包括：①对并购双方合法法人地位的确认，对协议中涉及的公司、出让股份、登记公司、交易完成日、股东名册等概念进行定义；②股份转让，包括转让股份的性质、数量、价格、支付方式以及具体的支付日期；③有关股权过户的安排。

第二部分是双方的承诺。这也是审查的重点，主要内容包括：①出让方的承诺，包括有签署与履行协议所需的一切必要的权利与授权，出让方是出让股份的唯一合法拥有者，出让股份已在登记公司办理了集中托管手续；②出让方的保证，包括在股份完成过户前发现可能对企业产生重大不利影响的事件，应将信息及时披露给并购方，在出让股份上未设任何质押、担保或第三方权利，也不存在冻结或其他限制股份转让的情形；③收购方承诺，具有签订与履行协议所需的一切必要权利与授权，与履行协议有关的资产与业务文件完整、真实、准确，没有遗漏任何重大事实；④违约责任，双方保证如果违反承诺，将给予对方充分赔偿。

第三部分是一些有关生效标志、协议的期限和终止安排，以及有关不可抗力的说明。不可抗力通常包括：签署协议时不能预见、不能避免、不能克服的，且导致协议不能履行或不能按时履行的客观情况；国家政策法律的变更导致协议无效。

第四部分是关于信息披露、适用法律、争议解决、费用等一般性条款。

从并购协议签署到完成股权转让手续往往有一个较长的期间，在此期间还会有较大的不确定性，会发生一些事先难以预料的事件。因此，双方都希望虽然签署了并购协议，但在一定条件下仍有退出交易的选择权。这方面的具体规定决定了双方在此种情况下的权利和义务。

第二节　并购支付方式与融资方式

一、并购支付方式

并购支付方式的选择是企业并购策略中的一个十分重要的问题，它直接关系到交易成交价格的高低及企业并购的成败。并购支付方式的选择除了符合法律法规外，主要取决于并购方企业的自身条件和被并购企业的实际情况。并购支付方式一般包括现金支付方式、股票支付方式、综合证券支付方式和杠杆支付等。

（一）现金支付

现金支付方式是指并购企业通过向被并购企业股东支付一定数额的现金，以取得被并购企业的控制权的方式。一旦目标企业的股东收到对其拥有股份的现金支付，就失去了对原企业的任何权益。在实际操作中，并购方的现金来源主要有自有资金、发行债券、银行借款和出售资产等方式。

一般而言，凡不涉及发行新股票的并购都可以被视作现金支付方式的并购，即使是由并购企业直接发行某种形式的票据完成并购，也是现金支付方式的并购。如在卖方融资的形式下，并购方以承诺未来期间的偿还义务为条件，首先取得被并购方的控制权，然后按照约定的条件进行支付，这是一种现金支付方式与融资方式相结合的特殊支付方式。在这种情况下，被并购的企业可以取得某种形式的票据，但其中丝毫不含有并购企业的所有权，只表明是对某种固定的现金支付所做的特殊安排，是某种形式的推迟的现金支付。如果从并购企业的资本来源角度出发，可以认为这是一种融资方式，直接由被并购的股东提供融资，而不是由银行或其他第三方提供。

采用现金支付方式有以下优点。首先，现金支付简单迅速，并购方通过支付现金迅速完成并购过程，有利于并购后企业的重组和整合。其次，现金支付是最清楚的支付方式，目标公司的股东可以将其虚拟资本在短时间内转化为确定的现金，不必承受因各种因素带来的收益不确定性等风险。最后，现金收购不会影响并购后公司的资本结构，因为普通股股数不变，并购后每股收益、每股净资产不会由于稀释原因有所下降，有利于股价的稳定。

这种方式的不利之处在于下列几点。对并购方而言，现金支付给企业带来沉重的付款压力，它要求并购企业有足够的现金头寸和筹资能力，因而现金支付方式下的并购交易规模常常受到并购方现金流量和融资能力的制约。对被并购企业的股东而言，取得现金就不能拥有并购后企业的权益，不能分享并购后企业的发展机会和赢利潜力；而且，被并购企业可能无法推迟资本利得的确认，从而不能享受税收上的优惠。因此，对于巨额并购案，现金支付的比例一般较低。纵观美国收购历史，亦可发现小规模交易更倾向于至少是部分地使用现金支付，而大规模交易更多地至少是部分使用股票支付。现金支付多被用于敌意收购。

（二）股票支付

股票支付是指并购公司将本公司股票支付给目标公司股东以按一定比例换取目标公司股票，目标公司从此终止或成为并购公司的子公司。可以说这是一种不需动用大量现金而优化资源配置的方法。股票支付方式在国际上被大量采用，具体分为增资换股、库存股换股和母子公司交叉换股三种形式。

增资换股，是指并购公司以发行新股的方式，包括普通股或可转换的优先股来替换被并购企业原有股东所持有的股票。库存股换股，是指并购公司将其库存的部分股票用来替换目标公司的股票。母子公司交叉换股，其特点是并购公司、并购公司的母公司和目标公司之间存在换股的三角关系，通常在换股之后，目标公司或消亡或成为并购公司的子公司，或是其母公司的子公司。

股票支付的优点主要表现在以下方面。

（1）不受并购方获现能力制约。对并购公司而言，换股并购不需要即时支付大量现金，不会挤占公司营运资金，并购后能够保持良好的现金支付能力。因此，股权支付可使并购交易的规模相对较大。近年来，并购交易的目标公司规模越来越大，若使用现金并购方式来完成并购交易，对并购公司的获现能力和并购后的现金回收情况都要求很高。而采用股票并购支付方式，并购公司无须另行筹资来支付交易对价，克服了这一瓶颈约束。

（2）具有规避估价风险的效用。由于信息的不对称，在并购交易中，并购公司很难准确地对目标公司进行估价，如果用现金支付，并购后可能会发现目标公司内部有一些问题，由此造成的全部风险都将由并购公司股东承担。但若采用股票支付，这些风险则部分转嫁给原目标公司股东，使其与并购方股东共同承担。

（3）原股东参与新公司收益分配。采用股权支付方式完成并购交易后，目标公司的原股东不但不会失去其股东权益（只是公司主体名称发生了变化），还可分享并购后公司可能产生的价值增值的好处。

（4）延期纳税的好处。对目标公司股东而言，股权支付方式可推迟收益时间，享受延期纳税的好处。与现金支付方式比较，股权支付无须过多地考虑税收规则及对价格安排上的制约。

股票支付的也有如下缺陷。

（1）对于并购方而言，新增发的股票改变了原有的股权结构，导致了股东权益的“淡化”，尤其在并购方第一大股东控制权比例较低，而被并购方股权结构较为集中的情况下，并购方反而易为被并购企业所控制。

（2）股票发行要受到证券监管机构的监督以及所在交易所上市规则的限制，发行手续烦琐、迟缓，使得竞购对手有时间组织竞购，亦使不愿意被并购的目标公司有时间部署反收购措施。

（3）换股并购经常会招来风险套利者，套利群体造成的卖压以及每股收益稀释的预期会导致并购方股价的下滑。

股票支付多被用于善意并购。目前国际上大型并购案例有半数以上是采取换股并购方式进行的。

（三）综合证券支付

综合证券支付指并购方以现金、股票、认股权证、可转换债券和公司债券等多种支付工具，向被并购方股东支付并购价款的一种并购支付方式。随着资本市场的日益活跃，单纯使用任何一种金融支付工具都不可避免地产生一些问题，所以，使用一揽子支付工具是目前较为常见的支付方式。

企业债券是指并购方以新发行的债券换取被并购企业股东的股票。认股权证是一种由上市公司发出的证明文件，赋予持有人一种权利，即持有人有权在指定的时间内即在有效期内，用指定的价格即换股价认购由该公司发出指定数目即换股比例的股票。可转换债券是指在特定的条款和条件下，可用持有者的选择权以债券或优先股交换普通股。收购公司还可以发行无表决权的优先股来支付价款。优先股虽在股利方面享有优先权，但不会影响原股东对公司的控制权，这是优先股的一个突出特点。

并购方公司在并购目标公司时采用综合证券支付方式将多种支付工具组合在一起，就可以取长补短，从而满足并购双方的需要。这既可以少付现金，避免本公司的财务状况恶化，又可以防止控制权的转移。采用综合证券收购尽管会使并购交易变得烦琐，但它也增加了风险套利的难度。正因为如此，在各种出资方式中，综合证券支付呈现逐年递增的趋势。当然，这种支付方式的风险也是显而易见的，如果搭配不当，非但不能尽各种支付工具之长，反而有集它们之短的可能。因此，投资银行帮助并购公司设计综合证券收购计划时，须谨慎、周密，必要时应做模拟分析以推测市场的反应。

（四）杠杆支付

杠杆支付在本质上属于债务融资现金支付的一种。因为它是以债务融资作为主要的资金来源，然后再用债务融资取得的现金来支付并购所需的大部分价款。所不同的是，杠杆支付的债务融资是以目标公司的资产和将来现金收入做担保来获取金融机构的贷款，或者通过目标公司发行高风险高利率的垃圾债券来筹集资金。在这一过程中收购方自已所需支付的现金很少（通常只占收购资金的 5%～20%），并且负债主要由目标公司的资产或现金流量偿还，所以，它属于典型的金融支持型支付方式。

除了收购方只需出极少部分的自有资金即可买下目标公司这一显著特点外，杠杆收购的优点还体现在以下方面。

1. 杠杆收购的股权回报率远高于普通资本结构下的股权回报率

杠杆收购就是通过公司的融资杠杆来完成收购交易。融资杠杆实质上反映的是股本与负债比率，在资本资产不变的情况下，当税前利润增大时，每一元利润所负担的固定利息（优先股股息、租赁费）会相对减少，这样就给普通股带来了额外利润。根据融资杠杆利益原理，收购公司通过负债筹资加强其融资杠杆的力度，当公司资产收益大于其借入资本的平均成本时，便可大幅度提高普通股收益。

2. 享受税收优惠

杠杆收购来的公司其债务资本往往占公司全部资本的 90%～95%，由于支付债务资本的利息可在计算收益前扣除，杠杆收购公司可享受一定的免税优惠。同时，目标公司在被收购前若有亏损亦可递延，冲抵被杠杆收购后各年份产生的赢利，从而降低纳税基础。

然而，由于资本结构中债务占了绝大比重，又由于杠杆收购风险较高使得贷款利率也往往较高，因此杠杆收购公司的偿债压力也较为沉重。若收购者经营不善，则极有可能被债务压垮。采用杠杆支付时，通常需要投资银行安排过渡性贷款，该过渡性贷款通常由投资银行的自由资本做支持，利率较高。该笔贷款日后由收购者发行新的垃圾债券所得款项，或收购完成后出售部分资产或部门所得资金偿还。因此，过渡性贷款安排和垃圾债券发行成为杠杆收购的关键。

支付方式的选择不仅受到并购方经济实力、融资渠道、融资成本的影响，而且还要受到并购后企业的资本结构、未来发展潜力以及并购双方股东不同要求的影响。此外，税收政策、具体会计处理方式的不同也对支付方式的选择产生影响。企业应综合考虑各因素，包括法律法规约束、资本市场与并购市场的成熟程度、并购公司的财务状况和资本结构、并购企业与被并购企业股东的要求、企业管理层的要求、税收安排、会计处理方法等，合理选择支付方式。

补充阅读

（1）2010年，友谊股份发行股份购买资产及换股吸收合并百联股份。

友谊股份发行股份购买八佰伴36%股权和投资公司100%股权，友谊股份换股吸收合并百联股份，由海通证券向友谊股份异议股东提供收购请求权，向百联股份异议股东提供现金选择权。

（2）2015年，恒源煤电以股份加现金方式购买煤炭资源。

首先，上市公司恒源煤电以向集团公司发行股票并支付现金的方式购买集团所拥有的任楼煤矿、祁东煤矿、钱营孜煤矿及煤炭生产辅助单位的相关资产和负债，资产估价3亿元人民币。

其次，公司向集团公司发行股票1.37亿股，作为支付收购标的资产的部分对价，计1.5亿元人民币，约占标的资产收购价款总额的50%。

最后，收购价款的其余部分1.5亿元人民币在支付前形成公司对集团公司的负债，公司将通过向不超过十家特定投资者（不包括集团公司）非公开发行股票以募集的现金支付该负债。

二、并购融资方式

并购融资是指并购企业为顺利完成并购，对并购双方的资本结构进行规划，通过各种渠道，运用各种手段融通资金的行为。并购融资根据资金来源可分为内部融资和外部融资。

内部融资是从企业内部开辟资金来源，筹措所需资金，其资金来源主要由以下两种。①公司自由资金。它是公司经常持有可以自行支配的资金，主要构成内容是税后未分配利润和提取的固定资产折旧。这是一种稳定的、可长期使用的资金来源。②公司的应付税利和利息。它们属于负债性质，但从长期平均的趋势看，它们以某种固定的数额存在于企业中，是公司内部融资的一个重要来源。但其不能长期占用，这与自由资金不同，到期必须对外支付。

外部融资是指公司从外部开辟资金来源，向公司外部的经济主体筹措资金，其资金来源主要有以下三种。①资本市场。企业在资本市场筹集资金时，筹集的对象通常是社会公众，筹集方式主要为证券化筹资。②金融机构。金融机构由银行与非银行金融机构构成，向金融机构借款是企业间接融资的主要内容。③其他企业。向其他企业直接筹集资金通常数额较小，偿付期限较短，有时还受法律的限制，但如果向其他企业融资租赁，则可以取得长期资金。

并购融资方式是多种多样的，在具体运用中，有的可单独运用，有的则可组合运用，应视双方的具体情况而定。此外，自 20 世纪 70 年代以来，西方金融市场上出现了不少创新融资方式和派生工具，为并购融资提供了新的渠道。下面介绍几种主要的融资方式。

（一）权益融资

在企业并购中最常用的权益融资方式即股票融资，使用的股票有普通股和优先股的区别。普通股是资本结构中最主要、最基本的股份，同时也是风险最大的一种股份。其基本特点是，投资收益不是在购买时约定，而是根据企业的经营业绩来确定。持有普通股的股东享有参与经营权、收益分配权、资产分配权、优先购股权和股份转让权等。优先股是专为某些获得优先权的投资者设计的一种股份。其主要特点是预先确定股息收益率，有优先索偿权，能优先领取股息，优先分配剩余财产，优先股股东一般无选举权和投票权。

并购中的股票融资有发行新股和换股两种不同的形式。

1. 发行新股或向原股东配售新股

这种形式是通过发行股票并用销售股票所得价款为并购交易支付价款。采用这种形式，并购企业等于用自有资金进行并购，因而使财务费用大大降低，并购成本较低。然而在并购后，每股净资产不一定会增加，另外，每股收益要看并购后产生的效益，因此具有不确定性，会给股东带来较大风险。

2. 换股收购

换股收购，即以股票作为并购的支付手段，具体包括增资换股、库藏股换股、母子公司交叉换股等，比较常见的是并购企业通过发行新股或从原股东手中回购股票来实现融资。并购企业采用这种方式的优点在于可以取得会计和税收方面的好处。在这种情况下，既不用负担商誉的摊销也不会因资产并购造成折旧增加。从目标企业角度来看，股东可以推迟收益实现时间，得到税收上的好处，也能分享并购后新企业所实现的价值增加。但这种方法因为审批手续比较烦琐、耗时较长，容易为竞争对手提供机会，也容易使目标企业有时间布置反收购措施；更重要的是新股的发行会改变原有的股权结构进而对股权价值产生影响；另外，股价的波动会使收购成本难以确定，换股方案不得不经常调整。因此这种方法常用于善意的并购中。

股票融资的方式与其他融资方式比较，第一，要考虑股东特别是大股东对股权分散和股价下跌是否可以接受。如果被并购企业的股东拥有了控制股权，就可能反客为主，成为公司新的控制者，即为反向收购，其典型表现方式是买壳上市。第二，要考虑收购公司股票在市场上的当前价格。如果当前价格处于它的理论价值左右或以上，利用换股并购是有利的选择；如果当前价格比它的理论价格低，会导致并购后每股收益率的相对降低。

（二）债务融资

1. 银行信贷融资

银行贷款作为企业资金的重要来源，无疑也是企业获取并购融资的主要渠道。如果企业并购资金是以负债为主的话，那么对企业和银行都意味着相当的风险。因为这种贷款的金额大、期限长、风险高，故需要较长时间的商讨。在西方企业并购融资中，银行向企业提供的往往是一级银行贷款，即提供贷款的金融机构对收购的资产享有一级优先权，或由收购方提供一定的抵押担保，以降低风险。在以现金为基础的一级银行贷款中，放款人希望并购者以并购后产生的现金流作为偿还债务的担保，并且常常对其资产享有优先或从属的留置权，而且商业银行对一级贷款额度的设定也持非常审慎的态度。

2. 债券融资

并购企业一般使用的企业债券有抵押债券和担保债券。抵押债券一般要求企业能够以固定资产或流动资产（应收账款、存货及有价证券）作为抵押。担保债券不以实物资产作为抵押，但除了发行企业自己的信用担保以外，还可用其他企业、组织或机构的信用担保，并购中常用的担保债券一般是由并购企业提供担保的被并购企业所发行的债券。

公司债券通常是一种更便宜的资金来源，而且向持有者支付的利息是可免税的。对收购方而言，其好处是可与认股权证或可转换债券相结合。但公司债券作为一种出资方式，一般要求在证券交易所或场外交易市场上流通。

（三）混合型融资

并购融资中还使用一些混合融资工具，这种既带有权益特征又带有债务特征的融资工具，在企业并购中扮演着重要角色。

1. 可转换证券

可转换证券分为可转换债券和可转换优先股两种。可转换证券是一种极好的筹集长期资本的工具，常应用于与预期的未来价格相比较，在企业普通股的市价偏低的情况下，也可用于收购股息制度不同的其他企业。由于可转换证券发行之初可为投资者提供固定报酬，这等于投资于单纯企业债或优先股：当企业资本报酬率上升、企业普通股上升时，投资者又获得了自由交换普通股的权利。它实际上是一种负债与权益结合的混合型融资工具，持有人可以在一定时期内按一定的价格将购买的证券转换为普通股，为投资者提供了一种控制风险的投资选择。

对收购方而言，采用这种支付方式不仅使公司能以比普通债券更低的利率和较宽松的契约条件出售债券，能以比现行价格更高的价格出售股票。此外，当公司在开发一种新产品或一项新业务时，可转换债券特别有用，因为预期从这种新产品或新业务所获得的额外利润可能正好与转换期一致。对于目标公司股东而言，采用可转换债券可使债券的安全性与作为股票使本金增值的有利性相结合，在股票价格较低时期，可以将它的转换期延迟到预期股票价格上升的时期。

2. 认股权证

认股权证是由企业发行的长期选择权证，它允许持有人按某一特定价格买入既定数量的股票，通常是随企业的长期债券一起发行。就其实质而言，认股权证和可转换债券有某些相似之处，但仍有不同的地方。在进行转换时虽然同是一种形式转换为另一种形式，但对企业财务乃至运营的影响却各异：可转换债券是由债务资本转换为股权资本，而认股权证则是新资金的流入，可用以增资偿债。由于认股权证代表了长期选择，所以附有认股权证的债券或股票，往往对投资者有很大的吸引力。

对于收购方而言，发行认股权证可以延期支付股利，从而为公司提供额外的股本基础。对于投资者而言，认股权证本身并不是股票，持有人不能被视为股东，不能享受正常的股东权益。但投资者之所以乐意购买认股权证，是因为投资者认为该公司发展前景好，且大多数认股权证比股票便宜，认股款可以延期支付，投资者只需要以较少的金额就可以转卖认股权证而获利。

影响并购融资的因素既有内部因素，又有外部因素。内部因素包括并购动机、资本结构、风险态度、财务战略，外部因素包括资本市场、融资成本、支付方式。企业在综合考虑各种因素后，一般倾向于按下列顺序考虑其融资方式。

（1）在诸多融资渠道中，企业倾向于首先选择内部积累，因为这种方式具有融资阻力小、保密性好、不必支付发行成本、可以为企业保留更多的借款能力等诸多优点。

（2）如需从外部融资，通常选择借贷和租赁等方式。这类方式速度快、弹性大、发行成本低，而且容易保密，是信用等级高的企业并购融资的极好途径。

（3）最后考虑发行有价证券。有价证券中，企业一般倾向于首先发行一般债券；其次是复合公司债券，如可转换债券、附有认股权证的债券；最后是发行普通股或配股，因为普通股的发行成本最高，还会在股票市场上造成对企业不利的影响。

第三节　并购税务安排

一、纳税优惠的来源

并购的税务安排，是指在遵循税法规定的前提下，并购各方通过调整交易方式，尽可能增加税收优惠和减少纳税负担，从而降低并购活动的成本，并提高并购后企业的整体价值。

纳税优惠是指国家根据经济和社会发展的需要，在一定期限内对特定地区、行业和企业的纳税人的应缴税款给予减征或免征的鼓励性措施。与并购有关的纳税优惠可能来源于以下几种。

1. 可折旧资产的市场价值高于账面价值

并购理论中的税收效应理论认为，目标企业资产价值的改变，是促使并购发生的强有力的纳税动机。绝大多数国家的税收法律规定，折旧的计提仍以资产的历史成本为依据。如果资产当前的市场价值超过历史成本（这种情况常会发生，尤其在通货膨胀时期），那么通过卖出交易将资产重新估值就可以产生更大的折旧避税额。

2. 将正常收益转化为资本收益

一个内部投资机会较少的成熟企业通过收购一家成长型企业，从而用资本利得税来代替经营所得税。另外，有些国家的税收法律规定，对高额的盈余留存可以征收惩罚性所得税。有着许多投资机会的成长型企业通常采取不分红政策，当增长速度减慢，投资机会减少时，如果继续不分红，因此而积累的大量收益就面临被税收部门征收惩罚性所得税的风险。并购企业向目标公司的股东支付的价格中就包含了对部分高额留存收益的对价，目标公司的股东可以只就股票增值部分（资本利得）缴纳所得税，而无须缴纳红利的所得税。因此，并购可以总体上降低目标公司股东的税收负担。

3. 经营亏损的税收抵免递延

对于有较高赢利水平且发展稳定的企业，并购一家具有大量净经营亏损的企业，可以显著改变整体的纳税地位。通过并购亏损企业并使之成为合并纳税的一部分，并购企业可以通过赢利与亏损的相互抵消，实现企业所得税的减免。但是，此类并购活动，必须警惕亏损目标企业可能给并购后整体企业带来的不良影响，特别是利润下降而对整体企业市场价值的消极影响。

4. 负债融资的税务抵免

大多数国家税法规定，企业因负债而产生的利息费用可抵减当期利润。因此，并购企业在进行融资规划时，可以通过大量举债筹集并购所需要的资金，提高整体负债水平，以获得更大的利息避税效应，在总体上降低企业的所得税费用。

二、企业并购的税务安排

（一）选择并购目标企业环节的税务筹划

目标企业的选择是企业并购决策的重要内容。在选择目标企业时，应考虑以下与税收相关的因素。

（1）目标企业纳税主体属性、纳税环节、税种。并购企业若选择在同一行业的生产同类商品的竞争对手作为目标企业，从税收角度看，由于并购后企业的经营行业不变，一般不改变纳税税种与纳税环节的多少。从纳税主体属性看，增值税小规模纳税人由于并购后规模的扩大，可变为一般纳税人。

若选择与企业的供应厂商或客户的合并，并购企业由于原来向供应商购货或向客户销货变成内部购销行为，增值税纳税环节减少。由于目标企业的产品与并购企业的产品不同，还可能会改变其纳税主体属性，增加其纳税税种与纳税环节。

并购企业若选择与自己没有任何联系的行业中的企业作为目标企业，这种并购将视目标企业所在行业的情况，对并购企业的纳税主体属性、纳税税种、纳税环节产生影响。

（2）目标企业注册资金类型。改革开放以后，为了吸引外国投资、促进国内就业及引进先进技术及管理经验，对外资企业实行各种形式的税收优惠政策。自 2011 年开始，外资企业享受的税收优惠政策与内资企业完全一样，内外资企业所得税统一为 25%。取消外资企业所得税减免优惠政策，对外资企业开征城建税和教育费附加。各省市为招商引资，促进当地经济发展，陆续推出新的优惠政策，包括土地优惠，外商税收，地区优惠，投资优惠等。

（3）目标企业财务状况。并购企业若有较高赢利水平，为改变其整体的纳税地位，可选择一家具有大量净经营亏损的企业作为目标企业进行并购，通过赢利与亏损相互抵消，实现企业所得税减免；如果合并纳税中出现亏损，并购企业还可以实现亏损递延。但必须防止目标企业可能对并购后整体企业带来的不良影响，特别是利润下降对其市值的消极影响及并购后为整合目标企业而向目标企业过度提供资金造成的整体贫血。

（4）目标企业所在地。我国对在经济特区、经济技术开发区注册经营的企业实行一系列所得税的优惠政策。并购企业可选择能享受这些优惠措施的目标企业作为并购对象，改变并购后整体企业的注册地，使并购后的纳税主体能取得此类税收优惠。

（二）选择并购会计处理方法环节的税务筹划

各国会计准则一般对并购会计处理方法做了规定，我国《企业会计准则第 20 号——企业合并》中，对于同一控制下的企业合并规定的会计处理类似于权益结合法，对非同一控制下的企业合并基本处理原则是购买法。

1. 同一控制下的企业合并的税务效应

（1）增加合并企业留存收益，减少未来潜在的抵税作用。被并企业整个年度的损益都纳入合并利润表，只要合并不是发生在年初而被并企业又有收益，就会增加合并企业的留存收益，从而降低了潜在的节税作用。但若合并时被并企业已经亏损，则会产生未来的节税作用。

（2）资产按原账面价值计量，不增加资产未来的“税收挡板”作用。被并企业的资产、负债仍按其账面价值反映，合并后企业并没有增加额外的资产价值，从而不会产生资产未来的抵税作用。但若其公允价值低于账面价值，情况则相反。

（3）不确认被并企业商誉，不增加合并企业未来经营成本。资产、负债仍按账面价值计价，换出股本与换入股本的差额调整资本公积，因而不存在确认商誉的问题，也就不会发生商誉减值而使未来经营成本增加。

2. 非同一控制下的企业合并的税务效应

（1）减少并购企业留存收益，增大未来税前利润补亏的可能性。实施并购企业的留存收益可能因并购而减少，从而提高了未来税前利润补亏的可能性，从而增大了潜在的节税作用。

（2）增加并购企业的资产价值，加大资产的未来“税收挡板”作用。被并企业的资产、负债是按公允价值计量的，在公允价值高于其账面价值时，并购企业的资产基础增加，能按市场价格为依据计提折旧，从而产生更大的折旧避税额，减轻了所得税税负。

（3）确认目标企业商誉，加大并购企业未来经营成本。并购企业要按公允价值记录取得的目标企业的资产与负债，并购成本超过取得的净资产公允价值的差额确认为商誉，而商誉每年进行减值测试，减值额计入当期损益，就可能加大并购企业未来经营成本，减少企业未来利润。

（三）并购支付方式及融资方式环节的税务筹划

1. 并购出资方式环节的税务筹划

并购按支付方式分类可以分为现金购买式、股权交换式、综合证券收购式等，并购时支付方式的选择直接关系到并购双方的税负轻重。税法按照支付并购价款中非股权支付额占支付股权票面价值的比例是否超过 20%，规定了两种不同的税务处理方式。当并购价款中非股权支付额占支付股权票面价值的比例小于 20%时，对目标企业股东来说，在并购过程中不需要立刻确认其因交换而获得并购企业股票所形成的资本利得，即使在以后出售这些股票需要就资本利得缴纳所得税，也已起到了延迟纳税的效果。而我国税法目前对资本利得不征所得税，目标企业股东可以得到完全的免税结果。当并购价款中非股权支付额占支付股权票面价值的比例大于 20%时，目标企业股东无法取得免税或递延纳税的优惠。

2. 并购融资方式环节的税务筹划

我国并购主要采用的融资方式有内部留存、增资扩股、金融机构借款、企业发行债券等方式，其中内部留存、增资扩股属于权益融资方式，金融机构信贷、企业发行债券属于债务融资方式。由于税法对不同渠道获取资金的成本列支方法规定不同，因此不同的融资方案其税负轻重程度不同。选择并购融资方式时，税务成本是要考虑的重要因素之一。

税法规定，企业发生的利息支出在一定条件下可以在税前列支，而企业支付的股息则只能在税后利润中分配，不能作为费用在税前扣除。这样，企业就面临着资本结构的选择：是选择权益融资方式，还是选择债务融资方式。一般而言，如果企业息税前投资收益率高于负债成本率，提高负债比重可以增加权益资本的收益水平，其节税效果显著。但是，随着负债比率的提高，企业的财务风险和融资成本必然会相应增加。如果负债成本率超过了息税前投资收益率，负债融资就会产生负效应。因此，在并购融资方式的税务筹划过程中，企业必须正确把握和处理权益融资和负债融资的度，将税收成本的降低与财务风险的控制相结合，寻求企业的最优负债率，最大限度降低税收成本，同时也确立了使股东财富最大化的公司资本结构。

税收筹划作为企业理财的重要内容，其根本目标是减少企业总成本费用，提高经济效益，实现企业价值最大化。企业在并购行为中进行避税时，应注意以下几点：①综合考虑并购行为各环节的税收筹划要点，着眼于降低企业的整体税负；②遵循成本效益原则，衡量税收筹划发生的成本与取得的效益，对税收筹划的频度与程度做出合理安排；③立足企业全局，考虑长远利益，衡量企业并购行为中税收筹划对企业经营的整体影响和长远影响，不能盲目高估企业并购税务安排的作用，也不能过分依赖于企业并购行为中税收筹划单一理财措施。

第四节　企业并购的财务评价

一、并购的成本与财务风险

（一）并购成本

为了真正实施低成本扩张，企业并购活动必须了解和把握并购的各项成本因素。一般而言，这些成本既包括并购工作的完成成本，也包括并购以后的整合成本；既包括并购发生的有形成本，也包括并购发生的无形成本。具体来说，企业并购应分析的成本有以下几种。

1. 并购完成成本

它是并购行为本身所发生的直接成本和间接成本。直接成本是直接用于收购目标企业的资金支付。间接成本包括并购过程中发生的除直接成本以外的一切费用，主要包括以下内容。①债务成本。在承担债务式并购、杠杆并购等情况下，开始可能并不实际支付收购费用，但是未来的债务必须逐期支付本息。②交易成本，即在并购中发生的搜寻、策划、谈判、文本制定、资产评估、法律鉴定、公证等中介费用，以及发行股票中所要支付的申请费、承销费等。③更名成本。并购成功后，并购公司还要支付重新注册费、工商管理费、土地转让费、公告费等费用。

2. 整合运营成本

它是并购后为使被并购企业健康发展而需支付的长期营运成本，主要包括整合改制成本和注入资金成本。①整合改制成本。在并购了目标公司之后，并购公司还需要对它进行重组或整合，为此，必须支付派遣人员进驻、建立新的董事会和经理班子、安置富余人员、剥离非经营性资产、进行人员培训等有关费用；②注入资金成本。并购公司要向目标公司注入优质资产，拨入启动资金或开办费，以及为新企业打开市场而需增加的市场调研费、广告费、网络设置费等。

3. 并购退出成本

由于并购动因的不同以及并购风险的存在，并购决策分析中还要考虑退出机制。并购退出成本是指企业通过并购实施扩张而出现扩张不成功必须退出，或当企业所处的竞争环境出现了不利变化，需要部分或全部解除并购所发生的成本。一般来说，并购力度越大，可能发生的退出成本就越高。这项成本是一种或有成本，并不一定发生，但企业应该考虑到这项成本，以便在并购过程中对并购策略做出更合适的安排或调整。

4. 机会成本

它是企业为完成并购活动所发生的各项支出尤其是资本性支出相对于其他投资和收益而言的利益放弃。企业选择并购势必会丧失其他一些投资机会，这些投资机会所带来的收益就成为并购的机会成本。充分考虑这一项成本，可以对并购战略做出科学的判定。

（二）并购的财务风险

企业并购的财务风险是由于并购定价、融资、支付等各项财务决策所引起的企业财务状况恶化或财务成果损失的可能性。企业并购的财务风险是一种价值风险，是各种并购风险在价值量上的综合反映，是企业并购的计划决策、交易执行、运营整合全过程的不确定性因素对预期价值产生的负面作用和影响。

1. 计划决策阶段的财务风险

在计划决策阶段，企业必须对并购环境进行考察，同时要对本企业和目标企业的资金、管理等进行合理的评价，看企业是否有足够的实力去实施并购和是否能产生财务协同效应。这个过程中存在着环境风险、信息不对称风险和估价风险等。

（1）环境风险。环境风险又称系统风险，是指影响企业并购的财务成果和财务状况的一些外部因素的不确定所带来的财务风险。它主要包括市场利率风险、外汇汇率变动风险、税率变动风险、通货膨胀风险等。这些风险是企业自身无法控制的风险，由市场和政府等环境因素决定。

（2）信息不对称风险。在并购竞价中，掌握信息至关重要，真实与及时的信息大大提高并购公司并购行动的成功率。但在实际的并购活动中，往往因为信息不对称，并购企业难以掌握目标企业全面具体的信息，使得并购企业对目标企业的判断产生偏差，在定价中可能接受高于目标企业价值的收购价格，导致并购企业支付更多的资金或股权，由此造成并购企业资产负债率过高而陷入财务困境。

（3）估价风险。它包括对自身价值的估价风险和对目标企业价值的估价风险。企业在做出并购决策时，必须对本企业的资金、管理等进行合理的评价，自身价值的估价风险主要体现在过高地估计了企业的实力。对目标企业价值的估价风险主要体现在对其未来收益的大小和时间的预期，以及对目标企业的价值评估可能因预测不当而不够准确。

2. 交易执行阶段的财务风险

在交易执行阶段，企业要决定并购的支付方式和融资策略，从而会出现支付风险和融资风险。

（1）支付风险。支付风险是指与资金流动性和股权稀释有关的并购资金使用风险，它与融资风险、债务风险有密切联系。支付财务风险主要表现在三个方面：一是现金支付产生的资金流动性风险以及由此最终导致的债务风险；二是股权支付的股权稀释风险；三是杠杆支付的偿债风险。支付方式选择是并购活动的重要环节，企业应充分考虑交易双方资本结构，结合并购动机选择合理的支付方式。

（2）融资风险。融资风险主要表现在资金是否可以保证时间和数量上的需要，融资的方式是否适应并购动机，融资结构对并购企业负债结构和偿还能力的影响等。融资结构包括债务资本与股权资本结构、内部融资和外部融资结构等。在以债务资本为主的融资结构中，当并购后的实际效果达不到预期时，将可能产生利息支付风险和按期还本风险；在以股权资本为主的融资结构中，当并购后的实际效果达不到预期时，会使股东利益受损，从而为敌意收购者提供机会。内部融资可以降低偿债风险，但如果大量采用内部融资，占用企业宝贵的流动资金，则会降低企业对外部环境变化的快速反应和调适能力，产生流动性风险；外部融资中的权益融资或债务融资方式的选择会产生股权稀释或偿债风险。

3. 运营整合阶段的财务风险

在运营整合阶段，企业要整合资源，投入生产运营，归还融资债务，这就会产生偿债风险、流动性风险和运营风险。

（1）偿债风险。偿债风险存在于企业举债收购中，特别是存在于杠杆并购中。在杠杆并购方式下，并购企业的自有资金只占所需总金额的 10%，投资银行的贷款约占资金总额的 50%～70%，债券融资占收购金额的 20%～40%。由于债券的资金成本很高，而收购后目标企业未来现金流量具有不确定性，杠杆收购必须实现很高的回报率才能使收购者获益。否则，收购公司可能会因资本结构恶化、负债比例过高而无法支付本息。

（2）流动性风险。流动性风险是由于并购占用了企业大量的流动性资源，从而降低了企业对外部环境变化的快速反应和实时调节能力，增加了企业日常经营的风险。企业并购后由于债务负担过重，缺乏短期融资，导致出现支付困难的可能性。支付方式的不同也会影响企业的现金流量，流动性风险在采用现金支付方式的并购企业中表现尤为突出。

（3）运营风险。运营风险是指由于相关的企业财务制度、财务运营、财务行为、财务协同等因素的影响，企业并购完成后可能并不会产生协同效应，并购双方难以实现共享互补，产生不了规模经济，使并购企业实现的财务收益与预期的财务收益发生背离，因而有遭受损失的可能性。

总之，并购财务风险是非常复杂和广泛的，企业应谨慎对待，多谋善选，尽量避免风险，将风险消除在并购的各个环节中，最终实现并购的成功。

二、并购的绩效分析

反映和评价并购效果通常可以从财务效益和非财务效益两个方面来进行。

（一）财务效益分析

1. 评价资本经营效益

评价并购后的资本经营效益的指标有投资回报率、剩余收益等。

（1）投资回收率。该指标是并购公司并购目标公司后取得的年净收入的增加额与并购的投资总额之比，衡量由于并购公司的并购投资所产生的增量效益，即

投资回收率=年净收入增加额/并购总投资

（2）剩余收益。该指标是目标公司的营业利润超过其预期最低收益的部分，这个预期收益是根据对目标公司的投资占用额和并购公司管理当局确定的预期最低投资报酬率而确定的，即

剩余收益=目标公司的营业利润−目标公司的投资额×预期的最低报酬率

如果目标公司的营业利润超过了并购公司预期的最低报酬，就可为并购后企业带来收益，同样有利于目标公司。

这种指标主要是关注并购后的当期经营效益。如果公司当期的经营利润为正，就表明公司当期的收入大于其费用，在资产负债表上体现为所有者权益的增加，从而股东财富也得到增加。将目标公司并购后的资本经营效益与并购前的资本收益比较，可以衡量并购对目标公司所产生的绩效增长。这种指标是建立在按照账面价值衡量投资者投入价值的基础上，无法衡量企业资产价值随时间变化而发生的变化，也忽略了所有者权益的机会成本。

2. 评价协同效应增加值

评价协同效应增加值包括以下两个方面的内容。

一是评价并购后的经济增加值。由于收购公司可以自由地将他们投资于目标公司的资本变现，并将其投资于其他资产，因此，对收购公司并购绩效进行评价时，收购公司应至少获得其并购投资的机会成本。该指标定义为

经济增加值=投入资本额×（投入资本收益率–加权平均资本成本）

该指标的意义在于，综合了公司投入资本规模、资本成本和资本收益等多种因素，只有当投资者从目标公司的收益中获得大于其投资的机会成本后，才表明股东从并购活动中取得了增值收益。在有效的金融市场中，资本成本反映了公司的经营风险，由于各企业所承担的风险不同，相应的资本所承担的代价即资金成本也不同。在同样的投入资本规模及资本收益率下，资本成本低的公司所获得的资本净收益更高，资本经营水平更好。

二是评价并购后的市场增加值。也就是从资产的市场价值的角度衡量并购投资所创造的利润。其计算公式为

市场增加值=调整后的营业净利润–公司资产的市场价值×加权平均分配资本成本

如果一项并购取得了收益，那么目标公司的期末利润必须大于以期初资产的市场价值计算的资本成本，而不是仅仅超过以公司期初资产的经济价值计算的资本成本。因而该指标是对经济增加值的修正，反映出市场对目标公司整个未来收益预测的修正，是从一个较长的时间跨度中评价并购的增长效益。

（二）非财务效益分析

企业并购的目的是多样的，它要通过各种财务目标和非财务目标来实现，因此评价并购绩效时应将财务评价与非财务评价指标相结合。在企业并购中，并购方一般对如下非财务方面进行评价。

1. 产业结构调整评价

可以从以下几方面评价并购是否促进了产业结构的调整。①观察是否促成新兴技术部门的形成。有些部门的企业是一些先进技术的创导者，但由于资本实力有限，难以形成规模的生产体系，这些拥有先进技术的企业，以其技术优势并购一些资本雄厚的企业，使科技成果迅速扩大，并形成一个新的产业部门。②是否提高存量资产运行效率。并购作为企业所有权或企业产权的转让方式，其实质是存量资源的调整优化，改善资源的配置效率，促进产业经济结构的调整。

2. 规模经济效应评价

规模经济是从工厂规模经济和企业规模经济两方面来考察的。①对工厂规模经济的影响，主要包括通过并购是否达到对资产进行必要的补充和调整，形成规模经济，使其尽可能地降

低生产成本；另外，并购是否使企业在保持整体产品结构的前提下，在各个工厂中实现产品的单一化生产，避免由于产品品种的转换带来生产时间的浪费；通过并购是否有效地解决由于专业化引起的各生产流程的分离；②规模经济的另一个层面是企业规模经济，并购是否使得单位产品的管理费用大大减少，是否节省了营销费用，并将集中起来的资金用于研究开发和新产品的试制等方面。

3. 协调与整合效果评价

并购是一家企业吞并另一家企业，这种行为所产生的一个重要动因是企业之间存在差异，具有各自不同的优势和缺点。所有这些差异，都要求企业之间相互协调，彼此补充，以达到共同发展的目的。在评价并购的协调与整合效果时，可以从以下方面来考虑。①扭亏增盈。一般收购企业的利润要远远大于目标企业的利润。我国企业的并购目标在很大程度上也是为了解决企业亏损，这在一定程度上使处于转型经济发展过程中的国有亏损企业能暂时得以挽救。②获取高新技术并实行经验共享和互补。这里的经验不仅包括经验曲线效应，还包括企业在技术、市场、专利、产品、管理等方面的特长、优势，以及企业文化与管理经验。③协调生产过程中各环节之间的关系。弥补生产中某些环节的技术缺陷或者供求关系，是协调企业关系的一个重要动因。

4. 市场优势效应评价

在评价公司并购的市场优势时，主要考虑以下方面的内容。①市场份额。相关企业的市场份额，尤其是并购后形成的新企业与其主要竞争对手相比较的相对市场份额，是判断相关市场优势地位的显著特征。拥有比其他竞争对手都高的相对市场份额，是证明相关企业拥有支配力量的强有力的证据。②主导定价能力。为了获取最大限度的垄断利润，并购后应对其主要产品具有主导的定价能力，通常是将其产品的价格提高到恰好位于将使需求大幅下降的价格之下，而其他企业只有被动地成为价格的接受者。③资金优势。在考察不同市场的企业并购案例时，资金实力因素显得尤为重要。④供应商或消费者对相关企业的依赖程度。⑤市场的准入壁垒。市场准入壁垒决定了一个市场的开放程度，在一个准入壁垒强大的市场里，由于缺乏潜在的竞争者，企业就可能通过各种形式的并购或合谋形成优势，因而并购后的企业拥有比其他竞争者都高的相对市场份额，可能存在市场优势地位。由于被并购方的公司经理们设置了各种各样的反并购措施以防止公司控制权旁落，从而会产生机会主义行为，进而加大了并购的难度和风险。因此，成功的企业并购需要并购企业采用财务效益指标和非财务效益指标对被并购企业、并购过程以及并购后的运作进行有效评价。

复习思考题

1. 怎样理解兼并、收购、合并、并购等概念的内涵及它们之间的关系？
2. 怎样理解并购理论？
3. 并购尽职调查对于企业并购有何重要意义？尽职调查的范围和操作流程是怎样的？
4. 并购支付方式有哪些？各有何特点？
5. 并购融资方式有哪些？
6. 纳税优惠的来源是什么？企业并购中如何进行税收筹划？
7. 怎样进行企业并购的财务评价？

第五章　企业财务制度设计

学习目标和要求

通过本章的学习，了解制度与企业财务制度的内涵，掌握企业财务制度的内容以及各项主要控制与业务流程；理解企业财务制度设计的目标和原则，以及企业财务制度设计的种类与方式；了解企业财务制度设计的关键环节与设计的步骤；熟悉企业专项财务制度设计，简要了解预算管理制度、货币资金管理制度、投资管理制度、筹资管理制度、财务报告管理制度等。

引导案例

法国兴业银行（Societe Generale，以下简称法兴银行），创建于1864年5月，是有着近150年历史的老牌欧洲银行和世界上最大的银行集团之一。法兴银行提供从传统商业银行到投资银行的全面、专业的金融服务，建立起世界上最大的衍生交易市场领导者地位，拥有在世界上多达80个国家的分支机构500家，私人和企业客户500万，也一度被认为是世界上风险控制最出色的银行之一。但2008年1月，法兴银行因期货交易员杰罗姆·凯维埃尔（Jerome Kerviel）在未经授权的情况下大量购买欧洲股指期货，形成49亿欧元（约71亿美元）的巨额亏损，创下世界银行业迄今为止因员工违规操作而蒙受的单笔最大金额损失纪录。这桩惊天违规操作案还触发了法国乃至整个欧洲的金融震荡，并波及全球股市暴跌，无论从性质还是规模来说，都堪称史上最大金融悲剧。

我们关心的首要问题是，一个普通的交易员为何能够长期调遣高额资金进行虚假交易？法兴银行之所以发生令人触目惊心的交易欺诈案，首先源于内部控制和财务制度设计上的严重缺陷。健全、有效的内部控制对违规操作、欺诈和舞弊行为，具有“防止”“发现”并“纠正”三大功能。此外，深层次的原因则是管理层和员工没有严格执行这些制度。一开始违规交易账面赢利达到14亿欧元，管理层装作没看见该交易员的手段和交易金额，到最后巨额亏空，想要补救为时已晚。

启发思考

企业为保证有序运转和长期持续发展，防止违规操作、欺诈和舞弊行为，应该如何设计本企业财务制度以及设计哪些财务制度呢？

第一节　企业财务制度概述

一、企业财务制度的内涵

（一）制度经济学中的“制度”内涵

为了弄清什么是财务制度，首先我们要弄清什么是“制度”。很多学者分别从“制度”的不同侧面对制度下定义，对于制度的界定是有所区别的。如凡勃伦注重的是制度的思想意识的基础层面；康芒斯注重的是制度的法律层面；科斯注重的是制度的产权配置层面。按照制度所处的层次结构不同，可把制度分为三个基本层次：一是高层次的制度，指社会制度，涉及政权性质的基本制度；二是中层次的制度，指经济制度，涉及经济运行机制；三是低层次的制度，指具体规范，涉及市场交易中的行为规则或契约关系。很显然，在这样的划分下，这里所谈的制度更适用于第三层次或第二层次。

尽管这些学者对“制度”一词的理解有不同的侧重，也存在不同的层次的区分，但可以清楚地看出他们对于“制度”的理解具有内涵上的一致性。“制度”这一概念至少应包括以下六个方面。

（1）制度是人类适应环境的结果，它是人为设计的，其主要特征在于具有强制性或约束力，并主要通过法律法规和组织安排而得到实现。

（2）制度和集体行动交织在一起，它为某群体中的众多人所接受或遵守，而这种遵守可能是自觉自愿的（或无组织的），也可能是被迫的（或有组织的）。换言之，制度是一种一致赞同的结果，尽管赞同本身有自愿或非自愿之分。

（3）制度本身是不能够独立的，必须有其实际承载体，比如国家、企业和家庭。反过来，像企业这样的经济组织，本身就是由制度来支撑和维护的，企业实际上是制度的化身。

（4）制度通过各种习惯和规则，为人们之间的交往、合作及交易的顺利进行提供了必不可少的保障，使个人对他人的行为进行预期成为可能，也制约了人们在各种方案中进行选择的能力，为居于其中的人提供了奖励和制裁。

（5）交易（或行为）是对制度进行分析的基本单位，这既是由于习惯和规则只能体现于人们之间的交易中，同时又因为交易的各种具体形式为描述不同制度创造了条件，旨在减少不确定性，降低交易费用。

（6）产权与交易关系密切，同时产权又是集体行动控制个人行动的主要手段，因此，产权作为一种权利安排，既体现了规则，又包含了习惯，其本身相当于制度的同义词。从深层次看，历史上任何制度，都是人们的利益及其行为选择的结果。制度是观察和理解人类经济活动或行为的最重要的钥匙或范式。

从上面关于制度的不同的释义，我们可以看到，制度的内涵主要包括：制度是人为制定的，而非自然形成的；制度要与特定的环境相适应，与集体行动紧密相连，与产权和交易息息相关；制度具有强制性和约束性，同时这种强制性和约束性只在特定的主体范围内起作用。所以，从最一般意义上讲，制度可以解释为人们之间产权交易过程中所遵循的一套行为规范或交易规则。

（二）企业财务制度的内涵

通过对制度的初步认识，我们可以简单得出：财务制度是规范财务主体的财务行为及财务关系的一系列规则。我国现行财务制度是由各企业所有者或管理者依据宏观财务相关法律法规、企业财务制度、行业财务制度的要求和企业自身经营管理特点制定的，处理企业内部在财务方面的责、权、利关系，规划和选择财务管理工作的规则、方法和程序的财务规章。财务制度按制定主体的不同可以分为广义财务制度和狭义财务制度。

广义财务制度是指由国家权力机构、政府有关部门和企业制定的用来规范财务主体同财务主体外部及财务主体内部各相关部门间财务关系的法律法规、准则、条例及办法的总称。若着眼于我国目前直接针对以财务制度为对象的相关制度，从纵向来看，是由财务管理体制、企业财务通则、分行业财务制度、企业内部财务制度组成的从抽象到具体、从宏观到微观的财务管理制度体系。

这一内涵的特点有以下三点。

（1）财务制度制定的主体有国家权力机构和企业。由国家机关制定强调了财务制度的强制性和普遍适用性。相应地，有宏观财务制度，如《会计法》《公司法》《企业会计准则》《企业财务通则》等；也有微观财务制度，如《企业内部控制基本规范》。不同层次的财务制度体现的是不同主体的利益。

（2）财务制度的本质是财务制定者意志的体现。宏观财务法规要求社会上所有财务主体成员必须遵守，只有这样才能保证财务制度的统一性和规范性。企业内部财务制度是特定企业用来处理财务关系、约束自身财务活动的基本原则与具体规范，在企业内部做到令行禁止，才会使财务制度发挥其应有的作用。

（3）财务制度总是与特定的主体、时间和条件相联系，因此，它只能在一定的空间和时间范围内发挥作用。财务制度随内外部经济环境的变化而发展，面对多变的外部环境，以及企业自身发展特点，财务制度的设计与持续完善对财务主体就尤为重要，对其发展具有战略性意义。

狭义财务制度又称为企业内部财务制度，是指由企业根据自己所处的外部环境及本企业生产经营特点和管理的需要而制定的、要求企业全体成员必须遵守的、用来规范企业内部财务行为及财务关系的一系列具体规则、制度的总称。

这一内涵的特点有以下四点。

（1）明确了企业内部财务制度的制定主体，即由企业自身来负责制定而非其他单位和个人。这样就给了企业充分的自主权，可以使企业在法律、法规及政策的范围内充分发挥自己的优势，达到最佳的财务效果。

（2）明确了企业内部财务制度的制定依据，即根据企业自身所处的外部环境及企业生产经营特点和管理的需要而制定。只有根据企业的实际情况制定的财务制度，才能符合企业财务活动的需要，才能把财务制度和财务管理活动紧密联系起来，使财务活动符合企业生产经营的需要。否则，要么会使财务制度和财务活动脱节，要么会使财务制度内容过于空泛，这都不能指导企业财务活动，也不能很好地处理内部财务关系，更不能起到应有的约束和激励作用。

（3）它强调了企业内部财务制度的规范性。即要求企业内部所有成员必须遵守，只有这样才能保证企业内部行动的统一性，在企业内部做到令行禁止，才会使企业财务制度发挥其应有的作用。此外，企业内部财务制度会随着环境的变化而变化，这就要求我们在制定企业内部财务制度时要有一定的前瞻性，从而保持企业内部财务制度的相对稳定性。

（4）明确了财务主体的具体范围。即规范企业内部各部门、各经营单位之间及其与企业财务部门的关系，企业与联营单位、被投资单位、内部承包单位的财务关系，投资人、债权人、经营者之间的财务关系，并设计一套有效的信息沟通制度，以减少交易或行为的不确定性，把阻碍交易的因素减少到最低限度。

二、企业财务制度的主要内容

我国政府颁布了《公司法》《会计法》《企业会计制度》《企业会计准则》《企业财务通则》等，近年来也在持续修订与完善。这些国家统一制定的财务制度除了适用于国有企业外，也适用于集体企业、私营企业、外商投资企业、非营利组织等其他经济组织。《企业财务通则》主要从企业财务管理体制、资金筹集、资产营运、成本控制、收益分配、重组清算、信息报告管理、财务监督等方面进行了详细的规定。

企业内部财务制度是以国家统一的财务制度为依据，同时充分考虑企业内部的生产经营特点以及管理要求而制定的，用以规范企业的财务行为和财务关系。一般地，若以财务制度的管理对象为标准，企业内部财务制度应当包括，财务管理体制制度、筹资管理制度、投资管理制度、资产管理制度、预算制度、成本费用制度、收入与利润分配制度、财务报告与评价制度等。其中财务管理体制、筹资制度、投资制度、财务报告制度处于较为基础的层面，预算制度、成本费用制度、收入与利润分配制度等是由基础财务制度派生的二级财务制度。

具体说来，按照管理的业务流程分为岗位分工、预算和计划、审批与控制、会计记录与账务处理、财务考核与评价、财务监督与检查制度。这类制度主要是用来确定企业财务活动的目标和方向，规范财务管理程序，协调各个环节财务行为和财务关系，选择恰当的理财方式和方法，以及对理财结果进行考核、评价，确定奖惩的具体制度。本章主要是以管理的对象为分类标准进行财务制度设计，将管理环节即业务流程作为制度设计的重点进行阐述。

1. 财务管理体制

企业财务管理体制制度是从总体上对企业内部有关部门的财务责任、财务权力和经济利益以及这三者之间的关系进行规范和处理的一项基本制度。它在企业内部财务制度中起统驭作用，是设计其他财务制度，如投资制度和融资制度时所必须考虑的基本依据之一。

企业财务管理体制有三种类型，分别为集权模式、分权模式和集权与分权结合式，需要与其经营组织形式相适应。一般而言，不论采取哪种模式，在设计时都应考虑下列主要因素：①企业组织结构；②企业经营方式和规模；③企业发展的不同阶段；④企业的股权结构；⑤企业管理者与企业文化。

2. 筹资管理制度

筹资管理制度是财务人员在从事筹资工作过程中所应遵守的规范或标准。其主要内容包括，确定合理的筹资方式，确定合理的筹资规模，选择恰当的筹资时机，筹资审批程序、责任归属，筹资会计核算和到期偿付等。

外源筹资方式主要有权益资本筹资和债务资本筹资。具体来说，前者主要指吸收直接投资、发行股票，后者指发行债券、银行长期借款、短期借款、商业信用、融资租赁等。很多因素会影响企业筹资方式的选择，主要的影响因素有：①筹资规模；②筹资成本；③筹资风险；④筹资收益；⑤企业规模与信用等级。

3. 投资管理制度

投资管理制度主要规定企业投资活动的预测、决策程序，风险控制与收益评估程序，投资资产的管理与处置等内容。广义的投资是指为了获得未来报酬或收益而预先垫支资本及货币的各种经济行为，包括对内投资和对外投资。狭义的投资则仅指对外投资于各种有价证券，即证券投资。一般地，选择投资方案时需要考虑以下因素：①投资收益；②投资风险；③投资弹性；④管理控制能力；⑤筹资能力。

4. 资产管理制度

资产管理制度主要规定企业货币资金、应收账款和应收票据、存货、固定资产、无形资产等的日常管理、业务流程、权限和责任、会计核算等内容。其中，货币资金有专门的管理要求。存货与固定资产管理制度主要规定了审批、采购、验收入库、仓储保管、使用或领用、会计核算、盘点处置等内容。

5. 成本费用制度

成本费用制度主要规定成本与费用各自的范围、标准、程序、核算方法、报销等，实行全员和全过程的控制，以严格控制成本与费用的开支规模，防止铺张浪费。成本制度具体包括成本预测、成本控制、成本核算、成本分析、成本考核等内容。费用制度具体包括期间费用预算、审批、拨付、核算、报销、检查等内容。

6. 收入和利润分配制度

收入制度主要规定收入的构成、预测、销售合同审批、发货、收款、会计核算、客户信用管理等内容。利润分配制度主要规定利润分配的方式、标准、程序，结存利润的使用范围、审批程序，股利政策等内容。

第二节 财务制度设计的作用、原则和方式

一、财务制度设计的目标和作用

企业财务制度是现代企业制度不可或缺的一项内容。企业财务制度是企业财务活动中主观愿望与客观规律、内部条件与外部环境、管理者与投资人和债权人、内部各部门之间、内部员工之间等一系列矛盾相互作用的综合体现。

企业财务制度设计的目标，是指在国家相关法律法规和政策指导下，通过对企业财务环境的分析而设计出一套科学合理的财务制度，在可选择范围内，自主选择财务管理的目标、战略、政策和方法，以规范和协调企业的财务关系，为顺利而有效地开展财务活动，发挥财务管理的作用，实现财务管理目标和企业总目标，提供制度性保障。

科学设计企业财务制度是发挥其作用与功能的前提条件。财务制度的目标在公司管理中起到双重作用：一是导向作用，它是企业财务管理工作的起点目标，为财务管理指明了工作方向，从制度的角度来保证企业总目标和财务管理目标的实现；二是评价作用，它为财务管理工作提供了最终的标准，为衡量财务管理工作提供可靠的依据。具体说来，财务制度设计发挥着以下作用。

1. 为企业财务管理工作提供组织保证

财务管理制度设计机构设置、人员配备、岗位职责分工等，详细规定了财务主管、会计、出纳以及其他相关人员的工作安排和权限，使财务管理程序有章可循、有法可依，组织严密，可以降低交易成本，减少财务活动不确定性，并防止别人“搭便车”。所以，财务管理制度为企业财务管理工作的顺利开展提供了组织层面的保证。

2. 为企业财务管理工作提供体系保证

财务管理制度涉及的内容非常复杂，涵盖经营活动、投资活动、筹资活动，从事前计划到事中控制再到事后监督，从业务开始时的全面预算到结束时的财务分析和各部门各人员的绩效考核，从注重合法合规的外部审计到查错补漏、贯穿始终的内部审计，这样一个严密的系统为财务管理工作的顺利开展提供了制度上的保证。

3. 为企业财务管理工作提供了方法保证

财务管理制度按照《会计法》《企业会计准则》《企业财务通则》《企业内部控制基本规范》等相关法律法规和准则，结合企业所处行业和自身情况详细规定了财务、会计及其会计处理、

财务管理流程的具体操作和方法，比如会计政策和会计估计不能随意变更，为财务管理工作的顺利开展提供方法上的保证。

4. 为企业财务管理工作提供质量保证

财务管理制度依据《会计法》《企业会计准则》《企业财务通则》《企业内部控制基本规范》等相关法律法规和准则，对不相容岗位分离、授权审批、会计记录、会计报告披露等做了硬性规定，并对容易产生问题的关键环节和薄弱环节进行重点控制，外加年度报告需经注册会计师的审计，这在很大程度上为财务管理工作的顺利开展提供了质量上的保障。

二、财务管理制度应遵循的原则

企业财务制度设计是在国家有关法律、法规、政策指导下，通过对企业具体的经营环境的分析而设计出一套科学合理的财务制度，以规范和协调企业的财务关系，有效地开展财务活动，实现财务管理目标。企业是市场经济的最重要的主体，财务制度也是现代企业制度的重要组成部分。企业财务制度设计是企业财务管理的一项基本建设，其质量直接影响财务管理的效果，也影响企业经营的最终成果。因此，在设计企业财务制度时，必须遵循一定的原则。

1. 合法性原则

企业财务制度的设计，必须依据并遵循《中华人民共和国会计法》《中华人民共和国公司法》《企业会计准则》《企业财务通则》及其他相关财务法规，绝对不能超越国家的统一规定，不能脱离国家财务法规另搞一套，确保企业的财务制度的合法合规性。

2. 适用性原则

不同的企业，其所处行业、组织形式、经营方式、公司规模不尽相同，其财务活动的方式方法也不完全一致。企业制定内部财务制度，需要在遵循国家统一规定的基础上，充分考虑企业自身的生产经营特点和管理需求，设计出适合本企业实际情况的具体的内部财务管理实施细则。

3. 全面性原则

企业的财务管理制度必须涉及企业财务会计工作的方方面面的控制。它必须贯穿企业财务活动的全过程，包括岗位职责分工、资金和资产管理、成本费用管理、筹资投资管理、内部信息系统管理、财务报告管理等，以确保企业财务活动有序进行。

4. 一贯性原则

企业的财务管理制度必须具有连续性和一贯性。同一企业对于不同时期发生的相同或相似的交易或事项，应采取一致的会计政策和会计估计方法。会计政策和会计估计方式一旦确定，不能随意更改，否则就无法贯彻执行，财务信息也缺乏可比性和可靠性。

5. 成本效益原则

财务管理制度需要考虑成本效益的原则，实施该制度所引起的成本增加应当小于其所带来的效益增加。也就是说，在执行的过程中，可操作性要强，切实可行，发生的成本是合理的。

6. 战略性原则

企业在制定财务管理制度时，在适当考虑对外部宏观政策及行业发展的前景基础上，既要符合企业的短期目标，还要考虑企业的长远规划。企业可以根据自身和社会发展已经发生的新变化、新情况，及时补充和调整已有的财务制度。

三、企业财务制度设计的种类与方式

（一）企业财务制度设计的种类

按照企业财务制度设计的范围和内容的不同，企业财务制度设计可分为全局性设计、局部性设计和修订性设计三种。

1. 全局性设计

企业财务制度全局性设计是指对企业财务工作所应遵守的一切规范进行设计，以形成企业财务制度的基本框架和一套完整的企业财务制度体系。

由于全局性设计是一个系统工程，涉及范围较大，内容复杂且对其设计质量的要求也较高，因此，设计时应由总体设计到具体设计。企业财务制度的总体设计，发挥着以下的作用：①保证所设计财务制度的可行性，为具体设计提供依据；②总体设计是各专项制度之间同步协调的保证；③有利于企业财务制度设计工作的顺利进行。

总体设计是对所设计的企业财务制度内容和范围进行的总体规划，对某些经济行为提出一些原则性的意见，确定了所设计财务制度的基本内容，勾画出了这一财务制度的轮廓。因此，公司应认真做好这一工作。在进行总体设计时，应该先做好调整工作并进行综合分析，提出各种方案和意见，并做出决策。

具体设计则是在总体设计的基础上，采用具体的程序和方法，根据总体设计的要求，用文字或表格等形式做出详细具体的规定。这是整个设计工作的中心环节。这一阶段除对总体设计中所拟订的各项内容进行具体设计外，根据系统性要求还可能需要补充总体设计所未能拟订的内容，并将各局部内容进行协调和审订，这也是保证企业财务制度系统性和各项具体制度内部协调性的要求。总体设计和具体设计是两个紧密相连的环节，两者在全局性设计中的地位同样重要，不可偏废任何一方面。如果不进行总体设计就无法勾画出企业财务制度的轮廓；不进行具体设计就无法把总体设计的“蓝图”变为现实，就无法形成企业财务制度。

问与答

问：什么情况下需要进行全局性设计？

答：新成立的企业需要进行全局性财务制度设计。但如果原有公司因业务发展，管理上有了新的要求，或者政府有新的相关法规出台，原有财务管理制度不能适应当前的财务管理要求，这时也需要进行全局性设计。

2. 局部性设计

局部性财务制度设计是对财务工作的部分规范进行的设计。局部设计的对象一般是原有财务制度中不包括的管理制度。由于经营规模的扩大，经营范围的拓宽，经营方式的转变和管理要求的提高，而进行的财务制度设计，一般都是局部设计。

3. 修订性设计

修订性财务制度设计是对原有的财务制度中的某一部分进行修改或重新设计，使其更适用、更有效。其原因大多是由于企业的经营方式发生了转变，管理的要求发生了改变或是在财务制度实施中发现有些制度不能满足企业财务管理活动的要求。比如，固定资产折旧由直线折旧法改为加速折旧法，坏账损失处理由直接核销法改为备抵法，发出材料计价由加权平均法改为先进先出法，等等。

局部性设计和修订性设计，一般涉及范围较小，设计内容较为简单，大多数情况下只是进行具体设计。但在这类设计中应该注意新设计的制度与原有制度的协调性，不能使其与原有制度发生“摩擦”，以便使企业财务制度整个系统更好地运作。

（二）企业财务制度设计的方式

根据企业财务人员的业务素质、知识水平情况，财务制度的设计可以采用自行设计、委托设计、联合设计等方式。

1. 自行设计

自行设计是指由本企业的财务人员组织和独立进行的财务制度设计，从长远的角度看，这是企业财务制度设计的主要方式。其优点是企业财务人员了解企业各方面的情况，熟悉企业供产销各种业务和人财物各种要素，容易得到企业各职能部门和有关人员的支持和配合，且能够节省设计时间和节约设计费用，便于财务制度的落实和贯彻。其缺点是设计人员容易受传统习惯的影响，不利于大胆革新，不利于借鉴吸收新知识、新经验和新做法。如果设计人员的学识水平达不到要求，就很难提高财务制度的质量。

2. 委托设计

委托设计是指企业委托社会上的财务咨询服务机构为本企业设计财务制度。无论是国内还是国外，无论是现在还是将来，为企业设计财务制度都是财务咨询服务机构的一项重要业务。其优点是设计人员业务水平高、知识面宽、革新精神强，便于通过制度的设计促进企业的财务工作；其缺点是不易得到企业各方人员的配合，设计人员对企业的了解较少，难免使制度的某些内容脱离企业的实际，从而削弱财务制度的指导作用。

3. 联合设计

联合设计是指以企业的财务人员为基础，聘请设计财务制度的专家做指导，共同进行的企业财务制度设计。这种方式有利于充分发挥自行设计和委托设计的优点，克服各自的缺点，相互配合，取长补短，使企业财务制度更加科学完善，使财务发展的最新动向、相关知识和企业的实际情况都充分体现在企业的财务制度设计之中。

第三节　财务制度设计的关键环节和程序

一、财务制度设计的关键环节

财务管理制度涉及的内容繁杂，企业在设计财务管理制度时，重点应当放在组织结构及职责分工、授权审批、会计记录、资产保护、人力资源控制、预算管理、风险管理、报告制度等关键环节。

1. 组织结构控制

企业应当根据国家有关法律法规和企业章程，建立规范的公司治理结构和管理原则，明确各部门各岗位的职责权限，实现科学有效的分工和制衡机制，如董事会和监事会（如适用）、管理层、财务部、内部审计部门、各部门员工等。企业的经济活动通常可以划分为五个步骤，即授权、签发、核准、执行和记录，须遵循不相容职位相分离的原则，也就是说上述每一步骤均由相对独立的人员或部门实施，便于发挥内部财务控制的作用。

2. 授权审批控制

授权审批是指企业在处理经济业务的过程中必须经授权批准以进行控制。授权批准的形式一般分为一般授权和特殊授权。一般授权是指对办理常规性事务的权力、条件和有关责任人做出的规定，按照规定的权限范围自行处理。特别授权是指授权处理非常规性的业务，比如重大的筹资行为、投资决策、股票发行等。

3. 会计记录控制

会计记录包括各种原始凭证、记账凭证、现金及银行存款日记账、总账、账簿、报表、会计档案等。会计记录控制的要求是保证会计信息反映及时、完整、准确、合法。会计记录控制实行职责分工，账物分管、钱账分管、印鉴分管和钥匙分管等原则。实行内部稽核，定期或不定期对每一项经济记录和会计记录进行核对，以保证账证、账账、账表、账物、账款一致。

4. 资产保护控制

资产保护控制包括接近控制和盘点控制。接近控制主要指严格控制无关人员对相关资产的接触，只有经过授权审批的人员才能接触资产。特别是现金、银行存款、其他货币资金、有价证券和存货等变现能力较强的资产，必须限制无关人员直接接触，间接接触可以通过保管、批准、记录等职责分工来控制。

另外，企业需要建立财产清查盘点制度，对实物资产进行盘点并将盘点结果与会计记录进行比较，若不一致，应查明原因。

5. 人力资源控制

人力资源控制包括员工招聘、培训、任用、考核、晋升与奖励等方面的控制。制度设计得再完善，没有称职的人员来实施，也不能发挥作用。企业的用人政策直接影响着能否吸收有能力的人员来执行制度，而且不相容职位要分离。企业要重视对人员的培训和考评，营造良好的企业文化。

6. 财务预算控制

财务预算控制的内容可以涵盖企业活动的全过程，包括融资、投资、采购、生产、销售、日常管理等诸多方面，也可以就特定业务进行专项预算。

7. 风险管理控制

企业所面临的风险按形成的原因一般分为经营风险和财务风险两大类。经营风险是指因生产经营方面的原因给企业赢利带来的不确定性。财务风险指由于举债而给企业财务成果带来的不确定性。

8. 财务报告控制

财务报告，是企业内部各级管理层掌握公司运营效果与效率的信息、加强内部控制的报告性文件，也是财务制度的重要组成部分。年度财务报告经外部注册会计师审计后，须对外部利益相关者披露。公司不得编制和对外提供虚假的或隐瞒重要事实的财务报告。公司管理层必须保证财务报告的真实性和完整性。

二、企业财务制度设计的程序

企业财务制度设计的程序，是指企业财务制度设计的工作，从开始准备阶段到最后发布实施的整个过程。企业财务制度设计是一项复杂的系统工程，它不仅是企业财务部门和财务人员的任务，而且要在企业负责人的领导下，吸收生产经营管理各方面人员参加来共同完成任务。设计时首先要了解公司的发展背景和各种业务流程，然后分析研究搜集的资料，再融合管理者的需要，创造出新的财务构想和方法，完成设计。企业财务管理制度设计的步骤一般包括准备调查、制订草案、草案试行、定稿与实施、持续修订与完善阶段，如表 5.1 所示。

表 5.1　财务制度设计的各阶段主要工作

序号	步骤	主要工作
1	准备和调查阶段	确定制度设计的内容和目的，落实参与设计人员，安排进度； 进行总体规划；进行企业内外基本情况调查、企业财务制度现状及实施情况调查、各类主要业务财务处理程序的调查等
2	制订草案阶段	确定制度设计方案，并按设计分工展开工作
3	草案试行阶段	通过一段时间的试行，检查制度的可行性和有效性，并把执行的结果反馈到制度设计前期的各阶段
4	定稿和实施阶段	把前期试运行的结果定稿，把财务管理制度以企业管理文件的形式，通过正式的审批流程予以颁布，根据各个管理层次的需求，在企业内部对员工开展培训，严格执行财务制度
5	持续修订与完善阶段	企业经营可能遇到新情况，需要对已有的财务管理制度进行相应的修订，已有制度执行的效果和缺陷也要及时反馈，使其不断完善

1. 准备和调查阶段

企业财务制度设计要达到预期的目的，在很大程度上取决于设计的准备工作是否充分细致。因为设计工作不仅政策性强，而且也是技术性极强的活动，必须统筹规划，精心组织，才能设计出有效的财务制度。该阶段主要有以下工作内容。

（1）确定设计的内容和目的。

企业财务制度的设计一般分为全局性设计、局部性设计和修订性设计。企业财务制度的内容是多方面的，企业可根据自己的情况确定设计的内容。对于不同类型、不同内容的财务制度在设计上有不同的要求。因此，在设计之前，首先要明确设计的内容和目的，以便更合理地安排设计工作，提高工作的效率。

（2）进行总体规划，即拟订设计的计划。其内容应包括以下方面。

第一，确定设计的时间。时间安排要根据设计类型来确定，如全面性设计时间要长一些，局部和修订设计的时间短一些。要有一个进度表。

第二，确定设计方式，是进行自行设计、委托设计，还是联合设计。

第三，配备一定的设计人员。根据设计的内容和工作量，要配备一定数量的设计人员。在进行财务制度设计时一般要有下列人员参与：单位负责人、财务主管、财务专家、顾问及企业有关方面人士。

企业财务制度设计人员应具有高尚的品德、渊博的知识、丰富的经验。企业财务制度设计人员要有较高的财务理论水平，要对企业管理，公司财务活动，证券法、税法等有深刻的研究和了解。企业财务制度设计人员还应有丰富的实践经验，在财务管理活动中取得过显著的成绩，熟悉财务活动的各个环节，只有这样才能保持客观公正的立场，根据客观情况，依照法令政策，设计出一套高质量的财务制度。

（3）调查研究。

调查研究是设计财务制度的基础。只有在充分调查研究的基础上，才能设计出高质量的企业财务制度。调查研究的主要内容一般包括以下方面。

第一，熟练地掌握《企业会计制度》《企业内部控制基本规范》《企业财务通则》等相关的法律、法规的内容。特别要了解其精神实质，掌握要点，认真贯彻。

第二，对企业一般情况的了解。了解企业的发展背景是进行财务制度设计前应做的第一步工作，目的是获得有关企业的一般性资料，包括企业的发展史、企业组织、资产状况、产品及销售情况、财务情况、财务会计和财务管理事务等。

第三，熟悉企业业务流程。取得企业发展的背景资料之后，就要更详细地了解企业各种业务的作业程序和方法，以及现行管理制度。了解的方法一般是对几个业务循环进行问卷调查，即将需要了解的内容，有系统地设计成若干问题，请各相关部门填写回答。如果是修订性设计，还要了解现行财务制度当时设计的背景、现行财务制度及其运作效果，因此，还要取得上次财务制度设计的报告和相关文字资料。

2. 制订草案阶段

制订草案，即在准备工作的基础上，进行初步的具体设计。设计者在了解和分析公司各种业务流程、现行财务管理制度之后，就可以制订企业财务制度设计的草案了。企业财务制度设计草案至少应该包括设计说明和企业财务制度两部分内容。财务制度是各相关财务管理活动必须遵守的规范。设计说明是向管理部门介绍财务制度设计方案的依据、优点等。

企业财务制度设计草案应该做到以下方面。

第一，贯彻国家的相关的法律、法规和政策。按照《会计法》《企业会计准则》《企业财务通则》《企业内部控制基本规范》等相关法律法规和准则，结合企业所处行业和自身情况详细规定财务、会计及其账务处理、管理流程的具体操作和方法，且不得随意变更。

第二，企业财务制度设计草案要通俗易懂。各项制度要具体、全面、准确。既要防止烦琐和冗杂；又要防止简化，只有原则，没有具体内容。有些部门不会太了解会计专业知识，因此，报告内容应尽量通俗化，文字更需流畅通顺，具有可读性。

第三，要适应企业内部管理的需要，还要正确处理各部门间的关系及财务制度与其他制度的关系。企业财务制度设计草案建议的事项，必须符合管理者的需要，对设计出来的制度，以乐观而自信的语气来说明制度的价值和可行性，应详细列举其作用并做出恰当的说明。

3. 草案试行阶段

这一阶段的主要工作是进行试运行和局部修订。企业财务制度报告起草完毕后，管理部门和设计者要广泛征求各方意见，并进行一段时间的试运行，在实际运行中检验所定企业财务制度的可行性和有效性，对缺乏可操作性和不符合实际情况的条款进行进一步的修改完善。

4. 发布实施阶段

发布实施，即正式定稿和发布执行。设计的财务制度经过一段时间的试行及修订，如果表明其已达到预定的设计要求，就可正式定稿，然后由企业法人代表签署，确定发布方式和正式执行的时间并严格执行此财务制度。

5. 持续修订与完善阶段

企业经营可能遇到以前未出现过或未预料到的新情况，需要对已有的财务管理制度进行相应的修订，增加对新的或变化的情况的控制制度，删除不合时宜的部分制度。已有制度执行的效果和缺陷也要及时反馈，使其不断完善。

第四节 企业专项财务制度设计

企业专项财务制度种类繁多，且不同的专项财务制度在企业财务管理活动中起着不同的作用。但是各项专项财务制度的设计有相通之处。因此，本节选取预算管理制度、货币资金管理制度、筹资管理制度、投资管理制度、财务报告管理制度作为重要的专项财务制度设计予以简要的介绍。

一、预算管理制度设计

为加强公司的财务管理和内部控制，建立严谨的预算管理体系，防范潜在的经营风险，科学、合理地利用资源，及时有效地调整和控制公司经营活动，提高公司管理水平和经济效益，实现公司经营目标和战略目标，特制定本制度。

1. 预算编制的内容

全面预算包括经营预算、投资预算和财务预算。预算应以价值链分析为主线，按照先经营预算和投资预算，后财务预算的程序，采取自上而下、自下而上、上下结合反复对接的方式科学合理地进行。预算管理的主要领导机构为公司预算管理委员会。

经营预算的编制以销售预算为起点，包括销售预算、生产预算、采购预算、直接人工成本预算、制造费用预算、期末存货预算、产品成本预算、期间费用预算。投资预算以当年投资计划为主要依据，考虑上一年度未完工投资项目的延续性，按项目、投资性质分别编制，包括固定资产投资预算、长期投资预算。财务预算的编制以经营预算和投资预算为基础，根据现有的资本、资金等状况，编制预算期内的利润表、现金流量表和预算期末的资产负债表。

2. 预算流程管理制度

从预算的业务流程来看，预算管理制度应包括以下内容。

第一，预算的编制。公司董事会在政府监管环境、市场预测和经营战略的分析基础上，根据企业生产经营情况与历史营运数据，确定企业预算年度的经营目标；公司各预算责任部门依据经营目标，并按财务部统一的预算要求，编制本部门的年度预算计划书，于×月×日（如10月31日）前报送至财务部。财务部对各部门的预算计划书进行初审、汇总和平衡，在此基础上提出公司下一年度预算草案，于×月×日（如11月30日）前报送预算管理委员会审查。

第二，预算的审批。公司预算委员会在应于×月×日前召开预算管理委员会会议，审查下一年度的预算草案。若未能通过，有关预算责任部门相应进行调整。经公司管理预算委员会审查后的预算草案，应于×月×日前上报董事会，董事会原则上在×月×日前审批预算。预算草案经董事会审批后，由财务部下达公司各预算责任部门执行。

第三，预算的执行。将企业总预算中的各项预算指标分解落实到企业内部各组织单位、各项活动的组织，甚至职工个人，编制各组织单位的责任预算；对企业内部各组织单位执行责任预算的过程跟踪控制，及时发现偏差，及时分析原因，采取有效的措施扩大有利差异，消除不利差异，保证责任预算圆满完成。

第四，预算的调整。公司正式批准执行的预算，在预算期内一般不予调整。在预算执行中，由于市场环境、经营条件、国家政策等客观因素发生重大变化，致使预算编制基础不成立的，或导致执行结果产生重大偏差的，可以调整预算。

预算调整执行逐项审查、逐级审批制度。财务部对申请调整部门进行初审、协调，提出预算调整方案，上报公司预算管理委员会，之后报董事会审批。

第五，预算执行的分析。企业内部各预算责任部门应于每月或每季度终了十日内将预算执行情况编制其责任报告，报送至财务部。财务部全面分析各部门预算执行情况，并提出对策和建议，提交至预算管理委员会主任。

第六，预算的考核与监督。公司根据年初预算与年终预算执行结果的差异对企业内部各预算责任部门的执行情况进行分析与考评，实施合理的奖惩，从而调动他们的积极性。预算监督的内容有：预算是否符合国家统一的会计制度和公司预算管理规定；各项财务收支是否全部纳入公司预算管理；预算资金是否按规定程序拨付和使用等。

二、货币资金管理制度设计

为了规范公司的现金管理，加强银行存款与银行账户的控制与管理，防范货币资金管理中的舞弊、腐败行为，确保资金的安全与使用效率，依据国家相关法律法规的规定，以及公司内部管理需求，特制定本制度。

货币资金管理制度主要包括以下内容。

1. 岗位设置、职责分工与授权审批制度

（1）收付款申请人、批准人、会计记录、出纳、稽核岗位分离，不得由一人办理收付款业务的全过程。

（2）出纳不得兼管稽核、会计档案管理和收入、支出、费用、债权的登记工作。

（3）定期轮换。出纳岗位原则上三年轮换一次，最长不超过五年。

（4）银行印章至少须有以下两枚：公司财务专用章、公司法人代表人名章，分别保管。

（5）银行结算票据如支票、汇票等由出纳统一签发和保管。签发支票必须写明收款单位名称、用途、金额和签发日期等，加盖银行预留印章后生效，付款用途必须真实填写。

2. 现金与银行存款日常管理制度

（1）现金收付款业务由财务部统一办理，并且只能由出纳办理。

（2）超过库存限额以外的所有现金应由出纳在下班前送存银行。

（3）公司的现金和银行存款不得以个人名义存入银行。

（4）非出纳人员不得直接接触公司的货币资金。

（5）公司所有的经济往来，除按规定可以使用现金的除外，均应当通过开户银行进行转账结算。银行结算业务只能通过公司开立的结算账户办理。

（6）收付款的收据和发票由财务部的专人开具。

（7）出纳应将每天收到或支付的现金和银行存款记入现金日记账和银行存款日记账中，但现金总分类账应由其他财务人员来编制。

3. 付款业务流程的控制制度

第一，支付申请。用款经办人填写付款申请单，注明款项的用途、金额、支付方式等，并附上相关附件，如发票、入库单。

第二，支付审批。部门主管和总经理在自己权限范围内进行审批。事项重大或金额重大，须经股东大会或董事会批准的，需要由股东大会做出决议或董事会做出决议。

公司对董事会的授权由公司章程和股东大会决定；公司对董事长和总经理的授权，由公司董事会决定；公司总经理对各其他人员的授权，每年年初由公司以文件的方式明确。

第三，支付复核。制单员复核申请支付的范围、权限是否符合规定；审核原始凭证是否完备；金额是否准确；支付方式是否妥当；收款单位与合同、发票是否一致。

第四，办理支付。支付一般由出纳办理。出纳不能保留所有预留银行印鉴。付款后在付款凭证及附件上盖上“付讫”章。

第五，核对会计记录。下列核对工作由会计主管来完成：总账与现金日记账、银行存款日记账核对；总账与明细账核对；编制银行存款余额调节表，对未达账项核实，督促十日内办理；与银行核对发生额和余额。每月不定期对现金抽点两次。

收款业务流程制度与付款业务流程类似，这里不再赘述。

三、投资管理制度设计

广义的投资是指为了获得未来报酬或收益而预先垫支资本及货币的各种经济行为；狭义的投资则仅指投资于各种有价证券，即证券投资。我们这里仅从狭义投资的角度论述。

为了规范公司对外投资活动的管理，保证对外投资活动的规范性、合法性和效益性，切实保护公司的利益，根据国家有关法律法规和公司章程的规定，特制定本制度。

1. 投资管理制度设计的目标

投资管理制度设计主要有下列目标：①保证投资活动经过适当的审批程序；②保证投资活动符合政府的投资法规；③保证投资资产的实际存在；④保证投资资产在账面和报表上合理地反映，对投资资产的计价和反映进行有效控制；⑤保证投资收益得到合理揭示。

2. 投资管理制度设计

从投资活动的业务流程来看，投资管理制度应包括以下内容。

第一，提出投资领域和投资对象。这要根据企业的长远发展战略、中长期投资计划和投资环境的变化来确定，通过主动寻找和外部推荐，获取投资信息和把握投资机会。了解和分析证券市场上各种证券的情况和潜在投资对象的赢利能力、经营政策和财务状况，通过这种种有效的财务分析制度，降低投资风险。

第二，编制投资计划。当财务主管认为投资机会已经成熟，应着手制定投资计划，内容包括投资的时机、投资的对象及投资原因、投资步骤、投资的性质和目的、影响投资收益的潜在因素等。此外，应充分征求投资顾问的意见。投资计划也可由投资顾问负责组织制定。

评价投资方案的可行性。投资项目的评价是投资程序中具有重要意义的步骤，是投资决策的重要依据。企业可从投资增值程度、投资保本能力、投资风险、纳税优惠方针、发展方向和经营思想、管理和控制能力等方面对投资方案进行评价。在评价投资项目的环境、市场、技术和生产可行性的基础上，对财务可行性做出总体评价。

第三，投资计划的呈报审批程序。投资计划的复核审查，可由董事会授权任命的一位高级职员（通常是财务经理）来负责进行。投资计划的最后批准必须经董事会讨论表决通过。企业管理当局通常应聘请与投资交易活动各方无直接利益关系的投资专家对投资计划提出意见。

投资方案比较与选择。投资决策是整个投资程序中最关键的一环，企业的决策者需要在投资项目评价的基础上，通过对不同投资方案的技术经济指标进行分析比较，并综合考虑社会等多方面因素，最后从若干备选方案中选择最终的行动方案，确保该方案技术先进、经济合理可行。

第四，投资计划的执行程序。这个过程包括委托证券交易商或经纪人购入证券以及对投资资产的控制制度，具体内容如下。

（1）投资指令控制。投资计划的正式实施，必须以经过财务经理或董事会审核批准的文件作为执行指令。

（2）选择专业交易商。继续委托过去已被证明能与企业很好地合作进行投资交易的证券经纪人和交易商。如果要重新选择交易商，则必须核查其经营执照及从事证券交易的经历。

（3）交易结果记录制度。投资交易的结果应记录于成交通知书上。该通知书一般由经纪人填写，内容包括投资指令，最高价格和最低投资报酬率，经纪人建议书或其他文件主要内容，证券名称、数量、号码、面值和购买价格等。

（4）交易结果审核牵制。投资人应根据成交通知书的内容，详细地核查经纪人交来的证券实物。如果有价证券委托经纪人代为保管，则应在取得成交通知书的同时，向经纪人索取代为保管证券的收据并对证券名称、数量、号码、面值等予以复查。审核必须由两名职员同时参与，并在记录上签字。

第五，决策过程记录归档管理。所有投资决策都应当用书面文件予以记录。这些书面文件应进行编号，归档管理，以便日后明确经济责任。

投资方案的再评价。在投资方案的执行过程中，应注意原来做出的投资决策是否合理、是否正确。也就是说，在投资方案的组织实施过程中，要对实施的具体情况进行检查和监督，将实施结果和事先的估计进行比较，揭示偏差及其产生的原因，提供反馈信息；同时根据反馈信息，采取相应的措施。一旦出现新的情况，就要随时根据变化做出新的评价和调整，使之尽量符合客观需要和理财环境，避免企业造成损失，确保投资目标的实现。

第六，投资资产管理程序。管理的对象包括保管各种有价证券，定期盘点有价证券，委托交易商或经纪人。相应的制度主要包括以下方面。

（1）代管制。对投资购入的证券最好的保管控制，是将证券（特别是一些长期投资的证券）存放于银行、信托公司或保险公司之中。

（2）接触限制制度。只有公司专门指定的人员持有财务经理批准的文件，才能接触证券。并且规定去银行或其他机构存取证券时，必须有两个以上的职员同行，即不得单独一名职员接触证券。

（3）定期核对制。财务经理或其他被授权人应当定期检查银行等机构送来的证券存放情况记录，并将这些记录同财务经理签订的证明文件存根和公司有关证券账户的余额相核对。

（4）有价证券自行保管的限制接触制度。规定证券必须存放在专门的保管库或保险箱内。规定只有经适当授权的人员才能接触证券。这些人员应与投资业务审批人、投资实物记录人、现金业务处理人、投资总分类账记账人员在职责上相互独立。进入保管库或开取保险箱时，至少应有两位负责保管的人员在场。

（5）证券登记制度。证券保管人必须设置证券登记簿，根据经审核和批准的原始凭单，详细登记存取证券的名称、号码、数量、面值、存放和取出日期、经手人等内容。

（6）定期盘点制。企业自行保管的有价证券实物应由与投资业务无关的独立人员定期盘点，检查其实存情况。

（7）账面调整制。在盘点或检查过程中，发现实存数量同账面记录数之间有差异，在没有得到相应的权力机构批准之前，不得进行账面调整。

第七，投资资产处理的控制制度。任何有价证券的出售必须经过董事会或财务经理的批准；代公司进行证券出售活动的经纪人应经过严格的审查；经纪人同投资者之间的各种文件应予以记录保存；反映经纪人处置证券的结果的清单应根据处理指令接受审查。

第八，投资收益和投资期末计价的控制。对投资收益正确揭示和对投资资产期末合理计价是投资环节内部控制的重要内容。由于投资收益同投资资产期末计价关系密切，所以对它们的控制往往结合在一起考虑。

四、筹资管理制度设计

筹资活动是指企业为了满足生产经营和战略发展的需要，通过改变企业资本结构及债务规模而筹集资金的活动，主要是指权益资本筹资和债务资本筹资。企业在做出筹资决策时，应当考虑选择合理的筹资方式、筹资规模、筹资成本和收益、恰当的筹资时机等。

为规范公司融资行为，优化资本结构，降低公司融资成本，减少融资风险，保证公司生产经营活动正常开展，增强公司资金运作的有效性，特制定本制度。

（一）筹资管理制度设计的主要目标

筹资管理制度的设计主要有下列目标:①保证筹资活动的整个过程经过适当的授权审核；②保证筹资活动在法律允许的范围内进行；③保证证券发行所筹集的资金得到恰当的账务处理，证券折价或溢价被合理地摊销；④保证利息和股利正确地计提和适当地支付；⑤保证股东权益被合理地表述。

（二）按照筹资方式划分的控制制度

筹资方式是企业取得资金的具体形式。权益资本筹资的形式有吸收直接投资、发行股票；债务资本筹资的形式主要有发行债券、银行长期借款、短期借款、商业信用、融资租赁等。下面介绍常见的三种形式的控制制度。

1. 直接吸收投资的控制制度

（1）吸收直接投资须经股东大会或董事会批准。

（2）与投资者签订协议，约定投资金额、所占股份、投资日期、投资收益与风险分担。不得吸收已设有担保物权及租赁资产的出资。

（3）财务部负责监督所筹集资金的到位情况和实物资产的评估工作，并请会计事务所办理验资手续，公司据此向投资者签发出资报告。筹集的资本金，在生产经营期间内，除投资者依法转让外，不得以任何方式抽走。投资者实际交付的出资额超过资本金的差额，以及资本汇率折算差额等计入资本公积金。

（4）财务部在收到投资款后应及时更新股东名册。在必要的情况下，办理工商变更登记和企业章程修改手续。

2. 发行股票筹资的控制制度

（1）发行股票必须经过股东大会批准并拟定发行新股申请报告。

（2）董事会向有关国家授权部门申请并经批准。

（3）公布公告招股说明书和财务会计报表及相关附表，与证券经营机构签订承销协议。定向增发时向新股认购人发出认购公告或通知。

（4）认购股份，缴纳股款。收到资金的当日应将款项存入银行。

（5）必要时，改组董事会、监事会，办理变更登记并向社会公告。

（6）公司财务部建立股东名册，其内容包括股东姓名、名称、持股比例、取得日期等。

3．发行债券筹资的控制制度

（1）发行债券筹资方案应当先由股东大会做出决议。筹资方案包括项目可行性研究报告、借款金额、用款时间及还款期限与计划等。

（2）制定公司债券募集办法。主要内容包括公司名称、债券总额和票面金额、债券利率、还本付息期限和方式、债券发行的起止日期、公司净资产、已发行尚未到期的债券总额以及公司债券的承销机构等。

（3）向国务院证券管理部门提出申请并提交公司登记证明、公司章程、公司债券募集办法以及资产评估报告和验资报告等。通过项目批复、公司批准文件的授权审批后，同债券承销机构签订承销协议或包销合同。

（4）公司发行的债券应载明公司名称、债券票面金额、票面利率以及偿还方式和期限等事项，并由董事长签名、公司盖章。

（5）公司债券可以采用溢价、平价、折价方式发行。公司财务部保证债券溢价发行和折价发行得到合理分摊予以登记。可以发行记名债券和不记名债券。

（6）公司财务部在取得债券发行资金的当日，应将款项存入银行。公司对发行的债券应置备公司债券存根簿，并定期核对。未发行的债券由财务部或承销机构专人负责管理。

（7）公司按照债券契约的规定及时支付债券利息。公司债券的偿还和购回在董事会授权下由公司财务部办理。

（三）按照筹资业务流程划分的控制制度

从筹资业务控制程序来看，其顺序包括以下部分。

1．筹资预算

由董事会授权的高级管理人员根据公司的发展规划、投资计划、生产经营的需要，确定本企业在长、短期内的资金需求量，同时通过对本企业资本结构的分析决定筹资渠道和方式。筹资预算以现金流为中心，与资金需求时间、结构、规模相匹配，并按内部预算管理办法严格执行。

2．制订筹资方案

财务主管根据分析结果，编制筹资计划，在认为恰当的时候，提交董事会及有关部门审批。拟订的筹资方案应符合如下的基本要求和内容：符合国家有关法规、政策和公司筹资预算要求；明确筹资规模、筹资结构和筹资方式；预计筹资成本；筹资时机选择分析；潜在筹资风险分析和应对措施。

3．方案的论证、审核和批准程序

在筹资业务发生前，需将筹资方案提交董事会或相关决策机构审批。决策机构或人员通常有股东大会、董事会、董事长、总经理等。决策机构在接到筹资计划方案后，应聘请法律顾问和财务顾问共同审核该项筹资活动对未来净收益增加的可能性以及资金来源合理性等内容；在经过充分论证后，对筹资计划做出批准与否的判断；董事会对筹资计划和实施细则做出审核结果，并对决策过程进行完整的书面记录，由决策人员进行签字。根据公司章程或其他规定，对筹资决策责任进行追究。

4. 执行筹资方案

公司按照公开、公平、公正的原则审慎选择筹资对象，指定相关部门和人员对其资信状况和资质条件进行充分的调查和了解。公司法律部或审计部人员对合同或协议审核其合法性、合理性、完整性，有必要的话应征询法律顾问或专家的意见。办理债券或股票发行和注册手续，签订各项借款合同等。公司取得的资产为货币资金的，按货币资金的实有金额及时入账；公司取得的资产是非货币资金，且需要对该资产进行验资、评估的，经中介机构验资评估后确定其价值，进行会计记录，并办理相关产权转移、工商变更手续。

董事会核准发行债券或股票的决议是执行筹资业务的必需证明文件，债券或股票正式发行前必须由两个以上的高级管理人员共同签发，以防止发生错误或弊端。企业应委托有一定地位的银行、投资信托公司、证券交易商来代理发行债券或股票。对已核准但尚未对外发行的有价证券，由证券部或委托专门机构专人代为保管，定期或不定期进行盘存或检查。

5. 筹资资产的使用

对资金筹集方案执行情况进行分析，以揭示资金筹集计划完成的好坏、存在的问题以及产生问题的原因，并指出解决问题的方法。筹资分析的内容主要有：①筹资总量计划完成情况的分析；②实际筹资量满足实际资金需要量的程度分析；③资本结构的分析；④筹资风险的分析；⑤筹资成本的分析；等等。

公司借入债务资金的，应在财务部指定专人严格按照合同或协议规定的本金、利率及币种计算债券利息，由会计稽核，定期与债权人核对，按时偿还到期债务。公司的股利分配方案，经股东大会审议批准后方能生效，严格按照股利分配方案发放股利。

公司应严格按照筹资方案所规定的用途使用筹集到的资金。由于市场变化等特殊情况导致需改变资产用途的，按有关规定履行审批手续，并对审批过程进行完整的书面记录，从资本市场筹集来的资金改变用途，应经董事会决议和公告。

6. 设计证券保管制度

证券保管制度包括证券实物保管制度、库存股票的发出批准制度、限制性接触制度、证券的代管制等。

若是以债券形式进行筹资，还包括以下两步程序。

7. 利息支付

支付利息是发行债券时所承诺的保证，设计利息支付制度的控制目标是防止违约，保障足够的现金，降低资金成本。其内容包括：①利息支付记录制度；②发放利息批准制度；③利息发放委托制度等。

8. 建立偿债基金制度

为保障债券持有人的利益，遵守债券发行时公司承诺的条款，确保公司债券在到期日有足够的偿还能力，债券发行公司应在债券到期之前，按期提存一定数额的偿债基金。这对于保持公司债券的信誉和防止债务的加速到期非常重要。

五、财务报告管理制度设计

为了规范公司财务会计报告，保证财务报告的真实、完整，切实发挥财务报告在企业管理中的作用，为公司对管理者、各部门的经营和绩效提供考核依据，根据《企业会计准则》结合公司管理的具体需要，制定本制度。

（一）财务会计报告的构成

财务会计报告分为年度报告、半年度报告、季度报告、月度报告和快报。快报是企业每月在正式编制会计报表前，所提供的主要财务指标完成情况，有助于及时了解公司本月生产经营的完成情况，并及时采取有效措施解决出现的问题。

年度、半年度财务报告应当包括：①会计报表；②会计报表附注；③财务情况说明书。其中会计报表应当包括资产负债表、利润表、现金流量表、所有者权益变动表及相关附表。季度、月度财务报告，通常仅指会计报表，会计报表至少应当包括资产负债表和利润表。国家统一的会计制度另有规定的，从其规定。

各项报表的内容和要求如下。

1. 资产负债表

资产负债表是反映企业在某一特定日期的财务状况的报表。资产负债表应当按照资产、负债和所有者权益分类分项列示。在资产负债表上，资产应当按照流动性列示，包括流动资产和非流动资产；负债应当按照流动性列示，包括流动负债和非流动负债。所有者权益应当按照实收资本（或股本）、资本公积、盈余公积、未分配利润等项目列示。

2. 利润表

利润表是反映企业一定会计期间经营成果的报表。利润表应当按照各项收入、费用以及构成利润的各个项目分类分项列示。收入按照其重要性列示。费用应当按照其性质列示。利润应当按照营业利润、利润总额和净利润等列示。

3. 现金流量表

现金流量表是反映企业一定会计期间现金和现金等价物流入和流出的报表。现金流量表应当按照经营活动、投资活动和筹资活动现金流量分类列示。在现金流量表上，经营活动的现金流量应当按照经营活动的现金流入和流出的性质分类列示。投资活动的现金流量应当按照投资活动的现金流入和流出的性质分类列示。筹资活动的现金流量应当按照筹资活动的现金流入和流出的性质分类列示。

4. 会计报表附注

会计报表附注是为了便于会计报表使用者理解会计报表的内容而对会计报表的编制基础、编制依据、编制原则和方法及主要项目等所做的解释。附注至少应当包括下列内容。①重要会计政策和会计估计及其变更情况、变更原因及其对财务状况和经营成果的影响；②或有事项和资产负债表日后事项的说明；③关联方关系及其交易的说明；④重要资产转让及其出售情况；⑤企业合并、分立；⑥重大投资、融资活动；⑦会计报表中重要项目的明细资料；⑧需要说明的其他事项。

5. 财务情况说明书

财务情况说明书应当对下列情况做出说明：①企业生产经营的基本情况；②利润实现和分配情况；③资金增减和周转情况；④对企业财务状况、经营成果和现金流量重大影响的其他事项。

（二）财务报告编制流程的主要制度

1. 财务报告的编制时间

企业应当于年度终了编制年度财务会计报告。国家统一的会计制度规定企业应编制半年度、季度和月度财务会计报告的，从其规定。

2. 财务报告的编制原则

企业依据《会计法》《企业会计准则》等规定，并根据公司业务需要，确定本公司适当的会计政策与会计估计方法，会计科目可以做适当的增删与调整。

企业编制财务会计报告，应当根据真实的交易、事项以及完整、准确的账簿记录等资料，并按照国家统一的会计制度规定的编制基础、编制依据、编制原则和方法，对会计报表中各项会计要素进行合理的确认和计量，不得随意变更。

财务部应于取得各部门提供的合法的原始凭证后进行审核，并根据申请内容及凭证数据编制记账凭证，经过会计主管审核后方可进行过账及结账程序。会计人员依据核准的记账凭证，过账登入总账及明细分类账，并编制财务报表。序时账簿应按照会计事项发生次序逐日记账。

财务部门可以指派专人定期审视会计政策与会计账务处理是否适当。例如在符合收入确认条件时，须确认收入。当期收入应与当期成本费用配合，如收入已经实现，其相关的成本费用应与其进行配比，以合理的方式进行账务处理。

3. 财务报告编制前的准备工作

（1）全面清查资产，核实债务。查明财产物资的实存数量和账面数量是否一致，各项结算款项的收回情况及拖欠原因，各项投资是否达到预期目的，以及固定资产的使用情况及完好程度。编制盘存表，对盘点发现的盘盈、盘亏、报废、毁损等，经总经理或董事长批准后进行会计账务处理。

（2）核实账簿记录，做到账账相符。做到内容完整、数字真实、计算准确，不得漏报或者任意取舍。核对会计凭证、会计账簿等是否按照国家统一的会计制度的规定进行确认、计量和记录，是否存在因会计差错、会计政策等原因需要调整的前期或本期的相关项目。

（3）结账。在报告期间的最后一天，结出有关会计账簿的余额和发生额，并核对各会计账簿之间的余额。

年度结账日为公历年度每年的 12 月 31 日，半年度、季度、月度为公历年度每半年、每季度、每月的最后一天。公司会计人员应于每期终了及年度终了及时进行结账，并按照权责发生制基础，调整归属本期会计事项。结账时，各账目经调整后余额应按照下列程序进行处理：收入、支出等虚账户的余额，应结转本期损益类科目；资产负债表中的资产、负债等实账户的余额，应转入下期各该账户。

4. 财务报告的格式和签章

（1）财务报告除公司内部要求编制的附表外，均应采用财政部统一格式。

（2）公司对其他单位投资构成控制或实际控制的，均应纳入编制合并财务报表的范围。

（3）财务报表经编制完成确认无误后，应由制表人、复核人、会计主管等签章，对外报告应由负责人盖章。

5. 会计凭证和会计账簿的保存

各项会计凭证，除应永久保存或有关未结事项外，应于年度决算程序办理终了后，至少保存五年。各项会计账簿及财务报表，应于年度决算程序办理终了后，至少保存十年。但有关未结事项，不在此限。

6. 财务报告的审计

除特殊情况外，公司月度、季度、中期财务报表可不经审计，但公司年度财务报表必须由有资质的中国注册会计师审计并出具审计报告。

复习思考题

1. 怎样理解制度与财务制度的内涵与作用？
2. 企业财务制度的内容主要有什么？
3. 企业财务制度的关键环节有什么？
4. 如何进行企业财务制度设计？有哪些步骤？
5. 企业投资活动主要包括哪些内容？有哪些程序？
6. 企业的筹资方式大致分为几种？分别有什么程序？
7. 为了防范财务风险，货币资金管理应主要做好哪些工作？
8. 企业财务报告的程序有哪些？

第六章　企业业绩管理

本章介绍了企业业绩评价的概念、构成要素、评价模式和业绩评价的演进，对业绩评价指标和业绩评价系统的设计做了深入的探讨。通过本章的学习，理解业绩评价相关概念的内涵，了解业绩评价的发展历史及趋势和业绩评价系统的设计，掌握业绩评价指标的运用。

引导案例

宝钢钢管公司构建VM体系

宝钢钢管公司从2002年开始尝试全面引入价值管理（VM）的概念，到2015年底已经构建了较为完善的VM体系。公司将制造环节的分厂和市场营销室分为不同的价值中心形成主价值链，着重关注其影响整体价值贡献的程度；将辅助车间（部门）视为服务提供单位形成基础保障链，着重关注其影响作业线的关键指标；将职能管理部门作为管理部门链，着重关注其如何发挥管理部门的专业技能使其他部门价值贡献增加。关于价值贡献指标的选择，一是借鉴经济增加值的思想选取综合的财务指标；二是选取战略性的非财务指标；三是选取相互挂钩的业绩指标。然后借鉴平衡计分卡的思路将财务因素和非财务因素融合成价值贡献模型。公司形成了以创造价值为核心的理念，全体员工都以为公司创造价值为工作的根本出发点，进行系统思考，以价值创造为一切工作的评判标准，大家在做每一件事时都会问问这是创造价值还是损害价值。而且由于体系的健全运作，真正实现了以最小的成本实现客户所需的功能，从而提高了企业运营的整体价值。

启发思考

宝钢钢管公司运用经济增加值和平衡计分卡等价值管理基本概念构建价值贡献模型，不仅使财务指标得到有效的衡量与评价，而且关键的非财务指标也得以量化。那么，什么是经济增加值和平衡计分卡？财务指标和非财务指标各有什么特点？

第一节　业绩评价概述

一、业绩评价的内涵

企业业绩评价，是指运用数理统计和运筹学的方法，通过建立特定的或综合的评价指标体系，对照相应的评价标准，按照一定的程序，将定量分析与定性分析相结合，对企业一定经营期间的赢利能力、资产质量、债务风险以及经营增长等经营业绩和努力程度进行的客观、公正和准确的综合评判。

科学地评价企业业绩，可以为出资人行使经营者的选择权提供重要依据；可以有效地加强对企业经营者的监管和约束；可以为有效激励企业经营者提供可靠依据；还可以为政府有关部门、债权人、企业职工等利益相关方提供有效的信息支持。业绩评价的标准不同，使得得出的评价结果不同，业绩评价系统的功能也会不同。总体来看，业绩评价主要有以下基本功能。

1. 激励与约束功能

以年度预算作为业绩评价标准，可以评价下属单位经理人员的工作成绩，并作为人员调配、提升、奖励等决策的重要参考。年度预算一般以特定子企业或分部为预算单位，依据下年度该单位特定的经营环境制定；且在具体编制时，一般有子企业或分部经理参与，并由其对预算的执行情况负责。正是在这个意义上，管理者可将业绩评价视为一种最有用的人力资源管理工具。

2. 资源再配置功能

现代企业的经营成功取决于企业能否在其所涉及的几个不同行业或同一行业几个不同产品线上具有竞争优势。将企业所涉及的这些行业或产品的业绩水平与其主要竞争对手进行对比，可以使企业认清自己在哪些行业或哪些产品具有竞争优势，哪些行业或产品不具有竞争优势。根据这些信息，管理者可以重新对这些行业或产品从战略的高度进行分析并采取相应的措施，对原有资源配置进行重新调整，从不具有竞争优势或不可能具有竞争优势的行业或产品线撤出，增强其他行业或产品线已有的竞争优势，或重新选择新的竞争方向。

3. 项目再评估功能

资本预算是企业对长期重大项目投资所进行的可行性研究和收支计划，一般包括投资报酬率、净现值、现值指数等指标。在编制资本预算时，这些指标往往根据预测的资料得出，投资的实际运行效果与设想的是否一致，是企业管理者极为关心的问题。以资本预算作为业绩评价标准，将实际效果与预算进行比较，起到项目再评估的作用；同时，可以找出预测误差，不断提高预测的准确性。

4. 战略管理功能

业绩评价在企业战略管理中发挥着重要作用。在战略设计阶段，业绩评价可以发挥项目再评估和资源再配置功能，为形成最优战略提供信息；在战略实施阶段，业绩评价可以发挥其人事管理功能，以激励各级人员努力实现战略目标。业绩评价是联系战略管理循环的纽带。

二、业绩评价的分类

按照不同的分类标准，可将业绩评价划分为不同的类型和层次。

1. 根据业绩评价主体不同进行的分类

根据业绩评价主体不同，可将业绩评价划分为外部评价和内部评价两大类。

外部评价就是由企业外部的有关评价主体对企业业绩做出评价，内部评价就是由企业内部的有关评价主体对企业业绩做出的评价。根据利益相关者理论，企业除了股东以外还有其他利益相关者。由于利益相关者是通过契约与企业形成特定经济关系，期望从企业经营中获取回报，或者尽管没有契约关系，但其利益受企业经营影响，因此利益相关者需要通过各种机制对企业经营和管理施加影响，业绩评价系统就是其中之一，因此不同利益相关者都可能成为企业业绩评价的主体。具体到一个企业而言，其外部评价主体包括中小股东、潜在的投资者、现有的和潜在的债权人、政府有关部门、供应商和客户、社会公众等；内部评价主体包括大股东、各级管理者和基层职员等。

内部评价的依据是企业的战略规划和战略计划，利用的是企业内部所产生的各种管理信息，包括财务信息和非财务信息；而外部评价则受信息获取方式的限制，主要以企业披露的财务信息和市场信息为主，因此内部评价通常比外部评价更为精确。

2. 根据业绩评价客体不同进行的分类

根据业绩评价客体的不同，可将业绩评价分为整体评价、部门评价和个人评价三个层次。

整体评价是对企业整体业绩进行评价；部门评价是对企业中的各个部门的业绩进行评价，包括对业务部门和管理部门的评价；个人评价就是对个体业绩进行评价。从管理学角度看，业绩即组织期望的结果，是组织为实现其战略目标而展现出的不同层面的有效输出。一个组织要实现其战略目标，需要将其目标进行分解，落实到部门和个人，只有部门和个人的目标实现了，组织的业绩目标才有可能得以实现。

3. 根据业绩评价内容不同进行的分类

根据业绩评价内容的不同，可将业绩评价分为财务评价和非财务评价。

财务评价主要是对企业的财务状况进行评价，并主要采用财务指标，其评价内容具体又细分为赢利能力状况、偿债能力状况、营运能力状况和增长能力状况等方面。

非财务评价主要是对企业的非财务表现进行评价，其评价的内容主要包括客户、内部业务流程、员工和创新等方面。

4. 根据业绩评价范围不同进行的分类

根据业绩评价范围的不同，可将业绩评价分为综合评价和单项评价。

综合评价是指对企业在一定时期的生产经营各方面的情况进行系统全面的评价。综合评价的目的是找出企业生产经营中带有普遍性的问题，全面总结企业在这一时期的成就与问题，为协调各部门的关系、搞好下期生产经营安排奠定基础或提供依据。

单项评价是根据评价主体或评价目的的不同，对企业生产经营过程中某一方面的问题所进行的较深入的评价。单项评价能及时、深入地揭示企业在某方面的财务状况，为评价主体提供详细的资料信息，对解决企业关键性问题有重要作用。

三、业绩评价系统的构成要素

业绩评价系统是企业管理控制系统中一个相对独立的子系统，是建立与完善现代企业管理控制体系的重要组成部分，是企业战略目标实现的重要保证。企业业绩评价是按照企业管理的需要设计评价指标体系，比照特定的评价标准，采用特定的评价方法，对企业目标的实现情况进行判断的活动。一个有效的业绩评价系统是由下列因素有机组成的：评价主体、评价客体、评价目标、评价指标、评价标准与方法和评价报告。

1. 评价主体

评价主体是指谁需要对评价对象进行评价。评价主体是与评价对象的利益密切相关，关心评价对象业绩的相关利益人。评价主体的不同，直接决定主体的需要不同，进而影响评价标准的选择及主体对客体的价值判断。不同的评价主体，其与客体的关系不同，这会影响主体获取评价信息的能力和对评价指标中具体指标的选择：企业外部的主体对企业业绩评价时倾向于更多地采用财务业绩指标，而企业管理者进行业绩评价时则可以有一些衡量企业各方各面的个性化指标。企业业绩评价存在多元化的评价主体，如出资人、管理者及员工、债权人、政府部门等，不同的评价主体，评价的目的和侧重点有所不同。

2. 评价客体

评价客体是指对什么进行评价，即实施评价行为的对象。由于在业绩评价中，评价客体——企业本身是一个复杂的有机体，所以往往需要根据评价主体的需要，得到细化的评价对象。评价客体一般分为组织和组织成员两个层次。组织包括企业、分企业，也包括企业中的部门、车间、工段等单位；组织成员是管理人员及一般员工，或者是指团队。对于不同的评价对象，评价的要求、内容、指标等都不相同。评价对象的确定非常重要，评价的结果对评价对象今后的发展会产生重要的影响。对组织的评价影响到组织的扩张、维持、重组等问题，对组织成员的评价影响到其奖惩、升迁等问题。

3. 评价目标

评价目标是业绩评价整个系统运行的指南和目的所在，它服从和服务于业绩评价主体。不同的业绩评价主体具有不同的评价目标。例如，经营管理者的业绩评价更多的是作为企业战略管理的一部分，业绩评价系统的目标是为管理者制定最优战略及实施战略提供有用的信息。在战略制定过程中，通过业绩评价反映各部门的优势及弱点，有利于企业制定最佳战略；在战略实施过程中，通过业绩评价反馈的信息，管理者能够及时发现问题，采取措施以确保战略目标的实现。

4. 评价指标

评价指标是指对评价对象的某些方面进行评价，是根据评价目标和评价主体的需要而设计的。这里所说的“某些方面”是指评价对象与企业战略成败密切相关的方面，有财务方面的，也有非财务方面的，所以业绩评价指标也分为财务评价指标和非财务评价指标。企业业绩评价系统设计中最重要的问题就是如何选择能准确反映与企业战略管理密切相关的评价指标。评价指标的选择一般要具备完整性、客观性、可比性、可控性和目标一致性等功效。

5. 评价标准与方法

业绩评价标准是指判断评价对象业绩优劣的基准。评价标准的选择取决于评价的目的。企业业绩评价系统中常用的标准有预算标准、历史最高水平标准（历史标准）、经验标准、行业标准、同行业竞争对手标准。前两种属于内部标准，后三种属于外部标准。标准的选用与评价对象密切联系，也直接影响评价的功能。业绩评价方法在实践中应用比较广泛的有三类：单一评价方法、综合评价方法和多角度平衡评价方法。

6. 业绩评价报告

业绩评价报告是企业业绩评价系统的输出信息，也是业绩评价系统的结论性文件。评价报告的编制应当按评价指标计算、差异计量和分析、评价结论形成和奖惩建议等几个步骤进行。业绩评价报告的文字与格式应当简洁、清楚，便于理解，应抓住关键的问题与原因以提高效率。业绩评价报告的格式与内容因不同的评价对象而不同。

以上六个要素共同组成完整的业绩评价系统，它们之间相互联系、相互影响，具体表现在：评价目标决定了其他要素，而其他要素的选择又影响评价目标的实现；评价目标从定性和定量两个角度又可分解为评价指标和评价标准，它决定了评价指标的选择、评价标准的设置、评价方法的确立和评价报告的编制；评价报告的深度、广度与可信度取决于评价指标、评价标准和评价方法的科学性。

四、业绩评价模式

业绩评价模式按评价指标可划分为财务模式、价值模式和平衡模式三种模式。

1. 财务模式

财务模式产生于 20 世纪初的生产管理阶段。当时巨大的市场空间使规模经济成为企业制胜的“法宝”，企业的目标主要是通过提高生产效率来追求利润最大化。由于不断地通过外部融资扩大生产规模，所以，庞大的投资使企业最为关心并评价以投资报酬率为核心的财务指标。

根据责权利一致的原则，企业通常划分了三种典型的责任中心，即成本中心、利润中心和投资中心。这种划分最大的好处是可以将企业的总目标层层分解为每个责任中心的子目标。这些子目标常常直接用财务报表中的数据或根据财务报表计算的财务指标来表示，如成本、利润、投资报酬率等，并且与总目标共同构成一个具有量化关系的逻辑分析体系。这些子目标一旦被分解后，企业总部常给予各子部门充分的自由以保证各部门目标的实现，进而保证企业总目标的实现。这个过程通常以年度预算的形式来实现。

财务模式中所使用的业绩指标主要是从会计报表中直接获取数据或根据其中的数据计算的有关财务比率。这些数据的获取严格遵循会计准则，最大限度地减少数据的人为调整，具有较高的可比性。但是，由于会计准则从谨慎的角度反映了外部利益相关者要求，并且按照历史成本原则进行计量，是一种保守的评价模式，所以财务模式无法从战略角度反映企业决策的要求，即无法反映出财务指标和非财务指标之间的因果关系。另外，在预算执行过程中，如果某个部门的财务指标被修改，那么企业整体目标分解的逻辑性、系统性也将丧失。因而，在现实中，除了预算中的财务指标外，还需要一些非财务指标来判断企业的得失成败。同时，为保证企业目标的实现，企业还需要建立健全完善的投资决策制度、资金管理制度等相关的财务管理制度。

2. 价值模式

财务指标虽具有可操作性的优点，但也存在被操纵的可能，因而，未必能够真实地反映出企业的经济现实与未来价值。基于此，价值模式以股东财富最大化为导向，它所使用的评价指标主要是经过调整的财务指标，或根据未来现金流量得到的贴现类指标。价值模式中最有代表性的当属经济增加值（economic value added，EVA）。

经济增加值站在经济学的角度对财务数据进行了一系列调整，通过对传统财务指标的调整，使经济增加值比会计利润更加接近企业的经济现实。企业经济增加值持续地增长意味着企业市场价值的不断增加和股东财富的增长，从而实现股东财富最大化的财务目标。在进行调整时，特别需要考虑企业的战略、组织结构、业务组合和会计政策，以便在简单和精确之间实现最佳的平衡。

价值模式站在股东的角度来评价企业的业绩，能够有效地将企业战略同日常业务决策与激励机制有机地联系在一起，最终为股东创造财富。但是，我们也不能忽视其不足的一面。尽管价值模式试图建立一种优于财务模式的业绩评价指标，但是，它的评价指标主要还是通过对财务数据的调整计算出来的货币量指标。由于对非财务指标的考虑不足，价值模式无法控制企业的日常业务流程。同时，价值模式也没有充分考虑企业的其他利益相关者。

3. 平衡模式

相对于财务模式和价值模式，平衡模式最大的突破就是引入了非财务指标。但这只是表面，从深层来看，平衡模式以战略目标为导向，通过指标间的各种平衡关系以及战略指标或关键指标的选取来体现出企业不同利益相关者的期望，从而实现企业价值最大化的目标。

许多研究者认为，非财务指标能够有效地解释企业实际运行结果与预算之间的偏差。比如，市场占有率和产品质量等指标长期以来被企业用于战略管理，因为它们可以有效地解释企业利润或销售收入的变动。此外，非财务指标能够清晰地解释企业的战略规划以及对战略实施进行过程控制。非财务指标是企业业绩创造的动因指标，是企业业绩评价体系纵向延伸的结果，同时，非财务指标也是经营者最为理解的评价指标。因而，由财务指标与非财务指标组成的评价指标体系就犹如企业的神经系统一样：适时地感触企业的健康状况；精确地定位企业的病处；正确地预示企业的发展趋势。平衡模式中，比较有代表性并引起广泛关注是平衡计分卡（the balanced score card，BSC）。

平衡计分卡被视为许多高层经理广泛接受的业绩评价系统。平衡计分卡指标体系包括财务、顾客、流程、学习和成长四个方面，各有侧重，相互影响，平衡了企业发展中的短期利益和长期利益、局部利益和整体利益，平衡了财务指标和非财务指标，平衡了过程控制和结果考核的联系。在战略规划阶段，通过对战略目标的量化与分解，将企业目标转化为部门及个人行动目标，极大地增强了企业内部之间沟通的有效性，使各个部门及全体员工对企业整体目标达成共识；在战略实施阶段，业绩评价反馈的信息有助于管理者及时发现问题，采取措施以保证既定战略的顺利实现。

每种业绩评价模式的产生都有着深刻的背景，反映着企业管理面对不断变化的内外部环境而涌现的与时俱进的创新精神。需要强调的是，业绩评价模式的划分只是出于理论研究的方便，现实中并不存在泾渭分明的业绩评价模式。每种业绩评价模式都有各自的优缺点，不同的业绩评价模式之间不是互斥的关系，它们完全可以相互补充。企业业绩评价系统包括若干的基本组成要素，但由于每个企业所处的行业、竞争环境、限制因素、生命周期等方面的不同，企业业绩评价系统的评价目的、评价指标、评价标准等都会有所不同，也就是说，业绩评价系统不可能脱离其服务的对象——企业。从这个角度来看，并不存在适合于任何企业的标准业绩评价系统。

第二节　业绩评价指标

评价指标是根据评价目标和评价主体的需要设计的。业绩评价指标分为财务评价指标和非财务评价指标。

一、财务指标

财务评价指标体系是企业业绩评价指标中的重要组成部分，可以从不同角度揭示企业的经营管理状况。

（一）基本财务指标

基本财务指标主要包括净收益、投资收益率、现金流量、经济增加值、市场增加值，以及经济收益等指标。

1. 净收益

（1）净收益的概念。无论是净收益总额还是联系股份数表示的每股收益，都被广泛用于企业业绩的计量。净收益是一个企业一定时期的收入减去全部费用的剩余部分。作为业绩计量指标，净收益是归属于普通股股东的净收益。其计算公式为

净收益=净利润-优先股股利

在其他条件不变的情况下，企业净收益越多，所做的贡献越大，成就也就越显著，这正是企业的根本目的所在。由于净收益的大小与企业的投入资本有关，不便于企业之间的横向比较，也不便于投入资本变化时同一企业的各期比较，因此需要使用每股收益。

知识拓展

《企业会计准则第34号——每股收益》规范的每股收益包括基本每股收益和稀释每股收益。基本每股收益只考虑当期实际发行在外的普通股股份，按照归属于普通股股东的当期净利润除以当期实际发行在外普通股的加权平均数计算得出。稀释每股收益是以基本每股收益为基础，假设企业所有发行在外的稀释性潜在普通股均已转换为普通股，从而分别调整归属于普通股股东的当期净利润以及发行在外普通股的加权平均数计算而得的每股收益。

对归属于普通股股东的当期净利润调整的事项有当期已确认为费用的稀释性潜在普通股的利息、稀释性潜在普通股转换时将产生的费用或损失及相关的所得税影响。稀释性潜在普通股主要包括可转换企业债、认股权证和股份期权、企业承诺将回购其股份的合同等。稀释每股收益的计算和列报主要是为了避免每股收益的虚增可能带来的信息误导。

净收益既包括正常活动损益，也包括特别项目损益。特别项目损益是极少发生的，典型的特别项目是地震或其他自然灾害损失和资产被政府没收等。特别项目虽然包括在净收益中，但它不反映企业的经营业绩，能够反映业绩的是正常活动损益。在评价企业业绩时，排除特别项目损益可以使不同时期和不同企业的收益有更好的可比性。

净收益还包括了会计政策变更的影响。由于报表使用者需要比较一个以上会计期间的报表，以判别财务状况、经营成果和现金流量的变化趋势，通常要求企业在每个会计期间采用相同的会计政策。但法令和会计准则的修改以及为恰当地反映会计事项，企业有时会变更会计政策。按照会计准则规定，会计政策变更一般应采用追溯调整法，视同该政策在比较会计期间一直被采用而调整各期的损益项目和有关项目，以维持会计报表的可比性。

（2）净收益的评价。作为业绩评价指标，净收益有着悠久的历史，获得公众的广泛认可，对其含义有比较准确的了解，至少比其他业绩指标更为人们所熟悉。对于净收益和每股收益的计算方法，各国都有统一的会计准则或会计制度来进行规范，因此该指标具有很好的一致性和一贯性，这为可比性提供了保障，这是其他业绩评价指标无法与之相比的。净收益数字是经过审计的，因此其可信性比其他业绩指标要高得多。尽管会计信息的可靠性不断受到批评，但与其他经济信息相比，会计信息也是最可靠的。

净收益作为评价指标有明显的不足之处。

① 净收益是一个总量绝对指标，不能反映企业的经营效率，它没有考虑资产管理情况和通货膨胀的影响。净收益的确定是以币值不变为假设前提的，在通货膨胀期间净收益被夸大了，可能无法反映真实的业绩。

② 净收益作为评价指标，容易使企业追求眼前利益，产生短期行为，不利于激励企业追求长期的、潜在的利益。经理人员可能为提高净收益而减少当年研究开发支出，因为成功的新产品开发可能对未来的净收益产生重大影响，不符合净收益应具备的确定性和可估算性要求，这样不利于企业长期、稳定地可持续发展。

③ 净收益容易被经理人员进行主观的控制和调整。这些调整可能是出于正当目的，也可能是出于粉饰业绩等不正当目的；使用的手段可能是符合会计准则的，也可能是不符合会计准则的。从业绩评价来看，不增加企业价值而改变净收益的任何做法，都是不利于客观评价的。

④ 每股收益指标的“每股”的“质量”不同，限制了该指标企业之间的可比性。每股面值不同，每股收益也就不具有可比性；每股面值相同但发行价格不同，股东实际投入的资本不同，每股收益也缺乏可比性。另外，即使同一企业的股票，由于每年的留存收益不同而使每股代表的净资产不同，各年的每股收益也不具有真正的可比性。

无论是净收益还是每股收益，作为业绩评价指标是不够理想的。它们长期且广泛的使用，主要原因是便于计量以及不需要额外的信息成本。因此，净收益指标应该在了解其局限性的基础上使用，且与其他财务的和非财务的业绩指标相结合。

2. 投资收益率

（1）投资收益率的概念。投资收益率是收益与投入资本之比，是效率指标，反映投资的有效性。它把企业获取的经营利润与维持生产经营必需的资本联系起来，衡量企业资产使用的效率水平，因此，投资收益率是监控资产管理和经营策略有效性的有用工具。

投资收益率被用于计量企业业绩时，有两种互为补充的衡量方法：总资产报酬率和所有者权益收益率。总资产报酬率是息税前利润除以总资产的百分比。它假设纳税、付息前的收益是运用总资产赚取的，两者存在因果关系。

所有者权益收益率是利润表中的净利润除以资产负债表中的所有者权益的百分比。它着眼于经营效率转化为所有者权益的情况，反映股东获得回报的水平。所有者权益收益率假设净利润是运用股东资本赚取的，两者存在因果关系。

总资产报酬率和所有者权益收益率有内在联系。总资产报酬率是企业形成良好的所有者权益收益率的必要基础，但良好的总资产报酬率并不能保证股东会获得满意的回报，还要看负债的多少、利率及所得税税率的高低。所有者权益收益率与其影响因素之间的关系为

$$\text{所有者权益收益率}=[\text{总资产报酬率}+(\text{总资产报酬率}-\text{负债利息率})\times\text{负债}/\text{净资产}]\times(1-\text{所得税税率})$$

（2）投资收益率的评价。投资收益率是目前许多国家十分偏好的评价企业经营业绩的指标。其优越性体现在以下方面。

① 能反映企业的综合赢利能力，且具有横向可比性；

② 可作为选择投资机会的依据，成为配置资源的参考依据，包括技术改造、新产品研制与开发等，有利于正确引导企业管理行为，避免短期行为；

但投资收益率也非尽善尽美，其主要缺陷有以下几点。

① 投资收益率的计算要使用净收益数据，作为评价指标具有与净收益类似的缺点，如会计处理方法的选择会影响投资收益的客观性，经理人员对它有一定的粉饰能力，通货膨胀期间会夸大企业业绩等。

② 不同发展阶段，投资收益率会有变化。在开办阶段，资产的增加会超过收益的增加，投资收益率较低；在衰退阶段，资产减少大于收益的减少，投资收益率可能提高。因此投资

收益率的评价要结合企业的发展阶段进行。

③ 另一个局限性是，它诱使经理人员放弃收益率低于平均收益率但高于企业资本成本的投资机会。

3. 现金流量

（1）现金流量的概念。现金流量是现代理财学中的一个重要概念，是指企业在一定会计期间按照收付实现制，通过一定经济活动而产生的现金流入、现金流出及其总量情况的总称。从业绩评价来看，现金流量有三种不同的含义。

① 净现金流量。净现金流量是净收益加上（或减去）非现金费用（或收益）项目：

净现金流量=净收益+（-）非现金费用（收益）

净现金流量是企业的“现金赢利”，可以衡量一个企业产生现金的能力。其计算隐含了两个假设：一是流动资产与流动负债在会计期内保持不变，所有的利润都变成了现金，并且计入成本的非现金费用也已收回现金；二是不存在投资和筹资活动损益。在这两个假设成立的情况下，净现金流量等于按收付实现制确定的赢利。

② 经营活动现金流量。一个企业的期初和期末的流动资产和流动负债是不同的，非现金流动资产的增加必然会使现金减少，而流动负债的增加会使现金增加。此外企业在投资和筹资活动中也会发生一定的损失或收益。因此，把它们纳入现金流量的计算调整后的现金流量才是经营活动净现金流量，即

经营活动净现金流量=净现金流量-流动资产增加额+流动负债增加额-非经营活动收益

作为衡量企业产生现金能力的指标，经营活动净现金流量比净现金流量更好。它承认了流动资产和流动负债的变化和非经营活动的损益，确实反映了经营活动给企业增加的资金。如果一个企业的经营活动长期不能产生正的净现金流量，则不可能给股东带来财富，但是经营活动净现金流量并不代表企业价值或股东财富。经营活动净现金流量中，有一部分是投资的收回，而不是财富的增加。因此，经营活动净现金流量只能在一定程度上反映企业业绩，并不是一个理想的评价指标。

③ 自由现金流量。自由现金流量是支付了有价值的投资需求后能向股东和债权人派发的现金总量。其计算公式为

自由现金流量=经营活动净现金流量-资产投资支出

自由现金流量未纳入任何与筹资活动有关的现金流量，例如利息费用或股息等，反映了企业业务所产生的可以向资本供应者提供的现金流量。如果它是一个负值，则反映企业本期向所有资本供应者收取的现金流量总额。事实上，企业为股东创造财富的主要手段是增加自由现金流量，只有自由现金流量才是股东可以拿到的财富。虽然个别股东可以通过出售股票取得现金，但是把股东作为一个总体来观察，他们的财富只能来自企业的自由现金流量。因此，自由现金流量是企业价值评估的基础。

（2）现金流量的评价。现金流量作为业绩评价指标正日益为企业所广泛运用，原因如下。

① 在经理人员可以控制和影响投资基数时，使用现金流量指标可以避免因使用投资报酬率或剩余收益指标可能带来的机能失调行为。这也提高了经营活动的经济价值和经济利润。

② 使用现金流量指标，有利于统一事前预算与事后评价的口径，在一定程度上缓解了投资决策的评估方法和投资决策结果的评价方法之间存在的矛盾。企业在评估投资项目时，往往以现金流量作为最重要的衡量因素；而在评价投资结果时，重点却往往转移到会计收益或

以会计收益为基础的衡量指标上。这就会导致事前评估与事后评价的矛盾，改为现金流量来评价投资结果显然更为合理。

现金流量概念虽然简洁明晰，但无法取代净收益，主要原因是它不区分收益性支出与资本性支出，按此计算的每年现金流出与现金流入没有因果关系，使得年度经营现金流量很难直接作为业绩评价指标。此外，单纯的现金流量不能反映业绩的全貌，也不能借以可靠预测将来的业绩。要克服现金流量指标的这一缺点，就必须很好地解释现金流动的原因。

4. 经济增加值

（1）经济增加值的概念。经济增加值（EVA）可以定义为企业收入扣除所有成本（包括股东权益的成本）后的剩余收益，在数量上它等于息前税后经营收益再减去债务和股权的成本。

经济增加值的特别之处在于，它考虑了带来收益的所有资本的成本，而传统的会计收益只扣除了有息负债的利息，没有考虑权益资本的成本。经济增加值的计算公式为

经济增加值=息前税后经营收益−使用的全部资本×资本成本率

=税后经营收益−使用的股权资本×股权成本率

经济增加值是资本在特定时期内创造的收益，或者称为剩余收益。如果经济增加值为正值，说明企业创造了价值和财富；如果经济增加值为负值，说明企业损失了应有的价值；如果经济增加值为零，说明企业只获得金融市场的一般预期，刚好补偿资本成本。

尽管经济增加值的定义很简单，但它的实际计算却较为复杂。为了计算经济增加值，需要解决经营收益、资本成本和所使用资本数额的计量问题。经济增加值衡量的是经营收益，因此所有与经营无关的收支及非经常性发生的收支均应剔除在经济增加值的核算之外，以保证最终核算结果能够真正反映企业的经营状况。不同的解决办法形成含义不同的经济增加值。从企业整体业绩评价来看，基本经济增加值和披露的经济增加值最有意义。

① 基本经济增加值。基本经济增加值是根据未经调整的经营收益和总资产计算的经济增加值。其计算公式为

基本经济增加值=息前税后经营收益−报表总资产×资本成本率

② 披露的经济增加值。披露的经济增加值是利用公开会计数据，包括公布的财务报表及其附注中的数据，对经营收益和总资产进行调整计算出来的经济增加值。概括起来，典型的调整包括资本化费用、营业外收支、会计准备、无息流动负债等。

经济增加值不仅是一套完整的业绩评价系统，还是一个全面财务管理的架构，用4M的概念可以最好地阐释经济增加值体系的特点，即评价指标（measurement）、管理体系（management）、激励制度（motivation）以及理念体系（mindset）。经济增加值是衡量业绩的一种尺度，它以会计利润为基础，但从两个方面不同于会计利润：首先，它是减去资本成本后的剩余收益；其次，它对营业利润进行相应调整。

企业的管理人员明白增加价值只有三种基本途径：一是通过更有效地经营现有的业务和资本，提高经营收益；二是投资预期回报率超出企业资本成本的项目；三是可以通过出售对别人更有价值的资产或通过提高资本运用效率，比如加快流动资金的运转、加速资本回流，而达到把资本沉淀从现存营运中解放出来的目的。

（2）经济增加值的评价。经济增加值是一种新型管理工具，它不仅仅是一个高质量的业绩指标，还是一个全面财务管理的架构，也是一种经理人薪酬的激励机制。它可以影响到一个企业从董事会到基层的决策，可以改变企业文化，改善组织内部每一个人的工作环境，可

以帮助管理人为股东、客户和自己带来更多财富。作为一个业绩评价指标，经济增加值的优点主要表现在以下几个方面。

① 能真实地反映企业的经营业绩。传统的会计收益指标在计算时只考虑债务成本，而忽视了股权资本成本。经济增加值从股东角度来定义利润，只有当企业的赢利超过了股东的机会成本时股东财富才会真正增加；当盈利不足以抵偿股权资本成本时，实际上正在侵蚀股东财富。经济增加值表明企业在每一个会计年度所创造或损失的股东财富数量，使用经济增加值能较好地从结果上衡量企业所实现的财富增值，减少了多种财务指标的混乱状况。

② 将企业价值（股东财富）与企业决策联系在一起。经济增加值指标有助于管理者将财务的两个基本原则融入经营决策中：第一，企业的主要财务目标是企业价值（股东财富）最大化；第二，企业价值依赖于投资者预期的未来利润能否超过资本成本。应用经济增加值有助于企业进行符合股东利益的决策，可以为资本配置提供正确的评价标准，避免使用会计利润和投资收益率可能导致的资本配置失衡。一旦他们在资本上获得的收益超过由其他风险相同的资本需求者提供的报酬率，投资者投入的资本就会获得增值，企业股票价格就会上升，企业市场价值也得到提高。

③ 注重企业的可持续发展。经济增加值不鼓励以牺牲长远业绩的代价来夸大短期效果，也不鼓励诸如削减研发费用的行为；而是着眼于企业的长远发展，鼓励企业的经营者进行可能给企业带来长远利益的投资决策，如新产品的研究和开发、人力资源的培训等，消除管理者对研发费用和无形资产这类投资的顾虑。

④ 尽量剔除会计失真的影响。尽管传统会计信息依然是进行计算的主要信息来源，但经济增加值要求在计算前对会计信息来源进行必要的调整，消除传统会计的稳健性原则导致的会计数据不合理现象，减少管理者粉饰利润、管理盈余的机会，明确管理人员对实际投入资本负有的保值增值责任，更真实、完整地评价企业的经营业绩。

当然，在企业实际运用中，并没有完美的指标，经济增加值也有局限性。

① 适用范围的局限。研究表明，经济增加值不适用于金融机构、周期性企业、风险投资企业、新成立企业等企业。金融机构有着特殊法定资本金要求，不适用于经济增加值；而且把贷款总额作为使用资产将高估资本成本，导致结果扭曲。分析周期性企业时，由于利润波动太大，通过与竞争对手比较来分析企业更为恰当。新成立企业利润波动也很大，在创立初期还无法为市场带来新产品。风险投资企业可以通过改变资本结构、业务选择来改变资本成本，但是这只能由高层管理者决定，而在不同时期，资本成本是最不稳定、易变的变量。经济增加值同样不适用于矿山、石油开采等资源类企业。

② 经济增加值是历史性的而不是前瞻性的。经济增加值使用资产历史成本，没有考虑到通货膨胀的影响，如资产重置价值，这样经济增加值无法反映资产真实收益水平，不同行业受到影响的程度不一样。扭曲程度因企业资产结构和投资周期、折旧政策不同而有所差别。比如，用直线法折旧时，经济增加值抑制企业成长。有着大量新投资的企业反而比旧资产较多的企业经济增加值低，这显然不能用来比较企业实际赢利能力。

③ 经济增加值不是完全意义上的利润指标。经济增加值无法衡量一家企业在行业创造财富中的相对地位，也就是说，它无法提供企业在行业新增财富中的份额。没有与之相匹配的制度环境和企业治理机制，经济增加值的应用效果必将大打折扣。经济增加值计算时应做哪些调整以及资本成本的确定存在许多争议，这加大了计算的复杂性和难度，妨碍了经济增加值的广泛应用。

5. 市场增加值

（1）市场增加值的概念。市场增加值（MVA）就是一家企业的市场价值与其股权和债务调整后的账面价值之间的差额。市场价值是指由供求关系所形成的价值。对于上市公司来说，市场是通过股票价格对其进行评价的。简而言之，市场增加值就是企业所有资本通过资本市场累计为其投资者创造的财富，也即企业市值与累计资本投入之间的差额。其计算公式为

市场增加值=企业市值-累计资本投入

在理论上，市场增加值等于未来经济增加值的折现值，也就是说市场增加值是市场对企业获取未来经济增加值能力的预期反映。两者的关系可以表示为

市场增加值=未来经济增加值的现值

知识拓展

企业市值包括债务价值和股权价值，累计资本投入是资本供应者投入的全部资本。企业创建以来的累计市场增加值，可以通过当前的企业市值减去当前投入资本的价值计算；某一年的市场增加值，可以根据本年末累计市场增加值减去上年末累计市场增加值来计算。

企业的债务价值比较容易估计，它通常是债务的本利和。上市企业的股权价值可以通过每股价格和总股数估计，非上市企业的股权价值只有根据同类上市企业的股价或者其他方法间接估计。由于会计上的总资产是按历史成本计量的，不能反映当前累计投入资本，为了使账面总资产调整为当前的投入资本经济价值，需要做两方面的调整：一方面要承认投资的时间价值，投入资本应随占用的时间增加其价值；另一方面要把会计处理中注销的资产加以恢复，比如并购重组、研究与开发、广告等支出。

对于企业来说，市场增加值越高越好。市场增加值越高，说明企业为其股东创造了越多的财富。如果市场增加值出现负值，则说明企业的经营投资活动所创造的价值低于投资者投入企业的资本价值，这就意味着投资人的财富或价值在遭受损失。对于一个企业来说，其目的就是要最大化市场增加值，而不是最大化企业价值，因为后者可以非常简单地通过增加投资来实现。

（2）市场增加值的评价。从理论上看，市场增加值是评价企业创造财富的准确方法，计算的是现金流入与现金流出之间的差额，是企业变现价值与原投入资本之间的差额，它直接表明了一家企业累计为股东创造了多少财富，是从外部评价企业管理业绩的最好方法。

市场增加值可以反映企业的风险。企业的市值既包括了投资者对风险的判断，也包含了他们对企业业绩的评价。市场增加值不仅可以用来直接比较不同行业的企业，甚至可以直接比较不同国家的企业业绩。市场增加值是创造财富这一竞赛的最终目标。

市场增加值等价于金融市场对一家企业净现值的估计，便于人们普遍接受。如果把一家企业看成是众多投资项目的集合，市场增加值就是所有项目净现值的合计。企业的净现值与市场增加值的唯一区别在于净现值是企业自己估计的，而市场增加值是金融市场估计的。

虽然市场增加值与企业目标有极好的一致性，但在实务中市场增加值的应用却不广泛。其原因有以下几点。

首先，股票市场并不能真正评价企业的价值。虽然有效市场理论已经有多年的历史，并且得到许多实证研究的支持，但是也有许多同样的反证。由于信息不对称，投资者经常做出不正确的预期，使得股价偏离企业价值。

其次，从短期来看，股市总水平的变化可以“淹没”管理者的作为。股票价格不仅受管理业绩的影响，还受股市总水平的影响。整个经济不景气、股市总水平下降，某个企业虽然业绩很好但股价也会下降，只不过比别的企业下降得慢一些。股价每天有升降，并非由于业绩天天有变化。

最后，非上市企业的市值估计往往是不可靠的，没有恰当的市值估计数据，限制了市场增加值的应用。即使是上市企业，也只能计算它的整体市场增加值，对于下属部门和单位则无法计算其市场增加值，也就不能用于内部层面的业绩评价。

成熟的投资者使用许多不同方法对股票进行合理估价，但所有这些方法都基于市场估值基本原理之上。任何企业的市场增加值事实上都是通过加总投资者预测的未来经济增加值的折现值得出的。市场增加值表明了股东投入的资本的增值部分，直接与股东财富的创造相关。经济增加值能起作用的原因在于它扣除了资金成本，减去了投资者期望的最低投资回报。所以，当市场认为企业的经济增加值将为零的时候，从经济增加值的角度看，企业只是做到了收支平衡，投资者只获得了最低回报，而企业的市场增加值也将为零。此时，企业的市值与资金的账面价值相等。

6. 经济收益

（1）经济收益的概念。经济收益是一个经济学的概念，是企业在期末和期初拥有等量资产的情况下，可以分配给股东的最大收益额。经济收益强调资本保全，期初资本必须得到保全，成本耗费得到充分补偿后，超出期初资本的部分，才能确认为收益。

经济收益与会计收益的含义不同。会计收益以收入的实现为原则，不包括未实现的资产收益；而经济收益包括了已实现的收益和未实现的资产收益。计算会计收益与经济收益的成本含义也不同。会计成本指已经付出或者承诺付出的成本，它通常是历史成本而不考虑所耗资产的价格变化；而计算经济收益的成本，包括现时成本或机会成本。例如，计算会计收益的成本不包括权益成本，权益成本既不是实际付出的成本，也没有对股东做出支付的承诺，而经济收益则包括权益资本的成本，它是维持企业原有价值所必需的代价。

经济收益指一个企业不仅要真正盈利，其利润不仅要弥补企业经营成本，还要弥补其资本成本。在业绩评价期内，它指由于生产经营、培训职工、提高工作效率等使企业增加的价值。经济收益的数额在理论上等于经济收入减去经济成本的差额，但是，它们很难计量，不具有适用性。由于财富可以用未来现金流量的现值来估计，经济收益也可以定义为某一会计期间给所有者产生的预期未来现金流量的现值减去所有者净投资后的差额，即

经济收益=预期未来现金流量的现值-净投资的现值

经济收益与市场增加值有区别。经济收益的计量不依赖于股票价格，而是根据现金流量估计的。它可以直接计量每一年的经济利润，衡量在单一时期内所创造的价值。而市场增加值是可见的预期未来价值创造，一年内的市场增加值等于经济利润（已取得的价值创造）加上价值创造预期。只有在于其未来业绩没有变化，而且加权平均的资本成本在年度内始终不变的情况下，市场增加值才等于经济利润。

（2）经济收益的评价。经济收益比会计收益更接近真实收益，更能反映客观实际。经济收益与经济学概念一致，容易被管理人员和投资者理解。

但是，一个企业的未来现金流量的数量和时间的确定，是建立在预测的基础上的。折现率的确定也是个困难的问题，不容易很准确。因此在实务中，经济收益的计量是不精确的，并且是不易验证的。

（二）财务指标的评价

选用财务指标最大的优点在于其容易计算、简单明了。财务指标的数据来源于会计系统，取得比较方便，可信性比较高，能够对企业战略和经营策略的结果进行量化和整体评价，评价结果具有较强的公信力。其次，财务指标应用较为广泛，既为企业外部大众所接受，用于评价企业的基本业绩，又适宜于企业组织内部各层次的业绩评估。再次，财务指标具有一定的可比性，使得行业内部比较、历史数据比较成为可能，从而不同信息使用者在判定某一阶段经营活动成效时有了客观凭据。最后，财务指标本身也在不断地发展，使得其蕴涵的信息能更真实地反映企业业绩。

但是，财务指标不能全面地反映出企业的资源和实力，具有明显的局限性，主要表现在以下方面。

（1）财务指标是滞后性指标，是组织过去经营状况的反映，对未来的赢利能力不具备预测性。

（2）财务指标评价容易导致经营管理层的短视行为，为了追求短期的财务效益而牺牲组织的长远利益，从而削弱了企业创造未来价值的能力。

（3）财务指标评价是一种以结果为导向的评价，对驱动财务效益的因素缺乏考虑，不能揭示业绩变化的关键因素和动因，也没有反映企业内部交叉职能的运作过程。

（4）财务指标是高度总结、概括性的指标，对发现管理中问题的本质及解决方案上提供的信息非常有限，往往会掩盖组织在运营过程中存在的问题，不利于指导管理行为。

（5）财务指标缺乏对人力资本、信息资本、组织资本等无形资产的评估，而无形资本被许多学者认为是组织核心竞争力的源泉之一。

二、非财务指标

业绩评价对企业的经营起着导向性的作用，直接关系到企业核心竞争力的形成与保持，影响着企业的生存与发展。近年来，企业业绩评价的一个显著趋势就是引入非财务指标。研究显示，面临竞争压力越大的企业，越注重非财务指标的评价；越是经营环境不确定，越应该采取非财务指标评价。非财务指标的设计应考虑经营战略、与财务指标和股东价值最大化的联系、行业特性、企业生命周期等因素，通常有三类主要的非财务指标：客户、经营和员工。

（一）客户评价指标

客户评价指标，主要有市场份额、客户保持和获得、顾客满意度，以及客户获利能力等指标。

1. 市场份额

某一特定产品的市场占有率是指该产品在目标市场中的销售量占整个市场销售量的百分比。它直接反映消费者和用户对企业所提供的商品和劳务的满足程度，表明企业的商品在市场上所处的地位。市场份额越高，表明企业经营与竞争的能力越强。市场份额具有十分重要的宣传与指示作用，对企业的市场分析及进一步提高销量有指导意义，也是企业向外宣传并在业内定位的主要依据之一。一般情况下，占领某市场或品类领域30%以上份额，即可形成强势或垄断地位，进一步发展很可能占据行业内领头羊地位。当同行业竞争对手拥有同等市场份额的产品或企业规模，则形成强势竞争。

2. 客户保持和获得

保持现有客户是企业保持一定市场份额的理想方法，可通过现有客户保持交易的部分占整个客户的比重来反映，还可通过现有客户业务的增长率来反映客户的忠诚度。另外，企业要扩大市场份额，还需要争取新客户，可通过企业赢得的新客户及与其进行的业务数量或金额计量。

3. 顾客满意度

顾客满意度是顾客对产品本身或者服务性能的评价，是顾客对于消费的满足情况的反馈，包括低于或者超过满足感的水平，是一种心理体验。为了对顾客满意程度进行定量地评价，可对顾客满意划分级度，给出每个级度得分值，并根据每项指标对顾客满意度影响的重要程度确定不同的加权值，这样即可对顾客满意度进行综合的评价。

4. 客户获利能力

企业现有的客户或将要争取的客户必须具有获利能力或有助于获利的特性，某些客户即使暂时不具备，最终也会产生获利效果，放弃不获利客户，能阻止企业由以客户为主变为受客户困扰。能否长期获利，是决定保留或排除客户的关键点。

（二）经营评价指标

经营评价指标，主要包括战略目标、创新、产品和服务的质量，以及生产力等指标。

1. 战略目标

战略目标是对企业战略经营活动预期取得的主要成果的期望值。企业的战略目标是多元化的，既包括经济目标，又包括非经济目标；既包括定性目标，又包括定量目标。平衡计分卡（BSC）战略地图或者关键绩效指标（KPI）鱼刺图是分析企业战略的好方法。明确实现战略目标的各种成功的关键方面，通过关键方面来分析出关键能力，通过关键能力来找出核心能力。

2. 创新

一个企业的赢利能力是靠不断创新来维持的。不论是成本优势还是产品新颖性的优势，都会由于竞争对手的创新和自己的停滞而丧失。因此关键技术和成本改进方面的创新能力以及适应技术变革的能力，是企业提升业绩的一个重要方面。创新技术目标，这一目标将导致新的生产方式的引入，既包括原材料、能源、设备、产品等有形目标，也包括工艺程序的设计、操作方法的改进等无形目标。评价一个企业是否有创新能力，主要是评价企业有无在关键技术上进行变革的可能性，这些评价包括：技术开发和创新技术的能力；率先从行业外引进新技术的能力；在别人引进新技术后紧紧跟上的能力；企业在技术创新和引进人才方面的投入量；在利用收购、合资、购买专利等方面引进技术的情况。

3. 产品和服务的质量

产品品质是指产品的质量水平，具体表现在两个方面：一是产品在生产阶段符合企业制造标准所表现出的品质；二是产品在售后阶段符合顾客使用要求而表现出的品质。它可以通过废品率和顾客退货率两个指标综合反映。如果一个企业的废品率和退货率过高，顾客流失，则会导致企业利润空间下降，甚至毫无利润可言，可能造成企业的破产。

4. 生产力

生产力指企业的生产技术水平。只有某种技术显著地影响了企业的竞争优势，或在企业的相对成本地位或产品新颖化方面作用显著，它对竞争才是举足轻重的。从广义角度看，任何产业都有技术创新问题。许多竞争优势的创新并不涉及科学上的突破，而是一些成熟技术的新的组合方式。评价一种技术有利于企业形成竞争优势的标志是：使企业降低成本或提高产品独特性，且使企业长期居于技术领导地位；进一步发展应当对本企业有利，即使它被对手效仿，也会扩大自己的市场份额；使企业形成行业的率先行动者优势，而不是成为别人的跟随者。

（三）员工评价指标

员工评价指标，主要涉及对员工能力以及学习与团队方面的评价。

1. 员工能力

绝大多数企业采取了对员工业绩进行评估的三种手段，分别是：员工是否对工作感到满意、员工是否愿意留在本职工作、员工的劳动生产力。在这三项标准中，第一项往往对第二项和第三项起决定作用。

（1）员工满意程度。员工感到满意是提高劳动生产率和服务质量的重要前提，对本职工作感到满意的员工同时能使企业的客户满意。员工感到满意的因素包括：参与决策；认为本职工作不错；在做好本职工作时得到肯定；主观能动性得到鼓励；后勤部门提供积极支持；对企业整体上感到满意。

（2）员工保留率。员工保留率指企业保留那些在他们身上有长期利益的员工。企业对这些员工进行长期投资，他们不辞而别将给企业造成知识资本的损失。长期雇用的、忠诚的员工代表着企业的价值观念。

（3）员工的劳动生产率。评价员工的劳动生产率是对员工的总体培训效果进行评价。这种总体培训包括，加强员工技能、改善工作态度、改进经营程序并使顾客感到满意。培训目的是使员工的劳动生产率同投入的员工数量成正比。评价员工劳动生产率最简单的标准是每位员工给企业带来的收入。提高劳动生产率的方式有：提高现有员工的产出而不增加员工数量；削减员工数量，这可在短期内提供劳动生产率，但从长期来看可能对企业的潜力造成损害。

2. 学习与团队

企业在选定对员工满意程度、保留员工的计划和员工劳动生产率进行评估的手段之后，就应继续确定推动企业学习成长计划的具体因素。企业可从三个方面推动学习与成长过程，即使员工掌握新的技能、加强信息沟通的能力、激发员工的积极性等。

（1）员工的技能培训。员工必须重新培训，他们的工作必须从对顾客的需要做出被动反应转变为对顾客的需要进行积极预测，向顾客提供全方位的产品和服务。可以从两个方面看待：一是重新培训的程度，二是需要重新培训的员工所占的比例。当员工所需的再培训的程度较低时，一般性的培训和教育就可以维持员工现有的能力。企业在实行大规模的再培训计划的同时，必须缩短再培训的周期。

（2）员工的信息沟通能力。要想员工在竞争环境中有效地发挥作用，就必须使他们获得足够的信息，即有关顾客、业务程序及财务决策的后果等方面的信息。第一线的员工需要及时、准确、全面地了解每一位客户同企业的关系。这些信息可能包括成本分析和每位客户可能给企业带来的利润、在多大程度上满足现有客户的现有需要、所生产的产品和提供的服务的信息反馈等。良好的信息系统可以帮助员工不断改进生产和服务过程。

（3）积极性和创造力、工作授权和团队合作。企业内部的学习和成长过程的第三要素是营造企业内部环境，激发员工的积极性和创造力，并向员工授予一定的自主权力。

员工被采纳的建议的数量，可反映出员工对改善企业业绩的参与程度；个人之间及部门之间的协作，这取决于个人和部门同企业的目标是否有联系；团队合作的表现，可通过对内部团队建设进行调查、实现利润分成等措施来评价和促进企业团队合作。

（四）非财务指标的评价

非财务指标与严格定量的财务指标相比，其主要的优势有四点。

（1）可以直接计量创造财富活动的业绩。财务指标不能直接计量创造财富的活动，只能计量这些活动的结果，不能说明财富是如何创造的。非财务指标，包括扩大市场份额、提高质量和服务、创新和提高生产力等，都可以直接计量企业在创造财富的活动中所取得的业绩。

（2）可以计量企业的长期业绩。财务计量是短期的计量，具有诱使经理人员追求短期利润而伤害企业长期发展的弊病。非财务指标关系到企业的长期赢利能力，可以引导经理人员关注企业长期发展。

（3）相对于财务指标，非财务指标包含了更多的经营决策信息，也揭示了财务指标的驱动因素或关键成功因素。非财务指标评价能给管理层提供更多关于市场份额、顾客满意度、产品品质、内部运作效率等方面的信息，使他们能及时发现企业经营管理中出现的问题，以便确定对策。

（4）可以激励管理层，更能反映他们的实际贡献。研究表明，当业绩指标能够提供有关经理人努力程度方面的额外信息时，那么将该指标包含在激励合约之中更能提高对经理人努力程度估计的准确性，进而提高激励合约的有效性。非财务指标一般能揭示经理人努力程度的额外信息，有效地引导经理人的目标和股东的目标趋于一致。

当然，非财务指标也有其本身的局限性。这表现在以下三点。

（1）与利润的相关性小。非财务指标与利润和成本的相关性不容易测量，这就使得这两个重要的数值很难挂钩。另外，从管理者方面来看，运用这些指标很难在短期内有明显的成果，因此影响了管理者的积极性。

（2）非财务指标评价方法的不一致性，使各部门之间不容易协调，缺乏共同的尺度。所以在实际的运用中，对各个部门指标之间的不协调甚至相互矛盾很难平衡。

（3）缺乏一个整体的可靠性。例如，对于客户满意度等指标的调查只能局限于部分的人群而无法涉及全部，这种统计的可靠性相对较差，从而削弱了业绩评价的正确性，以及对未来的预测。

第三节　业绩的综合评价

综合评价（comprehensive evaluation，CE）是对评价对象的全体做出全局性、整体性的评价，根据所给的条件，采用一定的方法给每个细分的评价对象赋予一定的价值，再据此择优或排序。构成综合评价的基本要素有评价主体及其偏好结构、评价对象、评价指数体系、评价原则、评价模型、评价环境，各基本要素有机组合构成一个综合评价系统。

一、综合评价的原理

（一）综合评价的步骤

综合评价的基本过程可分为五个步骤进行。

（1）明确对象系统。评价对象系统的特点直接决定着评价的内容、方式和方法。

（2）建立评价指标体系。由于系统规模大，子系统和系统要素多，系统内部各种关系复杂等特点，使得这类系统的评价指标体系呈现多指标、多层次结构。

（3）确定参与综合评价的人员，选定评价原则及相应的评价模型。

（4）进行综合评价。内容主要包括不同评价指标属性值的量化，评价主体对不同目标（指标）子集系数进行赋值，逐层综合等。

（5）输出评价结果并解释其意义。

（二）综合评价的基本方法

目前国内外常用的综合评价方法有经济分析法、专家评价法、运筹学和其他数学方法等。

1．经济分析法

这是一种以事先议定好的某个综合经济指标来评价不同对象的综合评价方法，如直接给出综合经济指标的计算公式或模型的方法、成本效益分析法等。该方法含义明确，便于不同对象的对比。但是计算公式或模型不易建立，而且对于涉及较多因素的评价对象来说，往往很难给出一个统一的公式。

2．专家评价法

这是一种以专家的主观判断为基础，通常以“分数”“指数”“序数”“评语”等作为评价的标准，对评价对象做出总的评价的方法。常用的方法有评分法、分等方法、加权评分法、优序法等。专家评价法简单方便，易于操作，但主观性强。

3．运筹学和其他数学方法

目前用得较多的主要有以下几类。

（1）多目标决策方法。多目标决策方法又包括下面几种：一是化多为少法，即通过多种汇总的方法将目标化成一个综合目标来评价，最常用的有加权平方和方法、乘除法和目标规划法等；二是分层序列法，即将所有目标按照重要性依次排列，重要的先考虑；三是直接求所有非劣解的方法；四是重排次序法；五是对话方法等。该方法较严谨，要求判决对象的描述清楚，评价者能明确表达自己的偏好，这对某些涉及模糊因素、评价者难以确切表达自己的偏好和判断的评价问题的求解带来了一定的困难。

（2）层次分析法。层次分析法是在20世纪70年代由著名运筹学家托马斯·塞蒂提出的。它的基本原理是根据具有递阶结构的目标、子目标、约束条件及部门等来评价方案，通过用两两比较的方法确定判断矩阵，然后把判断矩阵的最大特征与相应的特征向量的分向量作为相应的系数，最后综合出每个方案各自的权重（优先程度）。该方法是一种定性和定量相结合的方法，由于让评价者对照一个相对重要性函数表给出因素两两比较的重要性等级，因而可靠性高、误差小。不足之处是遇到因素众多、规模较大的问题时，该方法容易出问题，如判断矩阵难以满足一致性要求，进一步对其分组往往难以进行等。

（3）数理统计方法。数理统计方法主要是应用其中主成分分析、因子分析、聚类分析、差别分析等方法对一些对象进行分类和评价等。该方法不依赖于专家判断，这就可以排除人为因素的干扰和影响，而且比较适宜于评价指标间彼此相关程度较大的对象系统的综合评价；此评价结果仅对方案决策或排序比较有效，并不反映现实中评价目标的真实性程度，其应用时要求评价对象的各因素须有具体的数据值。

综合评价方法较好地考虑了和集成了各种定性和定量信息，解决了综合评价过程中的随机性和评价专家主观上的不确定性等问题。该方法既要充分考虑评价专家的经验和主观思维的模式，又要降低综合评价过程中人为不确定性因素；既具备综合评价方法的规范性，又能体现较高的解决问题的效率。

二、综合评分法

1928 年，亚历山大·沃尔（Alexander. Wole）出版的《信用晴雨表研究》和《财务报表比率分析》中提出了信用能力指数的概念。他选择了七个财务比率，即流动比率、产权比率、固定资产比率、存货周转率、应收账款周转率、固定资产周转率和自有资金周转率，分别给定各指标的比重，然后确定标准比率（以行业平均数为基础），将实际比率与标准比率相比，得出相对比率，将此相对比率与各指标比重相乘，得出总评分。沃尔评分法把若干个财务比率用线性关系结合起来，以此来评价企业的信用水平，其最主要的贡献就是它将互不关联的财务指标按照权重予以综合联动，使得综合评价成为可能。

沃尔评分法从理论上讲有一个明显的问题，就是未能证明为什么要选择这七个指标，而不是更多或更少些，或者选择别的财务比率，以及未能证明每个指标所占比重的合理性。这个问题至今仍然没有从理论上得到解决。沃尔评分法从技术上讲也有一个问题，就是某一个指标严重异常时，会对总评分产生不合逻辑的重大影响。

尽管沃尔的方法在理论上还有待证明，在技术上也不完善，但它还是在实践中被采用。耐人寻味的是，很多理论上相当完善的经济计量模型在实践中往往很难应用，而企业实际使用并行之有效的模型却又在理论上无法证明。这可能是人们对经济变量之间数量关系的认识还相当肤浅造成的。

受沃尔评分法的启发，后来许多人研究将多个指标综合起来的方法，综合评分法的原理不仅用于信用评价，也被用于整个企业的财务评价，甚至扩展到财务以外的领域。下面根据 2006 年国务院国有资产监督管理委员会发布的《中央企业综合绩效评价实施细则》来说明综合评分法的程序、方法及其应用。

（一）选取业绩评价指标

进行经营业绩综合分析的首要步骤是正确选择评价指标，指标选择要根据分析目的和要求，考虑分析的全面性和综合性。实施细则选择的企业综合绩效评价指标包括 22 个财务绩效定量评价指标和 8 个管理绩效定性评价指标，如表 6.1 所示。

（二）确定各项经济指标的标准值及标准系数

为了准确评价企业经营业绩，对各类经济指标标准值的确定，根据企业类型不同及指标分类情况规定了不同标准。

1. 财务绩效基本指标的标准值及标准系数

基本指标评价的参照水平由财政部定期颁布，分为五档，分别为优秀（A）、良好（B）、平均（C）、较低（D）、较差（E）。对应的标准系数分别为 1.0、0.8、0.6、0.4、0.2。不同行业、不同规模的企业有不同的标准值。

表 6.1　央企综合绩效评价的定量定性指标

财务绩效定量评价指标			管理绩效定性评价指标
指标类别	基本指标	修正指标	评议指标
一、赢利能力状况	净资产收益率 总资产报酬率	销售（营业）利润率 盈余现金保障倍数 成本费用利润率 资本收益率	战略管理 发展创新 经营决策 风险控制 基础管理 人力资源 行业影响 社会贡献
二、资产质量状况	总资产周转率 应收账款周转率	不良资产比率 流动资产周转率 资产现金回收率	
三、债务风险状况	资产负债率 已获利息倍数	速动比率 现金流动负债比率 带息负债比率 或有负债比率	
四、经营增长状况	销售（营业）增长率 资本保值增值率	销售（营业）利润增长率 总资产增长率 技术投入比率	

2. 财务绩效修正指标的标准值及标准系数

基本指标有较强的概括性，但是不够全面。为了更加全面地平滑企业绩效，财政部另外设置了 4 类 14 项修正指标，根据修正指标的高低计算修正系数，用得出的系数去修正基本指标得分。财务绩效修正指标的标准值由财政部定期发布。

（三）确定各类经济指标的权数

指标的权数根据评价目的和指标的重要程度确定。表 6.2 是企业综合绩效评价指标体系中各类及各项指标的权数或分数。

表 6.2　综合绩效评价指标体系中各类（项）指标的分数（权数）

财务绩效定量评价指标（权重 70%）			管理绩效定性评价指标（权重 30%）
指标类别（100）	基本指标（100）	修正指标（100）	评议指标（100）
一、赢利能力状况（34）	净资产收益率（20） 总资产报酬率（14）	销售（营业）利润率（10） 盈余现金保障倍数（9） 成本费用利润率（8） 资本收益率（7）	战略管理（18） 发展创新（15） 经营决策（16） 风险控制（13） 基础管理（14） 人力资源（8） 行业影响（8） 社会贡献（8）
二、资产质量状况（22）	总资产周转率（10） 应收账款周转率（12）	不良资产比率（9） 流动资产周转率（7） 资产现金回收率（6）	
三、债务风险状况（22）	资产负债率（12） 已获利息倍数（10）	速动比率（6） 现金流动负债比率（6） 带息负债比率（5） 或有负债比率（5）	
四、经营增长状况（22）	销售（营业）增长率（12） 资本保值增值率（10）	销售（营业）利润增长率（10） 总资产增长率（7） 技术投入比率（5）	

（四）各类指标得分计算

1. 财务绩效基本指标得分计算

基本指标反映企业的基本情况，是对企业绩效的初步评价。它的计分是按照综合评分法原理，将平均指标实际值对照行业平均标准值，按照规定的计分公式计算各项基本指标得分。

2. 财务绩效修正指标修正系数计算

对基本指标得分的修正，是按指标类别得分进行的，需要计算“分类的综合修正系数”。分类的综合修正系数由“单项指标修正系数”加权平均求得；而单项指标修正系数的大小主要取决于基本指标评价分数和修正指标实际值两项因素。

补充阅读

各项指标及修正系数的计算

单项指标得分=本档基本分+调整分

分类指标得分=∑类内各项指标得分

基本指标总分=∑各类基本指标得分

单项指标修正系数=1+（本档标准系数+功能系数×0.2−该类基本指标分析系数）

分类综合修正系数=∑类内单项指标的加权修正系数

单项指标加权修正系数=单项指标修正系数×该项指标在本类指标中的权数

3. 修正后得分的计算

修正后得分=∑（分类综合修正系数×分类基本指标得分）

4. 管理绩效定性指标的计分方法

（1）管理绩效定性指标的内容。管理绩效定性评价指标的计分一般通过专家评议打分形式完成，聘请的专家应不少于七名；评议专家应当在充分了解企业管理绩效状况的基础上，对照评价参考标准，采取综合分析判断法，对企业管理绩效指标做出分析评议，评判各项指标所处的水平档次，并直接给出评价分数。

（2）单项评议指标得分。单项评议指标分数=∑（单项评议指标权数×各评议专家给定等级参数）/评议专家人数。

（3）评议指标总分数的计算。评议指标总分数=∑单项评议指标分数。

（五）综合评价得分计算

在得出财务绩效定量评价分数和管理绩效定性评价分数后，应当按照规定的权数，耦合形成综合绩效评价分数。其计算公式为

企业综合绩效评价分数=财务绩效定量评价分数×70%+管理绩效定性评价分数×30%

在得出评价分数以后，应当计算年度之间的绩效改进度，以反映企业年度之间经营绩效的变化状况。其计算公式为

绩效改进度=本期绩效评价分数/基期绩效评价分数

绩效改进度大于1，说明经营绩效上升；绩效改进度小于1，说明经营绩效下滑。

（六）确定综合评价结果等级

企业综合绩效评价结果以85、70、50、40分作为类型判定的分数线。具体的企业综合绩效评价类型与评价等级见表6.3。

表6.3 企业综合绩效评价类型与评价等级表

评价类型	评价级别	评价得分
优（A）	A++ A+ A	A++≥95 95>A+≥90 90>A≥85
良（B）	B+ B B−	85>B+≥80 80>B≥75 75>B−≥70
中（C）	C C−	70>C≥60 60>C−≥50
低（D）	D	50>D≥40
差（E）	E	40>E

三、平衡计分卡

平衡计分卡（balanced score card，BSC），源自哈佛大学教授Robert Kaplan与诺兰诺顿研究院的执行长David Norton于90年代所从事的《未来组织绩效衡量方法》研究计划。1992年两人在《哈佛商业评论》发表论文《平衡计分卡：良好绩效评价体系》，提出一种新的绩效评价体系。1993年，两人发表论文《平衡计分卡的实际运用》，1996年又进行了理论提升，发表论文《把平衡计分卡作为战略管理体系的基石》，至此形成较为系统的理论体系。平衡计分卡一经提出就受到了理论界与企业界的广泛认同和接受，被引入企业管理。他们两人在研究过程中发现，企业由于无法全面地描述战略，管理者之间及与员工之间无法有效沟通，对战略无法达成共识。2004年，两人发表《战略地图——化无形资产为有形成果》。所谓战略执行地图就是全面、明确勾画出企业战略目标与日常经营活动目标之间逻辑关系的一个框架图。

（一）平衡计分卡的主要内容

平衡计分卡引入了非财务指标，并将评价指标与战略相联系起来，把企业战略转化为目标和指标，分为财务、顾客、企业内部流程、学习与成长四个方面。平衡计分卡是一种战略执行工具，也是一个业绩管理系统，集策略系统、沟通系统和执行系统三位一体。

平衡计分卡着重分析四个方面的平衡关系：财务指标与非财务指标之间的平衡；长期目标和短期目标之间的平衡关系；外部计量（股东与客户）与内部计量（流程、学习和成长）之间的平衡关系；要求的结果与这些结果的驱动因素之间的平衡关系。

平衡计分卡包括六个基本要素：角度、战略目标、绩效指标、目标值、行动方案和任务。角度是观察组织和分析战略的视点。企业最通用的角度是财务、顾客、流程、学习和创新。任务是执行战略行动方案过程中的特定行为。行动方案由一系列相关的任务或行动组成，目的是达到每个指标的期望目标值。由于每个企业的战略目标不同，所采取的具体战略不同，所涉及的关键因素不同，导致其各自的平衡计分卡的具体内容和指标都有所不同。

早期的平衡计分卡所提供的分析框架就是从财务、顾客、内部流程及创新与学习四个角度对整体战略进行分解。而近年来卡普兰倡导的以企业战略执行图为基础的分析框架则更加注重操作性和逻辑性。在明确了目标与行动的因果关系，并将总目标分解为各层次的子目标以后，可以按照平衡计分卡提供的四个层次寻找相应的关键业绩指标，形成指标体系，以衡量和监控目标的完成情况，并及时根据环境的变化对目标进行适当的调整。

1. 财务方面

这一方面回答的是“我们怎样满足股东”的问题。财务衡量不仅占有一席之地，而且是其他衡量方面的出发点和落脚点。一套平衡计分卡应该反映企业战略的全貌。从长远的财务目标开始，将它们同一系列行动相联系（这些行动包括财务、客户、内部作业、创新与学习），最终实现长期经营目标。平衡计分卡中财务指标的意义在于，其他方面的指标是基于企业对竞争环境和关键成功要素的认识，但这种认识可能是错误的，只有当这些指标的改善能够转化为销售额和市场份额的上升、经营费用的降低或资产周转率的提高时对企业才是有益的。所以弄清其他指标与财务指标间的联系很关键。

处在生命周期不同阶段的企业，其平衡计分卡财务衡量的重点也有所不同。在成长阶段，企业要进行数额较大的投资，因此现金流量可以是负数，投资回报率亦很低，财务衡量应着重于销售额总体增长百分比和特定顾客群体、特定地区销售额增长率；处在维持基本发展的企业应着重衡量获利能力，如营业收入和毛利、投资回报率、经济增加值；在收获阶段的财务衡量指标主要是现金流量，企业必须力争现金流量最大化，并减少营运资金占用。

2. 客户方面

这一方面回答的是“客户如何看待我们” 的问题。客户是企业之本，是企业的利润来源，客户体验理应成为企业关注的焦点。一般来说，客户关注的不外乎时间、质量、性能、成本四个方面，与之对应，企业就应该在自身的反应速度、产品质量、生产成本上面下功夫，并妥善经营客户关系，满足客户需求。客户方面的衡量指标可分为过程指标和结果指标。常见指标包括按时交货率、新产品销售所占百分比、重要客户的购买份额、客户满意度指数、客户排名顺序等。

3. 内部流程方面

这一方面回答的是“我们必须擅长什么”的问题。内部经营过程可以按内部价值链划分为研究与开发、生产过程、售后服务三个过程，关乎企业的核心竞争力。研发阶段的指标主要有新产品开发所用时间、新产品销售收入占总收入的比例等；生产过程的衡量指标主要有质量指标、成本指标、耗用时间指标等；售后服务的主要指标有退货率、产品保修期限和产品维修天数等。

内部流程的业绩指标最能说明平衡计分卡与传统财务业绩衡量方法之间的区别。传统的财务业绩衡量方法，强调的是对已有责任中心和部门的控制和现有的生产过程的改进，平衡计分卡把对内部经营过程的考核定位在创新、经营和售后服务上，而这正是形成和提高企业核心竞争力的关键。

4. 学习与成长方面

这一方面回答的是“我们能否继续提高并创造价值”的问题。企业的学习与成长反映企业获得持续发展能力的情况，强调的是未来的调整项目，如新产品和新设备的研发。企业的学习和创新有三个主要来源：人员能力；信息系统和部门协作与激励。人员能力指标主要包括员工满意程度、职员保持率和职员的工作效率。信息系统能力主要通过企业当前可获得的信息与期望所需要的信息之比等指标进行衡量。协作与激励指标可以用每个职员参与程度、提建议的积极性来衡量。

平衡计分卡从财务、客户、内部流程和学习成长四个独立的角度，系统地对企业经营业绩进行评价。这四个方面是紧密联系、不可分割的，在逻辑上紧密相承，具有一定的因果关系，如图6.1所示，逐步将组织战略得到传递和落实。

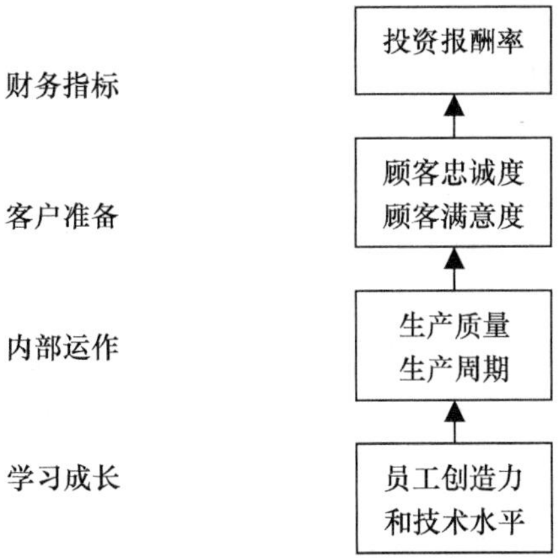

图 6.1　BSC 因果关系链

（二）平衡计分卡的实施

1. 运用平衡计分卡的前提

通过理论探索和实践检验，要运用平衡计分卡，首先应正确认识计分卡的本质。平衡计分卡的核心思想是通过四个维度之间的指标实现绩效考核、绩效改进，最终实现战略目标。在此基础上还应具备以下四个前提条件。

（1）组织的战略目标需要能够层层分解，并能够与组织内部的部门、个人的目标达成一致，其中个人利益能够服从组织的整体利益。高级管理层大力支持是成功实施平衡计分卡的必要条件，是制定战略并推动战略在基层得以贯彻的基础。

（2）平衡计分卡所揭示的四个方面指标，即财务、客户、内部经营过程、学习与成长之间存在明确的因果驱动关系。但是这种严密的因果关系链在战略单位内部却不易找到，计分卡所涵盖的四个方面指标可能不是必需的。

（3）这要求与实施平衡计分卡相配套的其他制度是健全的，包括财务核算的运作、内部信息平台的建设、业务流程管理及与绩效考核相配套的人力资源管理的其他环节等。

（4）假设组织内部每个岗位的员工都是胜任各自工作的，在此基础上研究一个战略业务单位的组织绩效才有意义。平衡计分卡是实现将人力资源提升到战略层次这一目标的有力工具。

2. 平衡计分卡的制定过程

每个组织应该根据自身特点制定平衡计分卡，下面是一个典型的制定过程。

（1）选择适当的业务部门，确定平衡计分卡项目的目标。企业应首先明确界定适于建立平衡计分卡的业务部门。一般来说，有自己的顾客、销售渠道、生产设施和财务绩效评估指标的业务部门，适于建立平衡计分卡，最好从一个具有战略意义的业务部门开始。企业高层应当确定一个能够担当起平衡计分卡总体设计重任的人选，可以在内部管理层选用，或在外部专业机构聘任。

（2）设计人员与企业高层对制定平衡计分卡的主要意图及战略目标达成共识，形成关于平衡计分卡的背景材料，以及描述企业的愿景、使命和战略的内部文件。设计人员通过对该部门的全面了解，帮助部门管理人员理解企业的战略目标，并了解他们对平衡计分卡评估手段的建议，解答他们提出的问题。在充分沟通与反复讨论的基础上，最终确定企业的战略目标。

（3）设计小组制定初步的平衡计分卡，选择和设计评估手段。与高级经理举行会谈后，在确定了关键的成功因素后，由小组制定初步的平衡计分卡，其中应包括对战略目标的绩效评估指标。设计人员对讨论会得出的结果，并就这一暂定的平衡计分卡进行考察、巩固和证明，包括以下要点：对每个目标，设计出能够最佳实现和传达这种目标意图的评估手段；对每一种评估手段，找到必要的信息源并为获得这种信息而采取必要的行动；对于每个目标的评价体系之间的相互影响以及与其他目标的评价体系的影响进行评估。

（4）制定实施计划。高层管理人员、中层经理及其直接下属集中到一起，对企业的愿景、战略陈述和暂定的平衡计分卡进行讨论，达成最终的一致意见，并开始构思实施计划。设计者和管理人员为平衡计分卡中的每一指标确定弹性目标，并确认实现这些目标的初步行动方案，包括在评估指标与数据库和信息系统之间建立联系、在整个组织内宣传平衡计分卡，以及为分散经营的各单位开发出二级指标。

（5）定期考察，将平衡计分卡融入企业的管理制度并发挥作用。每季或每月应准备一份关于平衡计分卡评估指标的信息蓝皮书，以供最高管理层进行考察，并与分散经营的各分部和部门进行讨论。在每年的战略规划、目标设定和资源分配程序中，都应包括重新检查平衡计分卡指标的有效性。

（三）平衡计分卡的评价

1. 平衡计分卡的优越性

（1）将战略和目标具体化。它以企业的经营战略和愿景为基础，根据自身的战略和经营需要设计各具体指标，因此具有充分的战略导向性，并能把战略开发和财务控制两者紧密联系在一起，充当了企业经营业绩桥梁。

（2）实现评价指标之间的平衡，强调指标间的因果关系。平衡计分卡包含财务、客户、内部业务流程、学习和成长四个方面，囊括了影响企业业绩的所有主要指标，兼顾非财务指标，从而预防了管理人员短期行为，充分地描述实现企业长期战略目标的推动因素。

（3）促进企业内部沟通和联系。在沟通反馈方面，平衡计分卡可以作为企业各种努力的聚焦点，向管理人员、员工、客户和投资者做出明确通报，更容易在个人目标、部门目标和企业战略之间实现一致。

（4）增强战略反馈和学习能力。平衡计分卡在企业内部建立了战略学习、知识网络，员工就有机会在客户服务和流程改进方面取得突破性进展，同时企业上下也能在战略制定、评价及奖励过程中，达到相互交流和学习的目的，并形成有关企业战略目标的共识。

2. 平衡计分卡的局限性

当然，由于本身发展的不成熟和企业现有管理水平的局限，平衡计分卡在使用过程中还面临着若干瓶颈。

第一，它必须以完善的信息系统为基础，否则，就会出现业绩信息不及时、管理时效性差、上下级信息无法对接等问题。设计平衡计分卡、确认业绩驱动因素、在财务指标及非财务指标之间建立联系等都需要耗费大量时间，并增加员工的工作量，如果沟通不力，就会给企业带来沉重压力。

第二，非财务评价指标的设计和计算也是一个难题。一些非财务指标难以量化，如在学习与成长方面，业绩指标常常前后矛盾，缺乏明确的分界线，应用难度较大。事实上，学习、成长与创新都是很宽泛的概念，涉及企业生产经营的方方面面，单独界定一个方面似乎比较困难。

第三，指标体系的非财务层面，未能直接体现出以财务业绩为落脚点的逻辑关系。平衡计分卡四个层面的评价指标，最终均应指向财务评价指标，因为财务目标是企业追求的最终目标。无论是客户层面的业绩，内部流程层面的业绩，还是学习与成长层面的业绩，最终都为了追求财务业绩。尽管四个层面之间由一条因果关系链联系起来，但都没有在具体指标项目上体现出来。不同指标之间如何进行权衡也未明确。

第四，在财务指标的改进和完善方面，平衡计分卡并未有很多的实质性突破，采用的财务业绩指标依旧是传统的财务业绩评价指标，未能很好地体现知识经济时代企业战略经营业绩评价对财务指标设置的要求。

第四节　业绩评价体系的设计

不同的企业组织背景千差万别,因此不可能建立起一套适合于所有企业的业绩评价系统。但任何一个组织在构建业绩评价系统时必须全面考虑评价目标、评价指标、评价标准和评价方法等因素，它们构成了业绩评价系统的基本要素。实际操作中，企业应根据自身具体组织背景设计业绩评价系统。

一、业绩评价目标的设计

评价目标是整个业绩评价系统运行的指南和目的，决定了评价指标的选择、评价标准的设置和评价方法的确定，而评价目标的确定更多的是以关键成功因素的形式与战略目标和战略规划联系在一起。从企业所面临的环境复杂性和动态性的特征来看，企业要想获得或者保持竞争优势，必须从本身独特的战略资源和核心能力出发，选择有吸引力的行业，制定正确的竞争战略，并且在战略目标和战略规划已经形成的前提下来选择评价目标。

企业业绩评价模式最具代表性也最具有广泛影响力的是平衡计分卡。平衡计分卡在综合分析企业内外环境和资源条件的基础之上，将目标归结为财务、客户、内部业务流程和员工与学习四个基本方面，帮助企业管理者理解并把握经营成功的关键动因，全面提升企业价值管理水平。这四个基本方面是根据多数企业的经验提炼出来的，而且被实践证明是影响企业竞争力的四个最关键的因素,因此平衡计分卡应该成为探讨业绩评价目标选择的指导性框架。综上所述，财务目标是一个企业最终追求的目的，要实现企业的财务目标，关键是让客户满意，而要使企业所创造的价值被认同，企业就必须不断进行创新。只有调动员工的积极性和激发员工的创造力，才能使企业得到持续发展，取得战略成功。

二、业绩评价指标的设计

评价指标的设计是建立企业业绩评价系统的关键与核心环节。评价指标设计的过程实际上就是一种选择的过程，就是如何在众多的评价指标中选择出能够反映评价目标实现程度的业绩“指示器”。

从实践来看，一个企业在构建企业业绩评价指标体系时，通常应遵循的原则：一是以战略目标为源头，按照企业内部的控制层级，逐层进行分解和落实，形成一个层级式的业绩评价指标体系，同时注意各层级评价指标之间的目标一致性和协调性；二是在选择或者设计业绩评价指标以建立业绩评价指标体系时应考虑具体的组织背景，可以先搭建一个业绩评价指标的通用框架，再根据企业所处的环境和自身的特点在其中选择相应的评价指标；三是在建立内部管理业绩评价指标体系时应把握不同类型评价指标之间的平衡，包括财务指标和非财务指标的平衡、内部指标与外部指标的平衡、不同计算基础指标的平衡等。

构建适合我国国情的企业内部管理业绩评价指标体系，必须针对我国企业业绩评价的现状。在我国，国有企业一直占据主导地位，企业经营业绩评价长期以来一直是由政府倡导、组织和实施的，主要是以外部评价为主。我国先后制定并颁布实施了多套企业经营业绩评价指标体系，2006 年国务院国有资产管理委员会颁布了《中央企业综合绩效评价实施细则》，其重点是评价企业资本效益状况、资产经营状况、偿债能力状况和发展能力状况四项内容，对这四项内容的评价有基本指标、修正指标和专家评议指标三个层次，初步形成了财务指标和非财务指标相结合的业绩评价指标体系。国有资本金业绩评价指标体系是我国目前最具有代表性的企业业绩评价指标体系，在实践中也得到比较广泛的应用。

三、业绩评价标准的设计

评价标准是判断评价对象业绩优劣的基准，如何选择评价标准在业绩评价系统设计过程中同样是一个关键环节。可选择的评价标准存在多种类型，不同类型的评价标准各有利弊。在业绩评价系统中，通常可以应用四种类型的评价标准。

1. 经验标准

它是指经过大量的实践经验的检验而形成的标准。经验标准具有一定的公允性和权威性，在内部管理业绩评价中具有一定的适用价值，尤其适用于难以通过其他方法设置评价标准的评价指标。经验标准最大的缺点是只考虑一般和普遍的情形，没有考虑特定组织背景所存在的特殊性。因此，在应用经验标准时应该杜绝生搬硬套。

2. 历史标准

历史标准是以企业过去某一时间的实际业绩为标准。应用历史标准有其优点，一是可靠性较高，因为其反映企业曾经达到的水平；二是可比性较强，因为这有利于评价企业自身经营状况和财务状况是否改善。但是历史标准只适用于纵向比较，不适用于横向同行业比较，也缺乏灵活的适应性，不能反映企业的现实经营环境，也无法评价企业在同行业中的地位与水平。

3. 行业标准

它是按行业制定的，反映行业财务状况和经营业绩的基本水平。行业标准是一种动态的标准，有利于企业开展同行业的横向比较，判断企业在行业中所处的地位与水平，从而发现企业经营管理活动中存在的差距。但是，在实践中难以直接可靠地获取竞争对手的相关信息，如果行业标准数据不够准确，依据其确定的业绩评价目标值就不具有说服力了。

4. 预算标准

它是指企业根据自身经营条件或经营状况所制定的目标标准。预算标准可以将行业标准和企业历史标准相结合，能够比较全面地反映企业的状况。从理论而言，预算标准是最为合理的一种业绩评价标准。业绩评价的目的在于衡量管理者控制战略实施活动的效果和效率，其本质上是战略目标和战略规划实施的一种保障机制，预算标准的制定符合业绩评价的目的和本质。从实践上来看，预算标准是我国应用最为广泛的一种业绩评价标准。但是，预算标准的确定也在一定程度上受到人为因素的影响，从而可能缺乏客观的依据。因此需要采用科学的方法制定预算标准。

四、业绩评价方法的设计

评价方法解决的是如何评价的问题，即采用一定的方法运用评价指标和评价标准，从而获得评价结果。如果没有科学合理的评价方法，那么评价指标和评价标准就成了孤立的评价要素，也就失去了本身存在的意义。目前，在实践中应用比较广泛的评价方法主要有单项评价方法和综合评价方法。

单项评价方法就是选择单项指标，计算该指标的实际值，并与所设置的评价标准进行比较，从而对评价客体的经营业绩做出评价结论。综合评价方法就是以多元指标体系为基础，在评价指标、评价标准和评价结果之间建立一定的函数关系，之后计算出每个评价指标的实际数值，进而得出综合的评价结论，具体又可以根据评价方法的特点分为指标分解评价方法和指标综合评价方法。前者以杜邦分析体系和帕利普财务分析体系为代表，后者包括综合指数法、综合评分法等。平衡计分卡从本质上讲属于指标综合评价方法，可以将其看作一种特例，因为平衡计分卡更多的是注重不同类型指标之间的平衡关系，强调不同类型指标之间的因果关系，在评价指标设计、评价程序确立等方面具有一定的创新性。

对我国企业而言，业绩评价方法的基本选择应是综合评价方法，其中定量指标采用综合指数法和综合评分法，定性指标采用综合分析判断法。综合指数法就是首先将单项指标实际值与标准值进行比较，计算出指标的单项指数，之后根据各项指标的权重进行加权汇总，得出综合指数，最后根据综合指数的高低判断经营业绩水平。综合分析判断法是由评价专家凭借自身的学识和经验，根据评价对象在某一方面的表现，采用主观分析判断的方法确定评价指标达到的等级，再根据相应的等级参数和指标权数计算得分。

在实际操作中，综合评价方法也存在许多问题。应用综合评价方法的难点在于指标权重的确定，指标权重的确定方法包括主观赋权法（如德尔菲法）和客观赋权法（如因子分析法、相关权重赋权法等）。在确定评价指标权重的过程中，应根据企业内部的具体情况具体分析，注意企业内各部门的发展阶段、竞争地位和战略类型等现实存在的差异，将主观赋权法与客观赋权法结合起来考虑。也就是说，评价指标权重的设置应该遵循权变观念，充分考虑企业组织背景的影响。评价指标权重的确定并不意味着一成不变，一旦企业的组织背景发生了相应的变化，评价指标权重就应该动态、灵活地进行调整。

复习思考题

1. 什么叫企业业绩评价？它有哪些功能？
2. 企业业绩评价系统由哪些要素构成？
3. 业绩评价有哪些模式？
4. 从国内外业绩评价的历史演进中我们能够得到什么启示？
5. 企业业绩评价的财务指标有哪些？财务指标有何优缺点？
6. 企业业绩评价的非财务指标包括哪些方面？与财务指标相比有哪些优点和局限性？
7. 企业业绩的综合评价方法有哪些？
8. 企业业绩评价指标体系的设计包括哪些方面？

第七章　股票首次公开发行与再融资

学习目标和要求

通过本章的学习，理解股票首次公开发行的程序及制度规定、股票首次公开发行过程中关键文件的编制、股票再融资的制度规定、股票上市的条件；掌握股票首次公开发行的价格确定、股票再融资的效应分析、股票上市的利弊分析；熟悉股票发行的方式、股票上市的暂停与终止；了解上市公司再融资的操作要点、股票上市的程序、上市地点的选择。

引导案例

张铭与其朋友作为发起人发起成立了一家股份有限公司，准备生产一种当前市场上较为畅销的产品。在正式建成投产之时，虽然张铭及其朋友和其他股东都缴纳了股款，认购了公司的股票，从而使得公司拥有了第一笔能够用于投资的资金，然而，这些资金仅够满足公司购买土地、建造厂房和购买机器设备，以及注册商标之需。为了使公司建成之后能够顺利投入运转，公司仍需一笔流动资金用来购买原材料、招聘员工。这时，作为公司董事长兼CEO的张铭想到了公开发行股票："因为我们是家股份公司嘛"。为此，张铭在征求其他董事的意见后，要求其秘书着手准备相关材料，并于第二天找到了一家投资银行咨询相关公开发行股票事宜。该投资银行负责证券承销的部门经理热情地接待了他们。当该经理看了其相关资料后，明确告诉他们，其公司目前尚不具备公开发行股票的条件。张铭一听，很是纳闷："不对呀，我们公司的组织形式是股份有限公司，为什么不能公开发行股票呢？而且，公司所要生产的是一种市场上极为畅销的产品，未来赢利前景十分看好，预期的每股收益也比较高。"

启发思考

（1）股份有限公司公开发行股票需要满足哪些条件？

（2）上述情形下张铭的公司为什么不能公开发行股票呢？原因何在？

第一节　股票首次公开发行

一、股票首次公开发行的程序及制度规定

股份公司成立以后通过发行股份募集资金的方式主要有两种。一是非公开发行股份募资，即在小范围内面向特定或不特定的对象募集，所发行的股份不能在交易所挂牌上市和交易。一般而言，采用非公开发行股份的方式来募集资金的公司规模较小，或者公司出于保持较强独立性和防止公开发行后被收购等目的而采用。二是公开发行。股份公司第一次向不特定的社会公众发行股份募集资金，并且在证券交易所挂牌上市和交易，这也是股份

公司完成由私人公司向公众公司转变的最主要的途径。我们将后者称为首次公开发行股票（initial public offering，IPO）。

一般来说，首次公开发行完成后，这家公司就可以申请到证券交易所或报价系统挂牌交易，从而成为上市公司（listed firms）。所谓“私人公司”，并不是指其所有者性质一定是私营或民营，而是指其股权不为社会公众所持有的公司。

（一）首次公开发行股票的市场准入制度

从全球范围来看，新股发行的市场准入制度主要有审批制、核准制和注册制三种类型，每一种发行制度都对应于一定的市场发展状况。我国首次公开发行的市场准入制度大致分为以下几个发展阶段。

1. 审批制阶段（2000 年以前）

审批制，是指拟发行的公司在申请公开发行股票时，在首先征得地方政府或者中央企业主管部门同意后，向其所属的证券管理部门提出股票发行的申请，然后经证券管理部门受理审核同意并专报中国证监会核准发行额度之后，公司提出上市申请，经过审核、复审，由证监会出具批准发行的有关文件后，方可发行新股。我国在审批制下的新股发行，大致可以分为额度管理阶段和指标管理阶段。

（1）额度管理阶段（1993—1995 年）。“额度管理”，是指国务院证券管理部门根据国民经济的整体发展需求和资本市场的运行状况，规定股票发行的总额度，然后由各个省级行政区域和行业在国民经济中的重要程度和需要进一步分配总额度并由省级政府或行业主管部门来选择可以发行股票的企业。

（2）指标管理阶段（1996—2000 年）。“指标管理”，是指监管层对新股发行不再对发行的总额度进行限定，只是由国务院证券管理部门确定在一定时期内应发行上市的企业数量，然后由省级政府及行业管理部门在上述指标内推荐预选的拟上市企业。与额度管理模式相比，1996 年开始实行的“总量控制，限报家数”的指标管理模式，主要是为了优先满足国有大中型企业融资的需求，扩大上市公司的发行规模，同时鼓励在行业中处于上游地位的企业发行股票并上市。

2. 核准制阶段（2001 年以后）

核准制，是指法律规定发行实质条件，发行人须将证明其具备实质条件的材料向核准机构申报，经后者审核确认发行人具备法律规定的实质条件后，方可公开发行证券。核准机构即证券主管机关有权否决不符合规定条件的股票发行申请。核准制下的新股发行也大致分为通道制和保荐制两个阶段。

（1）通道制（2001—2004 年）。2001 年 3 月 17 日，中国证监会发出《关于发布〈中国证监会股票发行核准程序〉的通知》，标志着我国 IPO 正式施行了核准制。该通知规定，主承销商在向证监会推荐拟发行企业时，采用“证券公司自行排队，限报家数”的通道原则，指出每家证券公司一次只能推荐一定数量的企业申请发行股票，由证券公司将拟推荐的企业逐一排队、按序推荐，所推荐企业每核准一家即可再报一家。而每个券商可以推荐的企业家数（通道数）根据 2000 年承销的企业数量来决定。

通道制的实施，为监管层调控 IPO 市场的供求关系提供了一种相对公平的排队机制，通过不良记分制、通道暂停与扣减等措施，客观上促使券商提高了执业的水平。

知识拓展

证券公司通道分配规则如表 7.1 所示。

表 7.1　证券发行中证券公司通道分配规则

2000 年承销数分类	通道数	符合条件的券商数
10（含 10）家以上	8	12
5（含 5）～10 家	6	8
1～5 家	4	10
未从事	2	2

（2）保荐制（2005 年至今）。证券发行上市保荐制度是指由保荐人（证券公司）负责发行的上市推荐和辅导，核实公司发行文件中所载资料的真实、准确和完整性，协助发行人建立严格的信息披露制度，不仅承担上市后持续监督责任，还将责任落实到个人。

与审批制相比，核准制突出了合规性和实质性审查。我国的核准制要求，发行公司申请发行证券不仅要满足公司法和证券法的要求，公开披露与发行证券相关的信息，还要报请证券主管部门批准上市。我国的核准制仍然表现出很强的行政干预特征。

除审批制、核准制外，新股发行的市场准入制度还有注册制。

注册制，是在市场化程度较高的成熟证券市场所普遍采用的一种发行监管方式，证券监管部门公布发行上市的条件，只要达到所公布条件要求的企业即可发行上市。发行人申请发行股票时，必须依法将公开的各种资料完全准确地向证券监管机构申报。这种发行制度下，证券监管机构只是对申报文件进行形式上的审查，而由证券中介机构来判断和决定发行公司。因此，这种发行制度对发行人、券商和投资者的要求都比较高。

问与答

问：核准制与注册制在哪些方面不同？

答：注册制和核准制最关键的区别在于审核机构是否对发行人进行实质性审核。注册制不对企业做估值判断，不要求上市企业必须是优质企业，而核准制则通过专门机构把关，过滤掉部分资质不好的企业。

从以上的分析可以看到，一个国家采用何种审核体制，主要取决于其市场特征和价值取向。采用核准制还是注册制并不能用作判断资本市场是否市场化的标准，两种制度对社会监管环境、上市参与主体的自律要求、证券市场制度环境、投资者素质等要求不同，就实际操作来看，只有适合与不适合，而没有绝对的好坏之分。采用何种发行体制是由市场特征决定的。

（二）首次公开发行股票的条件

目前我国有上海证券交易所（主板市场）和深圳证券交易所（中小板和创业板市场）。不同的市场对拟发行上市的股份公司的条件要求有所不同。

1. 对拟在主板和中小板块上市的发行人的条件要求

根据我国《证券法》和《首次公开发行股票并上市管理办法》规定，股票发行人必须是具有股票发行资格的股份有限公司，包括已经成立的股份有限公司和经批准拟成立的股份有限公司且持续经营时间在三年以上（有限责任公司按原账面净资产值折股整体变更为股份公司可连续计算）。因股份有限公司发行股票时的情况不同，应具备的条件也有所不同。

（1）设立股份有限公司申请公开发行股票，应当符合下列条件：生产经营符合国家产业政策；发行的普通股限于一种，同股同权；发起人认购的股本数额不少于公司拟发行股本总额的 35%；在公司拟发行的股本总额中，发起人认购的部分不少于人民币 3 000 万元，但是国家另有规定的除外；公司发行后的股本总额不少于人民币 5000 万元，同时向社会公众发行的部分不少于公司拟发行的股本总额的 25%；公司拟发行的股本总额超过人民币 4 亿元的，证监会按照规定可以酌情降低向社会公众发行的部分的比例，但是最低不少于公司拟发行的股本总额的 10%；发起人在近三年内没有重大违法行为；国务院证券监督管理机构规定的其他条件。

（2）原国有企业改组设立股份有限公司申请公开发行股票，除应当符合以上所列条件外，还应当符合下列条件：发行股票前一年年末，净资产在总资产中所占比例不低于 30%，无形资产在净资产中所占比例不高于 20%，但是国务院证券监督管理机构另有规定的除外；近三年连续赢利；国有企业改组设立股份有限公司公开发行股票的，国家拥有的股份在公司拟发行的股本总额中所占的比例由国务院或者国务院授权的部门规定。

2. 对拟在创业板上市的发行人条件要求

创业板对于发行股票条件主要有：发行人必须是依法设立且持续经营三年以上的股份有限公司；发行人应当主要经营一种业务，生产经营活动符合法律、行政法规和公司章程的规定，符合产业政策及环保政策；发行人最近两年内主营业务和董事、高级管理人员均没有发生重大变化，实际控制人没有发生变更。公司发行后的股本总额不少于人民币 3 000 万元；公开发行的股份达到公司股份总数的 25%以上（公司股本总额超过人民币 4 亿元的，公开发行股份的比例为 10%以上）；公司最近三年无重大违法行为，财务会计报告无虚假记载；证券交易所要求的其他条件。

补充阅读

拟上市公司最低发行比例是如何确定的？

一、创业板拟上市公司最低发行比例的确定

对于拟在创业板上市的公司来说，最低发行比例要求为，公开发行的股份达到公司股份总数的25%以上，并且公司发行后的股本总额不少于人民币3 000万元。

例如，有一家公司，现在的股本是2 000万股，则必须至少发行1 000万股才符合“发行后公司股本总额不少于3 000万元”的条件，而1 000万股占公司股份总数3 000万股的比例是33.3%，符合“公开发行的股份达到公司股份总数的25%以上”的条件。

再如，有一家公司，现在的股本是3 000万股，最低的“公开发行的股份达到公司股份总数的25%以上”是多少股呢？计算公式为

$$X\text{万股}\div(3\,000\text{万股}+X\text{万股})=25\% \quad X=1\,000\text{万股}$$

也就是说至少要发行1 000万股，才能达到“公开发行的股份达到公司股份总数的25%以上”的条件，同时，发行后总股本达到4 000万股，也符合“发行后公司股本总额不少于3 000万元”的条件。

二、主板（含中小板）拟上市公司最低发行比例的确定

对于拟在主板（含中小板）上市的公司来说，最低发行比例要求为，公开发行的股份达到公司股份总数的25%以上，并且公司发行后的股本总额不少于人民币5 000万元。

例如，有一家公司，现在的股本是4 000万股，则必须至少发行1 000万股才符合“发行后公司股本总额不少于5 000万元”的条件，而1 000万股占公司股份总数5000万股的比例是25%，符合“公开发行的股份达到公司股份总数的25%以上”的条件。

再如，有一家公司，现在的股本是5 000万股，最低的“公开发行的股份达到公司股份总数的25%以上”是多少股呢？计算公式为

$$X万股÷（5\,000万股+X万股）=25\% \quad X=1\,667万股$$

也就是说至少要发行16 67万股，才能达到“公开发行的股份达到公司股份总数的25%以上”的条件，同时，发行后总股本达到6 667万股，也符合“发行后公司股本总额不少于5 000万元”的条件。

（三）首次公开发行股票的程序

股票发行程序是指符合法律规定的发行人自决议公开发行股票开始至招股说明书依法披露或备案前，由股票发行人、证券承销商和其他中介机构完成的全部工作。根据《中华人民共和国公司法》《中华人民共和国证券法》、中国证监会和证券交易所颁布的规章、规则等有关规定，企业公开发行股票并上市应该遵循的程序如图 7.1 所示。

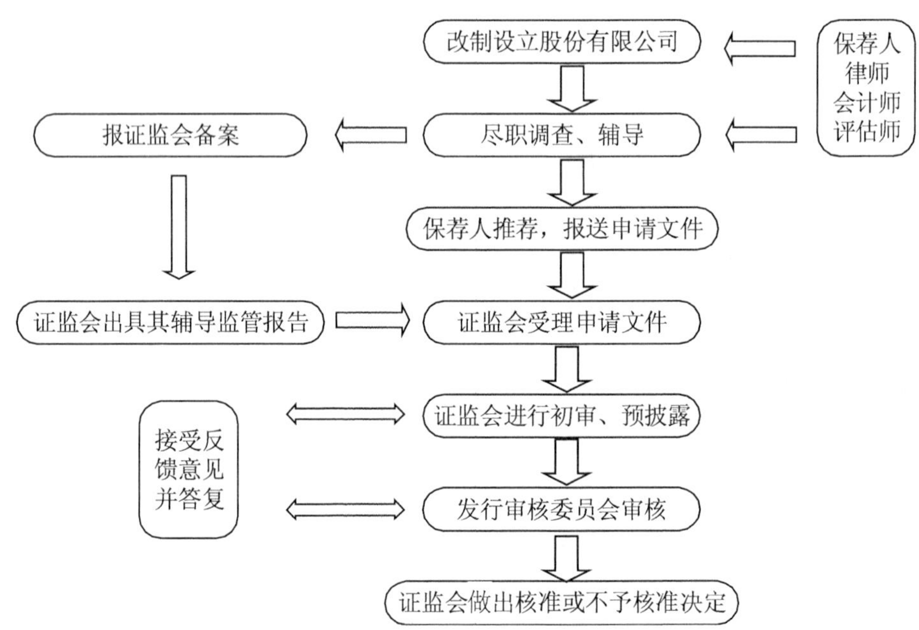

图 7.1　首次公开发行股票流程图

我们对企业首次公开发行股票并上市应该遵循程序中的几个重要环节进行以下概述。

1. 股份有限公司的改制和设立

股份公司常见的成立形式有两种，一是改制，即由有限责任公司变更为股份有限公司。二是设立，即依据《中华人民共和国公司法》第七十七条规定，股份公司可以采取发起设立或者募集设立的方式成立。

股份公司成立以后，应聘请保荐机构（证券公司）和会计师事务所、资产评估机构、律师事务所等中介机构对改制方案进行可行性论证，对拟改制的资产进行审计、评估，签署发起人协议和起草公司章程等文件，设置公司内部组织机构，设立股份有限公司。设立股份有

限公司，要求发起人人数必须满足有二人以上二百人以下，其中须有半数以上的发起人在中国境内有住所。

2. 股票发行上市前的尽职调查与辅导

依据我国《证券发行上市保荐业务管理办法》规定，保荐机构和其他中介机构对公司进行尽职调查、问题诊断、专业培训和业务指导，辅导公司学习上市公司必备知识，完善组织结构和内部管理，规范企业行为，明确业务发展目标和募集资金投向，对照发行上市条件对存在的问题进行整改，准备首次公开发行申请文件。目前已取消了为期一年的发行上市辅导的硬性规定，但保荐机构仍需对公司进行辅导。

3. 申请文件的申报

企业和所聘请的中介机构，按照证监会的要求制作申请文件，保荐机构进行内核并负责向中国证监会尽职推荐。符合申报条件的，中国证监会在五个工作日内受理申请文件。

4. 申请文件的审核

中国证监会正式受理申请文件后，对申请文件进行初审，同时征求发行人所在地省级人民政府意见，并向保荐机构反馈审核意见，保荐机构组织发行人和中介机构对反馈的审核意见进行回复或整改，初审结束后发行审核委员会审核前，进行申请文件预披露，最后提交股票发行审核委员会审核，由证监会做出核准或不予核准的决定。

二、股票首次公开发行过程中关键文件的编制

（一）招股说明书

股份有限公司的招股说明书是供社会公众了解发起人和将要设立公司的情况，说明公司股份发行的有关事宜，指导公众购买公司股份的规范性文件。公司首次公开发行股票，必须制作招股说明书。2015 年 12 月 30 日，中国证监会颁发了《公开发行证券的公司信息披露内容与格式准则第 1 号——招股说明书（2015 年修订）》，详细说明了招股说明书应该遵循的格式和具体应包含的内容。公司上市所需编写的招股说明书格式应严格遵循上述准则，在内容上既应符合准则要求，又要突出公司特色。具体来说，招股说明书一般应包括以下几个方面的内容。

1. 封面、书脊、扉页、目录、释义

招股说明书全文文本封面应标有“×××公司首次公开发行股票招股说明书”字样，并载明发行人、保荐人、主承销商的名称和住所。文本书脊应标明“×××公司首次公开发行股票招股说明书”字样。招股说明书全文文本扉页应载有发行股票类型、发行股数、每股面值、每股发行价格、预计发行日期，拟上市的证券交易所、发行后总股本，发行境外上市外资股的公司还应披露在境内上市流通的股份数量和在境外上市流通的股份数量、本次发行前股东所持股份的流通限制、股东对所持股份自愿锁定的承诺、保荐人、主承销商以及招股说明书签署日期十项内容。

2. 概览

内容包括披露发行人及其控股股东、实际控制人的简要情况，发行人的主要财务数据及主要财务指标，本次发行情况及募集资金用途等。

3. 本次发行概况

应说明本次发行的股票种类、每股面值、发行股数、占发行后总股本的比例、每股发行价；标明计量基础和口径的市盈率；预测盈利总额及发行后每股盈利（如有）；发行前和发行后每股净资产；标明计量基础和口径的市净率；发行方式与发行对象、承销方式；预计募集资金总额和净额；发行费用概算(主要包括承销费用、保荐费用、审计费、评估费用、律师费用、发行手续费用、审核费用等)。发行人还应披露下列机构的名称、法定代表人、住所、联系电话、传真，同时应披露有关经办人员的姓名：发行人、保荐人、主承销商及其他承销机构，律师事务所、会计师事务所、资产评估机构、股票登记机构、收款银行以及其他与本次发行有关的机构等。

发行人应披露其与本次发行有关的中介机构及其负责人、高级管理人员、经办人员之间存在的直接或间接的股权关系或其他权益关系。

发行人还应针对不同的发行方式，披露预计发行上市的重要日期，主要包括：询价推介时间，定价公告刊登日期，申购日期和缴款日期以及股票上市日期。

4. 风险因素

发行人应当遵循重要性原则，按顺序披露可能直接或间接对发行人生产经营状况、财务状况和持续盈利能力产生重大不利影响的所有因素；发行人应披露的风险因素包括但不限于下列内容：产品或服务的市场前景、行业经营环境的变化、商业周期或产品生命周期的影响、市场饱和或市场分割、过度依赖单一市场、市场占有率下降等；经营模式发生变化，经营业绩不稳定，主要产品或主要原材料价格波动，过度依赖某一重要原材料、产品或服务，经营场所过度集中或分散等；内部控制有效性不足导致的风险、资产周转能力较差导致的流动性风险、现金流状况不佳或债务结构不合理导致的偿债风险、主要资产减值准备计提不足的风险、主要资产价值大幅波动的风险、非经常性损益或合并财务报表范围以外的投资收益金额较大导致净利润大幅波动的风险、重大担保或诉讼仲裁等或有事项导致的风险；技术不成熟、技术尚未产业化、技术缺乏有效保护或保护期限短、缺乏核心技术或核心技术依赖他人、产品或技术面临被淘汰等；投资项目在市场前景、技术保障、产业政策、环境保护、土地使用、融资安排、与他人合作等方面存在的问题，因营业规模、营业范围扩大或者业务转型而导致的管理风险、业务转型风险，因固定资产折旧大量增加而导致的利润下滑风险，以及因产能扩大而导致的产品销售风险等；由于财政、金融、税收、土地使用、产业政策、行业管理、环境保护等方面法律、法规、政策变化引致的风险；可能严重影响公司持续经营的其他因素，如自然灾害、安全生产、汇率变化、外贸环境等。

5. 发行人基本情况

内容包括注册中、英文名称；注册资本；法定代表人；成立日期；住所及邮政编码；电话，传真号码；互联网网址；电子信箱；发行人改制重组情况，设立以来股本的形成及其变化和重大资产重组情况，发行人自设立时发起人或股东出资及设立后历次股本变化的验资情况；发起人、持有发行人 5%以上股份的主要股东、实际控制人，控股股东、实际控制人所控制的其他企业，发行人的职能部门、分公司、控股子公司、参股子公司，以及其他有重要影响的关联方；发行人控股子公司、参股子公司的简要情况；发起人、持有发行人 5%以上股份的主要股东及实际控制人的基本情况，持有 5%以上股份的主要股东以及作为股东的董事、监事、高级管理人员作出的重要承诺及其履行情况等。

6. 业务和技术

内容包括披露发行人主营业务、主要产品（或服务）及设立以来的变化情况。发行人在行业中的竞争地位，如发行人的市场占有率、近三年的变化情况及未来变化趋势，主要竞争对手的简要情况等。根据重要性原则披露主营业务的具体情况，包括主要产品或服务的用途；主要产品的工艺流程图或服务的流程图；主要经营模式，包括采购模式、生产模式和销售模式；列表披露报告期内各期主要产品（或服务）的产能、产量、销量、销售收入，产品或服务的主要消费群体、销售价格的变动情况；报告期内各期向前五名客户合计的销售额占当期销售总额的百分比，如向单个客户的销售比例超过总额的50%或严重依赖于少数客户的，应披露其名称及销售比例。报告期内主要产品的原材料和能源及其供应情况，主要原材料和能源的价格变动趋势、主要原材料和能源占成本的比重；报告期内各期向前五名供应商合计的采购额占当期采购总额的百分比，如向单个供应商的采购比例超过总额的50%或严重依赖于少数供应商的，应披露其名称及采购比例。受同一实际控制人控制的供应商，应合并计算采购额。此外，发行人应披露董事、监事、高级管理人员和核心技术人员，主要关联方或持有发行人 5%以上股份的股东在上述供应商或客户中所占的权益。若无，亦应说明；存在高危险、重污染情况的，应披露安全生产及污染治理情况、因安全生产及环境保护原因受到处罚的情况、近三年相关费用成本支出及未来支出情况，说明是否符合国家关于安全生产和环境保护的要求等。

7. 同业竞争与关联交易

内容包括发行人是否存在与控股股东、实际控制人及其控制的其他企业从事相同、相似业务的情况。对存在相同、相似业务的，发行人应对是否存在同业竞争作出合理解释；发行人控股股东、实际控制人作出的避免同业竞争的承诺；发行人应根据《公司法》和《企业会计准则》的相关规定披露关联方、关联关系和关联交易；发行人应根据交易的性质和频率，按照经常性和偶发性分类披露关联交易及关联交易对其财务状况和经营成果的影响；发行人是否在章程中对关联交易决策权力与程序作出规定；公司章程是否规定关联股东或利益冲突的董事在关联交易表决中的回避制度或做必要的公允声明；发行人最近三年及最近期发生的关联交易是否履行了公司章程规定的程序，以及独立董事对关联交易履行的审议程序是否合法及交易价格是否公允的意见；发行人拟采取的减少关联交易的措施等。

8. 董事、监事、高级管理人员与核心技术人员

内容包括以上人员的姓名、国籍及境外居留权、性别、年龄、学历、职称、主要业务简历、曾经担任的重要职务及任期、现任职务及任期；对核心技术人员还应披露其主要成果及获得的奖项。对于董事、监事，应披露其提名人，并披露上述人员的选聘情况；发行人还应披露上述人员及其近亲属以任何方式直接或间接持有发行人股份的情况；以上人员最近一年从发行人及其关联企业领取收入的情况，以及所享受的其他待遇和退休金计划等；以上人员相互之间存在的亲属关系，是否符合法律法规规定的任职资格，在近三年内曾发生变动的，也应披露变动情况和原因。

9. 公司治理

发行人应说明股东大会、董事会、监事会、独立董事、董事会秘书制度的建立健全及运行情况，上述机构和人员履行职责的情况。发行人应披露战略、审计、提名、薪酬与考核等各专门委员会的设置情况。发行人近三年内是否存在违法违规行为，近三年内是否存在资金被控股股东、实际控制人及其控制的其他企业占用的情况，批露公司管理层对内部控制完整

性、合理性及有效性的自我评估意见以及注册会计师对公司内部控制的鉴证意见。注册会计师指出公司内部控制存在缺陷的，应予披露并说明改进等。

10. 财务会计信息

发行人运行三年以上的，应披露最近三年及一期的资产负债表、利润表和现金流量表；运行不足三年的，应披露最近三年及一期的利润表以及设立后各年及最近一期的资产负债表和现金流量表；发行人编制合并财务报表的，应同时披露合并财务报表和母公司财务报表；发行人应披露会计师事务所的审计意见类型；财务报表被出具带强调事项段的无保留审计意见的，应全文披露审计报告正文以及董事会、监事会及注册会计师对强调事项的详细说明；发行人应披露财务报表的编制基础、合并财务报表范围及变化情况；发行人运行不足三年的，应披露设立前利润表编制的会计主体及确定方法；存在剥离调整的，还应披露剥离调整的原则、方法和具体剥离情况等。

11. 管理层讨论与分析

发行人应主要依据最近三年及一期的合并财务报表分析披露发行人财务状况、盈利能力及现金流量的报告期内情况及未来趋势；讨论与分析不应仅限于财务因素，还应包括非财务因素；不应仅以引述方式重复财务报表的内容，应选择使用逐年比较、与同行业对比分析等便于理解的形式进行分析。

12. 业务发展目标

发行人应披露当年和未来两年的发展计划，包括提高竞争能力、市场和业务开拓、筹资等方面的计划；发行人披露的发展计划应当具体，并应说明拟定上述计划所依据的假设条件，实施上述计划可能面临的主要困难，确保实现上述发展计划拟采用的方式、方法或途径，以及上述业务发展计划与现有业务的关系；若实现上述计划涉及与他人合作的，应对合作方及合作条件予以说明；发行人可对其产品、服务或者业务的发展趋势进行预测，但应采取审慎态度，并披露有关的假设基准等。涉及盈利预测的，应遵循盈利预测的相关规定。

13. 募股资金运用

发行人应披露预计通过本次发行募股资金的总量及其依据；董事会对募集资金投资项目可行性的分析意见，说明募集资金数额和投资项目与企业现有生产经营规模、财务状况、技术水平和管理能力等相适应的依据等。

14. 股利分配政策

发行人应披露最近三年股利分配政策、实际股利分配情况以及发行后的股利分配政策；发行人应披露本次发行完成前滚存利润的分配安排和已履行的决策程序；若发行前的滚存利润归发行前的股东享有，应披露滚存利润的审计和实际派发情况，同时在招股说明书首页对滚存利润中由发行前股东单独享有的金额以及是否派发完毕作“重大事项提示”等。

15. 其他重要事项

内容包括有关信息披露和投资者关系的负责部门、负责人、电话号码等；交易金额在 500 万元以上或者虽未达到上述标准但对生产经营活动、未来发展或财务状况具有重要影响的合同内容；对外担保的有关情况；对发行人财务状况、经营成果、声誉、业务活动、未来前景等可能产生较大影响的诉讼或仲裁事项，发行人董事、监事、高级管理人员和核心技术人员涉及刑事诉讼的情况等。

16. 董事、监事、高级管理人员及有关中介机构声明

发行人全体董事、监事、高级管理人员应在招股说明书正文的尾页声明："本公司全体董事、监事、高级管理人员承诺本招股说明书及其摘要不存在虚假记载、误导性陈述或重大遗漏，并对其真实性、准确性、完整性承担个别和连带的法律责任。"声明应由全体董事、监事、高级管理人员签名，并由发行人加盖公章。此外，保荐人（主承销商）、发行人律师、承担审计业务的会计师事务所、承担评估业务的资产评估机构和承担验资业务的机构也在招股说明书正文后发表相应声明。

17. 备查文件

在招股说明书结尾应列明备查文件，并在指定网站上披露。备查文件包括下列文件：发行保荐书；财务报表及审计报告；盈利预测报告及审核报告（如有）；内部控制鉴证报告；经注册会计师核验的非经常性损益明细表；法律意见书及律师工作报告；公司章程（草案）；中国证监会核准本次发行的文件；其他与本次发行有关的重要文件等。

（二）发行公告

发行公告是投资者了解发行情况与新股申购要求的重要参考依据。在招股意向书刊登首日，保荐机构应在发行公告中披露发行定价方式、定价程序、参与网下询价投资者条件、股票配售原则、配售方式、有效报价的确定方式、中止发行安排、发行时间安排和路演推介相关安排等信息。发行人和主承销商应在发行过程中披露的信息应当刊登在至少一种中国证监会指定的报刊上，同时将其刊登在中国证监会指定的互联网网站，并置备于中国证监会指定的场所，供公众查阅[①]。

三、首次公开发行股票的定价

（一）新股定价的理论分析

由于发行人的股票在首次公开发行之前并没有股票在市场上流通，因此，没有一个市场价格提供给发行人做参考。发行人只能够通过自身的资本结构和所需募集资金的总额，寻求发行数量与发行价格之间的一个平衡点。新股的定价既要考虑发行成功的难易程度，即发行风险的高低，还要考虑在既定发行规模下尽可能筹集到更多的资金。如果发行价格过低，即使发行成功，发行人也有可能面临筹集不到足够的资金，资金成本过高的风险。

在新股发行市场上有一个普遍存在的现象：新股上市交易首日的收盘价格相对于发行价格而言都有一定幅度的上涨，这一现象被称为"新股发行抑价"或"新股定价偏低"。实证研究表明，新股发行的规模越大，IPO 抑价的程度越低，发行规模越小，IPO 抑价的程度越高。除此以外，新股发行人承销商的市场声誉越高，IPO 的抑价程度越低。那么这一现象是否反映了定价的低效率性呢？国内外学者们对此做了大量的理论实证研究，提出了很多可能的理论假说去解释这一现象。其中，从信息不对称理论出发的解释得到了普遍的认同。

信息不对称是经济社会中普遍存在的现象，在众多从信息不对称理论出发解释 IPO 抑价现象的理论中，Rock（1986）提出的"赢者诅咒"（winner's curse）模型是在研究 IPO 抑价现象中应用最为广泛的理论之一。Rock 将参与 IPO 一级市场的投资者可分为知情投资者

① 中国证监会指定信息披露的报纸有《中国证券报》《证券时报》《上海证券报》《证券日报》等，网站有巨潮资讯网、上海证券交易所网站，深圳证券交易所网站等。

（informed investor）和非知情投资者（uninformed investor）两类。知情投资者比非知情投资者拥有更多的关于 IPO 价值的信息，知情投资者凭借自身的信息优势将仅认购那些市场价值超过发行价的新股，即知情投资者仅会参与偏低定价的新股。当知情投资者凭借其信息优势发现 IPO 发行价格低于其真实价值时，知情投资者会踊跃认购，非知情投资者将会无法认购到足够多的具有投资价值的新股而被知情投资者“挤出”市场；相反，当知情的投资者了解到 IPO 的发行价格高于其投资价值时，将不会参与新股的认购，此时非知情的投资者，将会认购到全部的新股，进而使非知情投资者面临严重的“赢者诅咒”。

由于非知情投资者会预期到这种风险，非知情投资者将会要求对因信息不对称造成的分配偏差带来的风险进行补偿，否则非知情投资者将会因为参与 IPO 申购面临的潜在损失而退出 IPO 的申购，加大发行公司无法完成全部新股发行的风险，可能导致公司的新股发行失败。因此，为吸引非知情投资者参与认购，降低非知情投资者面临的“赢者诅咒”，将非知情投资者留在一级市场，以保证一级市场新股的顺利发行，承销商必须将 IPO 发行价格系统性地定在一个低于期望价值的水平上，即新股发行抑价。

此外，新股发行采用承销商承销的方式进行发行，学者们研究发现，不同声誉的承销商在 IPO 定价中具有不同的定价行为。这一现象在 MacDonald 和 Fisher（1972）的研究中被首次提出，Logue（1973）以及 Neuberger 和 Hammond（1974）等的研究也都发现不同声誉的承销商对 IPO 定价的抑价水平有显著的差别。Carter 和 Manaster（1990）在 Rock（1986）的假说上指出，承销商的声誉在一定程度上反映了在 IPO 中知情投资者的参与程度，知情投资者主动参与高声誉承销商承销的 IPO 的预期更强，高声誉的承销商所面临的 IPO 承销风险更低。因此，高声誉承销商从知情投资者那里主动获取信息的动力要更小一些。所以，无论是对知情投资者予以的信息补偿，还是投资者要求的初始收益都会更低，表现为高声誉承销商承销的 IPO 发行抑价程度更低。因此，新股发行市场上 IPO 承销商的声誉作为“信号”，成为发行公司向市场传递自身质量和发行风险的途径之一。大量的实证研究都支持了承销商声誉会对 IPO 发行抑价程度产生影响（包括 Beatty 和 Ritter，1986；Chemmanur 和 Fulghieri，1994；Carter, Dark 和 Singh，1998；Booth，2004 等），支持了高声誉承销商所承销的 IPO 具有较低的发行抑价，对发行公司而言高声誉承销商定价更富于效率。一般而言，证券市场越成熟，IPO 定价偏低的程度越低，新股的定价效率就越高。

（二）新股发行价格确定方法

股票发行价格是股票发行时所使用的价格，也就是投资者认购股票时所支付的价格。前已述及，发行价格由于种种原因会偏离其实际价值。在实务过程中，发行价格的确定又不能抛开其内在价值。因此，发行价格的确定就是要在其价值的基础上，综合考虑各种因素最终予以确定。常见的新股定价方法主要有以下几种。

1. 市盈率法

市盈率是根据拟发行上市公司的每股净收益和所确定的发行市盈率来决定发行价格的一种新股定价方法。其计算公式为

$$发行价格=每股净收益\times发行市盈率$$

式中：每股净收益可以按发行当时的每股税后收益计算，也可以根据发行之前若干年的每股税后净收益，采用一定的方法加以计算；发行市盈率可以国际同行业已上市公司的市盈率和本身的各种财务指标加以估计。2000 年以前我国新股定价一般采用这种方法。

2. 议价法

议价法是指由股票发行人与主承销商协商确定承销价格和公开发行价格。议价法是核准制下新股定价的主要方式。发行人和主承销商在议定发行价时，主要考虑二级市场股票价格的高低（通常以平均市盈率等指标来衡量）、市场利率水平、发行公司的未来发展前景、发行公司的风险水平和市场对新股的需求状况等因素。议价法又有固定价格方式和询价方式两种。

（1）固定价格方式。在固定价格方式下，由发行人和主承销商协商在新股公开发行前确定一个固定的价格，然后根据该价格进行公开发售。在发达国家，承销商多采用代销方式推销新股，同时采用固定价格方式为新股定价。

市场上惯用的计算公式为

$$P=A\times40\%+B\times20\%+C\times20\%+D\times20\%$$

其中：

P=新股发行价格；

A=公司每股税后纯收益×类似公司最近三年平均市盈率；

B=公司每股股利×类似公司最近三年平均市盈率；

C=最近一期每股净值；D=预计每股股利/一年期定期存款利率

（2）询价方式。当新股销售采用包销方式时，一般采用询价方式。这种方式确定新股发行价格一般包括两个步骤：第一步，根据新股价值（一般采用现金流量贴现等方法确定）、股票发行时的大盘走势、公司所处行业股票的市场表现等因素确定新股发行的价格区间；第二步，主承销商协同上市公司的管理层进行路演，通过对反馈回来的投资者的预订股份单进行统计，主承销商和发行人对最初的发行价格进行修正，最后确定新股发行价格。

3. 竞价法

竞价法是由各股票承销商或投资者以投票的方式相互竞争确定股票的发行价格。在实施过程中，有下面三种具体形式。

（1）网上竞价。网上竞价是指泰国证券交易所电脑系统按集中竞价原则确定新股发行价格。新股竞价发行申报时，主承销商作为唯一的“卖方”，以新股实际发行数为卖出数，以发行公司宣布的发行底价为卖出价；投资者作为买方，以不低于发行底价的价格进行申报，并由交易所按价格优先的原则进行撮合成交。

（2）机构投资者竞价。新股发行时，采取对机构投资法人配售和对一般投资者上网发行相结合的方式，通过法人投资者竞价来确定股票发行价格。一般由主承销商确定发行底价，机构投资者根据自己的意愿确定申购价格和股数。

（3）券商竞价。在新股发行时，发行人事先通知券商，说明发行新股的计划、发行条件和对新股承销的要求。各股票承销商根据自己的情况拟定各自的标书，以投标方式承接股票承销的业务，中标标书的价格就是股票发行价格。

在议价法定价时，新股发行价格是在股票价值确定的基础结构之上进行反复修正后确定的，修正的主要依据是行业平均市盈率或者三家至五家相似公司的平均市盈率以及路演时投资者对新股的反馈信息。

在一个有效的资本市场上，平均市盈率水平基本反映了市场对该类股票的需求情况；而路演推介则是直接面向市场，以征集市场需求量。从这个角度看，议价法可以看成是以股票价值为基础，通过“模拟”市场需求状况来确定新股发行价格，定价的准确性很大程度上取决于主承销商的专业知识和经验。竞价法虽然有各种不同的方式，但都是以股票价值作为发行底价，以此为基础由承销商或者投资者进行竞价，是一种“直接”的市场化定价方式，只是参与定价的市场主体及其范围存在差异。

（三）我国新股发行的询价制度

2004 年 12 月，中国证监会发布了《关于首次公开发行股票试行询价制度若干问题的通知》，对首次公开发行股票询价的程序、定价机制及发行方式等作出规范。自 2005 年 1 月 1 日起，我国股份有限公司首次公开发行股票均应通过向询价对象询价的方式确定发行价格，第一次明确了我国新股发行的询价制度。

根据中国证监会 2013 年 12 月发布的《证券发行与承销管理办法》的规定，首次公开发行股票，可以通过向网下投资者询价的方式确定股票发行价格，也可以通过发行人与主承销商自主协商直接定价等其他合法可行的方式确定发行价格。

目前，首次公开发行股票采用的都是通过向特定机构投资者（以下称询价对象）询价的方式来确定股票发行价格。询价对象是指符合中国证监会规定条件的证券投资基金管理公司、证券公司、信托投资公司、财务公司、保险机构投资者、合格境外机构投资者，以及经中国证监会认可的其他机构投资者。

在股票发行申请经中国证监会核准后，发行人公告招股说明书，进行新股路演和询价。询价分为初步询价和累计投标询价。在初步询价阶段，承销商要向初步询价对象提供投资价值研究报告。发行人和主承销商可以自主协商确定参与网下询价投资者的条件、有效报价条件、配售原则和配售方式，在发行公告书中进行公告，并按照事先确定的配售原则在有效申购的网下投资者中选择配售股票的对象。公开发行股票数量在 4 亿股（含）以下的，有效报价投资者的数量不少于 10 家；公开发行股票数量在 4 亿股以上的，有效报价投资者的数量不少于 20 家。网下投资者报价应当包含每股价格和该价格对应的拟申购股数，且只能有一个报价。在首次公开发行股票价格（或发行价格区间）确定后，只有提供有效报价的投资者才可以参与新股的申购。

发行人及其主承销商通过初步询价确定发行价格区间，在发行价格区间内通过累计投标询价确定发行价格。由于网上发行时发行价格尚未确定，参与网上发行的投资者应当按价格区间上限申购，如果最终确定的发行价格低于价格区间上限，差价部分退还给投资者。

在我国的询价制下，新股发行的流程如图 7.2 所示。

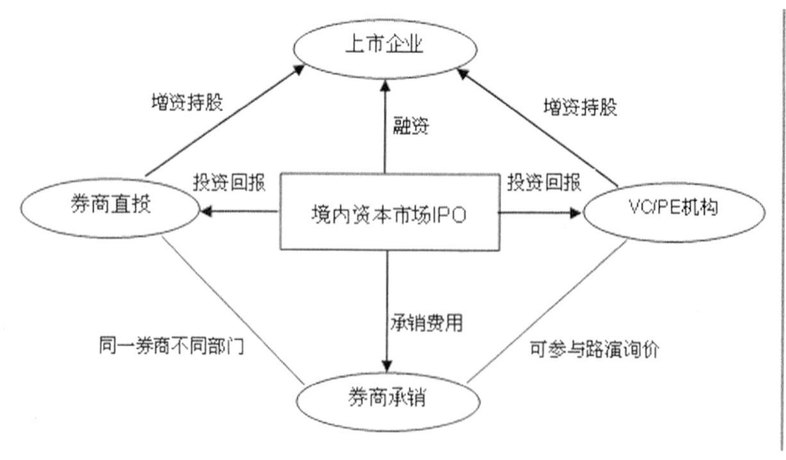

图 7.2　询价制下新股定价与发行的流程图

第二节 上市公司股票再融资

案例 7.1

苏宁电器资本运作揭秘

2004年7月，苏宁电器IPO时，向社会公众首次公开发行人民币普通股2 500万股，占总股本的比例为26.84%，每股面值为人民币1元，每股发行价格为人民币16.33元，募集资金总额为人民币4.0825亿元。扣除发行费用后，募集资金净额约为人民币3.95亿元。

苏宁电器上市后，公司股价一路攀升，这为再融资有个好价格打下了基础，因为再融资的价格是参考公司的股价制定的。

2006年6月20日，苏宁电器向特定投资者非公开发行（定向增发）人民币普通股2 500万股，每股面值为人民币1元，每股发行价高达人民币48元，募集资金总额为人民币12亿元，扣除发行费用后，募集资金净额为人民币11.95亿元。

2008年5月16日，苏宁电器又向特定投资者非公开发行（定向增发）人民币普通股5 400万股，每股面值为人民币1元，每股发行价格为人民币45元，股款以人民币缴足，募集资金总额为人民币24.3亿元，扣除发行费用后，募集资金净额为人民币24.2亿元。三次发行募集资金总额分别为4亿元、12亿元、24亿元，合计超过40亿元，每次募集资金都增加1～2倍。

如果苏宁电器IPO时将所有股份全部卖光，募集资金也不会到16亿元。苏宁电器2006年非公开发行2 500万股占当时总股本的比例是多少？才6.94%！出让了6.94%的股本就募集了12亿元。为什么出让这么少的股本就能募集到这么多的资金呢？其中的秘诀在于公司不断地用资本公积金转增的方式增加股本，转增后再巧妙利用“填权效应”复原股价。股本增加了，发行同样数量的股份所占的比例就少了，对控股股东和实际控制人股权的稀释作用就减弱了。

启发思考

（1）苏宁电器进行再融资的方式有哪些？

（2）上市公司公开发行与非公开发行对于发行对象有何要求？

上市公司为了实现资本和资产的双重扩张，需要利用证券市场进行再融资。上市公司再融资活动，也是优化证券市场资源配置的有效途径之一。目前，我国证券市场上市公司股票再融资的主要方式有配股和增发新股，其中，配股是指上市公司向原股东配售股份，增发新股是指上市公司向社会公开募集股份。

一、股票再融资的效应分析

上市公司再融资对证券市场及公司本身所带来的影响是再融资理论中的一个重要问题，理论界的许多研究考察了这种资本结构变化所带来的影响。Smith（1973）对相关研究进行了回顾，在文章中概括了再融资行为对公司价值的影响。

Smith 首先指出上市公司在证券市场上发行不同种类的证券给公司价值带来的不同影响，表 7.2 列出了上市公司在再次发行普通股与其他各种证券后两天内股票价值的非正常投资报酬率。

从表 7.2 可以看出，几乎没有一种证券发行会使市场产生正面的股票价格反应，但市场对发行普通股的反应，比市场对发行优先股和债券的反应消极得多。也就是说，证券市场似乎并不欢迎上市公司再次发行股票或可以转化为股票的有价证券；与此同时，证券市场对债务再融资也具有消极反应，虽然这种反应比较微弱。以上结论产生了一个非常矛盾的问题，那就是由于任何改变资本结构的融资行为都会引起公司股票价格的下跌，这是否意味着上市公司证券市场再融资前的资本结构都是最优结构？

有经验的结论显然不支持对上述问题的肯定回答。我们认为，以上现象的产生更多地是由于再融资行为本身是向资本市场传达的一种信息，而有效率的市场往往会对非预期披露的信息产生反应。也就是说，再融资属于财务决策的结果，但其对证券价格的影响是通过向资本市场传递再融资事项这一信息并被市场所理解之后才发生的，并非简单地完全由再融资决策本身直接对证券价格产生影响。在此基础上，产生了两个新的需要回答的问题：一是为什么再融资信息披露会对证券价格有消极影响，二是为什么股权再融资比债权再融资的消极影响要大呢？

表 7.2　上市公司发行证券两日内公司股票价值的非正常报酬率

证券发行种类	上市公司所属行业	
	工业	公用事业
普通股	−3.14%	−0.75%
优先股	−0.19%	+0.06%
可转换优先股	−1.44%	−1.38%
公司债券	−0.26%	−0.13%
可转换债券	−2.07%	—

（一）再融资信息消极影响的根源

理论界已经对此做了多项研究，并形成了一些有说服力的结论。Miller 和 Rock（1985）在检验分析者对权益发行公告后的收益预测时，找到了关于传递未来收益水平不利信息的根据，并充分探讨了未来现金流量的信息效应。在他们结论的基础上，再融资对证券价格的消极效应可以解释为证券发行公告影响了投资者对未来证券现金流入的预期。当一个公司公告发行证券时，隐含着这些资金将有一种或多种用途：资产投资、减少债务、股票回购或增加股利、弥补低于预期的经营现金流量。若未预期到的证券销售与弥补低于预期的经营现金流量有关，则证券市场接受的是关于公司未来现金流量的消极信息，股价会相应受损。

Myers 和 Majluf（1984）则详细探讨了投资者和管理者之间的信息不对称所带来的再融资消极效应。他们认为，潜在证券投资者掌握的信息比管理者少，管理者往往在市场对其证券的估价高于其自身估价时出售证券。所以当再融资发生时，无异于向证券市场传递了证券价格偏高的信息，市场会对偏高的证券价格做出消极反应。

Jensen（1986）从代理理论的角度出发，解释了这一现象。他们指出管理层存在着增发融资建立自己企业帝国的冲动，市场意识到这一现象，从而出现股价下跌。

（二）证券种类的不同效应

前已述及，股权再融资对股票价格的消极影响比债券再融资对股票价格带来的消极影响要大。由于出售新证券会影响到现金流量，从而影响公司价值，所以单独利用新发行证券的数据进行分析难度较大。为了剔除单纯采用股权再融资或债券再融资从而带来现金流量变化对公司价值的影响，理论界选取了证券交换的案例作为研究样本。这是因为，如果用一种证券与另一种证券交换出售，就不会对现金流量构成影响。由于实证研究将交换出售分为增加杠杆和减少杠杆两大类，所以也能很清晰地分析出股权再融资的消极效应程度。

Smith 综述性的文章对这种证券交换交易行为的研究也进行了总结。他指出，能提高杠杆作用的交易一般会使权益投资者获得非正常投资报酬，而减少杠杆作用的交易给权益投资者带来的非正常投资报酬为负。平均来说，发行债券来回购权益所产生的为期两天的非正常投资报酬率为 21.9%，而发行权益来回购债券所产生的为期两天的非正常投资报酬率平均为 −9.9%。这意味着，增加杠杆交易在宣告的前两天内会伴随出现正向的非正常投资报酬率，而减少杠杆交易则伴随负投资报酬率。这种影响在用债券换取普通股（正报酬）以及用普通股换取债券（负报酬）时表现得最明显。

以上现象与公司管理层的财务决策密切相关，管理层在确信普通股在市场中被压低价格时更愿意发行债券，而在确信普通股被抬高价格时则更愿意发行普通股。正是这样的财务决策原则使得公司证券市场发行股票给股票价格带来的消极影响要大于发行债券给股票价格带来的消极影响。

二、股票再融资的制度规定

（一）配售股份与增发新股的基本要求

上市公司发行新股由具有主承销商资格的证券公司担任发行推荐人和主承销商，采取集中竞价交易方式在证券交易所流通转让，中国证监会依据《上市公司证券发行管理办法》对上市公司新股发行活动进行监管。

1. 上市公司发行新股须具备的基本条件

根据《公司法》《证券法》相关规定，上市公司发行新股需符合如下条件。

（1）组织机构健全，运行良好。

① 公司章程合法有效，股东大会、董事会、监事会和独立董事制度健全，能依法有效履行职责；

② 公司内部控制制度健全，能够有效保证公司运行效率、合法合规性和财务报告的可靠性；内部控制制度的完整性、合理性、有效性不存在重大缺陷；

③ 现任董事、监事和高级管理人员具备任职资格，能够忠实和勤勉地履行职务，不存在违反《公司法》第一百四十八条、第一百四十九条规定的行为，且最近 36 个月内未受到过中国证监会的行政处分，最近 12 个月内未受到过证券交易所的公开谴责；

④ 上市公司与控股股东或实际控制人的人员、资产、财务分开，价格、业务独立，能够自主经营管理；

⑤ 最近 12 个月内不存在违规对外提供担保行为。

（2）赢利能力具有可持续。

① 最近三个会计年度连续赢利，扣除非经常性损益后的净利润与扣除前的净利润相比，以低者作为计算依据；

② 业务和赢利来源相对稳定，不存在严重依赖于控股股东、实际控制人的情形；

③ 现有主营业务或投资方向能够可持续发展，经营模式和投资计划稳健，主要产品或服务的市场前景良好，行业经营环境和市场需求不存在现实或可预见的重大不利变化；

④ 高级管理人员和核心技术人员稳定，最近 12 个月内未发生重大不利变化；

⑤ 公司重要资产、核心技术或其他重大权益的取得合法，能够持续使用，不存在现实或可预见的重大不利变化；

⑥ 不存在可能严重影响公司可持续经营的担保、诉讼、仲裁或其他重大事项；

⑦ 最近 24 个月内曾公开发行证券的，不存在发行当年营业利润比上年下降 50%以上的情形。

（3）财务状况良好。

① 会计基础工作规范，严格遵循国家统一会计制度的规定；

② 最近三年及一期财务报表未被注册会计师出具保留意见、否定意见或无法表示意见的审计报告；被注册会计师出具带强调事项段的无保留意见审计报告的，所涉及的事项对发行人无重大不利影响或者在发行前重大不利影响已经消除；

③ 资产质量良好，不良资产不足以对公司财务状况造成重大不利影响；

④ 经营成果真实，现金流量正常，营业收入的确认严格遵循国家有关企业会计准则的规定，最近三年资产减值准备计提充分合理，不存在操纵经营业绩的情形；

⑤ 最近三年以现金方式累计分配利润不少于最近三年实现的平均可分配利润的 30%。

（4）上市公司最近 36 个月内财务会计文件无虚假记载，且不存在下列重大违法行为。

① 违反证券法律、行政法规或规章，受到中国证监会的行政处罚，或者受到刑事处罚；

② 违反工商、税收、土地、环保、海关法律、行政法规或规章，受到行政处罚且情节严重，或者受到刑事处罚；

③ 违反国家其他法律、行政法规且情节严重的行为。

（5）上市公司募集资金的数额和使用符合规定。

① 募集资金数额不超过项目需要量；

② 募集资金用途符合国家产业政策和有关环境保护、土地管理等法律和行政法规的规定；

③ 除金融类企业外，本次募集资金使用项目不得为持有交易性金融资产和可供出售的金融性资产、借予他人款项、委托理财等财务性投资，不得直接或间接投资于以买卖有价证券为主要业务的公司；

④ 投资项目实施后，不会与控股股东或实际控制人产生同业竞争或影响公司生产经营的独立性；

⑤ 建立募集资金专项存储制度，募集资金必须存放于公司董事会决定的专项账户。

2. 上市公司向原股东配售股份（简称“配股”）的条件

上市公司申请配股，除应当符合《公司法》《证券法》和上述发行新股所需满足的条件外，还应符合以下条件。

（1）拟配售股份数量不超过本次配售股份前股本总额的 30%。

（2）控股股东应当在股东大会召开前公开承诺认配股份的数量。

（3）采用证券法规定的代销方式发行。在配股过程中，若控股股东不履行认配股份的承诺，或者代销期限届满，原股东认购股票的数量未达到拟配售数量 70%的，发行人应当按照发行价并加算银行同期存款利息返还已经认购的股东。

3. 上市公司向不特定对象公开发行股票（简称“增发”）的条件

上市公司申请增发，除应当符合《公司法》《证券法》和上述发行新股所需满足的条件外，还应符合以下条件。

（1）最近三个会计年度加权平均净资产收益率平均不低于 6%。扣除非经常性损益后的净利润与扣除前的净利润相比，以低者作为加权平均净资产收益率的计算依据。

（2）除金融类企业外，最近一期期末不存在持有金额较大的交易性金融资产和可供出售的金融资产、借予他人款项、委托理财等财务性投资的情形。

（3）发行价格应不低于公告招股意向书前 20 个交易日公司股票均价或前一个交易日的均价。

4. 上市公司非公开发行股票（又称“定向增发”）的条件

上市公司通过配股和向不特定对象发行股票进行再融资叫作公开增发，如果上市公司向特定对象增发股票，则被称为非公开发行股票。

非公开发行股票的特定对象应符合以下规定。

（1）特定对象符合股东大会决议规定的条件；

（2）发行对象不超过十名。

发行对象为境外战略投资者的，应当经国务院相关部门事先批准。

非公开发行的上市公司应符合以下规定。

（1）发行价格不低于定价基准日前 20 个交易日公司股票均价的 90%；

（2）本次发行的股份自发行结束之日起，12 个月内不得转让；控股股东、实际控制人及其控制的企业认购的股份，36 个月内不得转让；

（3）募集资金使用符合《上市公司证券发行管理办法》第十条的规定；

（4）本次发行将导致上市公司控制权发生变化的，还应当符合中国证监会的其他规定。

想一想

配股、公开增发与定向增发这三种不同再融资方式所需条件在发行对象、净资产收益率、现金流量、对外投资、发行方式、发行数量、筹集资金额等方面有何区别？

（二）配股或增发新股的程序性要求

1. 董事会做出决议

董事会就上市公司申请增发股票做出决议。该决议应当包括以下事项：本次增发股票发行的方案；本次筹集资金使用的可行性报告；前次筹集资金使用的报告；其他必须明确的事项。

2. 提请股东大会批准

股东大会就发行股票做出的决定至少应当包括下列事项：本次发行证券的种类和数量；发行方式、发行对象及向原股东配售的安排；定价方式或价格区间；筹集资金用途；决议的有效期；对董事会办理本次发行具体事宜的授权；其他必须明确的事项。

股东大会就发行事项做出决议，必须经过出席会议的股东所持表决权的三分之二以上通过。向本公司特定的股东及其关联人发行，股东大会就发行方案进行表决的，关联股东应当回避。上市公司就增发股票事项召开股东大会，应当提供网络或者其他方式为股东参加股东大会提供便利。

3. 保荐人推荐

由保荐人保荐，并向证监会申报，保荐人应当按照证监会有关规定编制和报送发行申请文件。

4. 证监会按照有关程序审核

证监会审核后，决定核准或不核准增发股票的申请。

5. 发行股票

自证监会核准发行之日起，上市公司应在六个月内发行股票；超过六个月未发行的，核准文件失效，须重新经证监会核准后方可发行。上市公司发行股票前发生重大事项的，应暂缓发行，并及时报告证监会。该事项对本次发行条件构成重大影响的，发行股票的申请应重新经过证监会核准。

6. 承销

增发股票，应当由证券公司承销。

三、上市公司股票再融资的操作要点

（一）以现金认购配股

上市公司大股东认购配股按规定只允许以现金认购，资产认购不被许可。

现金全额认购是最佳选择，此种方式不存在资产评估、财政部批复（包括立项批复和评估确认批复）、董事会说明、关联股东回避表决、大股东注入资产的转移手续和费用等问题。由于不存在大股东注入（或上市公司从大股东处购买）劣质资产的可能性，监督部门的审查过程相对宽松，因而操作比较简单，审批过程也会比较顺利。

（二）法人股东以资产认购定向增发股份的方式

1. 资产认购的类别

资产认购远比现金认购复杂。资产认购分两种情况，一是办理土地出让手续的（如以土地、房产出资）；二是无需办理土地出让手续的（如流动资产、非固定性设备等）。前者分两步操作，即办理土地出让证和办理资产转移手续；后者则只需办理资产转移手续。

2. 中国证监会关于以实物资产认购的有关规定

涉及运用募集资金收购资产或权益的，按重要性原则，对于预计收购后达到实质控股或收购（包括投资）金额占本次配股预计筹资总额30%以上的，董事会向股东提供被收购企业的最近一期经审计的会计报表及被收购资产的评估报告（如果收购的资产为国有资产，需按财政部要求立项及确认）。

3. 操作过程

（1）前期操作。前期操作主要是办理土地出让手续，前提条件是出让方必须有土地证，上市公司的股东只有拥有土地证才能办理土地出让手续。首先，股东应聘请A级土地评估机构对土地进行评估，评估完成后向当地市土地局申请。土地局研究同意后，与之签订合同，股东向土地局缴纳土地出让金。土地局向股东所在区土地局发函，股东拟出让的土地由国有划拨土地变为有偿出让土地，可以办理土地出让证。

（2）资产认购。资产认购应遵循下列过程：资产评估完成；股东大会投票通过；财政部门对评估进行确认。至此，上市公司的准备工作全部完成，上报中国证监会。

（3）后续工作。由于办理国有土地使用权证的过程需较长时间，很可能在公司配股完成后，使用证尚未拿到。所以上市公司还要继续积极办理国有土地使用权证，以便下一步办理房产证。上市公司大股东出资是否到位是公司产权明晰的关键，也是中国证监会的监管重点之一，在资产到位方面上市公司不能有丝毫马虎。

第三节　股 票 上 市

股票上市是指股份有限公司公开发行的股票经批准在证券交易所挂牌交易。经批准在交易所上市交易的股票称为上市股票。该股票的发行公司也就成为上市公司。按照国际通行的做法，非公开募集发行的股票或未向证券交易所申请上市的非上市股票，应在证券交易所外柜台市场（over the counter market，OTC）上流通转让；只有公开募集发行并经批准上市的股票才能进入证券交易所流通转让。

一、股票上市的利弊分析

（一）股票上市的好处

股份公司申请股票上市，一般来说可给公司带来如下好处。

1. 有利于改善财务状况

公司公开发行股票可以筹得自有资金，能迅速改善公司财务状况，并且有条件得到利率更低的贷款。同时，公司一旦上市，就可以在今后有更多的机会从证券市场上筹集资金。

2. 有利于收购其他公司

一些公司常用出让股票而不是付现金的方式去对其他企业进行收购。被收购企业也乐意接受上市公司的股票。因为上市的股票具有良好的流通性，持股人可以很容易将股票出售而获得资金。

3. 有利于市场客观评价企业的财务状况和经营成果

对于已上市的公司来说，每日每时的股市价格都是对企业的客观评价。

4. 有利于激励员工

上市公司利用股票作为激励关键职员的手段是非常有效的。公开的股票市场提供了股票的准确价值，也可以使职员手中的股票得以兑现。

5. 有利于提高公司的知名度，吸引更多顾客

股票上市的公司容易为社会所知，并且被认为经营优良，这会为公司带来良好的声誉，从而吸引更多的顾客，扩大公司的销售。

（二）股票上市的缺陷

股票上市在给公司带来好处的同时，也会给公司带来一定的弊端。股票上市给公司带来的负面效应可概括为以下四个方面。

1. 信息披露及其他义务

从实际的操作来看，上市公司必须向公众披露其市场策略、主营业务等，包括各种销售渠道及销售情况等信息。信息披露的目的是确保管理层如实履行受托义务，切实追求股东利益最大化。除信息披露外，上市公司比一般的私人企业需要履行更多的义务，如必须向政府监管部门和社会公众公开其经营情况、经营战略和内部关联交易等。

信息披露的义务会影响公司的日常经营决策。在股票市场上，投资者往往关注公司的短期赢利，这将直接影响到上市公司所做战略决策的持久性。披露战略决策的相关信息往往意味着公司短期赢利的削减，可能会造成股票价格的短期下跌，所以上市公司往往不愿意披露公司的长期战略规划。

2. 稀释公司原有股东的控制权

除了要承担信息披露等责任和义务，公司上市往往还会导致公司创始人或管理层失去对公司的控制力，这必然会影响公司的经营管理方式。公司首次公开发行后，股权被稀释，原有的主要股东持有的股份所占的比例将会大大减小，这将会导致公司控制权的部分丧失。即使一家上市公司的管理层在首次公开发行前持有 51%或者更多的股份，这种控制权也会因其再次发行和并购活动而减弱。

3. 使公司注重短期效益

上市公司的股东们通常以公司的赢利、分红、股价等指标评价公司经理人员的业绩，这往往会使得企业经理人员注重短期效益而忽略长期效益。

4. 高昂的上市费用

公司上市的费用是比较庞大的，它不仅包括公司上市过程中发生的资产评估费用、股票承销佣金、律师费、注册会计师审计费和材料印刷费等费用，还包括上市之后为维持上市地位而发生的费用。

二、股票上市的条件

股份公司公开发行的股票进入证券交易所挂牌交易（即股票上市），须受严格的条件限制。我国《证券法》和《首次公开发行股票并上市管理办法》对股份公司股票发行并上市的条件做出了严格的规定，其中对于主板（中小板）与创业板有不同的规定，具体如表 7.3 所示。

表 7.3　主板、中小板与创业板 IPO 的条件

条件	主板（中小板）	创业板
主体资格	依法设立且合法存续的股份有限公司，持续经营三年以上	依法设立且持续经营三年以上的股份有限公司，定位服务成长性创业企业
股本要求	发行前股本总额不少于 3 000 万元，发行后不少于 5 000 万元	发行前净资产不少于 2 000 万元，发行后的股本总额不少于 3 000 万元
赢利要求	（1）最近三个会计年度净利润均为正数且累计超过人民币 3 000 万元，净利润以扣除非经常性损益前后孰低者为计算依据； （2）最近三个会计年度经营活动产生的现金净流量净额累计超过人民币 5 000 万元；或者最近三个会计年度营业收入累计超过人民币三亿元； （3）最近一期期末不存在未弥补亏损； （4）过去三年的财务报告中无虚假记载	（1）最近两年连续赢利，最近两年净利润累计不少于 1 000 万元，且持续增长；或者最近一年赢利且净利润不少于 500 万元，最近一年营业收入不少于 5 000 万元，最近两年营业收入增长率均不低于 30%； （2）净利润以扣除非经常性损益前后孰低者为计算依据（注：上述要求为选择性标准，符合其中一条即可）； （3）过去三年财务报告中无虚假记载

续表

条件	主板（中小板）	创业板
资产要求	最近一期期末无形资产（扣除土地使用权、水面养殖权和采矿权等后）占净资产的比重不高于20%	最近一期期末净资产不低于2 000万元
主营业务要求	最近三年内主营业务没有发生重大变化	发行人应当主营一种业务，且最近两年内未发生变更
董事、管理层和实际控制人	发行人最近三年内董事、高级管理人员没有发生重大变化，实际控制人未发生变更； 高管最近三年内未受到中国证监会行政处罚，或者最近一年内未受到证券交易所公开谴责	发行人最近两年内主营业务和董事、高级管理人员均未发生重大变化，实际控制人未发生变更； 高管最近三年内未受到中国证监会行政处罚，或者最近一年内未受到证券交易所公开谴责
同业竞争 关联交易	除创业板标准外，还需要募集投资项目实施后，不会产生同业竞争或者对发行人的独立性产生不利影响	发行人的业务与控股股东、实际控制人及其控制的其他企业间不存在同业竞争，以及影响独立性或者显失公允的关联交易

三、股票上市的程序

在公司股票上市过程中，证券交易所会提供相关服务，包括向申请公司出具上市承诺函和提供上网发行场所等。申请上市的公司应遵循既定的程序办理股票上市业务。其中，某些程序可以在股票发行过程中就做好准备工作或实质性工作。总的来说，股票上市的具体程序主要包含以下几个方面的内容。

1. 上市推荐

股份公司必须聘请具有证券交易所会员资格的证券公司向证券交易所推荐其股票上市交易，并出具上市推荐书。上市推荐书应说明公司符合上市条件要求、上市准备工作完毕，并阐明公司的优势及推荐上市的理由。

2. 上市形象宣传

股份公司在其股票上市以前，在证券监督部门的同意下，可以进行相应的宣传和推介活动。这些宣传活动有助于塑造企业良好的社会形象，提高公司的知名度，降低股票上市的风险。

3. 编制上市公告书

上市推荐人应协助公司依照证监会信息披露准则和证券交易所的相关要求编制上市公告书，并于刊登日前送证券交易所上市审核部进行审核。上市公告书的内容主要包括：绪言；发行公司概况；股票公开发行及承销；董事、监事、高级管理人员和重要职员简介和持股情况；公司设立；关联企业和关联交易；股本结构和大股东持股情况；财务会计资料；董事会上市承诺；重要事项揭示；备查文件。与招股说明书相比，上市公告书更加重视对关联企业和关联交易的阐述，并且其财务会计资料较招股说明书为新。

4. 向中国证监会提交上市申请

股份有限公司申请其股票上市交易必须报经中国证监会核准。申请公司在提出股票上市交易申请时，应当提交下列文件：上市报告书；申请上市的股东大会决议；公司章程；公司营业执照；经法定验证机构验证的公司最近三年或者公司成立以来的财务会计报告；法律意见书和证券公司的上市推荐书。申请过程中，公司可以在材料提供等方面寻求上市推荐人的帮助。

5. 报证券交易所申请上市

股票上市交易申请经证监会核准后，申请上市的发行公司应当向证券交易所提交核准文件，上市申请以及相关文件材料。上海证券交易所在接到上述文件之日起六个月内，将安排该股票上市交易。其中，申请材料必须一式两份，具体包括以下内容：上市申请书（原件）；中国证监会复审意见书（原件）；上市推荐书（原件）；报送中国证监会的全套送审材料（其中财务报告、法律意见书等应为原件）；经具有从事证券业务资格的注册会计师签字的验资报告（原件）；股票发行后按规定需新增的财务资料；创立大会决议；上市公告书；上市审查表（原件）；公司两名股证事务代表的授权委托书（要求其中一名为董事会秘书，发行人拟聘任或已聘任为公司董事会秘书人选的有关资料，原件）；上市推荐协议书；公司董事、监事和高级管理人员简历及持股情况的报告；确定公司股票挂牌简称的函；近期重要的董事会决议、股东大会决议；报送中国证监会审核的全套文件；证券交易所要求的其他文件。

6. 签订上市协议

当股份有限公司向某个证券交易所首次递交股票上市申请，在上市申请获得证券交易所批准之后，拟上市公司还要与证券交易所签订上市协议（stock listing agreement）。上市协议直接把证券交易所和上市公司以正式协议的形式连接在一起，是保证证券交易所发挥一线监管功能，督促公司上市后严格履行信息披露义务的要式文件。因此，签订上市协议已经成为各个证券交易所越来越通行的做法，申请公司签订上市协议也成为上市前的必要文件。

一般来说，上市协议包含以下几个方面的内容：上市费用和上市后持续发生的费用；双方的权利和义务；公司法定代表和证券事务负责人；公司信息披露的要求和程序；股票停牌和摘牌事宜；对违反上市协议的处理和仲裁条款。

7. 发表上市公告

股票上市交易申请经批准后，上市公司应当在上市交易日前五日内在指定报刊上刊登上市公告书，并与上海证券交易所签署上市协议和股票发行登记长期服务合同，并将其申请文件存放在指定的地点供公众查阅。

8. 完成股东名册登记及托管

发行结束后，上市推荐人应及早和登记清算公司的存管部联系，在上市前五个工作日之前将全体股东登记托管资料交存管部托管完毕。填写相关审查表并交存管部确认后，报送上海证券交易所上市部。

9. 股票上市交易

根据上市协议的条款，上市公司的流通股份在股票上市日后即可根据证券交易所的交易规则进行交易，上市公司同时应履行相应的信息披露和规范公司治理和管理的义务。

四、上市地点的选择

公司上市地点从大的方面来说有两种选择：境内上市或境外上市。由于法律和资本市场的监管制度差异，不同国家、不同地点证券交易机构对股票上市的条件和要求、审批的程序和相关费用、再融资的门槛不尽相同，资本市场的规模、功能和投资者的偏好也存在差异。因此，公司在选择上市地点时，首先应该考虑市场的综合条件，即证券市场的国际化程度、政府及交易所对外国公司到本国来上市融资的态度、交易所的特点和状态等；其次，结合公司自身的条件，比较各交易所的市场准入条件等；此外，还应比较上市融资额及上市成本。

案例 7.2

安踏上市

2007年7月10日，安踏体育（2020.HK）在中国香港交易所上市。安踏上市可谓恰逢其时，北京奥运会的概念为其带来了充足的人气。首日收于7.50港元，较5.28港元的发行价上涨四成多。公开发售部分超购183倍，当前市盈率为33.04倍。安踏此次融资35.036亿港元，创下中国本土运动品牌在海外资本市场募资的最高纪录。

作为安踏体育主席兼首席执行官，丁志忠表示，安踏体育用品有限公司在中国香港联合交易所有限公司上市，是公司发展过程中的一个重要里程碑。

丁志忠对安踏上市后的前景充满信心，他表示，要在五年内成为"内地第一、全球第十"的体育品牌。

启发思考

（1）为什么丁志忠会选择中国香港上市？

（2）中国香港证券上市规则与内地主板上市规则有何不同？

五、股票上市的暂停与终止

按照《证券法》的规定，上市公司有下列情况之一的，由证券交易所决定暂停其股票上市交易。

（1）公司股本总额、股权分布等发生变化不再具备上市条件（限期内未能消除的，终止其股票上市）；

（2）公司不按照规定公开其财务状况，或者对财务会计报告做虚假记载，可能误导投资者（后果严重的，终止其股票上市）；

（3）公司有重大违法行为（后果严重的，终止其股票上市）；

（4）公司最近三年连续亏损（限期内未能消除的，终止其股票上市）；

（5）证券交易所规定的其他情形。

上市公司有下列情形之一的，由证券交易所决定终止其股票上市交易。

（1）公司股本总额、股权分布等发生变化不再具备上市条件，在证券交易所规定的期限内仍不能达到上市条件；

（2）公司不按照规定公开其财务状况，或者对财务会计报告做虚假记载，且拒绝纠正；

（3）公司最近三年连续亏损，在其最后一个年度内未能恢复赢利；

（4）公司解散或被宣告破产；

（5）证券交易所上市规则规定的其他情形。

复习思考题

1. 什么是 IPO？IPO 的条件有哪些？
2. 简述 IPO 的一般程序。
3. 新股发行定价方法有哪些？我国新股发行中采用何种方法？
4. 什么是新股发行的询价制？询价制下新股发行价格的确定方式？
5. 举例说明 IPO 抑价现象，并分析其产生的原因。
6. 什么是股票再融资？上市公司股票再融资的途径有哪些？
7. 试述股票上市的利与弊。

第八章　财务危机管理

学习目标和要求

本章从财务危机的概念出发，阐述了财务危机管理系统的构成及其运作机理。通过本章的学习，了解财务危机预警系统和财务危机处理体系的构成，理解财务危机的内涵及相关概念的区别，并掌握财务危机预警模式和财务危机处理策略。

引导案例

巨人集团的财务危机

1989年8月，深圳大学软件科学管理系硕士毕业的史玉柱和三个伙伴将其开发的M-6401桌面排版印刷系统推向市场，巨人事业由此起步，截至1993年已在全国各地成立了38家全资子公司。1993—1994年，全国兴起房地产和保健品热，为寻找新的产业支柱，巨人集团开始迈向多元化经营之路——计算机、生物工程和房地产。其总目标是，跳出电脑产业，走向多元化的扩张之路，以发展寻求解决问题的出路。1995年巨人集团在全国发动促销电脑、保健品、药品的“二次战役”，一次性推出电脑、保健品、药品三大系列30种产品。

1995年9月，巨人的发展形势急转直下。1995年底，巨人集团面临前所未有的形势，财务状况进一步恶化。1996年底，巨人科技大厦未能如期完工，无法兑现业主1亿元楼花的合同，导致巨人集团雪上加霜，陷入严重的破产危机。

启发思考

（1）是什么原因导致企业出现财务危机？

（2）应怎样进行危机管理？

（3）从巨人集团的案例中，我们能得到哪些经验教训？

第一节　财务危机概述

危机是突然发生或可能发生的危及组织形象、利益、生存的突发性或灾难性事故、事件，它对组织正常的工作造成极大的干扰和破坏，使组织陷入舆论压力和困境之中。企业危机包括经营危机、制度危机、管理危机、安全危机、财务危机等多种形式，同时，任何危机都会在财务上得到反映，因此财务危机是企业危机的综合体现。处理和化解危机事件，将危机转化为塑造组织形象的契机，是对组织公共关系工作水平最具挑战性的考验。

一、财务危机的定义

（一）国外学者的定义

在国外文献中，与财务危机相关的概念有企业失败、财务失败、企业破产、财务困境等，这些概念并不做严格区分。国外学者对财务危机的定义和描述存在许多不同的表述，主要包括以下几类定义。

1. 将财务危机定义为已宣告破产的企业

1968 年 Altman 指出，企业失败包括在法律上的破产、被接管和重整，实际上是把财务危机基本等同于企业进入法定破产程序。1972 年 Deakin 提出，发生财务危机的公司包括已经破产、由于无力偿还债务或支付债权人利益而已经进行清算的公司。

2. 将财务危机定义为一种混沌状态

1994 年 Altman 提出财务危机是一个广泛的概念，它包括企业发生财务困难时的多种情况，主要为破产、失败、无力偿还债务和违约等。

（1）破产：主要是财务危机在法律上的界定。

（2）失败：考虑风险条件下，投入资本的回报率低于行业的平均回报率。其实这一定义很具有经济学的色彩，并未说明企业无持续经营的能力。

（3）无力偿还债务：从破产角度可认为资产净值为负。

（4）违约：企业违背了与债权人签订的合约并可能导致法律诉讼。

2000 年 Ross 从四个方面定义了财务危机。

（1）技术失败，即企业无法按期履行债务合约付息还本；

（2）会计失败，即企业的账面净资产出现负数，资不抵债；

（3）企业失败，即企业清算破产后仍无力支付到期债务；

（4）法定破产，即债务人无法到期履行债务合约，并呈持续状态时，企业或债权人向法院申请破产。

3. 从单一角度入手定义财务危机

（1）从财务危机解决方法的角度。Kose John（1993）将财务危机定义为，在给定的某一时点，当企业的流动资产不能满足企业硬合同中债务的现金需求。硬合同一般指与债权人签署的债务合同，其详细指明了企业定期付给债权人的款项，如果不能按期支付，企业就违背了合同，而债权人可通过法律途径来强制执行。此外，企业与供应商、雇员签订的合同也可被视为一种硬合同。

（2）从经营性资金不足的角度。Modan 和 R. Sharda（1990）将财务危机定义为企业处于经营性现金流量不足以抵偿现有到期债务，而被迫采取改正行动的状况。财务危机可能导致企业对合同的违约，也可能涉及企业、债权人和股东之间的财务重组。通常企业被迫要采取某些在有足够现金流量时不可能采取的行动。

（3）从股权的角度。K. Tam（1991）将财务危机定义为一个企业的资产价值少于其负债价值时会出现存量的状况，这意味着企业股东权益为负。

（4）从现金流量的角度。Stephen A. Ross（2000）将企业现金流量不足以偿还合同所要求的支付款项的状况定义为财务危机。

（二）国内学者的观点

在我国 financial distress 通常被译为财务危机、财务困境、财务恶化。学者主要是以企业是否具有持续经营能力为界定财务危机的基础。

余绪缨（1996）将财务危机按危机程度的不同分为技术性失败和破产两种：技术性失败也称为无偿付能力，是指公司的总资产虽然超过总负债，但由于资产配置的流动性差，无法转变为足够的现金用于偿付到期债务；破产是财务危机的极端形式，是指公司的全部债务超过其全部资产的公平估价，公司的净资产出现负值。

谷祺、刘淑莲（1999）将企业财务危机定义为，企业无力支付到期债务或费用的一种经济现象，包括从资金管理技术性失败到破产以及处于两者之间的各种情况。由于资金管理的技术性失败而引发的支付能力不足，通常是暂时的、比较次要的困难，一般可以采取一定的措施加以补救，如通过协商，求得债权人的让步，以延长偿债期限，或通过资产抵押等借新债还旧债。

陈文浩与郭丽红（2001）认为财务危机是指企业不能偿还到期债务的困难和危机，其极端情况为破产。

赵爱玲（2000）则认为财务危机是指企业无力支付到期债务或费用的一种经济现象，按失败程度和处理程序不同分为技术性清算和破产。

可见，财务危机是财务状况恶化的经济现象，是由于企业现金流量不足，无力偿还到期债务而被迫采取非常措施的一种状况，其表现为不同的轻重程度。这种经济现象的出现可能最终导致财务关系破裂，从而对企业的持续经营形成潜在或实际的威胁。

知识拓展

《中国注册会计师审计准则第 1324 号 —— 持续经营》（2006）列示的企业财务危机迹象包括：无法偿还到期债务；无法偿还到期且难以展期的借款；无法继续履行借款合同中的有关条款；存在大额的逾期未缴税金；累计经营性亏损数额巨大；过度依赖短期借款筹资；无法获得供应商的正常商业信用；资不抵债；运营资金出现负数；经营活动产生的现金流量净额为负数；大股东长期占用巨额资金；重要子公司无法持续经营且未进行处理；存在大量长期未做处理的不良资产；存在因对外巨额担保等或有事项引发的或有负债。

二、财务危机的特征

综合财务危机的定义，可以归纳出财务危机具有以下几个典型特征。

（一）财务危机具有积累性

一个企业的财务状况是对企业一定时期内企业各项经营管理活动结果的反映，财务危机作为财务状况恶化的动态过程，体现了一定时期内企业各项经营管理活动中问题的积累。比如，在筹资、投资决策方面，由于筹资渠道不畅通，不能保证投资计划顺利实施，以至于投资效益不能如期实现，或投资决策失误，造成资金回收困难，或筹资结构与投资结构配比不当，造成还款期过于集中；在生产管理方面，由于管理不善，造成生产成本增加，形成亏损，或由于产品质量不达标，造成产品积压；在营销管理方面，由于市场定位不准，或促销手段落后或售后服务跟不上，以致造成产品滞销；等等。由于诸多因素的综合作用，造成企业在一定时期内现金流出量大于现金流入量，以致企业不能按时偿还到期债务而引发了财务危机。

财务危机是各种活动行为失误所积累的综合反映。

此外，财务危机的积累性意味着财务危机的动态发展，特别是对于财务危机的极端情况——破产清算而言，绝非由于一个错误、一时错误造成的，必然是一系列的错误没有得到及时、有效的更正，导致企业积重难返、无力回天。比如，高速成长的企业常常为了扩大规模而盲目投资，四处投资建厂房，成立新公司，背负大量的债务。新上项目建成运行后，如不能立即实现赢利，营运资金周转出现困难，甚至入不敷出。维持日常经营尚且困难，更何况要偿付债务，无路可退的情况下，只能选择破产清算。韩国大宇、郑州亚细亚、德隆集团都是最好的例证。

案例 8.1

大宇集团为什么会倒下？

大宇集团于1967年开始奠基立厂，其创办人金宇中当时是一名纺织推销员。经过30年的发展，通过政府的政策支持、银行的信贷支持和在海内外的大力并购，大宇成为直逼韩国最大企业——现代集团的庞大商业帝国：1998年底，总资产到达640亿美元，营业额占韩国GDP的5%；业务涉及贸易、汽车、电子、通用设备、重型机械、化纤、造船等众多行业；国内所属企业曾多达41家，海外公司数量创下过600家的纪录，鼎盛时期，海外雇员多达几十万人，大宇成为国际知名品牌。

大宇是“章鱼足式”扩张模式的积极推行者，认为企业规模越大，就越能立于不败之地，即所谓的“大马不死”。据报道，1993年金宇中提出“世界化经营战略”时，大宇在海外的企业只有15家，而到1998年底已增至600多家，“等于每三天增加一个企业”。

还有更让韩国人为大宇着迷的是，在韩国陷入金融危机的1997年，大宇不仅没有被危机困倒，反而在国内企业排名中由第4位上升到第2位，金宇中本人也被美国《幸福》杂志评为亚洲风云人物。1997年底韩国发生金融危机后，其他企业集团都开始收缩，但大宇仍然我行我素，结果债务越背越重。尤其是1998年初，韩国政府提出“五大企业集团进行自律结构调整”方针后，其他集团把结构调整的重点放在改善财务结构方面，努力减轻债务负担。大宇却认为，只要提高开工率，增加销售额和出口就能躲过这场危机。因此，它继续大量发行债券，进行“借贷式经营”，1998年大宇发行的公司债券达7万亿韩元（约58.33亿美元）。

1998年第四季度，大宇的债务危机已初露端倪，在各方援助下才避过债务灾难。此后，在严峻的债务压力下，大梦方醒的大宇虽做出了种种努力，但为时已晚。1999年7月中旬，大宇向韩国政府发出求救信号；7月27日，大宇因“延迟重组”，被韩国四家债权银行接管；8月11日，大宇在压力下屈服，割价出售两家财务问题的公司；8月16日，大宇与债权人达成协议，在1999年底前，将出售赢利最佳的大宇证券公司，以及大宇电器、大宇造船、大宇建筑公司等，大宇的汽车项目资产免遭处理。“8月16日协议达成”，表明大宇已处于破产清算前夕，遭遇“存”和“亡”的险境。由于在此后的几个月中，经营依然不善，资产负债率仍然居高，大宇集团1999年11月1日向新闻界正式宣布，该集团董事长金宇中以及14名下属公司的总经理决定辞职，以表示“对大宇的债务负责，并为推行结构调整创造条件”。韩国媒体认为，这意味着“大宇集团解体进程已经完成”，“大宇集团已经消失”。

（二）财务危机具有突发性

财务管理受企业经营环境的多样化、经营过程的多样化以及财务行为方式多样化的影响。其中，有些因素是可以把握和控制的，但更多因素是爆发性的、意外性的，有的甚至是急转直下的。例如，某企业经营状况很好，但在事先没有察觉的情况下，由于一个长期贸易伙伴突然宣布倒闭，造成数额巨大的应收账款不能如期收回，使企业陷入困境。财务危机突然爆发时，若在企业短期风险的承担能力范围内，企业则可安然度过风险；相反，若超过企业短期承担风险的最高限度，那么，企业就将陷入危机。

（三）财务危机具有多样性

财务危机的多样性具体表现在三个方面。第一，财务危机是受多方因素综合影响形成的，既包括经营管理方面的因素也包括财务管理自身的因素。第二，财务危机的表现形式具有多样性，从国内外学者对财务危机的描述中我们不难看出财务危机存在许多表现形式，包括变现拍卖、无力支付短期债务、无力支付债券利息、无力支付债券本金、无力支付优先股股息、重整及法定破产，等等。第三，财务危机的多样性也表现在，可供选择的财务危机应对措施有许多，而且还随着实务的发展不断丰富。其诱因及表现形式的多样性，决定了解决财务危机的措施繁多，既有财务手段，还有非财务手段；既有常规策略，还有非常规策略。

（四）财务危机具有必然性

财务危机的发生有其必然性，因为财务危机是企业生产经营中长期财务矛盾日积月累形成的。因此，财务管理者只要遇事多留心，多问几个为什么，采取有效的财务控制手段和一套系统的财务危机预测方法，就不难发现财务危机的苗头，提前控制和化解企业的财务危机。

（五）财务危机具有二重性

财务危机的双重性源于"危机"中危险和转机的双重性，"祸兮福所依，福兮祸所伏"。财务危机的危害不言自喻，不管是资金管理技术失败，还是企业破产，或是介于两者之间的任何一种情况的发生都会给企业带来灾难性的损失。然而财务危机最终的结果不一定就是企业破产清算，如果企业抓住了危机中出现的有利因素施以正确的应对措施，不仅能减少危机损失，还能借此契机革除企业存在已久的各种弊端，使企业转危为安。

三、财务危机的分类

准确认识和判断危机的类型，以明确危机处理的权限和责任主体，是危机管理的前提。从不同角度划分，财务危机存在不同类型。

（一）按照引发财务危机的诱因划分

1. 系统性财务危机

系统性财务危机通常由企业外部环境中的宏观或中观因素所造成。比如宏观环境中的政治因素、法律因素、社会人文因素、经济因素、自然因素，中观环境中的产业周期、产业政策、产业结构调整等。这些因素对市场经济中的所有企业或某一类企业都产生影响，企业自身是无法控制的。比如经济大萧条时期，几乎所有企业都遭到冲击，不同程度地出现财务危机；美国次贷危机引发的国际金融危机时期，其波及范围内的企业几乎都无法幸免。

2. 非系统性财务危机

由企业微观环境因素引发的财务危机，称为非系统性财务危机。企业微观环境除了用户、供应商、竞争者，服务关联企业等因素外，还包括企业内部的诸多因素，如企业战略决策、公司治理结构、组织构架、营运能力、管理经验等经营因素，其中一种或多种因素交织，就会造成企业管理效率低下，竞争力不强。非系统性财务危机的诱发因素大多是企业可控的，这类财务危机的积累性非常突出，从危机发生到爆发通常会经过一段较长的时期。因此非系统性财务危机可以通过企业内控，纠正偏差，从而得以预防或减弱。

（二）按财务危机的发展速度划分

1. 渐进型财务危机

渐进型财务危机通常是一个循序渐进的过程，体现为企业财务状况的不断恶化。从形成的时间段看，渐进型财务危机可分为四个阶段。第一阶段为财务危机潜伏期。其特征是企业盲目扩张、市场营销无效、疏于风险管理、缺乏有效的管理制度、企业资源配置不当、无视环境的变化。第二阶段为财务危机发作期。其特征是自有资金不足、过分依赖外部资金、利息负担重、缺乏会计的预警作用、拖延债务偿付。第三阶段为财务危机恶化期。其特征是经营者无心经营业务和专心财务周转、资金周转困难、债务到期违约不支付。第四阶段为财务危机实现期。其特征是负债超过资产、完全丧失偿付能力、宣布破产。所以，渐进型财务危机是一个动态持续、逐步递进的过程，且具有经常性的特点。

2. 突发型财务危机

突发型财务危机的形成具有瞬间爆发的特点，没有持续演化的过程，具有偶然性、突发性、瞬间性和不可预见性。突发型财务危机可以发生于企业生命周期中的任何阶段，它可能与企业原来所处的经营状况和财务状况完全不相关。

突发型财务危机从产生的原因看，可以分为两种情况：一是来源于自然灾害，即企业本身处于良好的经营状态，完全由于自然灾害等不可抗的外部因素造成财务危机；二是虽然财务危机的直接原因是外部突发事件，但产生的根源仍来自于企业的内部管理不善，如污水排放超标、产品质量不合格等。不论是何种情况，突发型财务危机产生的原因相比于渐进型财务危机更单一、更明显、更直接。

想一想

渐进型财务危机和突发型财务危机可以预测吗？这两种财务危机的防范重点是在事前还是事后？

（三）按财务危机的外在表现特征划分

1. 亏损型财务危机

亏损型财务危机是指企业出现数额巨大的经营亏损，或持续发生亏损（两年及两年以上）的状况。亏损数额巨大是一个相对概念，与企业规模大小相关，一般是指它对企业现有净资产的侵蚀程度。亏损意味着企业的经营收入不足以补偿其发生的成本费，巨额或连续亏损使所有者权益收到侵蚀，终将影响到企业的偿债能力。

2. 偿付困难型财务危机

偿付困难型财务危机是以企业履行债务义务受阻，无力支付到期债务和费用或需付出极大努力才能支付到期债务和费用为主要表现形式的财务危机。无力支付或无力偿还是指：企业只是暂时缺乏支付费用和偿还债务的现金，该现象并不持久，通过一定努力可以缓解或消除；企业尚有一定的信用，可以直接或间接地融集资金；企业资产负债率很高，但还未到资不抵债的地步。

3. 破产型财务危机

破产型财务危机也是财务危机的极端情况，包括会计破产和技术性破产两类。会计破产是指企业由于资不抵债，即账面净资产出现负数，而导致的企业破产。企业资不抵债是企业发生严重亏损或持续亏损，除了将企业投资者所享有的净资产全部侵蚀外，还侵蚀了债权者的部分权益。债权者为维护自身的权益和减少损失，会被迫申请债务人企业破产或采取其他措施解决债务清偿问题。技术性破产是指企业由于财务管理技术失败即企业无法偿还到期债务而导致的破产。“不能清偿到期债务”也是一些国家破产法中界定的企业破产标准，我国《企业破产法》(2006)实质上是以此作为企业破产界限。

四、财务危机与财务风险

企业危机因为企业的种种风险因素而产生。要对危机进行有效的管理，必须考虑哪些风险是形成企业危机的关键因素，并对此采取有针对性的防范措施。在经典财务管理研究中，财务危机形成的领域通常被概括为筹资风险、投资风险、经营风险、存货风险和流动性风险。

1. 筹资风险

筹资风险指的是由于资金供需市场、宏观经济环境的变化，企业筹集资金给财务成果带来的不确定性。筹资风险主要包括利率风险、再融资风险、财务杠杆效应、汇率风险、购买力风险等。利率风险是指由于金融市场金融资产的波动而导致筹资成本的变动；再融资风险是指由于金融市场上金融工具品种、融资方式的变动，导致企业再次融资产生不确定性，或企业本身筹资结构的不合理导致再融资产生困难；财务杠杆效应是指由于企业使用杠杆融资给利益相关者的利益带来不确定性；汇率风险是指由于汇率变动引起的企业外汇业务成果的不确定性；购买力风险是指由于币值的变动给筹资带来的影响。

2. 投资风险

投资风险指企业投入一定资金后，因市场需求变化而影响最终收益与预期收益偏离的风险。企业对外投资主要有直接投资和证券投资两种形式。直接投资是把资金投放于生产经营性资产以便获得利润。证券投资是把资金投放于证券等金融性资产，主要有股票投资和债券投资两种形式。股票投资是风险共担，利益共享的投资形式；债券投资与被投资企业的财务活动没有直接关系，只是定期收取固定的利息，所面临的是被投资者无力偿还债务的风险。投资风险主要包括利率风险、再投资风险、汇率风险、通货膨胀风险、金融衍生工具风险、道德风险、违约风险等。

3. 经营风险

经营风险又称营业风险，是指在企业的生产经营过程中，供、产、销各个环节不确定性因素的影响所导致企业资金运动的迟滞，产生企业价值的变动。经营风险主要包括采购风险、生产风险、存货变现风险、应收账款变现风险等。采购风险是指由于原材料市场供应商的变动而产生的供应不足的可能，以及由于信用条件与付款方式的变动而导致实际付款期限与平均付款期的偏离；生产风险是指由于信息、能源、技术及人员的变动而导致生产工艺流程的变化，以及由于库存不足所导致的停工待料或销售迟滞的可能；存货变现风险是指由于产品市场变动而导致产品销售受阻的可能；应收账款变现风险是指由于赊销业务过多导致应收账款管理成本增大的可能性，以及由于赊销政策的改变导致实际回收期与预期回收的偏离等。

4. 存货管理风险

企业保持一定量的存货对于其进行正常生产来说是至关重要的，但如何确定最优库存量是一个比较棘手的问题。存货太多会导致产品积压，占用企业资金，风险较高；存货太少又可能导致原料供应不及时，影响企业的正常生产，严重时可能造成对客户的违约，影响企业的信誉。

5. 流动性风险

流动性风险是指企业资产不能正常和确定性地转移为现金或企业债务和付现责任不能正常履行的可能性。企业的流动性风险可以从企业的变现力和偿付能力两方面分析与评价：企业支付能力和偿债能力发生的现金不足及现金不能清偿风险；企业资产不能确定性地转移为现金而发生的变现力风险。

财务风险是客观存在的，每一个企业都必须面对。财务危机是财务风险积聚到一定程度的产物，陷入财务危机的企业必然面临较大的财务风险。企业若能采取化解措施，就能降低财务风险，摆脱财务危机；反之，若不能采取有效的风险管理措施，或面对财务危机束手无策或措施不力，就会加剧财务危机，甚至导致破产。

第二节 财务危机管理

企业财务危机管理，是指组织或个人在财务运作过程中通过危机监督、危机预控、危机决策和危机处理等手段，达到避免和减少危机产生的危害，直至将危机转化为机会的过程。财务危机管理有着自己独立的体系，它由危机预处理、危机总结和危机恢复等部分构成，其基本职能是事前的预防和事后的处理，最终目标是加强防范，未雨绸缪，将危机限制在潜在阶段，尽可能减少危机对企业经营的负面影响。

一、财务危机管理职能

从危机管理理论的角度讲，财务危机管理是指个人或组织为防范、预测、规避、化解、渡过、摆脱财务危机，减轻财务危机损害或有意识利用财务危机等所采取的管理行为。财务危机管理也是一个时间序列，既包括财务危机爆发前的管理，也包括财务危机爆发后的管理。即财务危机管理是包括危机信息分析、危机应对计划、危机应对组织，危机应对领导和危机应对控制在内的动态过程，它们交替循环，构成了财务危机管理工作，如表 8.1 所示。

表 8.1 财务危机管理工作

危机信息分析	成因
	征兆
	机会
危机应对计划	危机风险识别与控制
	危机预警系统
	危机反应与恢复计划
危机应对组织	危机应对的职能组织
	危机演习
	危机培训
	管理变革与改善

续表

危机应对领导	领导者素质
	危机管理者的能力
	危机应对的决策
危机应对控制	有效的危机应对控制
	危机应对的控制方法

财务危机管理有两大基本职能，即事前的预防职能和事后的处理职能。

1. 预防职能

财务危机管理的事前预防主要从以下两个方面进行。一是通过加强企业内控制度的建设来提高自身适应外部环境变化、抵御风险、防范财务危机的能力。完善的内部控制，对于防范财务危机的发生有着重要的意义。二是经常做分析、诊断，加强危机预警，及时发现财务危机的征兆，以便及时采取措施。财务危机并非一朝一夕形成，而是有一个较长的潜伏期，因此，有必要建立财务预警系统，在财务危机的萌芽状态预先发出危机警报，使管理层及时采取有效对策，改善管理，防止企业陷入破产境地。

2. 处理职能

财务危机管理的事后处理包括启动财务危机处理预案和做好财务危机沟通。财务危机处理预案是指企业为防止财务危机全面爆发和减少危机带来的损失，事先制定的危机应对和处理方案。财务危机沟通是化解风险、争取机会的过程，是财务危机处理的关键。财务危机沟通主要通过媒体发布与对话、谈判协商、组织协调等具体方式，梳理、调节、缓和或化解以财务关系为主要内容的各种关系，以达到化解危机、转危为安的目的。

二、财务危机管理系统

企业财务危机管理系统由财务危机预处理方案、财务危机总结和财务危机恢复等子系统构成。

（一）财务危机预处理方案系统

财务危机预处理方案系统是指对企业各方面的风险、威胁和危险进行识别和分析，并对每一种风险进行分类管理，预测企业所面临的各种风险和机遇，预先制定应对财务危机的预处理方案的系统。财务危机预处理方案系统的设置在整个财务危机管理中尤为重要，它涉及财务危机管理的最重要的财务危机预警、财务危机预控、财务危机处理三个子系统，在企业危机的预防、控制和处理中发挥很大的作用。

1. 财务危机预警系统

在企业危机管理过程中预警子系统能起到预防作用，即把危机消灭在萌芽状态，它由信息系统和财务危机预处理系统两个部分组成。信息系统包括信息收集、信息分析评估两方面；财务危机预处理包括危机预测、危机预报、危机预处理三方面。

2. 财务危机预控系统

企业财务危机预控系统包括财务危机处理机构、财务危机管理专业队伍、财务危机模拟训练三项内容。财务危机处理机构是指当危机发生时，在企业原有组织构架之上建立专门管理机构，以便快速、高效、可靠地应对财务危机。而财务危机管理专业队伍正是财务危机管理机构的生命力，通过危机模拟训练提高应对危机管理的技能和应对危机的心理承受能力。同时危机演练也可以检测危机预处理方案的可行性。

3. 财务危机处理系统

财务危机处理是依据事先拟定的危机处理方案，并结合实际情况做出决策，采取处理措施。

在财务危机处理系统中，财务危机决策中心处于整个企业组织构架的上部，财务危机警情情况越严重，企业面临情况越紧急，决策中心越靠近组织构架的顶端。比如处理破产型财务危机其决策往往由董事会或股东大会做出，而处理偿付困难型财务危机采用借新债还旧债的策略往往由财务总监或财务经理决定。

财务危机现场处理中心负责控制危机的发展，对危机进行调查，保证处理行动及时、有序、有效地进行，避免行动迟缓、紊乱。通常由财务部门负责并组织具体工作。当情况紧急时，企业高层领导会亲自参与财务危机现场处理中心的决策，制定应对财务危机的策略，直接与债权人沟通，争取妥善解决财务危机。

支持保障中心是财务危机应对的后方力量，竭尽全力保证财务危机应对方案顺利实施。支持保障中心由内部保障中心和外部保障中心构成，包括企业内部、外部在企业面临财务危机之时可向企业提供的人力资源、物力资源、财力资源、技术资源，股东、管理者、公司员工以及企业现有和潜在的一切有利于财务危机应对工作的资源。企业外部保障中心还包括处于企业外部价值链上的长期债务关系人，企业的供应商、客户等。

信息管理中心负责整个系统所需的一切信息管理，提供各种信息服务，在计算机和网络技术的支持下实现信息利用的快捷和资源共享，为应急工作服务。工作内容有：收集有关方面的资料，包括与财务危机相关的宏观、微观变化，影响财务危机发展势态的国家宏观经济变化情况，以及债权人、债务人、供应商、客户的最新动态；确保信息传递流畅，及时提供与选择财务危机应对策略相关的决策资料。

媒体中心需要负责与新闻媒体接触的工作，主动与媒体接触，表明企业应对财务危机的积极姿态；直接面对媒体，掌控新闻媒介对企业财务危机的舆论导向，确保媒体报道、采访、新闻发布等一切公众信息发布及时、真实、口径一致。

（二）财务危机总结系统

财务危机的发生必然会给企业带来损失，其教训是深刻的，因而对财务危机的总结尤为重要。事实上对财务危机的总结正是对财务危机的全面剖析，以便于今后更好地应对财务危机。一般总结系统的工作内容为两个方面：一是深入调查财务危机事件及财务危机管理；二是根据财务危机暴露的缺点提出整改的方案和建议。

（三）财务危机恢复系统

在财务危机过后，如何恢复企业正常运转，纠正企业运作与内外环境中不协调的地方，加强财务危机显现的薄弱环节，促使企业走上正常的发展轨道，是财务危机恢复系统的首要任务。由于企业运作的复杂性，一般情况下难以发现企业的薄弱环节，因此财务危机过后正是企业亡羊补牢的时机。此外财务危机恢复工作还包括重新树立企业形象，这对受到财务危机重创的企业尤为重要。重树企业形象不仅可以赢得社会的再度承认，重新获得良好的信用评价，还能增强员工的士气。

三、财务危机管理过程

财务危机管理从管理过程的视角来看，主要有三个方面：时间维、策略维、制度维。

从时间维来看，财务危机管理可分为财务危机事前控制、财务危机事中控制、财务危机事后控制三个过程。事前预控主要是为防止财务危机发生而采取的措施，比如对主要风险的分析、监控等；事中控制是在财务危机发生时，对财务危机的识别、确认和管理，目的是尽早识别危机，采取有效的措施遏制财务危机的恶化，减少企业遭受的损失；事后控制主要是为企业财务状况的恢复所做的努力。这三个过程相互联系，又相互独立，构成了财务危机管理三个方面。

策略维是基于财务危机诱因和传导机制所做出的危机管理策略选择。根据不同的危机处理方法，财务危机管理策略划分为中止策略、隔离策略、清除策略和利用策略。中止策略是指中止导致财务危机的相关行为和活动；隔离策略是对部分财务危机或者诱因实施隔离，避免损失的进一步扩大；清除策略是指清除财务危机的行为及带来的后果；利用策略是借财务危机诱因的名义，创造某些财务危机管理的契机。

制度维则为企业的动态危机管理提供有效的制度保证。企业制度包括高层决策、中层管理和信息系统、基层运营层和企业文化层四个层面。不同层面的制度和机制，分别为不同层面的财务危机管理提供制度保障。

第三节　财务危机预警系统

一、财务危机预警系统概述

财务危机预警系统就是通过设置并观察一些敏感性财务指标的变化，而对企业可能或将要面临的财务危机事先进行预测预报的财务分析系统。

财务危机预警系统是为化解企业财务危机而建立起来的一种机制。它是企业根据财务管理学、风险管理和统计学的相关理论，以企业的财务报表、经营计划、相关经营资料以及所收集的外部资料为依据，采用定性和定量的分析方法，建立预警分析机制，将企业所面临的经营波动情况和危险情况预先告知企业经营者和其他利益相关方，并分析企业发生经营非正常波动或财务危机的原因，挖掘企业财务运营体系中所隐藏的问题，以督促企业管理部门提前采取防范或预防措施，为管理部门提供决策和风险控制依据的组织手段和分析系统。简单地说，它是企业专门组织预警—报警—排警的有机管理过程体系。

（一）财务危机预警系统的功能

财务危机预警系统作为一种诊断工具，能实时对公司的生产经营过程和财务状况进行跟踪监控，及时地进行财务预警分析，发现财务状况异常的征兆，并迅速报警，及时采取应变措施，避免或减少损失。总体来说，财务危机预警系统具备以下几项基本功能。

1. 信息收集功能

财务危机预警的过程同时也是一个收集信息的过程，它通过收集与企业经营相关的产业政策、市场竞争状况、企业本身的各类财务和经营状况的信息并对此进行分析、比较开展预警。信息收集是一个贯穿财务危机预警始终的活动。

2. 监测功能

监测即跟踪企业的生产经营过程，将企业生产经营的实际情况同企业预定的目标、计划、标准进行对比、核算、考核，对企业营运状况做出预测，找出偏差，进而发现产生偏差的原因或存在的问题，并显化其价值形式。当危害企业的财务关键因素出现之时，可以提出警告，让企业经营者早日寻求对策，以减少财务损失。

3. 预报功能

当危害企业财务状况的关键因素出现之时，可以提出警告，提醒企业经营者早日寻求对策，避免潜在的风险演变成现实的损失，起到未雨绸缪、防患于未然的作用。

4. 诊断功能

诊断是预警体系的重要功能之一。根据对跟踪、监测结果的对比、分析，运用现代企业管理技术和企业诊断技术对企业营运状况之优劣做出判断，可以找出企业运行中的弊端及其病根所在，以达到把有限的企业资源用于最需要或最能产生经营成果的地方的目的。

5. 治疗功能

通过监测、诊断，找出企业存在弊病的病根后，就要对症下药，更正企业营运中的偏差或过失，使企业恢复正常的运转。一旦发现财务危机，经营者既要阻止财务危机继续恶化，也要寻求内部资金的筹集渠道，还要积极寻求外部财源。

6. 辅助决策功能

要通过财务危机预警及时为企业高层提供决策所需的信息，保证决策的科学性和可行性，结合其信息判断企业该做什么，不该做什么。

7. 健身功能

通过预警分析，企业能系统而详细地记录财务危机发生的缘由、处理经过、解除危机的各项措施，以及处理反馈与改进的建议，作为未来类似情况的前车之鉴。这样，可将企业纠正偏差与过失的一些经验、教训转化成企业管理活动的规范，以免重犯同样或类似的错误，不断增强企业的免疫能力。

（二）财务危机预警系统的构成

企业财务危机预警系统应该是由若干要素相互联系构成的一个有机整体。该有机整体包括财务危机预警组织机制、预警信息机制、预警分析机制、预警管理机制。

1. 财务危机预警组织机制

为了保证财务预警工作的客观性和中立性，预警组织机构应相对独立于企业组织的整体控制。它独立开展工作，但不直接干涉企业的生产经营过程，只对企业最高管理者（管理层）负责。预警组织机构可以是一个虚设机构，如预警组织管理委员会，它的成员可以是兼职的，由企业内部熟悉管理工作、具有现代经营管理知识和技术的管理人员等组成。同时，企业还可聘请一定数量的外部管理咨询专家参加。为了保证日常预警工作的正常进行，负责具体预警工作的部门或个人应具有高度的独立性，他们的工作应只对预警管理组织机构（预警管理委员会）负责。

2. 财务危机预警信息机制

财务预警信息机制为财务预警提供信息支持，包括财务预警信息的搜集、传递、处理与评价等方面的制度和规定，提供预警行为主体实施预警行为所需信息是其首要功能。由于财务预警所需信息与其他财务管理行为所需信息不同，单纯利用和依靠传统财务管理信息系统不能满足预警管理的需要。因此，从当前的现实情况看，企业可考虑对现有信息系统进行修正，增补一些能够反映企业财务风险大小的信息。从长远看，可通过自行开发或外购方式建立一个专门的预警信息系统，与原来的财务管理信息系统结合在一起，形成企业财务管理大信息系统。良好的财务预警分析系统必须建立在对大量资料系统分析的基础上，因此，公司应建立高效的信息收集、传递、处理机制。

（1）根据所考察的内容和侧重点，明确信息收集目标。

（2）根据收集目标，通过各种途径收集资料，包括公司外部的报刊、统计数据、经济分析报告等宏观市场资料和同业发布的公告、规划等各种资料，公司内部的财务资料及其他业务部门的资料。

（3）对所收集的资料进行整理、汇总、计算研究，寻找资料中所隐含的经济发展趋势、重要启示以及隐含的危机与契机。

同时，公司应建立以计算机为中心的，高速传递和处理信息的会计信息管理系统。在该系统中，应保证系统与系统之间、部门与部门之间信息沟通顺畅。这些系统之间要实现数据共享，保证信息使用者及时、有效地筛选、分析所需的信息，为财务预警系统提供必要的技术支持。

3. 财务危机预警分析机制

财务危机预警分析机制对内外部输入的信息通过各种技术方法进行甄别，通过建立一个科学、全面、有效的指标体系来反映企业的状况，还可以利用这些指标体系建立模型以进行多变量综合分析。所以，一个分析机制应该包含三个方面的功能：识别警兆、确定警度和预报警情。

4. 财务危机预警管理机制

财务危机预警管理机制包括日常控制和危机管理两项。前者主要是在系统实施过程中进行日常监控，对公司经营过程中各警兆进行控制，使其体现出来的警数值不要逾越警度，一旦发生偏离就立即反应，采取相应措施加以控制，防患于未然；而后者主要是在财务危机发生以后，专门的预警组织采取一系列的补救措施，达到化解财务危机的目的。

二、财务危机预警的模式

为了监测和预报财务危机，国内外学者运用不同的监测变量，采用各种数学工具，建立了大量的财务预警方法和预警模型。

（一）定性模式

定性模式是财务危机预警常用的基本模式之一。定性模式是依靠人们的主观分析判断进行财务危机预警分析，主要方法有标准化调查法、四阶段症状分析法、流程图分析法、管理评分法等。

1. 标准化调查法

标准化调查法，又称风险分析调查法，即通过专业人员、调查公司、协会等，对公司可能遇到的问题进行详细的调查与分析，并形成报告文件供公司管理者参考的方法。具体内容如表 8.2 所示。

表 8.2　标准化调查表

项目	调查内容	备注
业绩	状况：好、一般、不好 前景：增长、下降、稳定、不明 交易对象、行业前景：增长、下降、稳定、不明 对外资信：高、一般、低、不明	
同行业比较	规模、地位：大、中、小、独立 同行业间的竞争：激烈、一般、无 销售实力的基础：销路、主顾、商标、商品组织、特殊销售法 生产实力的基础：特殊技术、特殊设备、特殊材料、特殊产品、特殊生产组织	
经营业务上的问题与原因	问题：销售不振、收益率差、成本高、生产率低、人力不足 销售不振的原因：不景气、竞争激烈、行业衰退、销售力弱、产品开发慢、生产率低 收益率低的原因：效率低、人力不足、管理不善、现代化程度低、多品种少量化 成本高的原因：材料费高、开工不足、工资等费用高	
前景	方针：扩大、维持、转换、不明确 扩大方向：整体规模、新增经营范围、人员 具体方法：多样化、新产品、专业化 重点基础：产品开发、设计、设备、技术、增强销售能力、人事管理、成本、质量	

该方法的优点是在调查过程中所提出的问题对所有公司或组织都有意义，普遍适用；它的缺点是无法针对特定公司的特定问题进行调查分析。另外，调查时没有对要求回答的每个问题进行解释，也没有引导使用者对所问问题之外的相关信息做出正确判断。

2. 四阶段症状分析法

公司财务运营情况不佳，甚至出现财务危机是有特定症状的，而且是逐渐加剧的。财务运营病症大体可以分为四个阶段，即财务危机潜伏期、发作期、恶化期、实现期，每个阶段都有反映危机轻重程度的典型症状。

财务危机潜伏期：盲目扩张；无效市场营销，销售额上升，利润下降；企业资产流动性差，资源分配不当；资本结构不合理，疏于风险管理；财务经营信誉持续降低，缺乏有效的管理制度；无视环境的重大变化。

财务危机发作期：自有资本不足；过分依赖外部资金，利息负担重；缺乏会计的预警作用；债务拖延偿付。

财务危机恶化期：经营者无心经营业务，专心于财务周转；资金周转困难；债务到期违约不支付。

财务危机实现期：负债超过资产，丧失偿付能力；宣布倒闭。

根据上述症状进行综合分析，公司如有相应症状出现，一定要尽快弄清病因，判定公司财务危机的程度，对症下药，防止危机的进一步发展，使公司尽快摆脱财务困境，以恢复财务的正常运作。这种方法简单明了，但实际中很难将这四个阶段做截然的划分，特别是财务危机的表现症状，它们可能在各个阶段都有相似或互有关联的表现。

3. 流程图分析法

流程图分析是一种动态分析方法，对识别公司生产经营和财务活动的关键点特别有用，运用这种分析方法可以暴露公司潜在的风险。在公司生产经营流程中，必然存在着一些关键点，如果在关键点上出现堵塞和发生损失，将会导致公司全部经营活动终止或资金运转终止。一般而言，企业只有在关键点处采取防范的措施，才能够防范和降低风险。

采用这一方法的步骤是：①根据企业的实际情况建立流程图，以展示企业的全部经营活动；②在画出的流程图中，找出一些关键点，对公司潜在风险进行判断和分析，发现问题及时预警。

4. 管理评分法

美国学者仁翰·阿吉蒂调查了企业的管理特性及可能导致破产的公司缺陷，按照几种缺陷、错误和征兆进行对比打分，还根据这几项对破产过程产生影响的大小程度对它们做了加权处理，构建了著名的管理评分表，详见表 8.3。

表 8.3 管理评分表

项目	风险因素	记分值	总值	临界值
经营缺点	管理活动不深入	1	43	10
	管理技巧不全面	2		
	被动的经理班子	2		
	财务经理能力欠缺	2		
	无过程预算控制	3		
	无现金开支计划	3		
	无成本监督系统	3		
	董事长兼总经理	4		
	总经理独断专行	8		
	应变能力太低	15		
经营错误	高杠杆负债经营	15	45	15
	企业过度发展，核心竞争能力欠缺	15		
	过大风险项目	15		
破产征兆	危急财务信号	4	12	0
	被迫编制假账	4		
	经营秩序混乱	3		
	管理停顿	1		
分数加总		100	100	25

用管理评分法对公司经营管理进行评估时，每一项得分要么是零分，要么是满分，不容许给中间分。所给的分数就表明了管理不善的程度，总分是 100 分，参照管理评分法中设置的各项目进行打分，分数越高，则公司的处境越差。在理想的公司中，这些分数应当为零；如果评价的分数总计超过 25 分，就表明公司正面临失败的危险；如果评价的分数总计超过 35 分，公司就处于严重的危机之中；公司的安全得分一般小于 18 分。这种管理评分法试图把定性分析判断定量化，这一过程需要进行认真的分析，深入公司及车间，细致地对公司高层管理人员进行调查，全面了解公司管理的各个方面，才能对公司的管理进行客观的评价。这种方法简单易懂，行之有效，但其运用需要评分者对被评分公司及其管理者有直接、相当的了解，在很大程度上依赖于评分者的主观判断，因此需要结合其他方法共同对企业风险进行估测。

可见，财务危机预警的定性模式有如下特点。

（1）侧重于从事物质的角度分析问题，着重于分析事物的来龙去脉及因果关系，以说理的方式透过事物的表象抓事物的本质。

（2）综合考虑了企业财务报表以外的因素对其所用指标的影响，特别是与企业日常生产经营关系密切的一些非财务因素，这些因素有可能使企业陷入不可估量的财务失败危机中。

（3）在实际应用中，定性分析法具有较大的灵活性，可以根据企业的具体情况进行相应的调整，定性分析法无需完整的数据资料，凭借人们的经验对财务风险的趋势进行定性分析，有时比较可靠和有效。但这种方法也有缺点，即容易受到个人主观意见的影响，个人的偏见往往会给企业带来巨大的损失。

因此，在建立企业财务预警模型时不能单纯依靠财务数据，只注重定量分析和指标分析，在运用财务预警定量分析模型的同时应充分考虑能够影响企业财务状况的非财务数据。

（二）定量模式

1. 单变量模型

单变量模型是指利用单个财务比率来进行财务预警，以判断企业是否发生财务危机的一种预测模型。

Willian Beaver（1966）在其《财务比率与失败预测》一文中，以财务危机预警为主题，以单一的财务比率指标为基本变量，运用配对样本法随机挑选了 1954 年至 1964 年间 79 家危机中的企业，并针对这 79 家企业逐一挑选与其产业相同且资产规模相近的 79 家正常企业进行比较。得出的结论是，最能对企业危机做出预警的指标是债务保障率（现金流量/总负债），其次是资产收益率（净收益/总资产）和资产负债率（总负债/总资产）。其中，现金流量来自现金流量表的三种现金流量之和，除现金外还充分考虑了资产变现力，同时结合了企业销售和利润的实现及生产经营状况的综合分析。债务保障率这个比率用总负债作为基数，考虑了长期负债与流动负债的转化关系，但是总负债只考虑了负债规模，而没有考虑负债的流动性，即企业的债务结构，因此对一些因短期偿债能力不足而出现危机的企业存在很大的误判性。总资产这一指标没有结合资产的构成要素，因为不同的资产项目在企业赢利过程中所发挥的作用是不同的，这不利于预测企业资产的获利能力是否具有良好的增长态势。

Beaver 最先在企业危机预警研究中使用非参数统计的二分类检验方法来确定分割点，使其错误分类率降至最低，这一方法为以后的企业财务危机预警研究者广泛采用。此外，Beaver 还首创配对抽样的技术以控制因产业类别和企业资产规模不同而引起的混淆。但单变量预警模型只是利用个别财务比率预测企业财务危机，因此其有效性受到一定的限制。一般来说，企业的生产经营状况受到许多因素的影响，各种因素之间既有联系又有区别，单个比率反映的内容往往有限，无法全面解释企业的财务状况；单一指标进行判别会使经理层为达到某种目的而尽可能粉饰该指标，以表现出较为良好的财务状况。

2. 多元判别分析模型

（1）多元线性判别模型。多元线性判别方法的基本原理是通过统计方法筛选出组间差距大、而组内离散度最小的变量，将选出的多个变量组合成能提高预测精度的多元线性判别方程。

最早运用多元线性判别模型讨论财务困境预测问题的是美国学者 Edward Altman。Altman 认为，企业是一个综合体，各个财务指标之间存在某种相互联系，各个财务指标对企业整体风险的影响和作用也是不一样的。他通过把传统的财务比率和多元判别分析方法结合在一起，发展了一种财务危机预警模型，即 Z 计分模型。该模型的具体形式如下：

$$Z=0.012X_1+0.014X_2+0.033X_3+0.006X_4+0.999X_5$$

式中：

X_1=营运资本/总资产，反映资产的流动性与规模特征；

X_2=留存收益/总资产，反映企业累计赢利状况；

X_3=息税前收益/总资产，反映企业资产的获利能力；

X_4=权益的市场价值/总债务的账面值，反映企业的偿债能力；

X_5=销售总额/总资产，反映企业的营运能力。

通过统计分析，Altman 认为 Z 值应在 1.81～2.99 之间，等于 2.675 时居中。如果企业的 Z 值大于 2.675，表明企业的财务状况良好；如果 Z 值小于 1.81，则企业存在很大的破产风险；Z 值处于 1.81～2.675 之间，称为"灰色地带"，处在这个区间，说明企业财务状况是极不稳定的。

Z 计分模型的变量是从资产流动性、获利能力、偿债能力和营运能力等指标中各选择一两个最具代表性的指标，模型中的系数则是根据统计结果得到的各指标相对重要性的量度。实证表明该模型对企业财务危机有很好的预警功能。但其预测效果也因时间的长短而不一样，预测期越短，预测能力越强，因此该模型较适合企业短期风险的判断。

案例 8.2

以下为某公司的简化资产负债表（见表8.4）和简化利润表（见表8.5）。

表 8.4　资产负债表（简化）　　单位：百万元

资　产	金　额	负债及所有者权益	金额
货币资金	591	短期借款	888
短期投资	1 824	本年到期长期借款	660
应收账款	7 908	应付款项	8682
存货	6 075	小计	10230
小计	16 398	长期借款	5364
长期投资	1 263	长期应付款	477
固定资产	15 384	小计	5841
小计	16 647	股本	2133
资产合计	33 045	资本公积	5448
		盈余公积	9300
		未分配利润	93
		小计	16974
		负债及所有者权益合计	33045

表 8.5　利润表（简化）　　单位：百万元

项　目	金　额
主营业务收入	37 464
减：主营业务成本	22 287
营业利润	15 177
加：其他业务利润	408
减：营业费用	2 577
减：管理费用	9 909
减：财务费用	570
利润总额	2 529
减：所得税	632
净利润	1897

年末普通股股数21.33亿股，每股市价12.10元。

要求：根据上述资料，计算该公司Z指数，并说明该公司破产的可能性处于何区域？

Z 计分模型在企业破产前超过三年的预测正确率大大降低，而且随着时间的推移，经济环境也将出现重大变化，特别是进入 20 世纪 70 年代以后，企业财务危机的平均规模急剧增大，原有的 Z 计分模型已无法解释当时的企业财务危机现象。于是，Altman 等人于 1977 年又提出了一种能更准确地预测企业财务危机的新模型——ZETA 模型。在该模型中，Altman 等人利用 27 个初始财务比率进行区别分析，最后选取了七个解释变量，即资产报酬率（息税前利润/总资产）、盈余稳定性（息税前利润/总资产的 5～10 年的标准误差）、利息保障倍数（息税前利润/利息支出总额）、累计盈余（留存收益/总资产）、流动性（流动比率）、资本比率（五年普通股平均市值/总资本）和资本规模（普通股权益/总资产）。实证研究表明，ZETA 模型的分类正确率高于原始的 Z 计分模型，特别是在破产前较长时间的预测准确率较高，其中灰色区域为-1.45～+0.87，Z 值大于 0.87 以上为非破产组，Z 值小于-1.45 区域为破产组。该模型存在的不足是选择比率没有理论可依，选择同一行业中相匹配的危机公司和正常公司也是困难的，而且观察的总是历史事件。但该模型简单明了。以后对企业财务危机预警模型的研究都是沿着这一思路进行的。

之后，为了使 Z 计分模型适用于私人公司，Altman 对原 Z 模型中的变量 X_4 权益的市场价值以账面价值代替，重新对模型进行估计，得到修正后的 Z 模型：

$$Z'=0.717X_1+0.847X_2+3.107X_3+0.420X_4+0.998X_5$$

Z' 值大于 2.90 为安全区，Z' 值小于 1.23 为危险区，Z' 值在 1.23～2.90 之间为灰色区域。

Z 模型的又一次修正是为了使其适用于非制造公司和新兴市场，去掉变量 X_5 重新估计模型后得到：

$$Z''=3.25+6.565X_1+3.26X_2+6.72X_3+1.05X_4$$

其中，Z'' 低于 0 表示财务危机状况。

除了 Altman 经典的多变量财务预警模型外，国外其他学者也使用多元判别分析方法进行研究。20 世纪 70 年代，日本开发银行调查部选择了东京证券交易所 310 家上市公司作为研究对象，使用与 Altman 相同的研究方法，建立了“利用经营指标进行企业风险评价的破产模型”，进行财务危机预测。其判别函数为

$$Z=2.1X_1+1.6X_2-1.7X_3-X_4+2.6X_5+2.5X_6$$

式中：

X_1 表示销售额增长率；

X_2 表示总资本利润率；

X_3 表示他人资本分配率；

X_4 表示资产负债率；

X_5 表示流动比率；

X_6 表示粗附加值生产率（为折旧费、人工成本、利息及利税之和与销售额之比）。

模型中 X_3 和 X_4 的系数是负数，表明他人资本分配率和资产负债率越小，风险也越小。该模型 Z 值的判断标准是：如果 Z 值大于 10，则企业财务状况良好：如果 Z 值小于 0，则企业存在严重的财务危机，破产的概率极大；如果 Z 值在 0 与 10 之间，则表明企业处于“灰色区域”，存在财务隐患。

陈肇荣应用中国台湾地区的企业财务资料建立了多元判别函数，但未给出临界值及警度区间。该模型如下：

$$Z=0.35X_1+0.67X_2-0.57X_3+0.39X_4+0.55X_5$$

式中：

X_1=速动资产/流动负债；

X_2=营运资金/资产总额；

X_3=固定资产/资本净值；

X_4=应收账款/销售净额；

X_5=现金流入量/现金流出量。

由于 Z 计分模型在建立时并没有充分考虑现金流量的变动等方面的情况，因而具有一定的局限性。为此，中国学者周首华等对 Z 计分模型加以改造，并建立其财务危机预测的新模型——F 分数模式。F 分数模式的主要特点是：①F 分数模型中加入现金流量这一预测自变量。许多专家证实现金流量比率是预测公司破产的有效变量，因而弥补了 Z 计分模型的不足。②考虑了现代化公司财务状况的发展及其有关标准的更新。一些财务比率标准已发生了许多变化，特别是现金管理技术的应用，已使公司所应维持的必要的流动比率大为降低。③使用的样本更加扩大。其使用了 Compustat PC Plus 会计数据库中 1990 年以来的 4 160 家公司的数据进行了检查；而 Z 计分模型的样本仅为 66 家（33 家破产公司和 33 家非破产公司）。

F 分数模式如下：

$$F=-0.1774+1.1091X_1+1.1074X_2+1.9271X_3+0.0302X_4+0.4961X_5$$

式中：

X_1，X_2 及 X_4 与 Z 计分模型中的 X_1，X_2 及 X_4 相同；

X_3=（税后纯收益+折旧）/平均总负债；

X_5=（税后纯收益+利息+折旧）/平均总资产。

F 分数模式与 Z 计分数模型中各比率的区别就在于 X_3 和 X_5 的比率不同。X_3 是一个现金流量变量，它是衡量企业所产生的全部现金流量可用于偿还企业债务能力的重要指标。一般来讲，企业提取的折旧费用，也是企业创造的现金流入，必要时可将这部分资金用来偿还债务。X_5 测定的是企业总资产在创造现金流量方面的能力，相对于 Z 计分模型，它可以更准确地预测出企业是否存在财务危机。F 分数模式的 F 分数临界点为 0.0274：若某一特定的 F 分数低于 0.0274，则被预测为破产公司；反之，若 F 分数高于 0.0274，则公司被预测为继续生存。

多元线性判别模型判别精度较高，而且体现了综合分析的观念，将多元分析方法引入模型中，拓展了财务困境预警模型分析方法的思路。但是该方法也存在着一系列自身难以克服的缺陷：第一，较一元判别模型，该模型较为复杂，需要花费大量时间进行数据的收集和分析工作；第二，多元线性模型建立在统计和数学的基础上，本身就有一个很严格的假设条件，即要求样本组内分布为近似正态分布，组内协方差矩阵相等，而在实际判别分析的操作中，搜集的数据大都来自非正态总体，在这种不满足假设前提下所得到的预测结果可能是有偏的，这无疑会降低预测精度；第三，在样本选择时，财务困境组与非财务困境组（即控制组）之间要一一配对，配对标准的确定是一个很大的难题。

（2）多元回归判别模型。为了克服多元线性判别方法的局限性，多元回归判别方法被引入财务困境预警研究。该判别方法是用来分析选用样本在财务失败概率区间上的分布以及两类判别错误和分割点的关系，其目标是寻求观察对象的财务状况和经营风险。多元回归模型包括多元逻辑回归（Logit）和多元概率比回归（Probit）。

① 多元逻辑回归模型。该方法假设条件发生的概率符合逻辑分布并由线性概率模型衍生而来：

$$Z_i = \alpha + \sum_{j=1}^{k} \beta_i x_{ij} \varepsilon_i$$

其中：

Z_i为因变量，是二元反应值，其值为 0 或 1；

X_{ij}为解释变量，i=1，2，3,…,n，j=1，2，3,…,k；

β_j为参数；ε_i为相互独立且均值为零的随机变量。

由于线性概率模型计算出来的 Z_i 不一定落在（0，1）区间，所以需要进行转换。Logit 模型采用 Logistic 累计概率函数来校正线性概率函数的缺点，通过转换得

$$P_i = F(Z_i)\frac{1}{1+e^z}$$

Logit 模型参数的估计运用最大似然估计法。假设企业财务陷入困境的概率为 P。如果 $P>0.5$，则企业财务陷入困境的概率比较大；如果 $P<0.5$，则表示企业财务处于健康状态的概率比较大。

② 多元概率比（Probit）回归模型。Probit 模型与 Logit 模型在目的以及基本思想方面有很大的相似之处，也是由线性概率模型演变而来，通过累计均匀概率函数对模型进行交换，最后得到累计标准正态分布函数，即

$$P = \int_{-\infty}^{\alpha+\beta x_2} \left(\frac{1}{\sqrt{2\pi}}\right) e^{\frac{-t^2}{2}} dt$$

其模型判别规则与 Logit 模型一样，如果 $P>0.5$，则企业破产概率较大；若 $P<0.5$，则表示企业经营正常的概率比较大。

Logit 回归模型最大的优点是预测变量不需要服从多元正态分布和两个样本组的协方差矩阵相等的条件，从而使其使用范围较为广泛。Probit 回归模型与 Logit 模型都采用最大似然法获得最大似然统计量。两者之间最大的不同点在于：Logit 模型不需要严格的假设条件，Probit 模型则需要假设残差项为正态分布，自变量之间没有共线性存在，样本数为非回归参数个数等，因此，在应用中会受到一定的限制。但是 Probit 模型的预测精度却比 Logit 模型更高。作为多元回归模型，二者都同时具有自身难以克服的缺陷，主要表现为：第一，由于模型都采用了极大似然估计法，使得计算程序较为复杂；第二，由于在数据计算过程中运用了许多近似处理，势必对预测结果的精度有所影响；第三，在判定分割点的选取上，误差成本往往很难取得，理论上，并不存在最优分割点，从而降低了模型的预测能力和外部有效性。

（3）人工神经网络模型。人工神经网络模型是一种平行分散处理模型，其构建的理念是基于人类大脑神经运作的模拟。人工神经网络模型的原理是将用来衡量企业财务状况的建模变量作为神经网络的输入向量，将代表分类结果的量作为神经网络的输出向量，用训练样本来训练这个网络，由训练样本中的财务困境企业和财务正常企业的输入向量得出区分两类不同企业的输出向量，一旦训练完毕，便可作为企业财务困境预测的工具。

神经网络判别模型具有其他方法无法比拟的优点：第一，纠错能力较强，克服了统计方法的诸多限制，其对数据要求不严格，不需要考虑是否服从正态分布假设；第二，主要根据所提供的数据通过学习和训练，找出输入与输出之间的内在联系，从而求得问题的解，其不是完全依据对问题的经验知识和规则，所以具有自适应功能，对弱化权重确定中的人为因素是十分有益的；第三，在实际财务困境预测中，各个因素之间相互影响，情况十分复杂，会呈现出非线性关系，人工神经网络为处理这类非线性问题提供了强有力的工具。

尽管如此，该模型的局限性也不容忽视：其一，其构件是基于对人体大脑神经的模拟，这一理论基础的科学性和准确性还有待进一步加强与检验；其二，在研究中发现，该模型的预测效果不稳定，会影响预测精度。

（三）财务危机预警模式运用应注意的问题

随着统计技术、计算机技术的不断发展，归纳分类、人工智能、神经网络模型以及实验等技术逐渐被引入企业财务预警研究之中。然而，无论采用什么统计技术和研究方法，企业财务预警系统中还存在着诸多问题，主要表现在以下两方面。①缺乏系统的理论指导。尽管学者从委托代理、交易费用和产权关系等企业制度环境和制度安排方面做了大量的阐述，并借助于企业生命周期理论、企业进化理论对企业失败现象进行解释，但它们还不够完善，不足以系统地解释企业失败的原因，还远远不能准确地确定财务预警模型中应包括的预测变量；②在方法上，选择的预测变量往往是企业陷入财务困境的征兆而非原因，选择的财务变量具有片面性、滞后性和多重共线性。另外，样本选取的困难，以及对非财务指标因素的忽略也是值得注意的问题。

因此，我国企业在运用财务危机预警模型时应注意下列问题。

（1）增强模型对我国企业适用性。目前，企业财务危机预警模型的运用大多照搬国外的研究成果，模型本身的发展和创新方面比较弱，所构建的财务危机预警模型无论是在指标选取权数的确定，或是评价标准的高低上都存在显著的不一致性。这必将导致所构建的财务危机预警模型不能完全适应企业所面临的实际发展环境。另外，企业在构建财务危机预警模型后，往往需要通过统计数据来确定其有效性，而我国证券市场样本容量小，上市公司法人治理结构有待改善。这都需要我们在现有条件下，克服困难，不断探索真正适合我国企业现状的财务危机预警模型。

（2）及时维护与更新模型以提高准确性。财务危机预警模型是随着实际运用的发展而不断完善、更新的。由于不同时期宏观经济环境和会计处理方法的不同，因而建立模型的财务数据具有鲜明的时效性，模型也具有时效性，这就使每隔数年对模型进行更新成为必要。同时模型是为深入分析数据服务的，因此可以有多种方法建立不同的财务危机预警模型，而且建模后应继续评价模型的有效性和精确度，并检验模型的理论基础，以便在模型的实践应用中提高预测能力。

（3）注重使用非财务指标以及定性分析方法。财务危机预警模型在选择自变量时均采用可量化的财务指标，在评价方法上均采用数学评价方法，这使得财务危机预警信号较为客观和精确。但是，财务危机预警是一个动态的概念，不仅仅指企业破产或不能持续经营等现象产生，企业管理者的风险意识高低、财务人员的认识深浅、企业目前的生存环境是否发生变化等非量化或主观性的因素也在很大程度上影响对企业财务风险的评价。因此，结合定量分析方法，管理者们也要考虑到重要的非财务指标和定性分析方法对企业财务风险的影响，从而更加全面地判断企业面临的风险。

（4）克服财务指标与样本选取局限。各种模型都有其财务指标选择的侧重点，从某种程度来讲，这种侧重因忽视了其他方面的财务指标而存在一定的片面性。比如现有的财务危机预警模型大多比较重视对上市公司提供的资产负债表和利润表中数据指标的运用，而容易忽视对现金流量表和上市公司提供的其他数据的运用。另一方面，不同的样本选取也会对财务危机预警模型的适用性有很大的影响，比如不同的国家和地区、不同行业以及不同的研究区间的选取等。

三、财务预警系统的运行机制

企业财务预警系统运作的一般流程为：分析现状，了解企业目前财务管理系统工作的状态，详细调查收集财务信息，并对其进行分析、加工、归纳；辨别风险，发现企业财务风险，经反复研究后，发现财务隐患；制定对策，当财务风险明确以后，就可以制定化解企业财务风险的具体方案，并选择较优化的方案；实施对策，在实施对策之前，要向有关人员详细地讲解该对策实施的目的、过程及效果，并将职责落实到每个部门及有关部门人员，按照对策的要求进行工作；效果评价，对预警的实施对策进一步观察矫正，不断发现新问题，及时改进对策，强化信息反馈功能，评价对策的实施效果。

根据企业财务预警系统构建的动态化原则，一个完整的企业财务预警系统的有效性、及时性及自我修复性，更主要的是体现在其建立了一个动态监测体系，从而可以通过中间控制过程、调节传导机制，动态调整临界值，自我更正系统中的偏差及不足，并可以根据预测子系统的结果分析，及时找到企业财务风险所在。

中间控制过程是企业财务预警系统运行机制的一个组成部分，充分体现了对企业财务风险的管理。要设立一些企业财务风险中间控制行为来连接企业财务预警系统，修正控制效果。具体而言，首先是确定一些相关的财务风险变量，经数理技术处理后合成为中间目标；然后根据国际惯例或公认的安全指针值，考虑自身的具体情况，确立中间目标的默认值，形成多等级的预警临界值；在预警指标体系建立后，相应的动态监测系统开始运作，通过对企业相关财务风险预测变量的跟踪监测，依据中间目标的预计临界值进行不同等级警情的预报，而且可以通过反馈的信息在一定的自检程序下，修正不合理或脱离实际情况的预警临界值的预设，从而使企业财务风险监测与预警系统成为动静结合、具有进化特征的有效系统。

企业财务预警系统的调节传导机制是指企业财务预警系统通过运用各种预警信号的传递，来控制企业财务风险管理工具实施和应用的效果，最终达到影响企业财务风险的大小和结构，以改善资产质量和状态，达到中间控制目标默认值的过程或作用形式。

第四节　财务危机的处理

财务危机的处理是在财务危机既已发生的情况下采取的化解对策。它要处理的是高偏警情。与财务风险的日常监控不同，它需要有一个快速的反应机制，以最大限度地减少和降低财务危机给企业带来的危害，使其免于走向财务危机的终点——破产（企业失败）。

一、危机处理机制的构建

（一）构建原则

在构建危机处理机制时应该遵循以下原则。

1. 完整性原则

财务危机处理包含了危机的分析、决策和处理三个方面。这三个方面是财务危机处理机制的有机组成部分，缺一不可，同时还要保证各个方面的协调与统一。

2. 及时性原则

财务危机从产生到扩大，其速度非常快，时间拖延得越长，企业的损失就越大。因此要在危机警报发出后的第一时间迅速做出反应，及时采取防范措施。

3. 组织性原则

从管理学的角度看，任何一项管理活动的实施者都是个人或组织。财务危机处理同样需要实施者，在财务危机处理体系中建立相应的组织机构作为顺利达成财务危机处理目标的保障。

4. 有效性原则

应根据不同的财务危机采取不同的危机处理方法，这些方法应当能够帮助企业转危为安。

（二）体系结构设计

按照上述原则构建的危机处理机制体系架构如图 8.1 所示。

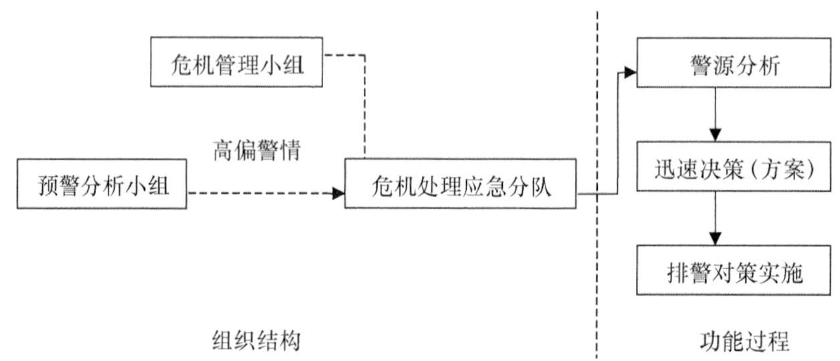

图 8.1 财务危机处理机制体系结构及运行示意图

危机处理机制体系架构具体包含以下有机组成部分。

1. 组织机构

财务危机处理机制的执行组织是危机处理应急分队，由专门人员组成，向上对危机管理小组负责。它的职能主要是分析财务危机产生的原因，迅速决策，做出应变计划，实施这一计划下的排警对策。其信息来源是预警分析小组的高偏警情预报。这里需要注意的是并不是建立了财务危机处理应急分队就能够迅速地做出反应，这需要构成这一分队的成员具有强烈的危机意识和先进的危机理念。

2. 功能过程

这一有机组成部分其实是危机处理应急分队处理财务危机需要做的各项工作的先后顺序，具体包含三项工作。

（1）对产生财务危机的警源进行分析，找出出现问题的部门、环节和症结，从而确定处理该财务危机的切入点；

（2）以此为依据，迅速起草应急方案，提出应对措施；

（3）实施排警对策，这些对策是在深入分析警源的情况下提出的，它能够有效地化解财务危机。

有效化解财务危机后，并不意味着财务危机处理的结束，而应该在此基础上总结经验和教训，针对容易发生风险和危机的环节、因素加强预防和控制，以防其再次发生。即使同一危机再次发生，因为有现成的方案，可以省略前两项工作，直接实施原有方案，为迅速化解财务危机赢得宝贵的时间。因此做好危机总结是不可或缺的。

二、危机处理机制的实施

发生财务危机后，处理危机刻不容缓，企业必须果断行动，力求在危机损害扩大之前控制住危机。企业必须事前有一套制度化、系统化的危机处理组织和业务流程。其业务流程如下。

（1）立即启动财务危机应急分队。一方面该分队成员必须具备较宽的知识面、良好的心理素质和较强的观察、分析和决策能力，并且要有很强的责任感和很高的忠诚度；另一方面该分队必须独立于其他机构，具有较强的独立性。该分队主要负责财务危机的产生原因分析、应急方案的起草决策处理和损失评估等工作。

（2）迅速开展统一、公开的信息发布活动。企业组织应在危机事件出现后尽快召开新闻发布会，使企业内外部了解事件的真相以及企业所正在采取的补救措施，以使新闻媒体能够及时、准确地进行报道。

（3）迅速调查财务危机事件，对财务危机进行积极应对。这是财务危机处理中最为关键的一步。企业首先应通过应急机制在一定程度上缓解内外压力，然后立即深入调查财务危机发生的根本原因和暴露出的深层次问题，从而采取相应的策略以控制事态的发展。

（4）财务危机善后处理。企业应在较短时间内做出相应的人事、组织调整，追究相关责任人的责任，改变相关政策或方法。同时开展公关活动，以恢复企业形象，重塑企业信誉，挽回公众信心。

（5）财务危机总结。危机总结是危机处理的最后环节。失败是成功之母，人不能在同一个地方跌倒两次。财务危机所造成的巨大损失会给企业带来必要的教训，所以，对危机处理进行认真而系统地总结不可忽视。危机总结一般包含以下三方面内容。

① 调查。对财务危机发生的原因和相关预防和处理的措施进行系统的调查。

② 评价。对财务危机处理工作进行全面的评价，包括对预警系统的组织和工作内容、危机应变计划、危机决策和处理等多个方面的评价，要详尽地列出财务危机处理工作中存在的各种问题。

③ 整改。对财务危机处理中存在的各种问题综合归类，分别提出整改措施，并责成相关部门逐项落实。财务危机并不等同于企业失败，它只是企业在其发展进程中遭遇的挫折，其中往往孕育着新的希望与转机。企业应将财务危机导致的巨大压力转化为强大的动力，驱使自己不断谋求技术、市场、管理和组织制度等方面的创新，实现企业的持续、健康发展。

三、财务危机处理的策略

面对财务危机，有的企业能够平稳渡过，有的企业却轰然倒塌。如何使得财务危机处理系统充分发挥效率，选择可行、有效的应对策略显得尤为重要。不同企业的财务状况千差万别，财务危机也有轻重缓急之分，应对策略自然就不一样。

（一）亏损型财务危机处理策略

从会计路径来讲，企业亏损产生的主要原因有：收入降低导致利润基础空间降低；费用水平高居不下导致企业利润下降；投资过度导致企业资金效用低下。因此，相应的应对措施包括以下几个方面。

1. 常规策略

所谓常规策略是在不改变企业组织形式、股权关系的情况下，针对发生亏损不利局面的原因，从企业内部经营管理入手，整合和挖掘企业现有的各种资源，提升产品的竞争能力，扩大销售、降低成本、减少费用和损失，以达到转亏为盈目标的各种策略和措施。

2. 非常规策略

扭转亏损的非常规策略是指从改变企业的基本架构、产权结构等入手，重新进行资源配置或资源组合，以重塑企业的赢利能力，扭转企业亏损局面所采取的措施或策略。其主要方式有三种：一是资产剥离，另立公司；二是资产置换，优化资产结构；三是脱胎换骨，产业转移。也可以采用流程再造、组织机构扁平化、公司业务外包等纯管理手段，提升企业赢利能力。

常规策略是在原企业组织的框架内，从改善企业经营管理着手，充分调动、整合企业内、外资源，通过提升和改善企业的赢利能力、资产营运能力达到扭亏为盈的目标。非常规策略则是从打破企业现存的基本布局着手，通过企业内外部的资产重组，重新构建或重塑企业的赢利能力，迅速扭转企业的亏损局面。

（二）偿付困难型财务危机处理策略

偿付困难型财务危机是以企业与各有关债权人之间的债权债务关系紧张，且涉及债务数额巨大为主要特征的财务危机。因此，偿付困难型财务危机处理，主要是从改善企业与有关债权人之间的关系入手，采取相应的处理措施，化解企业与有关债权人之间的利益冲突，平衡各方利益。其处理过程中应该调动和利用企业内外部可资利用的一切资源，有计划、分步骤偿还债务。

1. 对间接融资的第三方可采取的策略

在激烈竞争的市场中，企业为了保证持续经营，必须选择一家或多家银行与其建立良好的银企关系，以备不时之需。在发生偿付危机的情况下，企业可以向银行申请展期，或将短期贷款变为长期贷款，也可以借新债偿还旧债。当然采取这些措施的前提条件是银行对企业的资信评级没有下降，或者企业可以获得其他企业的贷款担保。

2. 对直接融资的第三方可采取的策略

目前，在我国企业与企业之间的债权债务主要是由经营活动产生的应收、应付。无法偿付其他企业债务时，取得债权人同意后可以采取以非现金资产偿还债务，包括存货、短期投资、固定资产、长期债券、无形资产等。此外，在应对偿付财务危机时，还可以在企业财务状况尚好时就采取预防措施，比如与长期供应商结成联盟，在企业发生财务危机时为保证企业日常经营而提供特别信用支持，甚至与供应商形成利益共同体，在财务危机时共同进退。

针对以上两类债权人，企业还可以采取债务转移、债务剥离、债转股、申请债务豁免、资产变卖或裁减员工等措施。债务转移是在与受让方协商一致的前提下取得债权人同意，将企业到期或已逾期未还的债务，转移到受让单位，通常主要是通过债权债务等额置换的方式进行；债务剥离是在整体资产剥离方式下将其连带债务一起剥离出去；债转股是将债权转为股权，既能解除债务压力也能扩充企业资本；在迫不得已情况下还可以通过资产变卖获得现金以偿付债务，裁减员工，减少开支以缓解资金需求的压力。

3. 提升企业偿债能力的策略

以上提及的策略都只能救一时之需，解燃眉之急，不能从根本改善企业的偿债能力。要改善偿债能力，企业可以进行债务重整，也可以在日常经营中采用一些方法控制企业的债务扩张，譬如采用售后回购、租赁等方式购置资产。当然提高债务能力的根本之道在于增强企业的赢利质量。

（三）破产型财务危机处理策略

破产是企业由于种种原因不能清偿到期债务，通过重整、和解或清算等法律程序调整债权债务关系，使得债权人公平受偿的行为。作为一种市场经济条件下的客观经济现象，破产要经历一个由破产申请到破产财产分配的全过程，重整程序、和解程序和破产清算程序是现代破产制度的三大基本程序。

1. 破产重整与和解

债务人在不能清偿到期债务，并且资产不足以清偿全部债务或者明显缺乏清偿能力，债权人在债务人不能清偿到期债务的情形下，可以向人民法院提出重整、和解或破产申请。重整是对破产或者有可能出现破产的债务人制定重整计划，进行生产经营上的整顿，以使债务人摆脱困境，恢复生机；和解是债权人会议就企业延期清偿债务、减免债务数额等问题解决达成协议。重整与和解的制度安排为破产型财务危机提供了起死回生的机会。进入破产程序后，如果能充分调动债权人、所有股东、政府主管部门和战略投资者的积极性，采取资产重组、财务重整等措施，企业能反败为胜，摆脱原来的泥潭，步入新的天地。

2. 破产型财务危机的终结——破产清算

由债权人或企业自己提出破产申请，通过立法程序处理财务危机。但是，进入破产清算程序的破产企业，各自的状况是不一样的。有一些尚具整体生产经营能力或尚有一定利用潜质的企业，可以对主体资产进行整体拍卖，由实力强的企业进行兼并，以实现其整体价值，并在新的经济实体中获得新生；而对那些不具整体资产拍卖条件的破产企业，也应尽可能收回和处理破产资产，清理债权，公平、合理有序地清偿债务，妥善处理职工失业救济和安置事宜，使破产企业顺利地“消亡”。

复习思考题

1. 如何理解财务危机的内涵？财务危机有哪些特征？
2. 财务危机与财务风险的关系是怎样的？
3. 财务危机管理的基本职能是什么？
4. 财务危机管理系统的构成是怎样的？
5. 财务危机预警系统的功能和作用是什么？
6. 财务危机预警系统的构成是怎样的？
7. 财务危机预警模式有哪些？运用预警模式中应注意哪些问题？
8. 财务危机处理的流程是怎样的？
9. 怎样理解财务危机处理策略？

第九章　企业集团财务管理

学习目标和要求

通过本章的学习，理解企业集团的概念、类型、特征以及企业集团财务管理体制的内涵、模式与设计等内容，为进一步学习企业集团财务管理打好基础；掌握企业集团财务管理以及企业集团财务控制的内容。

引导案例

美的集团创立于1968年，而美的品牌是从1981年开始使用的。从成立之初的小作坊发展至如今的国际化大品牌的40多年中，企业不断扩大，现在拥有员工80000人，旗下有美的、小天鹅、威灵、荣事达等十多个品牌。美的集团主要生产和销售家用电器和家电配件产品，现在有九个终端事业部和两个核心部件事业部，分别是家用空调事业部、冰箱事业部、洗衣机事业部、中央空调事业部、生活电器事业部、厨房电器事业部、洗涤电器事业部、环境电器事业部、热水器事业部、压缩机事业部、电机事业部，此外还有国际事业部和安得物流公司。美的集团的营销网络不仅遍布全国，而且在国外也设有销售机构。

经过二十几年的稳健、快速发展，美的集团2016年已经成为世界500强企业之一。这其中，美的的产品质量优良是根本因素，但是能够以如此之快的速度发展扩大，与美的科学的组织架构，合理的财务管理模式也是分不开的，同时美的的管理模式也能适时而变，不断调整和改善，对于推动美的集团的发展也是功不可没的。事实证明，财务管理体系在集团战略目标的实现过程中发挥着不可替代的作用。

美的的成长经历了三个阶段。第一阶段是从建厂初期1968年到1997年，属于寻找方向定位，缓慢发展阶段。第二阶段从1998年到2004年，这一阶段是美的集团的关键时刻，发展遇到瓶颈，美的面临着艰难选择。第三阶段从2006年到2010年，这也正是我国第十一个五年计划期间。美的集团又一次进行创新性的改革，在原来的产品事业部的基础上进行调整和优化，建立起横向协同的区域事业部。

美的集团的“集团财务—产业集团财务—事业部/经营单位财务—产品公司财务”四级财务管理模式，统一建立会计管理、资金管理、预算管理、风险管理、财务信息管理体系，强调专业化和体系化；横向管理则要求各层级职责定位清晰，各级财务要对所在单位提供支持服务，并进行管理和监督，积极创造经营增值和资本增值。

启发思考

（1）美的集团是如何选择企业集团财务管理体制的？

（2）美的集团对集团进行了哪些方面的财务管理？

第一节　企业集团概述

一、企业集团财务的基本概念

（一）企业集团

企业集团是现代市场经济发展到一定阶段的必然产物。企业集团最接近的英文为Conglomerate，意指综合性大企业，在许多情况下，它与把企业集团视为规模巨大的企业聚合（Corporate Group）相一致的。企业集团的概念最早出现在20世纪50年代的日本。

我国理论界与实务界对企业集团的认识大致分为两种。一种是传统认识，认为企业集团是由核心企业、紧密层企业、半紧密层企业、松散协作层企业构成的经济联合体或企业群体。

另一种认识则是现代意义上的企业集团概念，它以产权关系的建立来规范企业集团间的关系与内涵。在这种认识之下，企业集团可完整地定义为：它是以一个实力雄厚（包括资本、产品、技术、管理、人才、市场网络等实力）的大型企业为核心，以产权联结为主要纽带，并辅以产品、技术、经济、契约等多种纽带，将多个企业、事业单位联结在一起，具有多层次结构，以母公司为主体的多法人经济联合体，它是在经济上统一控制、协调而在法律上又各自独立的企业联合体。

（二）集团公司

在我国企业集团的形成与发展过程中，企业集团与集团公司（核心企业）的定义常常十分模糊，许多人往往把集团公司和企业集团混为一谈，其实两者并非同一事物。一般情况下，企业集团由集团公司或母公司、子公司和孙公司、分公司，以及其他相关企业组成。其中集团公司为企业集团的核心企业，分公司、子或孙公司等为紧密层企业，相关企业作为松散层企业而存在。集团公司之所以也称为母公司是因为企业集团是在集团公司的基础上发展起来的。集团公司作为一个经济实体，它具有独立的法人资格，一般都具有较强的经济实体，拥有较强竞争力的核心产业和技术优势，在达到一定的规模和实力后，通过横向或纵向兼并、收购或投资控股拥有对各子公司的绝对控制权和相对控制权，利用制定的企业集团组织章程、发展战略、管理制度等来协调约束企业集团内成员的行为，实现企业集团的资源配置效应、战略协同效应和管理协调效应。

（三）企业集团与集团公司的联系与区别

企业集团和集团公司的关系，应该是组织整体与组织核心的关系。企业集团区别于一般经济联合体的一个重要和基本的标志，是它有一个具有强大控制力和影响力的核心。集团公司是集团核心的一种具体形式，集团公司是企业集团中居绝对控制地位的公司。它在企业集团中起主导作用，通过多种联结纽带决策、影响和引导众多企业的经营方向、发展战略、产品类型、市场定位，对一个国家、地区、产业的经济发展都起到重大影响作用。也正因为如此，在这个公司之前要冠以“集团”，以区别于一般的公司。

理论上，企业集团和集团公司都表现为通过扩大企业边界替代市场作用并获取净交易费用节约的一种组织形式。实际工作中，企业集团和集团公司还是存在一定的差异性的，其中最大的不同就在于企业集团不是法人，而集团公司是法人。具体区别如下。

隶属关系上，企业集团包含了集团公司，集团公司隶属于企业集团。

财务管理模式上，企业集团有从集权到分权的多种选择，集团公司主要以集权为主。

财务管理主体方面，企业集团有多个财务管理主体，集团公司只有单一财务管理主体。

服从的运作机制方面，企业集团既服从市场机制，自身又有组织机制，而集团公司服从市场机制。

主要作用上，企业集团是追求整体最大利益的经济联合体，集团公司则是企业集团的核心层。

二、企业集团的特征

一般而言，企业集团主要具有以下特征。

（一）法律特征

企业集团是法人联合体，但集团本身并不是法人。这意味着集团内成员各自独立，不是行政隶属关系，是合作关系，这种关系由集团章程加以规制。企业集团的核心，即集团公司必须是具有企业法人地位的经济实体，这是为了保证集团统一的发展战略和总体规划的实现。

（二）组织特征

企业集团具有多层次的组织结构，一是核心层（核心企业），即带有母公司性质的集团公司。二是紧密层（骨干企业），由被集团公司控股的企业组成。三是半紧密层（配套企业），由被集团公司参股的企业组成。四是松散层（协作企业），由承认集团章程，与集团公司有互惠性稳定协作关系的企业组成。各成员企业是按照一定的联合方式联结起来的，彼此在资本、产品、技术等方面存在广泛的经济联系，在经营上存在共同的利益和风险，它们在组织上便表现出较强的稳定性。在节约交易费用的同时，也在一定程度上享有一体化组织的规模和分散风险的经济性。企业集团的组织结构，如图 9.1 所示。

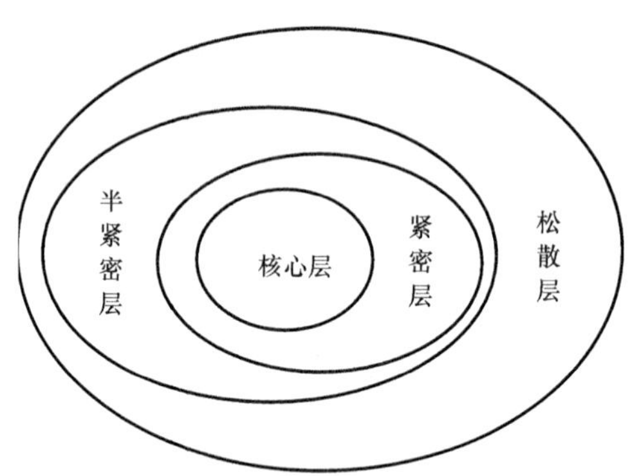

图 9.1　企业集团多层次的组织结构

（三）经营特征

从经营上看，企业集团具有多元化的经营特征，市场竞争能力强。为了分散经营风险，企业集团的经营规模都比较庞大，具有多元化经营特征。庞大规模和资金融通实力使其不仅可以形成从技术开发、产品生产到产品销售的有机整体，而且有必要也有可能通过多元化经营来分散经营风险，所以企业集团的经营范围往往跨行业、跨国界。

（四）财务特征

企业集团的财务特征主要有下列几点。

1. 产权关系复杂

企业集团内部往往使用不同的持股方式，如垂直持股方式、环状的相互持股方式、环状持股与垂直持股混合的方式去组织控制其他企业，使集团内部的产权关系十分复杂。

2. 财务主体多元化与财务决策多层次化

企业集团的一个重要特点是母公司与被控股的子公司之间在法律上彼此独立，并以资本的结合为基础而产生控制与被控制机制。所以在企业集团内部存在着多个财务管理主体，合并会计报表成为必然。在企业集团内部，母公司作为核心企业，与其下属各级子公司分别处于不同的管理层次，各自的财务决策权力大小、内容也各不相同，从而导致集团内部财务决策的多层次化。

3. 融资功能强大

企业集团是与金融机构密切联系的经济联合组织,比一般企业具有更加强大的融资功能。一方面，企业集团是多个企业的联合体，本身资本充足，市场竞争力强，所以从集团外部融资能力强。另一方面，企业集团内部各成员企业有着共同的利益目标，使成员企业相互之间的融资更加方便。而且有的企业集团包含金融企业在内，商品资本与金融资本相结合，更加增强了企业集团的融资功能。

4. 投资领域多元化

企业集团资金实力雄厚，为了充分利用资金并分散经营风险，往往实行多元化、综合化投资策略，将业务拓展到多个行业领域，并注重产品的多样化和系列化。

5. 以内部转移价格作为实现集团经营战略的一个手段

企业集团内部转移价格是集团内部相关联的各方在交易过程中所采用的计价标准，有些关联交易采取的是协议定价原则。交易价格高低在一定程度上取决于集团的需要，使得利润得以在企业集团内部各成员企业之间进行转移。对内部转移价格的利用已成为企业集团实现其经营战略的一个基本手段。

三、企业集团的类型

企业集团的类型可以按不同的标准进行划分。

（一）按经济关系划分

企业集团按经济关系可以划分为财团型企业集团和产业型企业集团两种类型。

1. 财团型企业集团

财团型企业集团的核心企业以大银行和金融机构为主。这类企业集团各成员之间以环状持股作为产权联合的纽带，决策机构是成员企业的经理或董事长组成的经理会。它们以大的银行为核心，由金融资本与工业资本融合而成，是为了相互提携业务减少市场风险等目的而结合成的相对松散的联合体。

2. 产业型企业集团

产业型企业集团以特大型公司为核心，通过控股、参股、契约而形成关系比较紧密的经济联合体。母公司主要用产权纽带控制下属的子公司，用契约方式协调其他成员企业。以企业集团的行业和产品性质为标志，产业型企业集团可分为横向型企业集团、纵向型企业集团和混合型企业集团。横向型企业集团是指在所专注的产业内，只从事某些产品的生产或者经营，并通过横向投资、并购及其所产生的规模优势，以获取竞争优势。纵向型企业集团是指在某一产业内，通过纵向投资、并购以形成该产业的完整产业链，从而将产业内“原料提供—产品生产与经营—产品销售”等一系列交易活动“内部化”并形成竞争优势的企业集团。混合型企业集团是指生产上或业务上并无多大关联甚至根本就没有关联的企业之间组成的企业集团，可进一步分为相关多元化企业集团和无关多元化企业集团。

知识拓展

日本六大财团

三菱财团、三井财团、住友财团、傅氏财团、劝友财团、三和财团日本六大财团是“以资本为纽带”的“财团型”企业集团，其特点是：各成员企业之间呈环状持股，是“以资本为纽带”的；但是，各成员企业之间只是一种横向联合，主要是为了相互提携业务，因而它只是松散的联合体；虽然集团也有核心（主要以大银行和金融机构为主），最高权力机构是“经理会”，但集团没有统一的管理机构；集团本身不具有独立的法人地位。

下列三家企业集团分别采用了典型的横向型、纵向型和混合型运作模式。

（1）新闻集团。

新闻集团产业板块包含所有媒体领域，核心业务涵盖电影、电视节目制作和发行、无线电视和有线电视广播、报纸、杂志、书籍出版以及数字广播、加密和收视管理系统开发。旗下拥有20世纪福克斯电影公司、英国天空广播等众多媒体，通过集团对传媒产业链资源的有效掌控，构建全球化传媒平台，是典型的横向组织型集团运作模式。

（2）中国石油化工集团。

中国石油化工集团公司是1998年7月国家在原中国石油化工总公司基础上重组成立的特大型石油化工企业集团，是国家独资设立的国有公司、国家授权投资的机构和国家控股公司。在上游不断加强石油勘探开发业务，同时在海外的石油市场将以石油勘探、开发为投资重点，通过参股、控股、购买储量，油田或公司等多种形式，争取更多优质资产，成立的特大型石油石化企业集团，是典型的纵向型企业集团。

（3）三菱集团。

三菱集团是由原先日本三菱财阀解体后的公司共同组成的一个松散的实体。三菱集团已经有100多年的历史，特别是在明治维新以后，三菱集团才开始步入了真正意义上的发展。接着三菱开始涉足采矿、造船、银行、保险、仓储和贸易，随后又经营纸、钢铁、玻璃、电气设备、飞机、石油和房地产等行业。三菱集团是日本最大的企业集团，世界上最多元化的企业之一。

（二）按其控制关系与形成途径划分

企业集团按其控制关系可以划分为控股型企业集团、契约型企业集团和混合联结型企业集团三种类型。

1. 控股型企业集团

控股型企业集团，也称资本联结型企业集团，是指其内部各成员企业以股份为纽带而组建的企业集团。控股企业可以通过持有多数股权，对从属企业的重大决策和重大事项加以控制，从而建立起以产权关系为基础的控制关系。另外，由于集团内企业互相参股，形成了你中有我、我中有你的共同利益约束关系，使企业集团成为一种利益共享、风险共担的利益共同体，具有较强的凝聚力和向心力。

2. 契约型企业集团

契约型企业集团是指通过订立合同，如承包合同、租赁合同、授权经营合同等，各成员企业自愿结合的企业集团。这种类型的企业集团是靠合同这种契约来明确各成员企业之间的责权利关系的，参加联合的各成员企业拥有完全的自主经营权，享有独立的法人地位。相较于控股型企业集团，契约型企业集团的形成相对容易，但组织结构相对松散，联结纽带相对脆弱，规模不大。

3. 混合联结型企业集团

混合联结型企业集团兼具上述两种类型企业集团的特征，成员企业既通过投资参股的形式形成股权联结，又通过生产、销售、技术等合同的形式形成契约联结。这类企业集团具有股权和契约双重纽带，使得成员企业之间的经济联合更加稳定。

四、集团公司与子公司财务关系

在集团内部，集团公司与其下属子公司都是相互独立的企业法人，遵循民法的基本通则，体现各自独立的社会化人格，但为了达成资源整合与管理协同效应，作为管理总部的母公司必须充分发挥主导功能，为集团整体及其各阶层成员企业的协调有序运行确立行为规范与准则。企业集团各成员均必须遵循这些一体化的统一规范，将各自的权利地位纳入集团统一的目标、政策的规范或秩序约束之下，因此企业集团中的具有相互独立法人资格的母子公司要在一个特定的法人联合体的系统框架下进行权利与地位的整合重组，对各自在集团中的角色予以准确定位，并界定出主要管理关系。

（一）企业集团母子关系定位

作为集团母公司，以资本为纽带，实行产权管理，通过母公司对子公司实行有控制的放权，有效界定管与放的职责范围，明确母、子公司各自的权利角色和职能分配，以此为基础构筑母子公司管理体系。子公司作为独立法人实体，依法独立核算、自负盈亏、自主经营。母公司只能通过各子公司董事会对子公司实行间接管理，母公司及其职能部门除根据规定程序制定的章程、条例、制度、契约明文规定及相关授权外，不得干涉各下属子公司的具体经营管理活动。

这样在企业集团内形成两类责任中心：母公司作为集团的投资决策中心从事资本运营，追求投资回报的最大化和企业集团整体价值的最大化；各子公司作为集团的利润中心，拥有全部的法人财产权，独立承担民事责任和享有民事权利，依法独立经营，最大限度地追求效益的增长；母公司的费用中心及子公司的分支机构是成本中心，其主要职责是在严格控制成本费用的过程中完成生产计划和提供优质服务。

在投资决策层面上，母公司应强化人力资源管理、财务管理、投资管理和企业文化等功能，并形成集团有效的监控机制，使企业集团管理职能适应子公司自主经营的需要，并符合企业集团对子公司实现有效监管的要求。在利润中心和成本中心构成的经营层面上，对集团内的存量资源实行优化配置，并进行适度的投入形成增量资产带动产业升级。

集团母公司与下属公司之间的关系，事实上就是一种控股公司与子公司的关系。在这层关系中，首先必须要明确母公司地位。

案例 9.1

江西铜业集团的母子公司

（1）母公司处于所有者地位。江铜集团母公司下属共有21家全资子公司，控股子公司53家，其中持有上市公司江铜股份有限公司44.06%股份，取得上市公司具有决定性表决权的股份，是上市公司的实际投资者和所有者，对上市公司及其他集团下属公司而言，集团母公司处于大股东地位，履行出资者职责，享有所有者权益。

（2）母公司处于管理者地位。之所以采取母子公司形态，是资本所有者实现自身经济利益最大化的一种选择方式。集团母公司与子公司包括江铜股份之间以产权为纽带联结。母公司作为子公司及江铜股份的出资者，对于子公司及上市公司的控制行为和控制力度均以法定的出资者权利为基础。母公司与子公司之间的关系不仅相当紧密，而且存在管理与被管理关系，即母公司可以通过控制上市公司董事会，决定其主要管理人员，决定其收益的分配等。

（3）母公司处于江铜集团的控股公司地位。控股公司是集团公司的特殊形态，是集团公司的最高级组织形式，是以母子公司体制为主导的集团公司。集团内公司关系只是以母子形态存在。与集团公司相比，控股公司对集团内各子公司的控制更为严格，利益关系更为紧密。母公司作为控股公司处于集团公司地位就是集团总部。

（二）集团公司与子公司权责关系

基于集团母公司所处地位，母公司与子公司之间，形成所有者与经营者、管理者与被管理者、母公司与子公司、集团公司与集团成员的关系。在江铜集团中，母公司是企业集团的管理总部，可以以集团整体的名义对内行使管理权，对外行使外交权。

1. 产权管理

集团母公司通过委托或选派高层经营管理人员，行使股东权利，对子公司的重大经营决策及业务活动进行控制、施加影响。对控股子公司，母公司可根据所拥有产权和股权比例选派董事会成员，对董事会决策施加影响，对股份有限公司设立股东会的，则可以根据在股东会上的表决权数，对股东会所做的经营决策加以控制。母公司享有子公司的投资收益权。此外，母公司对其向子公司派出的董事、监事、高层经营管理人员实施监督和考核。对派出到子公司的相关人员，视同母公司的内部人员，依母公司的相关制度进行管理、考核、奖惩。

2. 经营管理

母公司作为资产的所有者，其主要职责是研究制定集团的战略发展方向和发展目标；负责战略性投资和资源的有效配置；从事资本运作，拓展融资渠道，改善融资方式；制定基本管理制度和政策及进行有效的监督和考核，行使集中的、全局的、综合性的管理职能。即母公司在企业集团中承担投资和战略中心、计划和财务中心、政策和监督中心、指导和服务中心等四个主要角色。

（三）母子公司关系问题的核心

“公司股东作为出资者按投入公司的资本额享有所有者的资产受益、重大决策和选择管理者等权利”；“公司享有股东投资形成的全部法人财产权”。这是公司法做出的明确规定。企业集团中，母公司出资作为子公司的投资者，理应享有公司法所规定的三大基本权利。但另一方面，子公司作为独立法人，又必须享有法人财产权。正确处理出资者权利和法人财产权的关系，是解决母子公司关系问题的核心。

由于法人财产权是在出资人所有权的基础上派生出来的，法人财产权的运行不能超出出资人所有权的约束范围，不能脱离出资人的监管。因此，解决母子关系问题的基本原则是出资人所有权优先，即在集团公司与其子公司关系中，必须明确和坚持出资人监管经营者，出资人对子公司活动拥有最终决策的权利，这是对出资人所有权优先的承认和保障。在江铜集团中，集团母公司作为出资者对子公司活动拥有最终决策的权利。

出资者所有权优先必须体现在具体的权利划分上，否则，两者的关系仍然是抽象的。从国内外的实践来看，有六项权利出资者一般要保留：一是重要人事任免权；二是制定统一的集团发展战略和规划；三是股利分配和重大投资决策、资产交易决定权；四是子公司重大财产变动决定权；五是财务决算审定权；六是制定、修改公司章程。这六项权利是出资者在公司人、财、物等方面拥有的重要权利。

第二节　企业集团财务管理体制

一、企业集团财务管理体制的内涵与模式

财务管理体制是在一定经济体制下，企业对财务活动的各方面进行组织管理的制度和方法的总称，它包括财务管理权限的划分、财务管理机制的划分、财务制度的制定等内容，其核心是调整各方面的经济利益关系。本节所讨论的财务管理体制是微观财务管理中的企业集团财务管理体制，它包括企业集团财务机构的设置，财务人员的配置和责、权、利的划分以及与之相适应的内部财务制度的制定与完善等。

财务管理体制是以母子公司关系为基础的企业集团财务管理模式的首要问题，它为财务管理模式的运行和实施提供了最基本的制度平台和保障。如何在企业集团的纵向（如母子公司间）和横向（如母公司股东会、董事会、财务部及其他部门之间）进行财务决策权的配置和分割是企业集团财务管理体制构成的核心课题。一般来说，企业集团财务管理体制有三种：集权管理模式、分权管理模式、集权和分权相结合的管理模式。

（一）集权式财务管理体制

集权式财务管理体制是将子公司业务看作母公司业务的扩大，所有战略的决策与经营控制权（财务与非财务的）都集中在母公司。这种体制下的母公司拥有子公司的全部财务决策权，对子公司进行高度集权下的统一规划和管理，各级子公司没有财务决策权，只是负责母公司所计划的内容的具体实施。其特点是，集团内部的各项决策均由母公司制定和部署，集团内部可充分展现其规模与效益，并最大限度地降低资金成本和风险损失，同时也可以充分利用母公司的人才、智力、信息资源，达到机构健全和内部目标控制制度完善，使决策统一

化、制度化。财务管理集权式体制主要适用于企业集团规模不大且处于初建期，或子公司在整体集团中的重要性使母公司不能对其行权，或子公司管理效能较差等情况。

集权式财务管理体制的主要优点为：一是有利于保证企业集团内部财务目标的一致性；二是有利于实现企业整体利益的最大化；三是有利于有效地进行投资方向的战略调整；四是有利于迅速果断地做出决策，财务控制效率较高，能全方位地控制子公司的财务行为；五是企业的信息在纵向能够得到较充分的沟通，便于实现资源共享，企业集团较易调动内部财务资源，实现资源的合理配置；六是通过集团产品结构和组织结构的整体优化，有利于降低成本，取得规模效益。集权体制的缺点在于：第一，压抑了下级的积极主动性；第二，企业信息在横向不利于沟通；第三，管理权限集中在最高层。管理者距离经营最前沿较远，不熟悉市场情况，容易做出武断的决策。

（二）分权式财务管理体制

分权式财务管理体制是指决策权分散于各子公司，母公司起集团公司的作用。在这种分权体制下，子公司相对独立，母公司不干预子公司的生产经营和财务活动，只对子公司完成受托责任的情况进行考核和评价。分权式财务管理体制的特征主要表现为：子公司在财权设置、资本融入及投出和运用、财务收支、费用开支、财务人员选聘和解聘、工资福利及奖金等方面均有充分的决策权，并根据市场环境和公司自身情况拥有更大的财务决策权；在管理上，母公司不采用指令性计划方式干预子公司的经营活动，而是以间接管理为主；在业务上，鼓励子公司积极参与竞争市场份额的活动；在利益上，母公司往往倾向于子公司，以增强其实力。

分权式财务管理体制的主要优点有两个：一是有利于调动各成员单位的积极性和创造性；二是财务决策周期短，决策针对性强，应对市场变化能力较强。但分权体制也有其明显的缺陷，主要体现在四个方面：第一，企业集团内部财务目标不协调；第二，各成员单位资源调动受到一定限制；第三，过度分权增加了企业集团生产经营过程中的不协调性，影响规模经济效益的发挥，导致内部资源配置上的重复浪费，造成企业集团整体实力及市场竞争力整体下降；第四，分权控制很容易造成随意挪用资金和私设小金库等行为。

（三）集权和分权结合型财务管理体制

集权和分权结合型财务管理体制主要由于上述的两种体制出现了比较明显的缺陷才应运而生的。集权和分权结合型财务管理体制是指企业集团按产品、服务、客户或地区划分成立事业部门，企业集团总部授予部门很大的经营自主权，使其能够像独立企业那样根据市场情况自主经营，拥有财务决策自主权。根据母公司集权程度的不同，这种管理体制又可以分为集权为主、分权为辅和分权为主、集权为辅两种形式。集权为主、分权为辅的形式主要体现了集权制的优点，避免了由于权力过于集中而造成子公司缺乏积极性和活力，也有利于母公司对子公司实施有效的控制。

集权分权结合型财务管理体制综合了集权和分权体制两者的优缺点。适当的集权与分权的结合既能发挥集团母公司财务调控职能，提高决策效率和加强对下属成员企业的有效控制，又能激发子公司的积极性和创造性。这种模式有利于综合集权与分权的优势，克服过分分权或集权的缺陷，其缺点在于集权分权“度”的把握比较难。

综上所述，不同的财务管理体制模式有着不同的利弊。要选择适应我国企业集团的财务管理体制模式，就应该在权衡各种模式优缺点的基础上结合我国实际，从而做出合理的选择。

案例 9.2

四川泸天化集团的“十个统一”

四川泸天化集团的“十个统一”策略，即统一资产管理、统一资金管理、统一银行账户管理、统一信贷管理、统一税费征纳、统一物资采购管理、统一财务收入管理、统一发票管理、统一会计核算和管理以及统一财会人员管理，是典型的集权式财务管理模式。泸天化之所以能够实施如此严格的财务管理方式，主要是基于以下两点原因：一是泸天化的业务结构相对单一，业务的同质性意味着管理方式的通用度较高；二是组织形式以分公司居多，成立子公司也是基于业务扩展的需要，所以泸天化的集权型财务管理模式相当于统一了分厂甚至于每个车间的财务核算，因此实施上就容易得多。

湖南华菱钢铁的分权财务管理体制

湖南华菱钢铁集团有限责任公司（以下简称华菱集团）是 1997年底由湖南三大钢铁企业——湘钢、涟钢、衡钢联合组建的大型企业集团。在分层经营管理模式下，集团财务实行分散管理。集团公司对子公司行使股东权利，各子公司独立核算。母公司是集团的决策中心、投资中心和资本运营中心。母公司对子公司的会计基础工作规范化进行要求和管理，包括子公司会计机构的合理设置、会计人员的任用标准、会计核算办法的确定、会计监督的内容和要求、内部会计管理制度的制定等，既要体现共性，又要体现个性，制定出一套高水平的既统一又切合实际的管理办法和标准，并定期进行考核和检查。

南方中药港的集权和分权结合型财务管理体制

南方中药港以南方中药港药品交易股份有限公司为核心公司（母公司），旗下投资控股多家子公司。在规模扩张初期，实行了高度集权的财务管理体制模式，财务管理决策权高度集中于母公司，子公司只享有很少部分的财务决策权。后来南方中药港改进了财务模式，在集权方面，集团主要是在方向性和战略性的问题上进行管理。在分权方面，集团各子公司主要对具体性的，战术性的问题，如成本管理、费用控制、运营资金的管理等各自运作管理，集团仅给予宏观指导。这样做，既不影响集团内各企业的法人地位，又利于集团总部集中精力，做好市场和宏观规划，把握集团的总体发展方向。

二、企业集团财务管理体制的设计

（一）集团公司财务管理体制设计原则

财务管理体制是企业集团的一项基本制度，在其财务制度体系中起统驭作用，是构建集团组织结构的重要内容，关系到集团总体效率和效益。在企业集团发展的不同阶段，财务管理体制有不同的特点。在设计集团公司财务管理体制时，应当遵循以下原则。

1. 适应理财环境及集团自身特点

离开具体环境的财务管理谈体制，犹如空中楼阁，是不可能有效运行的。但同时财务管理体制的构建也应适应集团自身的特点。没有可以照搬的金科玉律，任何一种管理模式应用于自身时，都应做适应性调整。

2. 充分体现对财务管理的战略思想

财务管理体制是集团战略的重要组成部分，以母公司为主导的集团财务管理体现为一种战略管理，因此要求：①从母公司角度对集团整体的财务战略进行定位，并制定统一的理财行为规范，保证母公司的战略规划与决策目标能够为各层级财务管理组织或理财主体有效贯彻执行；②以制度或“法制”管理代替个人的行为管理，保证企业集团财务管理的连续性；③遵循集团治理结构体系，明确股东大会、董事会、经营者（包括子公司经营者）、财务经理各自的管理职权、管理责任、管理目标、管理内容等。

3. 集分权适度

集权与分权是构建集团财务管理体制所必须解决的核心问题。解决不好，不仅会影响集团财务管理的效率. 而且会影响集团内部关系的协调和整体优势的发挥。

4. 注重协调监控功能

有效的财务管理体制能够较好地协调各方面的委托代理关系和财务关系，尤其是母公司和子公司的关系。因此，在效率优先、兼顾公平的总原则下，母公司应保持必要的控制权，防止出现“内部人控制”所带来的消极后果。

5. 责、权、利均衡

构建集团财务管理体制的根本任务，就是协调集团各单位的责、权、利关系。所以，在构建财务管理体制时应贯彻以责任为中心、权力为保证、利益为手段，使集团各单位的责、权、利有效统一起来，充分发挥财务管理体制的约束、控制和管理功能。

6. 成本效益

在某种意义上，节约交易费用，追求最大效益，是集团财务管理体制构建的根本目标。无疑，在财务管理体制的构建中，应当尽可能地降低成本（包括组织成本、制度成本，甚至为构建它而牺牲利益的机会成本），尽量达到制度的科学化、效益的最大化。

7. 稳定性与灵活性相结合

财务管理体制在相当程度上反映了集团组织活动和管理过程的内在要求，具备很强的稳定性。但其模式不是一成不变的，必须随着集团经营状况的变化适时进行调整。

（二）集团公司财务管理体制选择应考虑的因素

集权和分权是相对的，没有一个绝对的定量指标来衡量，而且集权与分权各有利弊。对于集团来说，如何选择财务管理体制才能既发挥规模经济效益，又能调动子公司的积极性，需从集团的多个因素和角度来进行分析。

1. 集团的组织结构

集团的组织结构是影响集团财务管理体制的关键性因素。组织结构是管理体制的组织保障，离开组织结构就不可能去谈管理体制。根据美国学者威廉姆斯对企业组织结构的划分，公司内部的组织结构可分为三类：U型（单元结构）、H型（控股结构）和M型（多元结构）。直线制结构、职能制结构和直线职能制结构都是U型结构，U型结构是一种高度集权的组织结构，一般来说，集权型财务管理体制主要是应用于这种结构。U型组织结构，如图9.2所示。

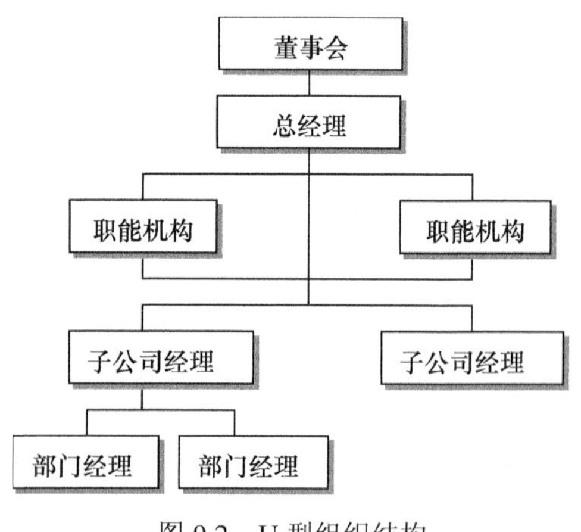

图9.2 U型组织结构

H 型是一种有机的组织结构，各部门之间联系较松散，部门具有较大的灵活性。在这一组织结构下，采取分权式的财务管理模式较为合适。M 型结构是一种混合型的结构，它由三个层次组成：第一层是公司的最高决策层，由董事会和经理班子组成；第二层是由职能、支持和服务部门组成；第三层是由互相独立的子公司组成。在 M 型组织结构中，公司的重要财务决策是由总部控制的，总部的财务部门负责全公司的资金筹集、运作。子公司的财务部门在某种程度上只是会计核算部门。可以说，M 型结构集权程度是较高的，它的特点是突出了公司的战略重点和整体资源的优化配置，使各子公司的财务活动与公司的整体目标相一致，增强了公司内部资金调控能力。M 型结构的具体形式有事业部制、矩阵制、多维结构等。例如，海尔的组织结构为事业部制，如图 9.3 所示。

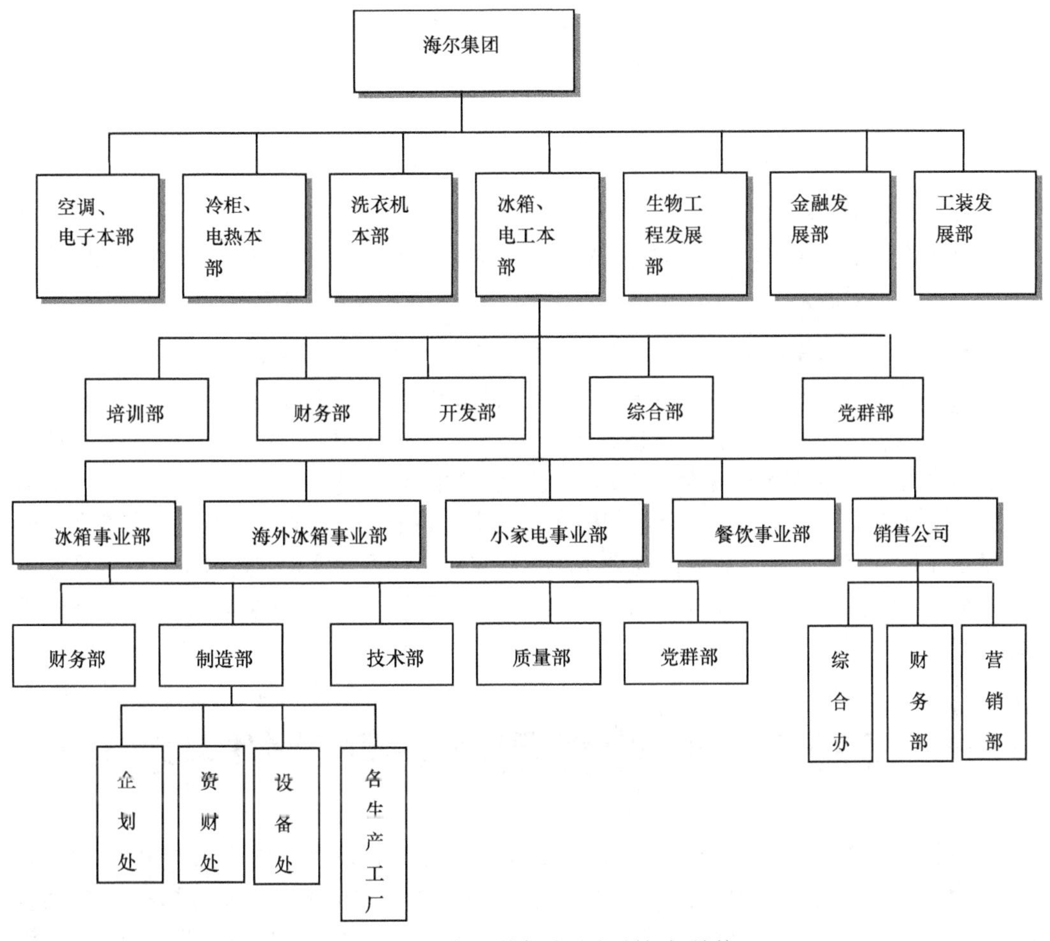

图 9.3　海尔集团的超事业部制组织结构

2. 集团的发展战略

集团发展战略是集团发展的总设计和总规划，是规划集团目标以及达到这一目标所需资源的取得、使用和处理方式。财务管理体制的选择应服从于集团的发展战略，充分体现财务管理的战略思想。集团发展战略按性质可分为扩张型战略、稳定型战略、紧缩型战略和混合型战略。企业集团在某一阶段不同的战略选择必然要求不同的集权分权财务管理模式来支撑。通常，在实施扩张型战略阶段，应鼓励子公司积极开拓外部市场，创造集团新的利润和经济增长点，与此相应，集团在财务管理体制的方式上分权的程度就应该高一些；在实施稳定型战略阶段，集团总部必须对投资融资权利从严把关，集权化程度要高一些；在实施紧缩型战略阶段，集团必须采取高度集权形式，以保证有限的财务资源发挥最大效益；在实施混合型战略阶段，则应根据子公司经营的特点分别采取不同的财务管理体制。

3. 集团的发展阶段

集团在不同的发展阶段，为适应业务发展的需要，应采取不同的财务管理体制。财务管理体制作为一种组织形式，它的变化较集团的发展来讲具有滞后性，是适应集团经营活动发展的产物。通常来讲，集团在发展的初期规模较小，业务通常比较单一，相应地采取集权化的财务管理方式，可以较好地发挥统一决策和资源整合的优势，在行业中形成管理上的规模效益。随着集团规模的不断扩大、业务领域的不断开拓，集权型的财务管理方式就不能满足集团在财务管理和经营方式上多样化的需要，就需要对成员企业在各方面进行更多的授权，从而使集团的财务管理模式逐步向分权化发展。

4. 集团的管理文化

我国的企业集团大多脱胎于计划经济时期传统的国有企业，长期以来形成的上级领导下级，下级服从上级的观念根深蒂固，深刻影响着集团的每一个个体。因此。沿袭这种习惯思维，只要策略恰当，采用集权为主、适度分权的财务管理体制在思想观念上能够得到大家的认同。

5. 集团的地理分布

一般来说，企业集团的下属企业在地理分布上比较集中，母公司比较容易了解和掌握下属企业的具体情况，就有条件对下属企业进行直接管理，采取相对集权的财务管理体制。相反，为提高财务决策效率，就要采取相对分权的财务管理体制。随着现代交通和通信的迅速发展，在条件具备时可对下属企业采取较多的集权性财务控制。

企业集团应采用何种财务管理体制模式？这个问题没有一成不变的答案。各企业集团的实际情况不同，其内部的分权程度也就不同，所采用的财务管理体制也就不可能完全相同。所以，企业集团在选择财务管理模式时，不能千篇一律，而应充分考虑集团自身的具体情况，因地制宜，因时制宜。

第三节　企业集团财务管理的内容

企业集团财务管理，是指企业集团为实现其经营目标，在特定的管理体制和环境下，组织以资金投入与收益为主要内容的各种财务活动和协调企业集团内外各种财务关系的经济管理活动。因此，尽管企业集团财务管理也涉及企业集团管理体制和财务管理体制的设计等集团宏观层次的问题，但其主要内容还是侧重于融资管理、投资管理和收益分配管理等方面。

一、企业集团融资管理

企业集团融资管理不同于单个企业融资管理，其重点在于解决母公司的资本结构优化和集团整体的财务风险控制。母公司对子公司分拆、分离、对外担保和上市融资等业务实时监控，达到控制整个集团财务风险和优化母公司与子公司资本结构的目的。按照资金来源的不同，企业集团融通资金的方式可以划分成外部融资和内部融资两种。但是，无论是内部融资还是外部融资，企业集团融资管理的重点都是集团资本结构的调整和优化，这一点是必须把握住的。

（一）外部融资

外部融资是指企业集团从集团外部融通资金。按照融资决策主体可分为两种形式：分散型和集中融资。分散型融资是指各个企业不通过集团公司，单独直接对外融资。企业集团融资的特点在于集中型对外融资，即由集团公司统一对外融资，然后根据投资项目的需要分期分批拨到成员企业。外部融资的方式有许多种，如发行股票、吸收直接投资、银行贷款、发行债券、商业信用、融资租赁等。这些不同的融资方式，其融资风险和融资成本是各不相同的，企业集团在选择融资方式时，应权衡利弊做出决策。

（二）内部融资

内部融资是指企业集团从集团内部获取资金。一方面，企业集团内部各企业实现的利润可以留存，作为企业集团的内部资金来源；另一方面，企业集团各成员企业之间存在密切的伙伴关系，可以互济互惠相互借贷融通资金。除了各成员企业之间直接互相借贷融通资金之外，还有其他可以在集团内部横向融通资金的方式。例如，可以建立企业集团发展基金，供企业集团统一使用；可以办理实行统贷统还的发展项目贷款，由集团公司为企业集团统一借入资金，并同意归还贷款本息。

随着企业集团的不断发展，金融机构对其的作用越来越大。企业集团应充分利用金融资本，比如建立融洽的银企关系，寻求银行长期而稳定的信贷支持，或是寻求银行等金融机构直接投资入股。企业集团还可以组建财务公司这一非银行金融机构，为企业集团的发展提供综合性金融支持。

想一想

表9.1列举了南方集团财务公司全年吸收各成员公司的存款和吸收存款中用于发放贷款的情况。

表 9.1　内部筹资额计算表

存款种类	存款平均金额（亿元）	用于发放信贷的比率	实际内部筹资金额
活期存款	8	30%	2.4
三个月定期存款	3	50%	1.5
六个月定期存款	1	70%	0.7
一年定期存款	1	90%	0.9
合计	13		5.5

假设全年贷款加权平均利息率为10%，存款加权平均利息率为4%，试问南方集团通过内部筹资全年可减少多少利息支出？

（三）企业集团资本结构分析

企业集团在负债能力上具有杠杆效应，这种杠杆效应使企业规模日益庞大，并形成一个金字塔式的控制体系。这种层层连锁控股导致多次运用同样的资本取得更多的借款，从而提高负债的可能，对其控制的资产和收益发挥很大的杠杆作用。但在这样的资本结构下，企业集团不仅没有化解风险，反而是集中了风险，随着附属企业层次的增加，处于顶层的企业负债率会非常高，其综合负债率将远远高于单个公司；另外，这种高比率的综合负债率会使控股公司层次上利润的微小降低在整个公司系统产生连锁反应。因此集团公司财务管理的任务之一就在于，对这种资金杠杆作用的利用和由此出现的风险防范，正确处理好经营风险和财务风险的关系，适时调整和控制资本结构，做到收益与风险合理均衡。因此，企业集团资本结构管理对策应包括预防性对策和经营性对策。

1. 预防性对策

（1）合理确定资本结构。在确定资本结构时应充分考虑企业集团抵御风险的能力，适度利用债务性资本的杠杆效应，提高自有资本的使用效率和收益率。企业集团应从集团整体着眼来考虑资本结构，通过对各种可能选择的融资方式的分析，对应承担的风险有所估计。

（2）协调子公司融资额、融资方式的选择。企业集团应以其长远的规划为基础，根据投资计划制定融资方案及相应的融资政策和资本结构政策，并对子公司的融资决策加以引导并施加影响，使之与母公司本身的发展相协调，与母公司不同层次的财务决策相适应。母公司与子公司之间的财务政策也需要相互协调。

2. 经营性对策

（1）有效控制集团公司内的资金流动及其调动。规避“杠杆风险”的途径之一是注重控制公司内部的资金管理，提高内部资金使用效率，降低资金使用成本，做好内部自有资金有效融通的工作。一般的方式有两种，即商业方式（转移价格）和财务方式（股息分配、贷款、资本增加）。商业方式主要涉及关联交易；财务方式主要涉及控股公司利用财务公司或内部结算中心向子公司发放内部贷款及子公司之间的相互贷款。

（2）谨慎推进集团的资本经营。企业集团应该根据其自身发展战略的需要，灵活运用兼并、收购、分离、出售、改组、上市、清算等形式，快速实现资本的集中、集聚、扩张、收缩和撤退，但这种资本经营只能由母公司来实行。

案例 9.3

1922年5月23日，迪斯尼公司创始人沃尔特·迪斯尼用1 500美元成立了“欢笑卡通公司”。现在，迪斯尼公司已经成为一家全球性的娱乐公司，和极具影响力的好莱坞电影制片公司。在迈克尔·艾斯纳长达18年的经营中，融资扩张策略和业务集中策略是其始终坚持的经营理念。这两种经营战略相辅相成，一方面保证了迪斯尼公司业务的不断扩张，创造了连续十多年的高速增长；另一方面确保新业务与公司原有资源的整合，同时起到不断地削减公司运行成本的作用。迪斯尼公司的长期融资行为具有以下四个特点：第一，股权和债权融资基本呈同趋势变动。第二，融资总额除了在1996年有较大的增长，其他年份都比较稳定。而1996年的融资激增，显然是与并购美国广播公司相关的。第三，除了股票分割和分红之外，迪斯尼公司的股权数长期以来变化不大。仅有的一次变动是在1996年，由于收购美国广播公司融资数额巨大而进行了新股增发。第四，长期负债比率一直较低，近年来仍在下降。迪斯尼公司的负债平均水平保持在30%左右。1996年为并购融资后，负债率一度超过40%，此后公司每年都通过增加股权融资来逐步偿还债务，降低负债比率。值得注意的是，该公司在2000年通过股权融资大幅削减长期债务，为2001年并购福克斯公司创造了良好的财务条件。

二、企业集团投资管理

集团筹集来的资金要尽快用于生产经营，以便降低成本，增加收益。但任何投资决策都有风险，因此，在投资时应认真分析影响投资决策的各种因素，科学地进行可行性研究。对于新增的项目，一方面要考虑项目建成后给企业带来的报酬，另一方面也要考虑项目给企业带来的风险，以便在风险与报酬之间进行权衡，不断提高集团价值。

（一）企业集团投资决策原则

企业集团的投资管理工作与单个企业的投资管理相比，最大的区别就是整个投资的决策过程中涉及两个或两个以上的投资主体，即企业集团的母公司与投资决策相关的子公司。在整个投资决策的过程中，多个参与者导致了决策信息传导链的延长，进而可能会导致信息的失真或阻滞，导致决策效率低下。所以在一个企业集团里可成立一个专门的项目投资小组，自始至终都参与投资项目全过程，这有利于减少信息失真和阻滞现象，同时可以增强投资决策人员的责任感。

1. 着眼于降低整个企业集团的投资风险

一般来说，投资风险的承受对于整个企业集团来说是确定的，即投资的风险不会转移到企业集团以外的地方去，但可能会出现投资风险在企业集团内部转移。不能出现当投资风险转化为现实的不利因素后无人负责或全部风险被转移到母公司外部的情形。

2. 兼顾参与各投资主体的利益

从理论上来说，投资应当使整个企业集团受益，但受益的传导方式会因投资项目的不同而不同。一般来说，由于投资项目的最终承担者是子公司，所以子公司是直接受益者，而集团母公司因子公司受益而间接受益。在企业集团中，要避免出现某一个或几个子公司利益增加而使整个企业集团利益受损的情况。

（二）投资决策程序

由于长期投资和短期投资的特点差异很大，对企业影响程度不同，所以应遵循不同的决策程序。

1. 长期性投资决策程序

长期性投资因其投资金额巨大、周期较长、风险较大等特点，其决策必须谨慎，考虑因素必须周全。相应地，其决策程序较为复杂，大致包括六个步骤。

（1）投资方案的提出。投资方案由企业集团中被赋予投资权限的子公司或集团总部的高层管理人员提出，内容包括投资目的、投资方案的技术可行性和经济可行性、多方案比较等。

（2）投资方案的审核。投资方案的审核包括两部分：一是由投资企业财务部门负责审核经济可行性，内容包括方案的现金流量计算和资金成本预测是否正确，资金来源是否有保障等；二是由投资企业的技术管理部门审核项目的技术可行性。

（3）投资方案的决策。投资方案的决策，是指由企业的最高层在审查项目的技术可行性、经济有效性、风险可控性和社会效益等指标的基础上做出同意、否决或修改方案的决定。

（4）投资方案的报批。集团子公司负责的投资项目还须经过报批程序，即将内部经过层层审批拟同意实行的最后方案报集团总部，由集团总部对项目的投资方向和投资规模进行最后把关，若同意即转入实施阶段。

（5）投资项目的实施。项目的实施要严格按计划的工期进度、资金安排和技术要求进行。

（6）投资的动态控制。投资的动态控制是指各子公司和集团总部投资管理部门应随时关注技术进步、市场变化和项目的实施情况，动态评价、预测项目的未来收益变化和风险及其他影响，并从企业集团整体利益出发，提出相应的加快、放慢建设速度或取消项目等措施。

2. 短期性投资决策程序

短期性投资因其金额小、时间短、频率高等特点，要求决策程序相应简单、高效，各集团子公司的短期性投资不必层层上报集团总部。一般来说，短期性投资决策程序只需经过三个阶段：确定投资需求、分析投资成本和效益、资金的投放与回收。

（三）投资决策的财务评价

1. 项目初选时的财务评价

企业集团不同的成长阶段所采用的财务评价方法与标准不同。当企业集团处于初创期或者是规模扩张期时，集团总部难以在银行或其他金融机构取得贷款或贷款有限，集团主要依靠内源性资本为投资扩张提供资本支持，因此，集团总部进行资本支出决策时，更多考虑的是投资成本的快速收回，以保证资金的流动性。同时，也有一些集团采用少量的杠杆融资，利用项目成本快速回收以满足本期或近期现金流量应付债务偿还的需要。在上述情形下，回收期法常被用于项目初选及财务评价。回收期法最大的特点就是可以判断初始资本的回收年限，企业可以拒绝回收期超过企业标准的项目，它并不是以赢利能力作为财务评价的依据，相反它更关注资本的周转效率以及对后续投资项目的资本支持。

而当企业集团步入成长或成熟期时，任何战略投资项目，都需要借助于是否具有“价值增值”性来进行财务评价。净现值法（NPV）和内含报酬率法（IRR）将成为财务评价的根本方法。

2. 可行性研究报告

项目正式立项后，需要组织项目小组进一步进行经济和技术的可行性分析，并提交可行性研究报告。可行性研究将综合论证项目建设的必要性、技术先进性、建设条件可能性、财务赢利性及经济合理性等，从而为投资决策提供科学依据。一般认为，可行性研究报告主要由下述内容构成：①项目概况；②市场预测；③产品方案与生产规模；④厂址选择；⑤工艺与组织方案设计；⑥财务评价；⑦项目风险分析；⑧项目可行性研究结论与建议等。

其中的“财务评价”主要涉及：①项目投资估算，包括项目投资估算依据、项目建设投资估算、项目流动资金估算等；②项目融资方案，包括项目资金来源及资本成本、融资方案及可行性分析等；③现金流预测、评价指标测算，主要包括项目财务评价基础数据与参数选取（如产品价格、项目经济使用寿命、折现率等），项目销售收入与成本费用估算，项目财务评价报表（如现金流量表、项目损益和利润分配表、项目资金来源与运用表、项目借款偿还计划表等），项目财务评价指标（如项目净现值、内含报酬率、投资回收期等），项目风险分析（如项目敏感性分析、项目盈亏平衡分析等）；④项目财务评价结论。

3. 财务评价方法中的参数估计及其风险考虑

在项目可行性报告中，财务评价无疑是其中最基本的内容。对企业集团而言，项目财务可行性评价方法与独立企业的项目评价方法是一样的，但是在财务评价方法中的参数估计及风险的考虑方面有其特殊之处。

（1）协同效应与项目现金流量的估计。在投资项目的决策分析过程中，最重要同时也是最困难的环节之一就是评估项目的现金流量。企业集团投资项目现金流测算应考虑业务协同而产生的“现金流量”方面的财务协同，即关注项目的“增量现金流量”。对于企业集团的项目投资，应考虑到该项目对集团现存其他项目或业务的影响，以考虑项目协同后的现金流量净增加额作为项目现金流，即增量现金流。

（2）项目风险、财务协同与折现率。从计算技术上讲，折现率的选择就是对企业风险大小的评价。一般来说，折现率反映了投资者对企业经营收益的最低要求，是企业选择投资项目的重要标准。在其他条件不变的情况下，折现率越低，企业价值就越高，反之亦然。一般情形下，企业集团为提高整体资源配置效率，会对所辖的投资项目设定“标准”或“统一”的折现率。

但是，除“统一”标准外，有时企业集团还要根据拟投资项目风险、子公司风险和集团风险之间的财务协同关系，来个性化确定其折现率。其基本原则是：该项目与子公司或企业集团整体项目业务没有相关性或相关性很低，则根据项目自身风险来确定项目折现率；若该项目与子公司业务或企业集团整体项目业务相关性很高，则应考虑协同性带来的风险降低效应，按分散后相对较低的集团风险来确定项目折现率。

想一想

××××年4月ZHJR新技术公司注册成立公司员工共15人，注册资金200万元。8月该公司投资80万元组织十多个专家开发出M-6401汉卡上市。11月公司员工增加到30人，M-6401汉卡销售量跃居全国同类产品之首，获纯利达1 000万元。次年7月该公司实行战略转移，将管理机构和开发基地由深圳迁往珠海。9月该公司升为ZHJR高科技集团公司，注册资金1.19亿元，公司员工发展到100人。12月底该集团主推的M-6401汉卡年销售量达2.8万套，销售产值共1.6亿元，实现纯利3 500万元。年发展速度达500%。此后四年时间因种种原因，该集团放弃了要做中国“IBM”的专业化发展之路，开始在房地产、生物工程和保健品等领域朝“多元化”方向快速发展。但是多元化的快速发展使得该集团自身的弊端一下子暴露无遗。集团落后的管理制度和财务战略上的重大失误最终导致其财务状况不良而陷入了破产的危机之中。

想一想：ZHJR高科技集团公司为什么会陷入破产危机？企业集团进行投资管理时应注意什么？

三、企业集团收益分配管理

企业集团收益分配是指企业集团用取得的赢利缴税后在各成员企业之间分配的财务活动。获取更大的经济利益是企业间相互结合的根本目的，是巩固和发展企业集团、增强集团凝聚力和生命力的核心问题，也是处理企业集团与国家经济利益及各成员之间经济利益的焦点。鉴于企业集团是一种复杂的经济联合组织，它的收益分配不仅要坚持各成员之间平等互利，不得发生相互侵占吃挤的现象，而且在此基础上还要注意研究集团收益分配问题的空间跨度和时间跨度的协调制约，只有这样，才能在完整意义上达到合理的境界。

（一）企业集团收益分配体制

企业集团的组织结构和财务机制是复杂的，所采取的收益分配机制也不能单一化。集团总部应根据不同的情况综合采用下述收益分配机制。

1. 统收统交体制

成员企业实现的利润全部上交集团总部，集团总部依法缴纳所得税，并按规定分配税后利润，成员企业使用资金时由总部统一支付。这种方式常见于集权型企业集团。

2. 利润分成制

集团公司以一定方式按比例参与成员企业的利润分配。具体方式又有两种：一是协议比例分成制，适用于核心层企业和实行承包租赁经营的紧密层企业；二是投资比例分成制，适用于控股层企业和以资金为纽带联结起来的紧密层和半紧密层企业。

3. 转移价格分配体制

通过制定合理的集团内部转移价格，来调节成员企业之间的收益分配格局。这种方式适用于集团公司对松散协作层企业的收益分配和成员企业之间的利益协调。

（二）企业集团收益分配的分配方法

（1）一次分配法。企业集团以体现平均或先进的劳动耗费的标准成本为基础，加上分解的目标利润，确定各成员企业配套零部件的内部协作价格。由于这种内部协作价格中包含了分解的目标利润，因而其利润是在成员企业出售零部件时一次实现的。

（2）二次分配法。第一次分配，是按事先共同确定的最终产品目标成本（或标准成本、计划成本等），制定每个零部件的目标成本，并以此作为集团内部的结算价格，结算价格与各成员企业实际成本的差额部分，盈亏自理。这实际上是补偿各成员企业在生产过程中的成本支出，是一个"还本"过程；第二次分配，是以最终产品销售收入扣除目标成本的余额或者说是赢利作为分配基金，然后按各成员企业生产零部件的目标成本值占最终产品目标成本值的比例加以分配。这实际上是对集团利润（扣除应缴各种税金后的转化形式）进行的分配，是一个"分红"过程。二次分配法在理论上和实践上是基本符合商品交换合理规则的。

（3）组合分配法。企业集团实现的利润，既按生产资料价值和非生产资料的生产要素价值进行比例分配（综合表现为按投资额的比例分配），又按各成员企业对集团生产的贡献进行比例分配（表现为按劳动效率的高低进行分配）。两者结合的比例可以由集团各方协商确定。

（4）新增利润定比分成法。参加集团的各方在扣除各自联合前的基数利润后，对联合后新增的利润，根据协议规定的分成比例（如投资比例、联合前三年的平均利润比例等）进行分配。

（5）技术成果计价分成法。提供先进技术、专利和商标的企业，按共同商定的单位产品提成额和商品产品销售量，从生产集团产品的受益企业新增利润中提取一定份额的报酬。

（6）投资比例分配法。集团企业对成员企业提供资金、技术、设备和价格优惠后，根据协议或章程规定，各成员企业要按一定比例向集团企业返回利润，但集团企业对这一部分利润并不收回，而留给成员企业用于技术进步的投资所需，并放弃参与成员企业由此产生的收益分配。当达到一定数量规模后，集团企业有权收回或作为交叉投资获得股份所有权，并参加收益分配。

（7）协议比例分配法。根据各成员企业所提供的技术、人力、资源、商标等要素的情况，按协议中规定的分成比例分配企业集团利润。

（8）股份分配法。凡是以资金、资产或无形资产折股联合形成的股份企业集团或集团的股份联合层，应按股份比例对集团收益进行股息分配和红利分成，以投资股份进行收益分配并承担相应的经济责任，这是集团利润分配的发展方向。

（三）内部转移价格管理

内部转移价格，是指企业集团内部各成员企业之间进行内部交易所采用的价格。各成员企业之间转让中间产品和提供劳务时按照内部转移价格进行计价结算。实行内部转移价格的优点在于：首先，有利于划清各成员企业的经济责任，使业绩评价和利益分配建立在客观可比的基础上；其次，有利于集团内部资金的合理调度，实现集团的战略目标；再次，有利于获得合理避税的效应。

内部转移价格的制定应优先考虑企业集团整体的利益，兼顾成员企业的利益，尽量做到公平合理。内部转移价格一般有以下四种。

1. 市场价格

市场价格是指以转让中间产品的外部市场价格作为内部转移价格。按照市场价格制定内部转移价格有两个基本假设：一是中间产品有外部市场，可以在外部市场找到相似的产品；二是中间产品有完全竞争市场或中间产品的供应无限制的生产能力。市场价格对买卖双方都没有偏袒，较为客观、公平，便于在企业内部引入市场机制，形成竞争气氛。因此，市场价格是制定内部转移价格最好的依据。但以市场价格作为内部转移价格也存在一定的困难：首先，完全竞争市场是个理想的市场，实际上并不存在；其次，外部市场上很难找到与中间产品完全一样的产品，产品特征、性能、耐用性、样式等方面的差异总是存在的，以存在差异的产品的市场价格作为中间产品的内部转移价格，其客观性尚需进一步考虑；再者，数量折扣、付款方式等因素的差异也会造成市场价格的不同，难以找到一个单一的市场价格。

此外，值得注意的是，以市场价格为基础的内部转移价格并不等于真正的市场价格。因为在企业集团内部进行交易，许多费用诸如广告、包装、运输、检测等方面的支出将不需要发生或是大为减少，所以以市场价格为基础的内部转移价格应低于外部市场价格。

2. 协商价格

协商价格是集团内部成员通过共同协商确定的价格。协商价格的采用源于市场价格在企业内部采用时存在的弊端。如前所述，企业集团内部使用的市场价格并不能完全反映企业集团内部结算的实际需要。管理实践中往往通过协商确定中间产品的转移价格。

协商价格的上限是市场价格，下限是产品单位变动成本。因为如果协商价格高于市场价格，中间产品需求方会宁愿到市场去购买；而如果协商价格低于单位变动成本，中间产品供应方无法维系生产，肯定会拒绝供应。

协商价格要在买卖双方拥有讨价还价的权利时才能够顺利实施。对于在企业集团内部流通量大、涉及面广的中间产品，往往由母公司牵头，组织成员企业协商确定转移价格。协商价格最大的缺点是价格的高低受谈判双方讨价还价能力的影响，如果是集团内各成员企业多头协议或是需要协商的项目繁多，将可能导致协商成本上升，甚至难以得到统一的协商结果。

3. 双重价格

双重价格是针对买卖双方分别采用不同的价格作为内部转移价格。双重价格一般有两种形式：一是当产品在市场是有多种价格时，供应方采用最高市价，需求方采用最低市价；二是供应方以市场价格或协商价格作为计价基础，而需求方以成本作为计价基础。采用双重价格作为内部转移价格主要适用于企业内部核心层企业，这些企业由母公司直接控制，计价的目的不是为了确定各个企业的实际损益，而是为了便于对成员企业进行业绩的考核和计量，是落实经济责任的方式之一。实行双重定价虽然可以起到调动子公司积极性的作用，但是这种定价方式下，供应方按高价出售，需求方按低价购进，就可能使双方对成本控制有所松懈。

4. 成本转移价格

成本转移价格是以转移产品的成本为基础制定的内部转移价格。由于成本的概念不同，成本转移价格也有不同的形式：一是以产品的标准成本作为内部转移价格；二是以产品的标准成本加上一定的合理利润作为内部转移价格；三是以产品的标准变动成本作为内部转移价格。具体采用哪种形式应根据转移产品的特点和制定转移价格的不同要求来确定，而且都应该以标准成本而不是以实际成本为基础来确定内部转移价格，这才不至于将中间产品供应方的功与过都转嫁到购买方，便于正确评价双方的业绩。使用成本转移价格比较简单，所依据的成本数据容易取得，但成本概念的多样性也使得成本转移价格的选择具有一定的人为性。

尽管内部转移价格的形式有多种，总体而言，市场价格，协商价格较为适合企业集团内部具有独立法人地位的企业之间的交易结算，以便兼顾企业之间的利益。而双重价格、成本转移价格则较为适合某一企业内部非独立单位之间的结算，其主要是作为考核内部单位业绩的一种计量手段。

案例 9.4

以武钢集团公司为例解读内部转移价格

一、武钢集团公司转移价格概括

由于武钢集团公司内部各分部的组织形态不同（大致可以分为不具有法人资格的分公司、分厂和事业部；具有法人资格的全资子公司和控股子公司），且各分部的业务性质不同，提供的产品和劳务也不同，因此目前公司主要采用以下三种方式来确定内部转移价格：①以市场价格为基础的内部转移价格；②以成本为基础的内部转移价格；③零转移价格。

二、武钢集团公司转移价格示例

由于集团公司控股的上市子公司与母公司、其他子公司之间的内部交易价格（即关联交易价格）最为规范和严格，几乎涉及所有的关联方和相关产品和劳务，具有很强的代表性，因此，我们以这种内部交易价格（即关联交易价格）来说明武钢集团公司内部转移价格的确定。

（1）母公司与控股子公司的内部转移价格的确定（见表9.2）。

表 9.2　武钢集团公司与武钢股份公司之间内部转移价格的确定

提供商品或劳务的类别	定价原则	内部转移价格
热轧卷	《热轧卷原料供应协议》	销售给非关联第三方的价格为主
综合服务	《综合服务协议》	国家定价，市场价格和实际成本
存贷款利息		国家定价
土地租赁	《土地使用权租赁协议》	协商定价
备件等		免费代采购
专利、专有技术及商标	《专利及专有技术实施许可协议》《专利及专有技术实施许可确认书》及《〈专利及专有技术实施许可协议〉之补充协议》《商标许可使用协议》	市场价格

（2）控股子公司与其他关联方的内部转移价格的确定（见表9.3）。

表 9.3　武钢股份公司及其他子公司之间内部转移价格的确定

关联方名称	提供商品或劳务的类别	内部转移价格
武汉钢铁集团矿业公司	各种原料（主要为铁矿石）	市场价格
武汉钢铁集团矿业公司、武汉钢铁集团耐火材料有限责任公司	冶炼溶剂（白云石、消石灰）	市场价格
武汉钢铁集团能源动力公司、武汉钢铁集团氧气有限责任公司	能源介质（净化水、过滤水、软水、水蒸气、煤气、热风等，氧气、氢气、压缩空气、氯气等）	实际成本
武汉钢铁集团有限公司、金属资源有限责任公司、武汉钢铁集团能源动力公司、武汉集团工业港	加工费（废钢加工、重油加工、港口加工服务）	实际成本与成本加成
武汉钢铁集团有限责任公司、武汉钢铁集团冶金渣有限责任公司、武汉钢铁（集团）公司运输部	运输服务（铁路运输、公路运输）	政府价格、市场价格

续表

关联方名称	提供商品或劳务的类别	内部转移价格
武汉钢铁集团教培中心	教育培养	政府价格、市场价格
武汉钢铁集团能源动力公司	副产品销售（高炉、转炉煤气、蒸汽）	协商价格
武汉钢铁集团财务公司	贷款利息	政府价格

从表9.2和表9.3的实证分析可以看出，集团公司内部转移价格作用和类型的多样化决定了公司在制定内部转移价格时要从战略高度统筹考虑。

第三节　企业集团财务控制

一、企业集团财务控制的含义

企业集团财务控制，是基于母子公司间的产权和资本纽带关系，为实现企业集团的整体利益最大化，以母公司对子公司的财务的约束、检查或调整为手段而形成的若干要素的结合体。

企业集团的财务控制是集团管理控制的基础。财务控制不是一种简单的财务管理方法或手段，而是一种管理机制，规范着企业的经营活动。通过财务控制可以有效地提高企业的经营效率和抗风险能力。具体来说，企业集团的财务控制有以下三方面的含义。

第一，从整个企业集团角度看，财务控制应与企业集团的组织结构保持一致，充分体现集团内各个利益相关者之间的制衡，主要体现在董事会、监事会、经理层之间的职责与权限的划分。这是整个财务控制的基础。

第二，从出资者角度出发，现代企业的本质特征就是出资人的所有权和企业法人财产权的分离，出资者将其资本投入企业后，其资本就与债权资本结合在一起构成了企业的资本，形成企业的法人财产，出资人这时候失去了对法人财产的直接控制权。出资者为了实现其资本保值增值的目标，就只能通过控制其资本的方式操纵法人财产，以实现出资者资本价值的最大化。而控制资本既是产权控制的主要内容，又是财务控制的前提和基础。

第三，财务控制应将企业战略目标与决策、集团公司业绩考核与激励纳入整个控制体系。这也是企业集团整个财务控制体系的核心内容。

二、企业集团财务控制的内容

企业集团的财务控制包括出资者财务控制和经营者财务控制，企业集团的财务控制主体也可以分为出资者和经营者。出资者在企业集团中可以分为两个层次、集团母公司的出资者和作为下属子公司的出资者的集团公司。我们所要讨论的是集团母公司作为出资者对整个企业集团的财务控制。

按照财务活动分类，企业集团财务控制可分为投资控制、融资控制、资产控制、利润分配控制等。

按控制循环分类，企业集团财务控制可分为事前控制、事中控制、事后控制。其中事前控制包括预算编制控制、组织结构控制、制度控制、授权控制等；事中控制包括内部结算中心控制、预算执行控制等；事后控制包括内部审计控制、业绩评价控制等。

三、企业集团财务控制的方式

（一）资金控制

资金控制，是指集团公司对各成员企业的资金存量和流量的控制。企业集团要实现对各成员的财务控制，资金控制可作为最直接、最有效的财务控制手段。任何一个企业的生产经营活动都离不开资金，因而，集团公司应该将各成员企业的资金筹措实现统一管理，统一安排，以实现对企业内优先资金的最优使用的目的。企业集团对资金的控制应涉及资金的筹措、投放、调配和收益等各个环节，实施全过程的管理。资金控制包括现金控制、筹资控制和投放控制等内容。

资金控制的方式有统收统支模式、拨付备用金模式 、结算中心模式、财务公司模式。其中，统收统支模式是指集团的一切现金收付活动均集中在总部财务部门，分支机构和子公司不单独设立账号，一切现金收入直接进总部账户，一切现金支出也经集团财务部门付出，现金收支批准权集中在总部经营者或其授权代表手中；拨付备用金模式是指集团总部按一定期限拨付给分支机构或子公司一定数额现金以备其用，分支机构或子公司发生现金支出，持相关凭证到总部财务部门报销以补足备用金；结算中心是企业集团内部独立核算、自负盈亏的非法人二级企业，结算中心通常设在集团公司财务部，它对整个集团资金实行统存统贷管理，在所有权和使用权不变以及自有资金随时可用的原则下，把分散在集团内部成员企业的资金集中起来，实行统一管理、分配和使用，并监督资金的流向；企业集团财务公司是指以加强企业集团资金集中管理和提高企业集团资金使用效率为目的，为企业集团成员单位提供财务管理服务的非银行金融机构。对于大中型企业集团来说，资金控制最有效的方法是建立集团公司财务结算中心或财务公司。

（二）制度控制

制度控制主要是指财务制度、会计制度和会计政策。以财务权力责任为核心的内部财务制度是集团公司开展财务活动的行为准则，也是集团公司实行科学财务管理的前提条件。企业集团各成员企业不仅要执行国家财务会计制度，而且还应该执行由集团公司根据集团具体情况制定的一系列财务会计制度，主要包括财务管理基本制度、成本费用控制制度、财务分析制度、合并会计报表规定、收益分配管理办法等。

集团公司内部各层次的财务制度均应重点突出公司权力机构（股东大会）、决策机构（董事会）、执行机构（经理层）和财务管理部门四层次的财务权限和责任，包括它们各自在筹资决策、投资决策、收益分配决策等各项财务活动中的权限和责任，以实现企业内部管理制度化和程序化。

（三）预算控制

企业集团预算控制是指通过预算计划的形式规范企业集团从整体到各成员企业的目标和经济行为的过程，调整与修正管理行为与目标偏差，保证各级目标、策略、政策和规划的实现。预算与企业的战略紧密相连，企业战略和由战略转化而来的企业长期、短期目标，是预算的基础。预算是计划和控制的工具，它具有规划、控制、协调、激励等功能。在预算控制系统中，战略计划是预算控制的目标与方向，预算编制是预算控制的基础与关键，预算执行和内部报告是预算控制的实施与重点，预算评价与预算激励是预算控制运行不可缺少的环节与保证。预算控制的内涵不仅仅是编制预算本身，它是一个动态的控制过程，是一种控制机制。其基本内容包括预算的编制，预算的实施，预算的调整和偏差的纠正，预算的评价、考核和报告，预算的奖惩等。

（四）财务总监委派制

财务总监委派制，是指母公司为维护企业集团的整体利益，强化对子公司经营管理活动的财务控制和监督，由母公司直接对子公司委派财务总监，并纳入母公司财务部门的人员编制，实行统一管理与考核奖惩的财务控制方式。具体实施时，可按企业与各分支机构及子公司之间的隶属关系、管理权限，逐级委派各级财务总监。财务总监委派制主要有财务监事委派制和财务主管委派制两种形式。

1. 财务监事委派制

财务监事委派制是指母公司作为子公司的所有者或出资人，向子公司派出财务监事，专司对子公司的财务活动进行监督与控制职能的一种财务人员控制制度。

财务监事作为母公司委派的监督控制者，其基本职责如下。

（1）检查、监督子公司的经营管理策略，特别是其财务政策是否与母公司的总体经营战略保持一致。

（2）检查子公司是否有效地执行母公司对其做出的涉及母公司所有权利益的有关部门重大财务事项决策；一旦发现子公司经营者的行为损害了母公司的利益，财务总监有制止子公司负责人违规行为及制止无效时向总部汇报的权力，并责令其纠正。

（3）监督子公司是否建立并有效执行了财务管理工作制度。

（4）批准或否决子公司重大的投资、融资决策，参与派驻单位重要经济业务活动的分析决策；负责组织编制和执行派驻单位各类预算和信贷计划；将影响集团公司长远发展的重大事项向公司董事会及时汇报。

（5）行使对子公司重大的例外事项的决策处置权。

（6）母公司赋予的其他决策监督权。

2. 财务主管委派制

财务主管是指母公司作为子公司的所有者或者主要出资人，通过行政任命的方式，直接向子公司派出财务主管，并将其纳入母公司财务部门的人员编制，进行统一管理与考核奖惩，同时主管子公司的财务管理事项，直接介入子公司的管理决策活动。

在财务主管委派制中，财务主管相当于子公司的总会计师或专司财务管理的副总经理，其职责除了涵盖财务监事委派制中的财务监事的监控职责外，还有一种特殊的职责。这主要是由其双重身份决定的：财务主管除了是子公司经营者的助手，他还有一种特殊身份——母公司经营者的代表。作为母公司经营者的代表，财务主管需要从母公司的总体经营政策、目标出发对公司经营者的经营行为实施监控，这同财务监事委派制下的财务监事的职责基本相同；而作为子公司的经营者助手，财务主管必须接受子公司经营者的直接领导，在主管子公司日常财务管理工作和建立财务控制体系时，要协助经营者做好各项重大财务决策。

财务主管委派制的实施，使财务主管直接进入子公司的经营管理活动，从而提高了信息决策的价值与效率，强化了母公司对子公司的财务控制与决策机制。同时母公司委派的财务主管是具有较高理财水平的专业人员，对提高子公司经营决策的正确性与效率也起到一定的积极作用。

（五）审计控制

集团公司只有利用审计控制，才能了解公司下达的各项财务会计制度及其他规范是否得以切实的贯彻执行，效果如何，以及各成员企业的经营业绩如何等信息。集团母公司应设立内部审计部门，将经常性财务收支审计、经济责任审计与经济效益审计结合起来，加强对子公司的财务审计、年度审计和子公司经营者的经营责任审计。一旦发现问题及时报告，及时纠正，并对责任人加以处罚，以形成集团公司内部自上而下的监督制约机制，保证各子公司在受控状态下协调发展。

复习思考题

1. 企业集团与集团公司有什么联系与区别？
2. 试述集团公司财务管理体制的种类及其应用范围。
3. 简述集团公司财务管理体制选择应考虑的因素。
4. 企业集团财务管理的内容有哪些？并简要阐述。
5. 企业集团财务控制的主要内容有哪些？并简要阐述。
6. 试述集团总部对子公司实行财务监事委派制的优缺点及改进措施。

第十章　国际财务管理

学习目标和要求

本章从国际财务管理的基本理论出发，对国际财务管理涉及的主要内容进行了较为全面、详细地介绍。通过本章的学习，了解国际财务管理的含义与特点，熟悉国际财务管理的主要内容，掌握国际企业筹资管理、国际企业投资管理、外汇风险管理，熟悉国际企业营运资金管理的主要内容和方法。

引导案例

近年来，不少中国企业积极投身于走出去战略，纷纷进行海外投资或海外并购。王健林和他的万达集团也明确提出要发展成为世界一流跨国企业。万达集团创建于1988年，是覆盖商业地产、文化旅游、电子商务、连锁百货四大产业的综合性跨国集团。2012年5月万达以26亿美元收购美国AMC影院公司全部股权，成为全球规模最大电影院线运营商。

2013年万达在英国伦敦投资了两个项目：并购英国圣汐游艇公司以及建设超五星级万达酒店和顶级公寓。总资金投入10亿英镑，其中一半来自贷款。2014年6月万达欧洲以2.65亿欧元完成对西班牙马德里地标建筑——西班牙大厦的收购。2014年8月，万达中标洛杉矶比佛山市项目，拟投资12亿美元。与此同时，万达澳洲以认购新股的方式控股了珠宝三塔项目公司55%的股权。值得一提的是，万达进入澳洲采用了与投资马德里一样的海外合营平台模式。2014年万达集团的海外投资规模已超过600亿元人民币。

万达的海外投资也存在着很大的风险，既有复杂的商业环境和强劲的竞争对手，也有跨国的文化差异。投资涉及的酒店、旅游的重点之一就是跨文化管理。此外，资金链也是极大的考验。这些投资回收周期长，且后期也需要大量的资本投入。还有东道国政策法规带来的风险也不可小觑。

启发思考

（1）万达在进行国际投资时应该注意哪些方面的问题？

（2）万达海外投资应如何进行筹资与投资管理？

（3）并购、直接投资、认购股权分别有何优劣？

（4）万达集团该如何应对海外投资风险？

第一节　国际财务管理概述

作为现代财务管理的新领域，国际财务管理的理论体系并不十分成熟，国内外学者关于国际财务管理概念的表述也存在着不同的看法。从目前国内外学者研究成果看，对国际财务管理的定义可概括为以下三种主要观点。

第一种观点认为，国际财务管理就是世界财务管理。国际财务管理应当研究能在全世界范围内各国企业普遍适用的原理与方法，使世界各国的财务管理逐渐走向统一。这种观点距离现实太遥远，只能作为国际财务管理发展的最终目标。

第二种观点认为，国际财务管理就是比较财务管理。各国的政治、经济、法律、文化教育等方面存在着很大的差异，各国财务管理的目标、内容和方法也不尽相同。国际财务管理应在研究和制定适合各国财务管理基本理论和方法的同时，比较不同国家在组织财务活动、处理财务关系方面的差异，以便在解决国际财务问题时不把自己国家的原则和方法强加给对方，而力求互利互惠，共同发展。该种观点缺乏实质性的内容，仅仅是对各国财务管理的特点进行汇总和比较而已。

第三种观点认为，国际财务管理就是跨国公司财务管理。国际财务管理主要研究跨国公司在组织财务活动、处理财务关系时所遇到的特殊问题。此种观点把国际财务管理仅仅限制在跨国公司的范围内，未能完全概括国际财务管理的内容。

上述三种观点都有其可取之处，但都没有全面反映国际财务管理的确切含义。跨国公司财务管理是国际财务管理研究的重点内容，但仅仅局限于此是不够的。国际财务管理的主体应该是国际企业，而不仅仅是跨国公司；对象是国际企业在组织财务活动、处理财务关系时所遇到的特殊问题。国际企业是相对国内企业而言的，它泛指一切超越国境从事生产经营活动的企业，包括跨国公司、外贸公司、合资企业以及其他多种形式的处于不同国际化演进阶段的企业。可以说，国际企业是从事国际经营活动的经济实体的统称。因此，一个国际企业可能不是跨国公司，但任何跨国公司都属于国际企业。跨国公司是国际企业发展的较高阶段，是企业国际化程度较高的组织形式。

综上所述，我们认为：国际财务管理是研究在国际经济条件下，从事跨国生产经营活动的国际企业所面临的特殊领域的财务管理问题，它是遵循国际惯例和国际经济法规的有关规定，根据国际企业财务收支活动的特点，组织国际企业财务活动，处理国际企业财务关系的一系列经济管理活动。

一、国际财务管理的形成和发展

1. 财务管理基本原理在国际上广泛传播，是国际财务管理形成与发展的历史因素

国际财务管理的历史本来就是一部国际化的历史。通常，人们都认为财务管理于 19 世纪末产生于美国，并迅速传入西欧。英国把财务管理的原理传入了印度及其他英联邦国家。二战后，亚洲的日本、韩国、中国台湾和中国香港等也吸收了欧美财务管理基本原理。与此同时，苏联在吸收欧美财务管理基本原理的基础上，结合社会主义国家财务活动的特点，建立了社会主义国家的财务管理体系，并将其迅速传入中国等社会主义国家，推动了社会主义国家财务管理的形成和发展。由于受到社会制度、政治、经济等多种因素的影响，财务管理在发展过程中还是会留有某一特定国家的政治、经济和民族色彩。但是，国际财务管理的发展将有助于协调这种差异，并促进各国财务管理不断交流和融合，使财务管理进一步走向国际化。

2. 国际企业的迅速发展，是国际财务管理形成和发展的现实基础

第二次世界大战后，商品结构和贸易地域布局发生了重大改变，第三产业迅速发展，加上日益兴旺的国际旅游，越来越多的发展中国家也成为了国际贸易伙伴。生产国际化大大促进了国际财务管理的形成和发展。那些大垄断企业通过对外直接投资，在国外设立分支机构

或子公司，形成一个从国内到国外，从生产到销售的企业体系，这就是现代意义上的跨国公司。生产国际化是生产过程的全球化，是从生产要素的组合到产品销售的全球化。从原材料的供应、零部件的制造、加工工序到对外销售，一切都是在全球范围内进行的。各国之间的经济联系很快突破流通领域进入生产领域，于是出现了与国际投资联系在一起的生产国际化。以跨国公司为主体的国际化生产与投资，从事国际贸易，必然引起外汇资金的收支结算，必然要求其财务管理要与之相适应，通过长期实践，形成了一整套国际财务管理的理论和方法。

3. 金融市场的不断完善并向国际化拓展，是国际财务管理形成与发展的推动力量

在金融领域，同样由于科技革命的影响，生产的国际化大大推动了资本的国际化，国际资金借贷活动日益频繁，国际资本流动规模不断增大，国际金融市场迅速发展。近二三十年来，一大批新兴国际金融市场迅速崛起，这种市场不受所在国金融、外汇政策的限制，可以自由筹措资金，进行外汇交易，实行自由利率，无需缴纳存款保证金。这种金融市场最早出现在伦敦，后来在新加坡、中国香港等地相继设立。像 IBM、索尼这样的大型国际公司也纷纷通过国外的证券交易市场发行股票，从而其股票可以进行国际交易，同时获得海外资本的注入。金融市场国际化为企业进行筹资和投资开辟了新的途径和领域，但同时也对国际企业的财务管理提出了新的要求，以降低外汇风险。

二、国际财务管理的内容

国际财务管理与一般公司财务管理一样，都要涉及公司的投资、融资、股利分配决策、公司的日常财务管理等内容。但是，由于国际财务管理所面临的是一个全球一体化、具有不完全性的国际市场，面临着特殊的政治风险和外汇风险，这些特殊性决定了国际财务管理特殊的研究内容。国际财务管理的这种特殊性也使得国际财务管理与一般公司财务管理相比有更为丰富的内容。但目前针对国际财务管理内容，国内外财务学界有着不同观点，没有形成一致意见。根据我们对国际财务管理的定义，把国际财务管理的内容归纳为国际企业筹资管理、国际企业投资管理、国际营运资金管理、外汇风险管理、国际企业税收管理五个方面。

1. 国际企业筹资管理

国际企业的筹资渠道比国内企业宽阔得多，筹资的方式也更灵活多样。尤其是货币和资本市场全球一体化进程的进一步加快，为国际企业在筹资风险和成本的组合上提供了更多选择。因此从总体上讲，通过国际筹资风险和成本组合的管理，国际企业可以获得比国内企业综合资本成本更低的资金。除了企业内部的资金和总部所在国的各种资金外，国际企业还可以利用子公司和分部所在国的各种资金、其他国际资金。国际企业可以根据不同资金来源地的特点，利用不同筹资方式，构建最优资本组合，降低筹资成本。

2. 国际企业投资管理

国际企业投资是把筹集到的资金用于国际生产经营活动，以获取收益的行为。国际企业投资，按投资方式可分为直接投资和间接投资，按时间长短可分为短期投资和中长期投资。国际企业投资，往往要涉及比较复杂的环境因素和冒相当大的风险。所以，为了正确做出投资决策，国际财务管理就要研究投资机会，并进行评估和分析，掌握可行性研究的方法。

3. 国际营运资金管理

国际企业营运资金管理是国际企业财务管理中的一个重要环节，由于国际企业理财环境

的复杂性，国际企业营运资金的管理更多地受到汇率变动、外汇管制、税收等因素的影响。与国内企业营运资金管理相比，国际企业营运资金管理除了现金、应收账款、存货的最佳存量管理之外，更加强调营运资金流量的管理。

4. 外汇风险管理

外汇风险管理是国际财务管理最基本的内容之一，是国际财务管理和一般财务管理的根本区别。外汇风险是指在国际经济贸易和金融活动中，由于外汇汇率变动，使企业以外币计价的资产价值支出减少及负债、收入增加，可能发生损失，其结果是不确定的。外汇风险包括交易风险、换算风险、经济风险，其产生的主要原因是汇率变化莫测。

5. 国际企业税收管理

跨国公司组织机构的特点，使跨国公司具有内部转移资金的渠道，这种渠道包括法律上存在的产权关系，子公司之间进行的商品、劳务和技术交易以及公司内部互相提供贷款等方式。利用这些资金转移的渠道，跨国公司可以在全球范围内调配财源，把资金投放到最有利可图的地方；可以利用转移定价调节收入和费用，减少税收。另外，跨国经营所得也可能会产生重复征税，使纳税人承担沉重的税收负担。所以，近年来国际税收问题越来越受到人们的重视，并成为国际财务管理的一个不可或缺的内容。

三、国际财务管理的特点

国际财务管理是国内财务管理向国际经营的延伸，因而它与国内财务管理的基本原理、目标和方法等方面都有相似之处。但是由于国际企业的业务范围散布于许多国家，其经营活动受到不同国家的经济政策、法律和文化环境的影响，因此，国际财务管理比国内财务管理更为复杂、丰富，并具有以下显著特征。

1. 国际企业理财环境的复杂性

国际企业的理财活动涉及多国，而国家的政治、经济、法律和文化环境都有很多差异，从而形成了复杂的理财环境。国际企业在进行财务管理时，不仅要考虑本国各方面环境因素，而且要密切注意国际形势和其他国家的具体情况。特别要注意如下问题：①汇率的变化；②外汇的管制程度；③通货膨胀和利息率的高低；④税负的轻重；⑤资本抽回的限制程度；⑥资金市场的完善程度；⑦政治上的稳定程度。

2. 国际企业筹资渠道和方式的多选择性

国际企业与国内公司相比，筹资渠道具有更大的选择空间。国际企业既可以利用母国的资本市场筹集资金，也可以利用子公司所在国的金融市场筹资，还可以利用国际金融市场融通资金。国际企业可以利用这种多方融资的有利条件，选择最有利的资金来源，以降低企业的资金成本。因此，国际企业财务管理人员应从众多的筹资渠道中选择对企业最有利的、能够实现企业筹资战略目标和企业目标的筹资渠道。

3. 国际企业委托代理关系的多层次性

国际企业通常是由母公司、子公司、孙公司等构成的企业集团，同时也形成多层次的委托代理关系。由于国际企业的成员企业分散于世界各国，其代理成本往往高于一般公司。这就要求财务管理人员根据国际企业的组织结构、内外部环境的变化，形成较为合理的财务控制体系，将集权与分权有效地结合，实现企业的最终目标。

4. 国际企业财务风险管理的特殊性

通常情况下，国际企业面临比国内企业更大的风险，也就是说，国际企业除面临国内企业所具有的风险外，还面临更大、更新的风险。这是由国际企业所处的经营环境所决定的，它面临着政治和经济环境中的各种风险。这些风险包括两大类：一是经济和经营方面的风险，具体来说，主要有汇率变动的风险、利率变动的风险、通货膨胀的风险、经营管理的风险和其他风险；二是政治风险，具体来说主要有政府变动的风险、政策变动的风险、战争因素的风险、法律方面的风险和其他风险。一般来说，政治风险属于国际企业无法左右的风险，而经济和经营风险则可以通过企业有效经营来加以避免和克服。这就要求国际企业的财务管理人员从企业整体出发，正确认识这些风险，根据世界经济和国际金融市场的变化，合理配置资源，有效地运用资金，形成完善的风险管理与控制体制。

第二节　国际企业筹资管理

国际企业筹资管理是指国际企业通过科学的谋划和合理的组合，采取各种筹资方式在不同国家与地区之间进行融通资金，以建立和实现最佳资本结构的行为。国际企业在进行跨国筹资时会受到各国政治状况、经济环境、社会文化环境等的影响。因此，国际企业的筹资管理比国内企业的筹资管理复杂得多，管理难度更大。

一、国际企业筹资渠道

国际企业为了实现理财目标，要在全球范围内通过一定的渠道和方式筹措所需的资金。企业的筹资渠道是指企业在金融市场筹集资本的方向和通道，体现了企业资本的来源和流量。企业要想筹集到所需的资本数额，必须充分利用各种筹资渠道，这就要求企业弄清楚筹资渠道的种类以及每种筹资渠道的特点。国际企业还应该根据企业的筹资战略目标，选择适当的资金来源。在市场经济条件下，国际企业的资金来源及其途径是多方面的，主要有公司集团内部资金来源、国际企业母公司所在国资金来源、国际企业子公司所在国资金来源、国际金融市场资金来源等。

1. 公司集团内部资金来源

这是指母公司与子公司之间、子公司与子公司之间相互提供的资金。国际企业的经营规模大、业务多，常常在内部形成国际性的资金融通体系。除了在国外子公司创建初期，母公司投入足够的股权资本，以保持对其所有权和控制权之外，有时母公司还以贷款形式向国外子公司提供资金，因为这样做汇回的利息可以免税。国际企业的内部资金主要包括：①母公司与子公司本身积存的未分配利润与折旧基金；②集团内部相互提供的资金。内部相互融通资金，对于国际企业的重要性已越来越明显，通过这种渠道所筹集的资金，国际企业不需要支付筹资费用，可以降低筹资成本。

2. 国际企业母公司所在国的资金来源

国际企业可以利用与其母公司所在国（简称母国）经济发展的密切联系，从母国银行、非银行机构、有关政府机构、企业甚至个人处获取资金。归纳起来，主要有以下四个途径。

（1）从母国金融机构获得贷款。通常，跨国银行更愿意贷款给母国的主要国际企业，它们通常与其母国的主要国际企业存在着极为密切的关系，因此会以支持这些公司的业务活动作为它们的国际战略。德国、日本和瑞士的银行就是突出的代表。

（2）在母国资本市场上通过发行债券筹资。通过发行债券筹资是国际企业一种较为传统和有效的筹资渠道。一些银行不仅对本国国际企业提供银行信贷，还为其承办债券发行筹资业务，在母国资本市场上发行债券筹资所筹措的资金数量较多。如美国投资银行、英国商业银行都为其本国国际企业经办这类业务。

（3）通过母国有关政府机构或经济团体组织获得贸易信贷。政府资金的财政拨付须经过严格的审批手续，且通常为专项贷款，只能用于采购国外设备、技术和支付由贷款国提供的技术服务和培训等。绝大多数都是约束性贷款。具体形式上主要有政府贷款、政府混合贷款、政府赠款三种。经济团体组织主要包括母国国内的企业、国际企业、商业银行和各种基金组织等。这些机构存有大量的游资，需要寻找好的投资机会进行投资，国际企业可以利用这样的机会进行筹资。

（4）在母国民间筹集资金。民间资金主要是来自民间个人的资金。随着世界经济的发展，人民生活水平的不断提高，人们手中持有更多的闲置货币。人们的投资理念和习惯也随着经济的发展而慢慢改变，投资于企业成为许多人投资的新渠道。因此，在现代经济条件下，国际企业在民间筹集资金也是一个非常有潜力的资金来源渠道。

3. 国际企业子公司所在国的资金来源

国际企业有时所需的资金较多，当企业内部和母国资金不能满足资金的需求时，国际企业子公司所在国的资金就成为重要的补充来源。

国际企业子公司所在国和地区的经济状况和条件会影响到资金筹集的程度。如果子公司地处发达国家和地区，国际企业更容易筹集到所需资金。因为发达国家和地区经济基础较好，资本市场比较成熟和发达，资金相对充裕，这都为国际企业资金的筹集提供了便利。如果子公司是设立在欠发达国家和地区，这些地区经济相对落后，证券业起步较晚，资本市场不健全，那么国际企业通过资本市场筹措的资金就是会相当有限。

4. 国际金融市场资金来源

在国际领域中，国际金融市场显得十分重要，商品与劳务的国际性转移，资本的国际性转移、黄金输出输入、外汇的买卖以至国际货币体系的运转等各方面的国际经济交往都离不开国际金融市场。国际金融市场上新的融资手段、投资机会和投资方式层出不穷，金融活动也凌驾于传统的实质经济之上，成为推动世界经济发展的主导因素。

国际企业除了可以利用内部资金、母国资金和子公司所在国资金外，还可以从第三国或国际组织获取资金。国际金融市场是国际企业筹措资金的主要渠道。具体来说，国际企业通过国际金融市场筹资的方式主要有以下两种。

（1）向第三国或国际金融机构借款。当国际企业向第三国购买货物时，一般可从该国银行获取出口信贷。目前，许多国家都设立进出口银行，为本国或他国国际企业办理进出口融资。此外，国际企业还可向国际金融机构，如世界银行、亚洲开发银行、国际金融公司等借款。

（2）向国际资本市场筹资。这种筹资的对象主要是一些大型跨国银行或国际银团。如国际企业可在国际股票市场上发行股票，由一些银行或银团购买；也可在国际债券市场上发行中长期债券筹资。此外，国际企业还可以在国际租赁市场上进行融资。

二、国际企业筹资方式

筹资方式是指企业筹集资金所采取的具体形式，体现着企业筹资性质。对于上述各种渠道的资金，国际企业可以采取不同的方式加以筹集。充分认识筹资方式的种类以及每种筹资方式的资金属性，有利于企业选择适宜的筹资方式，以较低的成本、较快捷的时间和较优惠的条件，筹集到所需资金。国际企业筹资方式主要有下列五种。

（一）国际信贷筹资

国际信贷是指国家之间以多种方式互相提供的信贷，通常是指一个或几个国家的政府、金融机构、企业以及国际机构向其他国家的政府、金融机构、企业以及国际机构提供的贷款。正确利用国际信贷这种筹资方式，有利于国际企业顺利地完成资金筹措这项活动。国际企业利用国际信贷筹资，主要有以下两种方式。

1. 国际银行信贷

国际银行信贷是指国际企业在国际金融市场（如欧洲美元市场、亚洲美元市场）上向外国贷款银行借入资金的一种信贷方式。贷款的主要提供者是一些大型商业银行。国际银行信贷按贷款期限的长短不同，分为短期银行信贷和中长期银行信贷。

2. 国际商业信用

国际商业信用筹资是指发生在国际贸易中、以商业信用为基础的、来自商业伙伴的各种形式的融资，主要包括参与国际贸易的企业在生产链的各个阶段发生的赊购商品、预收货款、应付票据等等，是企业短期融资的重要方式。也就是说，国际企业除了从金融机构获得融资以外，还可从贸易伙伴那里获得融资。这不仅有助于实现企业筹资渠道多元化，降低融资成本，还在很大程度上解决了许多国际企业融资难的问题。因此，对于国际企业，尤其是非上市公司以及那些难以从金融机构获得贷款的中小国际企业来说，商业信用是一种非常重要的筹资方式。

（二）国际证券筹资

国际证券筹资是企业在国际证券市场上，通过发行国际证券，直接向公众筹集资金的信用行为，又称为直接筹资。国际证券筹资具有筹资主体主动，筹资对象广泛，筹资用途灵活，筹集的资金使用期限较长等特点。国际证券筹资可以分为欧洲债券筹资、外国债券筹资和国际股票筹资三种类型。

欧洲债券是指一国政府、金融机构或企业等在某一外国债券市场上发行的，但不以发行所在国货币为面值的债券，如日本公司在瑞士发行的美元债券。欧洲债券市场的地理范围并不限于欧洲，还包括亚洲等地的欧洲债券市场。在欧洲债券市场中，债券的发行费用和利息成本较低，有利于国际企业降低其资本成本，同时欧洲债券市场具有安全度高、可选择性强、流动性大，以及可免税性和不记名性等特征，非常吸引投资者。

外国债券即一国政府、金融机构或企业等在某一外国债券市场上发行的，以发行所在国货币为面值的债券，如我国在日本债券市场上发行的日元债券。美国的“扬基债券”、日本的“武士债券”和中国香港的“龙债”等都是比较著名的外国债券。外国债券市场主要位于美国、德国、瑞士和日本四个国家，它们占外国债券市场的绝大部分。

外国债券和欧洲债券这两种国际债券都有两种发行方式：一种是私募发行，即在有限范围内对特定的投资者发行债券；另一种则是公募发行，即对社会各单位和广大公众发行债券。

国际股票筹资是指国际企业通过在国际资本市场上发行以外国货币为面值或以外国货币计价的股票而向社会筹集资金的一种方式。由于股票不可退股，只能转让，因此国际股票筹资筹集的是长期性资本，国际股票筹资活动属于世界资本市场的活动。随着融资证券化趋势的广泛发展，国际股票筹资在国际筹资中的地位逐渐上升，占据相当大的份额。

上述三种国际证券筹资方式发行方式不同，发行程序也不完全一样。国际企业在跨国发行债券与股票筹资时，必须认真分析各国的有关规定。

（三）国际租赁筹资

国际租赁筹资是国际企业通过国际租赁市场向国际租赁公司租赁本企业所需设备，以支付租金的形式，而取得设备使用权。国际租赁又被称为跨国租赁，在这种筹资方式下，由于跨越国界，承租人和出租人分属于不同的国家，故又称跨国租赁。

国际租赁筹资，按租赁协议中承租人和出租人双方所承担的责任，及租赁期间资产的使用价值占该资产全部使用价值的比重的不同，租赁可分为经营性租赁和融资性租赁两种基本形式。经营性租赁是一种短期的租赁，服务性强，可以反复出租给不同承租人使用，但租赁物的维修、保养和管理等，均由出租人负责提供。融资租赁是融物、融资相结合的一种独特的筹资方式。租赁期满，承租人对设备有多种处置选择：留购、续租、转租或者退回。国际租赁筹资一般就是指这种融资租赁业务。

国际租赁筹资作为利用外资的一种特殊形式，具有资金融通和贸易相结合的特点，可以发挥投资、融资和促销三重作用。国际企业应该根据企业的经营情况，选择适当的租赁形式来筹措所需资本。

（四）国际贸易筹资

国际贸易筹资是指国际企业在办理国际进出口贸易业务时，银行对其资金融通提供便利的一种金融支持手段，它与国际贸易相辅相成，有利于促进进出口贸易。近几十年来，全球金融创新大发展，国际贸易筹资形式和国际结算形式都发生了巨大的变化。国际贸易额以前所未有的速度增长，这就使得它对更加安全、高效的结算和筹资工具的需求越来越高。国际企业主要通过出口汇押、票据贴现、打包放款、国际保理和供应链融资等国际贸易筹资方式来筹措资本。

国际贸易筹资的影响和意义是多方面的。一方面，它收益率高，利润丰厚，具有综合性效益，是现代银行有效运用资金的一种较为理想的方式；另一方面，它有效地解决了企业从事进出口贸易活动所面临的资金短缺的问题，增强了进出口商在谈判中的优势，使之有可能在更大范围和更大规模上发展国际贸易。同时，它也是国家贸易政策的组成部分，是鼓励出口的积极手段之一，不仅可以调节进出口结构，而且对一国有效地参与国际经济可以起到促进作用。

（五）国际项目筹资

国际项目筹资是指向某个特定工程项目提供贷款，国际贷款人依赖该项目所产生的收益作为还款的资金来源，并将经营该项目的资产作为贷款人的附属担保物的一种跨国筹资方式。项目筹资主要适用于大型基础设施项目的建设，如能源、交通、采矿、油气田开发等。

项目筹资模式是国际项目筹资整体结构中的核心部分，是对国际项目筹资各要素的具体组合和构建。国际项目筹资方式主要有项目公司直接筹资模式、“设施使用协议”模式、“生产支付”模式、国际融资租赁模式、公私合营（Public-Private-Patnership，PPP）模式、建设—经营—转让（Build-Operate-Transfer，BOT）模式（又称特许经营权）、资产证券化

（Asset-Backed-Securitization，ABS）模式等。

PPP 模式、BOT 模式、ABS 模式是近几十年来比较盛行的项目筹资方式。其中，PPP 模式不是一种固定模式，指政府和社会资本合作进行公共基础设施的建设。BOT 模式是指政府授予私营企业在一定期限内的特许经营权，许可其融资建设和经营某公用基础设施并向使用者收取费用，特许权期满将该设施无偿或有偿转交给政府。本质上 BOT 模式是 PPP 模式的一种形式，并延伸出其他类似的模式，如 BOOT（Build-Own-Operate-Transfer，建造—拥有—经营—转让）、BTO（Build-Transfer-Operate，建造—转让—经营）。ABS 模式是以项目所拥有的资产为基础，以该项目资产可以带来的预期收益为保证，通过资本市场发行债券筹集资金的一种项目筹资方式。

知识拓展

国际项目筹资是一个庞大的系统工程，法律关系错综复杂，涉及项目所在国政府、项目主办人、项目公司、项目贷款人、项目设备及原材料供应商、项目承建公司、项目经营公司以及项目的其他参与人。国际项目筹资的一个重要法律特征在于政府对项目的参与。政府在国际项目筹资中起着主导作用，并主要表现在政府特许、政府承诺、政府推动和政府监管四个方面。

三、国际金融市场及金融机构

（一）国际金融市场

1. 国际金融市场的概念

国际金融市场是国际间从事各种国际货币和金融业务活动的场所的总称，主要由经营国际货币业务的一切金融机构所组成。国际金融市场有广义和狭义之分。广义的国际金融市场是指各种国际金融业务活动的场所。这些业务活动包括长、短期资金的借贷，外汇与黄金的买卖。这些业务活动分别形成了货币市场（Money Market）、资本市场（Capital Market）、外汇市场（Foreign Exchange Market）和黄金市场（Gold Market）。这些国际金融市场不是截然分离，而是互相联系着的。狭义的国际金融市场是指国际资金借贷或融通的场所，因而亦称为国际资金市场（International Capital Market）。

以下将从广义的概念出发来研究国际金融市场。

2. 国际金融市场的作用

国际金融市场是在生产国际化的基础上，随着国际贸易和国际借贷关系的发展而逐步形成和发展起来的。它既是经济国际化的重要组成部分，反过来又对世界经济的发展产生极其重要的作用。国际金融市场的作用是广泛的，主要表现在以下方面。

（1）加速了生产和资本的国际化，推动了经济全球化的巨大发展。跨国公司及其遍布世界各地的分支机构在生产国际化进程中，一方面生产发展到哪里，资金就需流动到哪里，国际金融市场在国际范围内把大量闲散资金聚集起来，通过金融市场的职能作用，满足其资金供应和资金调拨的需求；另一方面跨国公司在全球性的生产、流通过程中暂时游离出来的资金，也需要通过金融市场来得到更有效率的利用，从而推动了生产与资本的国际化与经济全球化。

（2）有利于保持国际融资渠道的畅通，促进世界各国经济发展。从市场的一般功能看，国际金融市场有利于保持国际融资渠道的畅通，为世界各国提供一个充分利用闲置资本和筹集发展经济所需资金的重要场所。货币市场的形成与发展，又为跨国公司在国际进行资金储存与借贷、资本的频繁调动创造了条件，促进了跨国公司经营资本的循环与周转，推动了经济全球化的巨大发展。欧洲货币市场促进了当时的联邦德国和日本经济的复兴，亚洲美元市场对亚太地区的经济建设也起了积极的作用。发展中国家的大部分资金也都是在国际金融市场上筹集的，这在一定程度上推动了发展中国家的经济建设进程。

（3）有利于调节各国的国际收支。国际金融市场的产生与发展，为国际收支逆差国提供了一条调节国际收支的渠道，即逆差国可到国际金融市场上举债或筹资，从而能更灵活地规划经济发展，也能在更大程度上缓和国际收支失衡的压力。

3. 国际金融市场的构成

国际金融市场主要是由外汇市场、欧洲货币市场、国际股票市场、国际债券市场、国际黄金市场和金融衍生市场六大市场构成。

（1）外汇市场。

外汇市场是进行跨国界货币支付和货币交换的场所，是规模最大的国际金融市场。世界外汇市场是由各国际金融中心的外汇市场构成的，这是一个庞大的体系。目前世界上约有外汇市场 30 多个，其中最重要的有伦敦、纽约、巴黎、东京、瑞士、新加坡、中国香港等，它们各具特色并分别位于不同的国家和地区，并相互联系，形成了全球的统一外汇市场。

外汇市场作为规模最大的国际金融市场，其功能也是多方面的。其主要功能有：一是清算功能，这是其最基本的功能；二是兑换功能，在外汇市场买卖货币，把一种货币兑换成另一种货币作为支付手段，实现了不同货币在购买力方面的有效转换；三是授信作用，利用外汇收支时间差，为国际贸易提供多种形式贷款和资金融通；四是保值作用，可以利用套期保值和掉期交易来规避风险；五是投机作用，投机者可以利用汇价的变动牟利，产生“多头”和“空头”，对未来市场行情下赌注；六是窗口作用，汇率和交易量可以反映货币资本在国际间的流动状况。

问与答

问：外汇市场的参与主体有哪些？

答：外汇市场的主要参与者有商业银行、中央银行、外汇经纪人、公司和个人。其中商业银行是外汇业务的主体和中心，它们在零售市场进行外汇买卖是为客户服务，以赚取价差为主；中央银行的作用是干预市场，保持货币汇率稳定；外汇经纪人主要是充当外汇交易的中介，他们以获得佣金为主要收入；公司和个人由国际贸易进出口商、外汇投机商和旅游者等构成，它们一般是以投机和保值为目的。

（2）欧洲货币市场。

欧洲货币市场的概念是基于欧洲货币之上的。欧洲货币是指存放在某一国境外银行中的该国货币，如存放在欧洲银行中的美元是欧洲美元。欧洲货币市场是国际金融市场的核心之一。欧洲货币市场的基本金融工具是存款工具和贷款工具。这些存款最初存在欧洲，所以统称为欧洲货币，其中以欧洲美元为主，而经营欧洲货币的市场就称为欧洲货币市场。随着欧洲货币和欧洲货币市场的发展，形成一个世界性的货币市场。因此，这里所说的“欧洲货币”和“欧洲货币市场”，实际上并不以欧洲为限，但主要部分还是在欧洲。

（3）国际股票市场。

国际股票市场（又称为国际股权市场）是指在国际范围内发行并交易股票的市场。国际股票通常是指外国公司在一个国家的股票市场发行的，用该国或第三国货币表示的股票。在国际股票市场中，股票的发行和买卖交易是分别通过一级市场和二级市场实现的。股票交易市场的行情常被誉为一国经济的“晴雨表”，而国际股票市场的行情不仅反映出市场所在国的经济状况，而且可以反映出世界经济的发展状况。

知识拓展

国际主要股票价格指数有道琼斯工业平均指数（Dow Jones Industrial Average，DJIA，简称“道指”）、标准普尔 500 指数（S&P 500 Index）、日经 225 指数（Nikkei 225）、金融时报 30 指数（FTSE-30 Index）、纳斯达克指数（NASDAQ）等。

（4）国际债券市场。

国际债券是筹资者在国外市场上以外币为面值货币所发行的债券，其目的是为了满足中长期的资金需要，故债券的期限一般在一年以上。欧洲债券和外国债券是国际债券中最重要的两种国际债券，国际企业也经常使用这两种债券进行筹资。

随着世界经济的不断发展，国际债券市场的发展呈现出一些新的趋势。首先，国际债券发行量持续增长；其次，欧元债券来势汹汹，大有后来居上的趋势；再次，发展中国家主权债券与美国国债的收益率之间的差额重新回落；最后，国际债券市场也正逐渐实现电子化交易。

（5）国际黄金市场。

国际黄金市场是指集中进行国际黄金买卖和金币兑换的交易场所。黄金买卖既是国家调节国际储备的重要手段，也是居民调整个人财富和财富保值的一种方式。目前国际上主要有英国伦敦、美国的纽约和芝加哥、瑞士的苏黎世、日本和中国香港等发达国家和地区的黄金市场，以及中国、印度、土耳其等新兴经济体黄金市场。各国的黄金市场在发展历程、交易品种、参与主体以及市场监管等方面各有特色。英国、美国等发达国家的黄金市场经过长期发展，目前已经发展成为市场环境成熟、机制健全、交易规模较大且各具特色的黄金市场。而新兴的黄金市场如印度、迪拜等地的黄金市场虽然市场规模不大，但发展速度惊人。

20 世纪 70 年代以前，黄金价格基本由各国政府或中央银行决定，国际上黄金价格比较稳定。20 世纪 70 年代以后，黄金价格不再与美元直接挂钩，黄金价格逐渐市场化，影响黄金价格变动的因素日益增多。具体来说，黄金价格的影响因素可以分为三个方面：供给因素、需求因素和其他因素。供给因素主要包括黄金存量、年供应量和新金矿的开采成本等；需求因素主要是指黄金实物需求量、保值的需要和投机性需求等；美元汇率、通货膨胀和各国货币政策等因素也会影响黄金的价格。

（6）金融衍生市场。

金融衍生市场是以金融衍生工具为交易对象的市场，具体包括场内交易市场和场外交易市场。场内交易指在交易所统一标准下进行买卖；而场外交易指买卖双方通过经纪人，按照订立的合约进行交易。金融衍生市场是与金融衍生工具联系在一起的。金融衍生工具又称金融派生产品，是与基础金融产品相对应的一个概念，指建立在基础产品或基础变量之上，其价格随基础金融产品的价格（或数值）变动的派生金融产品。

常见的金融衍生工具有远期合同、互换合同、期货合约和期权合约。远期合同是最简单的衍生工具，指合同双方约定在未来某一日期以约定价值，由买方向卖方购买某一数量的标的项目的合同；互换合同是指合同双方在未来某一期间内交换一系列现金流量的合同，按合同标的项目不同，互换可以分为利率互换、货币互换、商品互换、权益互换等；期货合约实质上是一种标准化的远期交易。在期货合约中，交易的品种、规格、数量、期限、交割地点等都已标准化，从而大大加强了期货合约的流动性；期权合约是指合同的买方支付一定金额的款项后即可获得的一种选择权合同，证券市场上推出的认股权证，属于看涨期权，认沽权证则属于看跌期权。

（二）国际金融机构

1. 国际金融机构简介

国际金融机构是为了协调各国经济运行的矛盾，贯彻国际货币制度，实现国际货币、金融合作、调节各国国际收支和稳定汇率，而建立的从事国际金融管理和经营活动的超国家性质的金融组织。其基本职能是从事国际金融事务的协调和管理以及为稳定和发展世界经济而开展国际金融业务。

目前，国际上众多的国际金融机构按其范围可分为两种类型：一是全球性国际金融机构，包括国际货币基金组织、国际清算银行和以国际复兴开发银行为核心的世界银行集团；二是区域性的国际金融机构，如亚洲开发银行、泛美开发银行、欧洲投资银行和非洲开发银行等，它们的成员主要在区域内，但也有区域外的国家或地区参加，如图 10.1 所示。

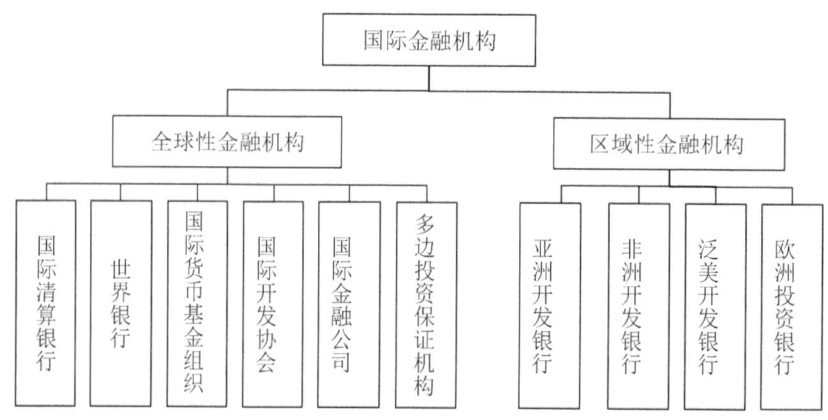

图 10.1　国际金融机构分类

2. 国际金融机构的作用

国际金融机构建立以来，在加强国际合作及发展国际经济方面起到一定的积极作用。具体表现在：①提供短期资金，调节国际收支逆差，在一定程度上缓和了国际支付危机；②提供长期建设资金，促进了发展中国家的经济发展；③稳定汇率，有利于国际贸易的增长；④调节国际清偿能力，创造新的结算手段，解决不少国家国际结算手段匮乏的矛盾。

但也应看到，国际金融机构的活动仍具有一定的局限性，几个全球性的国际金融机构仍在几个资本大国的控制之下，贷款条件比较苛刻，不符合发展中国家的利益。另外，有些国际金融机构往往通过贷款过多干预了发展中国家的财经政策和发展规划，在某种程度上妨碍了这些国家民族经济的自由顺利发展。

3. 全球性国际金融机构

（1）国际清算银行。

国际清算银行（Bank for International Settlements，BIS）是英、法、德、意、比、日等国的中央银行与代表美国银行界利益的摩根银行、纽约和芝加哥的花旗银行组成的银团，根据海牙国际协定于 1930 年 5 月共同组建的，总部设在瑞士巴塞尔。刚建立时只有七个成员国。

中国 1996 年参加。现成员国已发展至 45 个。国际清算银行最初创办的目的是处理第一次世界大战后德国的赔偿支付及其有关的清算等业务问题。如今国际清算银行是为经济合作与发展组织成员之间进行结算的代理机构，是与各国（地区）中央银行进行业务往来的国际性金融机构，实际上是世界多数国家（地区）中央银行的中央银行。

国际清算银行是以股份公司的形式建立的，因此它的组织机构符合一般股份公司组织机构的特点，即包括股东大会、董事会、办事机构。国际清算银行是各国（地区）中央银行进行磋商的场所，接受各中央银行的委托开展各种业务。除了银行活动外，国际清算银行还作为中央银行的俱乐部，是各中央银行之间进行合作的理想场所，其董事会和其他会议提供了关于国际货币局势的信息交流的良好机会。

（2）国际货币基金组织。

国际货币基金组织（International Monetary Fund，IMF）是政府间的国际金融组织。它是根据 1944 年 7 月在美国布雷顿森林会议通过的《布雷顿森林协议》而建立起来的。它于 1945 年 12 月 27 日在华盛顿正式成立，1947 年 11 月 15 日成为联合国的一个专门机构，负责促进汇率和国际货币体系稳定，同世界银行、世界贸易组织（关税贸易总协定）一起构成战后国际经济秩序的三大支柱。

其业务活动主要包括以下五个方面：一是向成员提供贷款；二是在货币问题上促进国际合作；三是研究国际货币制度改革的有关问题；四是研究扩大基金组织的作用；五是提供技术援助和加强同其他国际机构的联系。该组织旨在为成员国在国际货币、国际贸易、汇率的稳定、多边支付和汇兑制度、成员国融资的问题上进行磋商与协作提供所需要的机会，以促进国际合作，减轻国际收支的不平衡持续时间和程度。

（3）世界银行。

世界银行（World Bank，WB）是世界银行集团的简称，也是国际复兴开发银行的通称。目前由世界银行本身即国际复兴开发银行（IBRD）、国际开发协会（IDA）、国际金融公司（IFC）、多边投资担保机构（MIGA）和国际投资纠纷解决中心（ICSID）等五个机构组成。其主要业务活动是，对发展中成员国提供长期贷款，对成员国政府或经政府担保的私人企业提供贷款和技术援助，资助他们兴建某些建设周期长，利润率偏低，但又为该国经济和社会发展所必需的建设项目。

世界银行是按股份公司的原则建立起来的企业性金融机构，凡成员国都应认缴银行的股份，票权大小取决于其认缴股份的多少，其中美国认购的股份最多。世界银行的资金来源主要由三个方面构成：其一，成员国实际缴纳的股金。目前，已认缴股本达到 2010 亿美元，其中，实缴资本 260 亿美元，待缴股本为 1 750 亿美元 ；其二，国际金融市场筹集的资金，向国际金融市场借款，尤其是在资本市场发行中长期债券，是世界银行的主要资金来源；其三，留存净收益，世界银行由于资信卓著，经营得法，每年利润可观。

（4）世界银行附属机构。

世界银行的附属机构有国际开发协会、国际金融公司和多边投资保证机构。

国际开发协会（International Development Association，IDA）是一个专门从事对欠发达的发展中国家提供期限长和无息贷款的国际金融组织。世界银行的成员国均可成为开发协会的成员国。其主要手段是以比通常贷款更为灵活，给借款国的收支平衡带来的负担也较轻的条件提供资金，以满足发展中国家的资金需求，对世界银行贷款起补充作用，从而促进世界银行目标的实现。

国际金融公司（International Finance Corporation，IFC）是世界银行集团专门向发展中国家私人部门投资的窗口，也是联合国的专门机构之一。凡是世界银行的成员国，均可申请为该公司的成员国。截至 2006 年 5 月，共有成员国 178 个。公司总部设在美国华盛顿。其宗旨是向发展中国家的私人企业提供无需政府担保的贷款或投资，帮助发展地区资本市场，寻求促进国际私人资本流向发展中国家，以推动这些国家私人企业的成长，促进经济发展。

多边投资保证机构（Multinational Investment Guarantee Agency，MIGA）是 1988 年新成立的世界银行附属机构，共有 151 个会员国。其宗旨是向外国私人投资者提供政治风险担保，包括征收风险、货币转移限制、违约、战争和内乱风险担保，并向成员国政府提供投资促进服务，加强成员国吸引外资的能力，从而推动外商直接投资流入发展中国家。

4. 区域性国际金融机构

（1）亚洲开发银行。

亚洲开发银行（Asian Development Bank，ADB）是亚太地区国家（或地区）和部分工业发达国家合办的区域性国际金融机构。它根据联合国亚洲及太平洋经社委员会的决议于 1966 年 8 月 20 日建立，同年 12 月开始营业。总部设在菲律宾首都马尼拉，现有成员国 67 个，其中 48 个来自亚太地区，其余来自其他地区。其宗旨是通过发放贷款，进行投资，提供技术援助以促进亚太地区的经济增长与合作，并协助本地区的发展中国家（或地区）加速经济发展的进程。我国于 1986 年 3 月正式加入该行。

普通资金是亚行开展业务的主要资金来源，包括成员国认缴的股本、国际金融市场借款、普通储备金、特别储备金、净收益和预缴股本六个组成部分。亚洲开发基金也是亚行的资金来源之一，该资金来源是发达成员国的捐赠，用于亚太地区贫困成员的优惠贷款。亚行还有一项资金来源就是技术援助特别基金。1987 年由日本政府出资设立的日本特别基金也是亚行资金来源的组成部分，该基金的使用方式是赠款和股本投资。

（2）非洲开发银行。

非洲开发银行（African Development Bank，AFDB）是 1964 年非洲国家政府合办的互助性国际金融机构，共有 53 个非洲国家及 24 个非非洲国家为其会员。资金主要来自成员国的认缴，非洲国家的资本额占 2/3。这是使领导权掌握在非洲国家中所做的必要限制。其宗旨是向非洲成员国提供贷款和投资，以及技术援助，充分利用非洲大陆的人力和自然资源，以促进非洲各国经济的协调发展和社会进步，从而尽快改变非洲大陆贫穷落后的面貌。

非洲开发银行的主要业务活动是向成员国提供贷款，包括普通贷款和特别贷款，用以发展公用事业、农业、工业项目以及交通运输项目。银行还为开发规划或项目建设的筹资和实施提供技术援助。

（3）泛美开发银行。

泛美开发银行（Inter-American Development Bank，IADB）是由美洲及美洲以外国家联合建立的向拉丁美洲国家提供贷款的区域性金融机构，成立于 1959 年 4 月，行址设在美国华盛顿。其宗旨是集中美洲内外的资金，向成员国政府及公私团体的经济、社会发展项目提供贷款，或对成员国提供技术援助，以促进拉丁美洲国家的经济发展与合作。

泛美开发银行的资本来源于下列途径：成员国分摊；发达国家成员国提供；在世界金融市场和有关国家发行债券。各成员国的表决权依其加入股本的多寡而定。由于美国认缴的股本最多，因此美国在泛美开发银行拥有最多的投票权。2009 年 1 月 12 日，中国正式成为泛美开发银行集团的成员国。中国加入泛美开发银行集团对促进拉美地区的减贫和发展事业意义重大。

（4）欧洲投资银行。

欧洲投资银行（European Investment Bank，EIB）是欧洲经济共同体各国政府间的一个金融机构，成立于 1958 年 1 月，总行设在卢森堡。该行的宗旨是利用国际资本市场和共同体内部资金，促进共同体的平衡和稳定发展，因此该行初期的主要贷款对象是成员国不发达地区的经济开发项目。从 1964 年起，贷款对象扩大到与欧共体有较密切联系或有合作协定的共同体以外的国家或地区。

该行资金来源主要由成员国分摊，也从共同体内外资本市场筹措，还有成员国提供的特别贷款。成立之初资金来源由六个成员国即联邦德国、法国、意大利、比利时、荷兰和卢森堡按比例分摊。1973 年 1 月，英国、爱尔兰和丹麦加入共同体，1981 年 1 月希腊加入，1986 年 1 月葡萄牙和西班牙加入，共同体扩大为 12 国，欧洲投资银行的成员也扩大为 12 国。

第三节　国际企业投资管理

国际投资是投资者跨越国界投入一定数量的资金或其他生产要素以期望获得比国内更高利润的一种投资，是一种国际间资本（金）的流动。从投资者的角度看，对外投资可扩展生产规模，获得更高利润；从东道国角度看，吸引投资可利用外资来帮助本国经济发展。国际投资是存在一定风险的，国际企业应该根据企业的实际情况谨慎适当地投资，研究分析每项投资的有利因素和不利因素、预期收益和潜在风险，以及如何采取有效措施，争取实现预期收益，减少潜在风险造成的损害，这是国际投资管理的中心环节。

一、国际投资的特点

国际投资是指国际企业为获取较本国投资更高的收益而投放资本于国外的行为，是一种国际的投资行为。国际投资是随着金融资本的逐渐形成而出现的，既包括直接的实体性投资，也包括间接的金融资产投资。随着国际金融市场的深入发展，国际投资已成为国际经济活动中的重要力量。与国内投资相比，国际投资具有如下特点。

1. 投资目的的多元化

国际投资的目的比国内投资更为广泛和复杂，有的是为了占领国外市场，有的是为了利用国外资源，有的是为了降低生产成本，实现资本增值，还有的是为了实现企业的整体战略性目标等。

2. 投资主体的一元化

国内投资的主体众多，既包括政府、企业和各种经济组织，又包括私人、个体户等，而国际企业对外投资时其主体是单一的，并日益加剧国际资本的竞争。

3. 投资资本形态和投资方式的多样化

它既有以实物资本形式表现的资本，如机器设备、商品等；也有以无形资产形式表现的资本，如商标、专利、管理技术、情报信息、生产诀窍等；还有以金融资产形式表现的资本，如债券、股票、衍生证券等。

4. 投资地域的广泛性

国际企业对外投资以国际市场为舞台，是全球性的经济活动，投资地域相当广泛。国际企业在境外设立机构，既可以是生产经营性机构，也可以是服务经营性机构。

5. 投资环境的复杂多样性

国际投资实际上是将资本投放到一个不确定的国际环境中，各个国家的政治、经济、社会、文化等相差悬殊，投资者会面临比国内投资更多的多变因素和约束条件，诸如汇率变动、税收差异、金融制度差异等会随着国际投资的发生而成为国际企业必须面对的问题。

6. 投资资金来源的多样性

由于国际资本具有双向流动，既包括本国对外投资，又包括外国对本国投资，这就必然导致投资资金来源和形式的多样性和广泛性，不仅包括企业的净资产，而且包括各国政府、单位和个人吸收他国政府、单位、私人的投资和信贷资金，以及向当地金融市场和国际金融市场筹集的资金。

7. 投资风险的多重性

国际企业对外投资的风险包括投资中的政策风险、政治风险、经济风险、技术风险和其他风险。政策风险是指东道国政府有关证券市场的政策发生重大变化或是有重要的举措、法规出台，引起证券市场的波动，从而给投资者带来的风险。政治风险是指由于东道国或投资所在国国内政治环境或东道国与其他国家之间政治关系发生改变而给外国企业或投资者带来经济损失的可能性。经济风险是指由于国际上各国的市场情况、投资状况、税率、汇率和通货膨胀的各种变化给投资者带来的不确定性。技术风险是指由于科技进步导致资产更新速度快、资产相对贬值而给国际企业对外投资带来的效果的不确定性和投资损失。其他风险是指除上述以外的风险，如自然风险、人为风险等。

二、国际投资的方式

国际投资方式是企业进行国际投资时所采用的具体形式。国际企业对外投资的方式也是多种多样的。目前，在各国通行的对外投资方式主要国际直接投资、国际间接投资、国际灵活投资等。

（一）国际直接投资

1. 国际直接投资的概念

国际直接投资是指投资者在其所投资的外国企业中获得部分或全部的所有权或经营控制权，是一种长期投资行为。国际直接投资是国内直接投资的延伸、扩展和特殊表现形式。从理论上讲，凡是发展对外直接投资的公司、政府、个人和机构，都是对外直接投资者。但这里主要特指大型跨国公司，因为其在国际直接投资领域占据主导地位，对外直接投资行为具有典型意义。政府进行的国际投资一般带有一定的援助性质，不属于本章所要研究的内容。

2. 国际直接投资的形式

国际直接投资的特点在于对投入资本具有所有权和资本在使用过程中的经营权和决定权，其形式主要有三种。

（1）直接在国外创办企业。投资者可以直接到国外进行投资，建立新厂或子公司和分支机构，以及收购外国现有企业或公司等，从事生产与经营活动。

（2）购入控制权。通过购买外国公司的股票达到控制外国企业的股权，从而拥有控制的权利。至于拥有股权多少才算直接投资，目前尚无统一标准。国际货币基金组织规定拥有外国企业超过 25%的股权为直接投资。

（3）利润再投资。投资者把通过直接投资所获得利润的一部分或全部用于对原企业的追加投资，或重新建立一个企业。随着国际投资的深入发展，利润再投资越来越成为直接投资的重要形式。

3. 国际直接投资的特点

国际直接投资与其他投资相比，具有实体性、控制性、渗透性和跨国性的重要特点。具体表现在以下方面。

（1）国际直接投资是长期资本流动的一种主要形式。它不同于短期资本流动，它要求投资主体必须在国外拥有企业实体，直接从事各类经营活动。

（2）国际直接投资表现为货币资本的国际转移和经营权或控制权等生产资本的国际流动两种形态，既有货币投资形式又有实物投资形式。

（3）国际直接投资取得对企业经营的控制权，不同于间接投资，它通过参与、控制企业经营权获得利益。

当代的国际直接投资出现了新趋势：投资规模日益扩大；发展中国家国际直接投资日趋活跃；区域内相互投资日趋扩大（对向流动）；跨国并购成为一种重要的投资形式。

（二）国际间接投资

1. 国际间接投资的概念

国际间接投资是指投资者不直接参与国外所投资的企业的经营管理，而是通过证券、信贷等形式获取投资收益的国际投资活动。投资者不直接掌握投资对象的动产或不动产的所有权，或没有足够的控制权。国际间接投资的主体包括跨国企业、国际金融组织、外国私人商业银行、机构投资者以及一般的私人投资者。国际间接投资也是国际资本流动的重要形式。

2. 国际间接投资的特点

国际间接投资最大的特点就是对于投资者而言，投资具有间接性；对于被投资者而言，筹资具有直接性。此外间接投资还具有以下特点。

（1）流动性。

流动性有两层含义：一是资本能够自由交易，国际间接投资以获得最大的投资利润或寻找安全的场所为目的，例如短期游资，其流动速度快是众所周知的；二是资本的变现性，国际间接投资是以证券为媒介的投资，是通过货币形式的资本转移来获取利息或股息的。

（2）灵活性。

在国际间接投资中，各种有价证券可以在国际市场上相当方便地转移、变现和交易。

（3）政策性。

国际直接投资往往是跨国企业为追求经济利益而进行的投资，相比而言，国际间接投资比较复杂，兼具商业性和政策性。

（4）风险性。

国际间接投资面临的投资风险相对比较大，主要有预期利润不能实现等风险。由于证券的市场价格同其票面金额之间往往存在价格差异，并会随着各种内外部因素变动而变动，从而使证券资产的收益不确定。

3. 国际间接投资与国际直接投资的区别

从理论上讲，国际直接投资与国际间接投资的根本区别在于投资者是否获得所投资企业的有效控制权，具体表现为以下四个方面的区别。

第一，投资的主要直接目标不同。国际直接投资的主要直接目标是获得被投资企业的有效控制权；而国际间接投资是为了获得较高的股息收益和利息收益。

第二，投资者的权限不同。国际直接投资者亲自到东道国新建或并购企业，参与被投资企业的经营管理，拥有被投资企业的有效控制权；国际间接投资者仅拥有被投资企业的小部分股份，并不参与被投资企业的经营管理，无有效的控制权。

第三，资本的构成不同。国际直接投资与国际间接投资是国际投资的两种主要方式，都表现为资本在各国间的流动，但流动主体的构成不同。前者表现为“一揽子”生产要素（如货币、原材料、设备、技术和劳动力等）由投资国流向东道国，处于核心地位的是无形资产，货币资本的流动处于非常次要的地位；后者则表现为单一的货币资本由投资国流向东道国。

第四，对东道国宏观经济中短期波动的敏感程度不同。国际直接投资对东道国宏观经济中的短期波动反应迟钝；国际间接投资对东道国宏观经济中的短期波动反应十分敏感。

（三）国际灵活投资

所谓国际灵活投资，是指与国际贸易相结合的各种资金形态、实物形态、技术形态的国际技术经济合作。这类业务活动是把投资与贸易活动紧密结合在一起，将投资行为和目标实现隐含在商品或劳务的贸易活动之中。它们一方面和国际直接投资或间接投资相联系，另一方面又与国际贸易、国际金融、国际技术转让以及国际经济合作等相融合，并不断适应发达国家与发展中国家的实际情况而推陈出新。国际灵活投资的方式多种多样，主要有国际信托投资、国际租赁、三来一补、风险投资、BOT 投资和国际工程承包等六种方式，如图 10.2 所示。

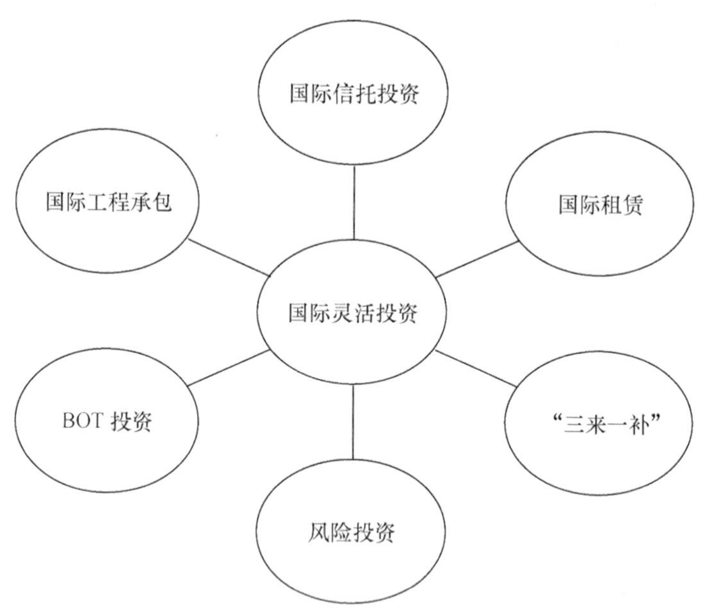

图 10.2　国际灵活投资的六种方式

国际信托投资是指委托人基于信任而将自己的财产所有权或使用权放心地转交给受托人（信托机构或个人）掌握，受托人按照委托人的意愿，以自己的名义全权管理或处理这些信托财产，并为双方实现商定好的指定受益人谋取信托财产收益；国际租赁是指一国的租赁公司（出租人）将机器设备等物品长期出租给另一国的企业或组织（承租人）使用，在租期内承租人按期向出租人支付租赁费的一种国际投资形式；“三来一补”指来料加工、来样加工、来件装配和补偿贸易，是中国大陆在改革开放初期尝试性地创立的一种企业贸易形式；风险投资是在创业企业发展初期投入风险资本，待其发育相对成熟后，通过市场退出机制将所投入的资本由股权形态转化为资金形态，以收回投资，取得高额风险收益；BOT 投资又称为公共工程特许权，即建设—经营—转让（build-operate-transfer）的一种国际投资新方式，是基础设施建设的一类方式，也是一种私营机构参与基础设施的开发和运营的方式；国际工程承包是指在国际承包市场上通过投标等方式承建工程建设项目，它是一项综合性的出口业务，也是国际企业对外投资的一种常见方式。

三、国际投资分析

（一）投资环境评价

1. 国际投资环境的概念

国际投资环境是国际投资者所面临的东道国环境的总称，它是由东道国的政治、经济、法律、自然条件和社会文化等多种因素共同决定的。这些因素相互依存、相互制约形成一个有机整体。对企业来说，投资环境是不可完全控制的因素，企业必须努力认清其所处的环境，并努力适应环境，利用环境提供的有利条件，回避不利因素。因此，正确判断和评估投资对象国的投资环境，从而选择最佳投资点，成为投资者决策前的重要环节。从影响国际投资的因素出发，国际投资环境可分为以下五大部分。

（1）自然环境。

自然环境，是指自然或历史上长期形成的与投资有关的自然、人口及地理等条件。它由地理位置、气候、自然资源与人口等因素组成。

（2）经济环境。

经济环境，是指东道国经济发展现状、经济发展前景以及影响投资的设施状况。就贸易顺向式直接投资者而言，经济发展现状及设施状况较为重要；对贸易逆向式直接投资者来说，经济发展前景则更为重要。

（3）政治环境。

政治环境，一般包括政治制度、政权稳定性、当政者、政策连续性、政府状况、治安以及国际关系。

（4）法律环境。

法律环境，主要指法律秩序的稳定，法律制度的完善性、稳定性、连续性，司法机关的独立性，国家机关公职人员严格执法、自觉守法的情况，以及人民群众的法律意识、法治观念等等。

（5）社会文化环境。

社会文化环境，是指东道国社会结构、社会风俗和习惯、信仰和价值观念、行为规范、生活方式、文化传统、人口规模等因素。由于地理和历史的原因，各国的社会文化背景是不同的，甚至在同一国家中还存在地区间的差别。

2. 国际投资环境的特点

随着经济全球化趋势的日益明显，国际直接投资发展非常迅速，国际直接投资在各国经济发展中的地位越来越重要。国际投资环境作为影响国际投资活动的各种外部因素的综合体，有其自身的特点。

（1）综合性。

国际投资的特点和国际经济社会的复杂性决定了国际投资环境这个整体是由多种因素综合构成的。这一特点就是国际投资环境的综合性。国际投资环境因素依据不同的划分标准和细分程度会有不同的结果，但不论怎样划分环境因素，都应具有完备性，应包括影响国际投资活动的各种因素，否则，对投资环境的认识就是不全面的。在评价投资环境或进行投资决策和改善投资环境时，要全面考虑各种环境因素，不能只注意某一个或某几个因素。

（2）系统性。

构成国际投资环境的各个因素既有各自独立的性质和功能，又是相互联结、相互作用的。它们共同构成国际投资环境系统，整个系统的功能的强弱不仅取决于各个因素的状况，而且还取决于各种因素相互间的协调程度。这就是国际投资环境的系统性特点。

（3）相对性。

同样的外部条件，对于不同类型的投资、不同行业的投资或生产不同产品的投资会产生不同的影响，也就是说，不同的投资活动，同样一个投资环境会显示不同的功能作用。对某种投资是较好的投资环境，对另一投资来说可能是较差的投资环境。这就是国际投资环境的相对性。

（4）动态性。

随着时间的推移，国际投资环境的各种构成因素在不断地发生变化，从而使整个投资环境不断地变化；另一方面，随着时间的推移，投资项目会进入项目周期的不同阶段，从而使得同样的环境因素对同一投资项目的影响力也会发生变化。这两种变化共同形成了国际投资环境的动态性特点。

3. 国际投资环境的分析方法

由于投资环境对投资者至关重要，所以在东道国开展投资前，必须对当地投资环境进行分析评价。目前常用的分析评价方法主要有以下几种。

（1）投资环境等级评分法。

该方法是由美国经济学家罗伯特·斯托伯提出的。等级评分法着眼于东道国政府对外商投资的限制与鼓励政策，将确定的投资环境要素由优至劣分为不同等级，然后再根据各要素的重要程度逐一评分，最后汇总得到投资环境的总评分。它是从抽回资本自由度、外商股权比例、对外商的管制程度、货币稳定性、政治稳定性、给予关税保护的态度、当地资金的可供程度、近五年的通货膨胀率八个方面进行投资环境的等级评分。

投资环境等级评分法的优点是将投资环境的主要因素进行定量分析，避免了单纯的定性分析导致的模糊概念。但是，此方法的评分具有主观倾向性，并且评价因素不够全面，如东道国基础设施、法律制度、行政机关办事效率等因素未纳入考虑。

（2）投资环境冷热比较分析法。

美国学者伊西阿·利特法克和彼得·班廷根据他们对 20 世纪 60 年代后半期美国、加拿大等国工商界人士进行调查的资料，通过七种因素对各国投资环境的影响进行综合分析后提出了“国别冷热比较法”，又称“投资环境冷热比较分析法”。这七个因素是政治稳定性、市场机会、经济发展与成就、文化一元化、法令障碍、实质障碍、地理与文化差异。其中前四个属于热因素，后三个属于冷因素。热因素越大，冷因素越小，一国投资环境越好（即热国），外国投资者在该国的投资参与成分越大；反之，一国投资环境越差（即冷国），外国投资成分越小。

（3）投资环境动态分析法。

投资环境动态分析法也叫道氏评估法。该方法认为投资环境不仅因国别或地区不同而存在较大差异，在同一国家或地区也会因不同时期而发生变化。因此，从动态的、发展变化的角度去考察、分析、评价目标国的投资环境是非常必要的。

道氏公司认为，投资者在国外投资所面临的风险分为两类。其一是正常企业风险或称竞争风险。例如，自己的竞争对手也许会生产出一种性能更好或价格更低的产品。这类风险存在于任何基本稳定的企业环境之中，它们是商品经济运行的必然结果。其二是环境风险，即某些可以使企业所处环境本身发生变化的政治、经济及社会因素。这类因素往往会改变企业经营所遵循的规则和采取的方式，对投资者来说，这些变化的影响往往是不确定的，既可能是有利的，也可能是不利的。

据此，道氏公司把影响投资环境的诸因素按其形成的原因及作用范围的不同分为两部分：企业从事生产经营的业务条件和有可能引起这些条件变化的主要压力。这两部分又分别包括40项因素。在对这两部分的因素做出评估后，提出投资项目的预测方案的比较，可以选择出具有良好投资环境的投资场所。

（4）障碍分析法。

障碍分析法主要对影响投资环境的不利因素进行评价，是依据潜在的阻碍投资运行因素的多寡与程度来评价投资环境优劣的一种方法。投资者依据投资环境的内容结构，分别列出阻碍直接投资的主要因素，并在潜在的东道国之间进行比较，障碍少的国家被认为具有良好的投资环境，反之则为投资环境恶劣的地区。

障碍分析法是一种简单易行的、以定性分析为主，立足于障碍因素分析，有利于减少投资风险，增强投资活动安全性的方法。但该方法过于看重不利因素而忽视其有利条件，不符合风险决策规律，评价时应注意结合有利因素，尤其是一些特别突出的优势因素往往可以弥补障碍因素之不足，从而改变整个评价结果，这是在运用此法时应注意的问题。

（5）抽样评估法。

抽样评估法对东道国的外商投资企业进行抽样调查，了解其对东道国投资环境的一般看法。其程序如下。

首先，随机选定不同类型的外商投资企业若干个，同时列出影响投资环境的要素；

其次，由所选择的外商投资企业的高级管理人员，通过填写调查表的形式对这些要素进行评估；

最后，由组织者收回调查表，汇总统计得出最终有关投资环境的评价结论。

该方法最大的优点在于使调查人员能够得到第一手信息资料，它的结论对于潜在的投资者来说具有直接的参考价值。但缺点就是评估项目的因素往往不能列举很多，因而不可能全面，并且评估结果中还带有评估人的主观色彩。

（二）投资效益分析

1. 国际投资效益的概念

国际投资效益是指国际投资者投资活动所取得的成果与所占用或消耗的投资之间的对比关系。无论是对投资的宏观调控，还是每一个具体投资项目管理，都要重视提高投资效益。

国际投资效益需要通过数值形式来反映，这种数值形式就是国际投资效益指标。该指标由指标名称和数值两部分组成。指标的数值可以是绝对数，也可以是相对数。由于国际直接投资的复杂性，往往一个指标不能全面反映事物的全部实质，因此需要同时运用多种指标或者说指标体系来从数量上反映和表示经济效果的大小。这些指标不是孤立的，而是相互联系、相互依存地构成一个完整的指标体系。进行国际直接投资经济分析，挖掘提高国际直接投资效益的潜力，要求有一套科学的国际直接投资效益指标体系。否则就无从论证和评价国际直接投资的经济效益。因此，制定国际直接投资效益指标体系，就成为国际直接投资工作中的一项重要工作。

2. 国际投资效益分析指标

（1）投资利润率。

投资利润率是一种相对较简单的分析指标，是指投资项目投产后每年利润总额与总投资额相比的值。年利润总额通常为项目达到正常生产能力的年利润总额，也可以是生产期平均年利润总额。

虽然投资利润率的计算相对较简单，但这一指标是考核投资项目经济效益的一个重要的综合性指标。投资利润率较高，说明该项目赢利能力强，投入的资本回报率较高；反之，若投资利润率较低，则说明该项目赢利能力一般，投入的资本回报率较低。企业在进行财务评价时，还经常将投资利润率与行业平均投资利润率对比，以判别项目单位投资赢利能力是否达到本行业的平均水平。

（2）投资建设工期。

投资建设工期是计算、比较、评价投资经济效果的重要指标之一，是指投资项目完成所需的全部时间，即投资项目从开始施工到全部建成投产所用的全部时间。该指标能够综合反映项目的建设速度，为企业提供了一个可衡量的分析指标。项目建设工期的长短关系到企业的资金回收和持续发展问题，所以企业应该在保质保量的基础上尽可能缩短项目建设工期，减少建设投资资金的占用。这样还可以减少在银行贷款情况下的利息支出，节省投资，早日让投资项目产生效益。

（3）投资回收期。

投资回收期是反映项目投资回收能力的重要指标，分为静态投资回收期和动态投资回收期。静态投资回收期是指在不考虑资金时间价值的条件下，以项目的净收益回收其总投资（包括建设投资和流动资金）所需要的时间，一般以年为单位。项目投资回收期一般从项目建设开始年算起，若从项目投产开始年计算，应予以特别说明。动态投资回收期是把项目各年的净现金流量按基准收益率折现后，再用来计算累计现值等于零时的年数。

（4）出口创汇率。

出口创汇率是指国际企业每年产品出口创汇额与总投资之比。这个指标主要是用来考察项目外汇收入的水平。

（5）净现值。

净现值是指在项目计算期内，按行业基准折现率或其他设定的折现率计算的各年净现金流量现值的代数和，也是指投资方案所产生的现金净流量以资金成本为贴现率折现之后与原始投资额现值的差额。

其计算公式为

$$NPV=\sum_{t=0}^{n}\frac{(CI-CO)}{(1+I)^{t}}$$

式中：

CI——现金流入；

CO——现金流出；

$CI\text{-}CO$——第 t 年净现金流量；

I——基准收益率。

（6）财务内部收益率。

财务内部收益率是指使项目收益现值总额与成本现值总额相等、净现值等于零时的贴现率。内部收益率是项目经济评价中一项主要指标，其经济含义是以项目每年净收益回收全部投资后所能达到的最大投资收益率，在财务上表示项目投资的最大赢利能力。

内部收益率随项目或方案而异，不是事先规定的，而是需要根据项目或方案的具体数据，通过一定的方法计算而得，是衡量项目赢利能力的指标。

（三）投资风险分析

1. 国际投资风险的种类

国际投资风险是指国际投资在特定的环境和特定的时间内，由于各种不确定因素的存在，客观上导致国际投资项目的实际收益和预期值之间的差距或国际投资的经济损失。国际投资风险主要包括政治风险、经营风险和外汇风险三类。

（1）政治风险。

政治风险是指在国际经济往来活动中，由于不能预测的政治因素的变化，导致所在国投资环境的变动，从而造成经济损失的风险，主要包括没收或征用风险、战争风险、资金转移风险等。

（2）经营风险。

经营风险是指东道国对国际企业在当地业务政策的不确定性引起的风险，包括环境保护政策的变化、对生产本地化的要求、最低工资法的变化等带来的风险。

（3）外汇风险。

外汇风险亦称汇率风险，是因汇率变化而导致投资者资产价值的变化。主要表现有外汇买卖过程中由于汇率变化而带来的外汇买卖风险，由于汇率变化给国际投资主客之间用外币结算带来的外汇交易风险，由于汇率变化使子公司和母公司的资产价值在进行会计结算时发生变化的会计结算风险。

2. 影响国际投资风险的因素

国际投资是一种跨国界的投资，其风险较之国内投资要大得多。影响风险的因素有的来自内部，有的来自外部，一般有以下几个方面。

（1）东道国的投资环境。东道国的投资环境对于国际投资环境的影响是比较重要的，因为不同的投资环境所面临的投资风险是不同的。

（2）投资者制定的目标的合理性。投资项目的目标要求越高，构成越复杂，实际投资效果与预期目标产生差异的可能性就越大，风险也就越大，所以要制定合理的探究目标。

（3）投资项目的合理性。国际投资项目一般要经过严格的可行性研究，如果经研究各种投资渠道畅通，技术可行，一切可以达到预期的设计方案，那么投资具有较高的合理性，该项投资风险较小；反之，投资项目不合理，投资风险就大。

（4）投资者的经营管理水平。如果投资项目管理不善，劳动生产率低下，生产成本过高，出现流动资金不足等问题，就会降低投资收益，造成损失。

（5）投资项目的寿命周期。投资项目的寿命周期越长，所面临的投资风险就越大。

3. 国际投资风险的防范策略

（1）国际投资风险防范的基本策略。

风险回避，即事先预测风险产生的可能性程度，判断导致其实现的条件和因素，在国际投资活动中尽可能地避免它或改变投资的方向。这是风险防范的最彻底的方式，有效的风险回避措施可以完全消除某一特定风险。

风险抑制，即采用各种措施减少风险实现的概率和经济损失的程度。这是在认真分析风险的基础上力图维持原有决策，实施风险对抗的积极措施。

风险自留，即对一些无法避免和转移的风险采取现实的态度，在不影响国际投资者根本或大局利益的前提下承担下来。这是一项积极的风险控制手段，要求投资者为承担风险损失事先做好各种准备，反复修改自己的行动方案，努力将风险损失降到最小程度。投资者自身承受风险的能力取决于其经济实力，因此，投资者要根据自己的实力和所面临的风险大小来决定是否承担风险。

风险集合，即在大量同类风险发生的环境下，投资者联合行动来分散风险损失，降低防范风险发生的成本。如某一发展中国家建设一大型水电站需大笔国际贷款，银行间可以进行“联合融资”或提供“混合贷款”等，通过风险集合手段减少风险。

风险转移，即风险承担者通过若干技术和经济手段将风险转移给他人承担。其一，投资者可向保险公司投保，以交纳保险费为代价，将风险转移给保险公司承担，当承保风险发生后，其损失由保险公司赔偿。其二，投资者也可不向保险公司投保，而是通过其他途径将风险转移给别人。如投资者将具有风险的生产经营活动转包给别人，这样就把风险转给承包者来承担。

（2）投资者风险自我防范的策略。

国际投资风险的防范更主要的是投资者的风险自我防范。风险自我防范策略包括以下方面。

第一，建立风险自我防范体制。跨国企业进行风险自我防范，首先要根据公司本身的经济实力、管理经验、海外子公司的国别等来建立适宜的风险防范体制，或由总公司统一集中防范，或以海外机构为主体，分别设立风险的防范机构，或设立处理受险部分业务的专门公司等。

第二，投资经营政策的调整，即为适应政治、经济和社会等因素突然变化而建立一套有效的、灵活的投资与经营政策的调整策略。这些策略包括：一是投资客体分散化策略，也就是投资地域、行业、产品等的分散或多样化；二是共同投资、共担风险策略，即把风险分散在投资主体之间，如与当地政府或企业进行合资经营；三是投资方式的调整策略，如股权与债权互换，当东道国国有化风险增大时，投资者可将股权出卖或转为银行信贷、母公司的买方贷款等债权形式，而当债务危机风险增大时，投资者又可将其贷款转换成股份投资等；四是灵活的货币支付策略，当东道国发生货币贬值而汇率下跌时，可采取“二拖加二催”的办法，即拖延以东道国货币计价的应付账款和货物款项的支付，拖延升值货币国应收款项（如利息、红利等）的收取，催促硬通货的应付账目的支付和东道国软货币的应收款项的收取；五是经营策略的调整，当投资企业的经营活动与当地政府的政策发生冲突时，经营策略能否及时调整直接关系到投资企业的生存和发展。

第四节　国际营运资金管理

国际营运资金管理是指国际企业对营运资金的管理，是国际企业财务管理中非常重要的一个环节。由于国际企业理财环境的特殊性和复杂性，与国内企业相比，国际企业在营运资金管理方面更多地受汇率波动、外汇管制和税收等因素的影响。这是国际企业营运资金管理的特殊之处，也要求国际企业的财务人员在营运资金管理方面必须具有更强的风险意识和更好的应变能力。

一、现金管理

（一）国际企业现金管理的内容

这里的现金包括库存现金、银行存款、各种存单及有价证券等，其特点是变现能力最强，但盈利能力较差，即使是银行存款，其利率也非常低。因此，国际企业在现金管理方面至少包括以下方面的内容。

1. 确定现金的持有形式、时间及币种

现金持有形式，是指现金余额在库存现金、银行存款、有价证券等持有形式之间如何分配；现金持有时间是指各种形式的现金持有多久；现金持有币种是指持有何种货币的问题。由于国际企业的分支机构遍及全球，各东道国的金融市场情况不一样，各种货币币值高低起伏，汇率波动很大，所以国际企业在现金的持有形式、时间及币种方面应视各东道国的环境和具体情况而定。

2. 合理调度和转移现金

从国内企业角度看，调度和转移现金仅涉及转移成本和利息损失问题，但从国际企业的观点看，现金在调度和转移过程中还面临着汇率风险。因此，国际企业必须考虑设计符合全球业务活动需要的现金调度和转移网络，以便能从企业整体利益出发，统一调度现金，减少风险。

（二）国际现金管理的目标

（1）以最少量的现金支持公司在全球范围内的生产经营活动。现金置存过少，将不能应付业务开支；但如果置存过量，将会使这些资金无法参与正常的赢利过程而遭受损失。企业现金管理的重要职责之一，就是要在资产的流动性和赢利性之间做出抉择。

（2）尽量避免通货膨胀和汇率变动所带来的损失。持有过多现金可能因持续通货膨胀而遭受贬值；如果企业置存的是“软货币”，则将承受汇率变动的风险。因此，币种的选择是国际现金管理的一项重要决策。

（3）从整体上提高现金调度、使用和储存的经济效益。由于各国银行存款的利率和短期投资收益率不同，存放在不同地点或不同证券上的现金会产生不同的报酬。因此，跨国经营的国际企业应选择最有利的投放地点和投资形式，最大限度地提高现金收益率，以部分地弥补持有现金的损失。

（三）国际企业现金管理的方法

国际企业现金管理的方法主要有现金集中管理、多边净额结算、多国现金调度系统等。

1. 现金集中管理

考虑到汇率和利率经常波动、组织结构和经营活动等因素，国际企业通常会选择高度集中的现金管理模式，即国际企业从整体利益出发对母公司及各国子公司现金余缺进行统一调度。在该模式下，国际企业一般在主要货币中心或避税地国家设立现金管理中心，要求各子公司及分支机构平时只需保留进行日常经营活动所需的最低现金余额，其余部分均转移至现金管理中心的账户加以统一的调度和运用。现金集中管理模式如图 10.3 所示。

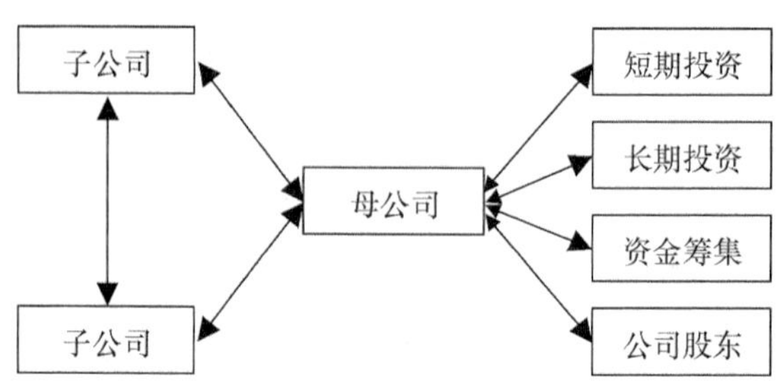

图 10.3 现金集中管理模式

现金集中管理模式有三大好处：第一，可以在不影响公司正常经营活动的前提下，减少公司所需的最低现金结余水平，从而提高公司资金的使用效率；第二，在此管理模式下，国际企业的整体筹资成本可以降低，从而提高营运资金的效益；第三，可以从公司整体的角度提高现金管理的效率。

但是，现金集中管理模式也有其不利之处，主要表现为子公司或分支机构的财务经理可能会因此失去工作上的主动性和创造性，过分依赖现金管理中心。为克服这一缺陷，可由总部制订出现金管理中心的借贷利率，通过这一利率反映各分支机构和子公司上交或借用现金的机会成本，借以评估各分公司在现金调度上的业绩。

2. 多边净额结算

在国际企业对遍及全球的子公司进行现金集中管理模式下，由于母子公司之间、子公司之间购销商品和劳务的收付款业务很繁杂，为了减少外汇暴露风险和资金转移成本，国际企业可以在全球范围内对公司内部的收付款进行综合调度，即进行多边净额结算。

根据涉及主体的多少，净额结算一般可分为双边净额结算与多边净额结算。由于国际企业的内部贸易结构比较复杂，多个公司之间相互有业务往来，款项很大，双边净额结算制度难以有效运行，因此需要采用多边净额结算。

多边净额结算系统，可以给企业带来许多好处。首先，从数量上看，由于实际资金转移数量的减少可以大大减少各种费用的支出。其次，由于多边净额结算一般是以固定的汇率在确定的日期统一进行，可以充分利用国际企业外汇风险管理和现金集中管理的优势。最后，可以使国际企业建立起规则的支付渠道，使本身的业务进一步规范化、专业化，同时还与银行建立起更稳定的合作关系。

国际企业在实行多边净额结算系统时应注意以下几点。一是净额支付的结算时间。一般来说，净额支付的可选择 30 天、60 天或者 90 天结算一次，国际企业应根据内部交易的具体情况而定。二是外汇管制问题。在建立净额支付系统之前，必须了解有关国家对净额支付是否有限制。三是净额支付系统的优化设计。国际企业必须根据企业的实际情况进行系统的优化设计。

3. 多国现金调度系统

多国现金调度系统是指现金管理中心根据事先核定的各子公司每日所需现金和子公司的现金日报及短期现金预算，统一调度子公司的现金，调剂余缺。该系统是在多边净额结算的基础上建立的，其作用是可以从全球角度进行战略思考，合理配置资金。

现金管理中心进行多国现金调度的程序如下。

（1）核定各子公司每日所需的最低现金余额。

（2）每日终了，汇总各子公司的现金日报与短期现金预算。

（3）比较各子公司当日现金余额与核定的最低现金余额，确定现金余缺。

（4）由现金管理中心发出资金转移指令。资金溢余的，或汇往管理中心，或直接汇往现金短缺的子公司，或积储在当地进行短期投资；而现金短缺的子公司将获得援助。

二、应收账款管理

公司的应收账款是由企业赊销产品或劳务而形成的应收而未收的款项，在公司的总资产中往往占有相当大的比重。无论国内企业还是跨国企业，应收账款的数量都取决于赊销额与平均收款期两个因素。这两个因素又与金融市场的信贷标准、信贷条件和企业本身的信用政策有关。

对跨国公司来讲，应收账款产生于两种不同类型的交易过程中：一是国际企业母公司或者各子公司与国际企业外的独立法人之间在经济往来过程中形成的应收账款；二是公司内部的应收账款，它是由公司内部转移交易所形成的，是国际企业内部财务往来的一种形式。

（一）独立客户的应收账款管理

独立客户的应收账款也可称为国际企业外部的应收账款。它是属于一般意义上的应收账款。它反映了公司的商业信用政策，管理的重点是在保证公司产品市场竞争力的前提下尽可能降低应收账款的投资成本。对于独立客户的应收账款管理，国际企业应该做好以下工作。

1. 确定合理的信用政策

不论是在国内贸易还是国际贸易中，信用政策都是企业需要考虑的首要问题。国际企业执行赊销政策的目的在于扩大销售，减少存货，或在激烈的市场竞争中保持和开拓市场。值得注意的是，持有一定的应收账款必须有相应的成本支出。这些成本包括持有应收账款时管理成本、机会成本、坏账成本和汇率变动所带来的损失。因此，在制定或者修改信用政策时，必须对每一种政策所对应的成本和收益进行比较，确定其利弊。国际企业进行成本收益分析的步骤如下。

第一，计算应收账款的当前成本；

第二，计算新信用政策下应收账款的成本；

第三，根据前两步的信息，计算新信用政策下的增量应收账款成本；

第四，不考虑应收账款成本，计算新信用政策下的增量利润；

第五，只有在增量利润大于增量成本的情况下，才选择新信用政策。

2. 确定交易币种

国内销售通常是以当地通货进行，而外销必须考虑应该以进口商还是出口商或者第三国的通货进行。一般来说，出口商比较喜欢以硬通货报价，而进口商比较喜欢以软通货报价，双方对于谈判的立场会产生分歧。如果双方都考虑自己的风险，结果是出口商为了用硬通货取得订单，会给予进口商一些折扣或延长付款期；或者进口商以软通货付款，但必须支付更多金额而且付款时间缩短。

3．确定付款时间

对应收账款管理的另一个因素是付款时间。如果采用软通货支付，则销售商希望越早付款越好，以最大限度地减少在销售日与付款日之间的汇兑损失。而以硬通货结算支付的应收账款，则可能被允许延长付款期。如果国际企业的某子公司预期所在国货币急剧贬值，而且所在国政府要求将即期外汇收入兑换成本国货币，该子公司则应尽可能地鼓励进口方以硬通货作为应收账款的计价货币。

（二）国际企业内部的应收账款管理

内部应收账款管理是国际企业调控内部资金流动的手段之一。国际企业的内部应收账款与独立客户的应收账款差别体现在：一是前者无须考虑资信问题；二是付款时间不完全取决于商业习惯，而是取决于国际企业的全球性战略。因此，国际企业内部的应收账款的币种、付款条件的选择，是国际企业资金配置的政策性问题。一般来说，在国际企业内部应收账款的管理可以运用提前或延迟付款和再开票中心等方法。

1．提前或延迟付款

内部应收账款的提前或者延迟支付是国际企业转移资金的常用手段，是指国际企业通过改变企业内部应收账款的信用期限来调剂资金。运用这种手段的原因在于付款方与收款方的资金机会成本不同，其中最主要的因素是汇率和利率。应收账款在付款方实际支付款项之前可视为收款方提供的一种无息贷款，这种技巧实质上是商业贷款期的改变。

如果跨国企业的某一家子公司或分支机构位于货币可能贬值的国家，那么母公司一般要求这家子公司尽早支付应付其他子公司的货款，反之则要求延迟支付。在汇率相对稳定的情况下，因利率的差异也可能运用提前或延迟付款的技巧。就收款方而言，如果当时资金充裕，收到的账款可以存入银行或通过其他投资渠道获利；如果当时资金紧缺，收到的账款可以减少从银行的借款，减少利息费用。而且银行存款与银行贷款的利率是不一致的，不同地区的利率水平也有差别。所以，如果仅考虑自身利益，收款方一般总是希望缩短信用期限，尽可能延迟支付应付款项。如果付款方与收款方是相互独立的非关联方，则上述选择是理所当然的。但是，如果双方是同一国际企业内部的子公司，或母公司与子公司的关系，则国际企业可以有意识地利用条件提前或延迟付款，增加本国际企业的整体利益。

总之，提前或延迟付款在国际企业内部应收账款管理中是普遍适用的一种技巧。这种技巧的运用有利于减少外汇风险，提高企业的整体偿债能力。但是，只有在母公司对子公司拥有绝对控制权的情况下，提前或延迟付款才具有可行性，才能发挥令人满意的效用。

【示例】 假定A国子公司和B国子公司两国的存款和贷款利率如表10.1所示。

表10.1　A、B两国存贷款利率

子公司	银行存款利率	银行贷款利率
A国	5.5%	6.5%
B国	5.9%	6.8%

假设 A 子公司向 B 子公司购入 6 000 万美元的商品，赊销期可视情况提前或延迟 90 天，那么根据两子公司的资金余缺状况，可以有多种组合。

第一种，如果 A、B 两子公司都资金充裕，那么 A 公司应尽早付款给 B 公司。这样可多获得利息收入 6 000 ×（5.9%-5.5%）× 90/360=6（万美元）。

第二种，如果 A、B 两子公司都资金短缺，那么 A 子公司应延迟付款，这样可节省利息费用 6 000 ×（6.8%-6.5%）× 90/360=4.5（万美元）。

第三种，如果 A 公司资金充裕，而 B 子公司资金短缺，那么应提前付款，这样可节省利息费用 6 000 ×（6.8%-5.5%）× 90/360=19.5（万美元）。

第四种，如果 A 子公司资金短缺，而 B 子公司资金充裕，那么应该推迟付款，这样可节省利息费用 6 000 ×（6.5%-5.9%）× 90/360=9（万美元）。

2. 再开票中心

再开票中心是一种由跨国公司资金管理部门设立的贸易中介公司。其主要职能是，当跨国公司集团成员从事贸易活动时，商品和劳务直接由出口部门提供给国外进口商，但有关收支交易都通过这个中介公司来完成。其运作原理如图 10.4 所示。

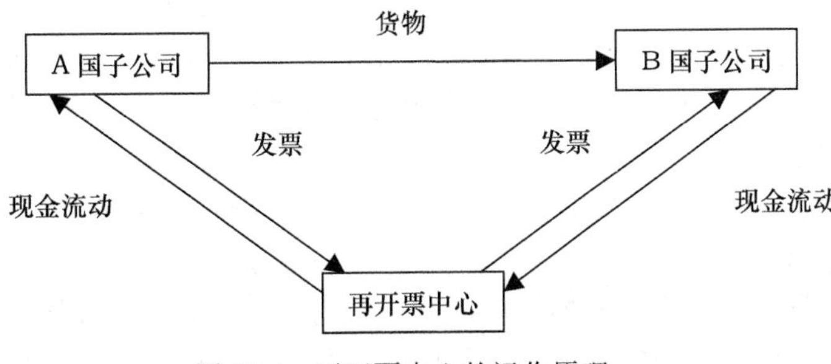

图 10.4 再开票中心的运作原理

再开票中心的设置实质上是将本来涉及两方的业务虚构为涉及三方的业务。中介公司并不涉及货物的接收、保管、装配加工、仓储和发运等实际业务，而只是转手开一道发票，记录收支账而已，真正的业务活动实际上可能是在千里之外的其他国度完成的。

通过再开票中心管理营运资金，具有如下优点。

其一，有利于集中管理跨国公司内部的应收、应付账款，减少资金转移费用。再开票中心从销货子公司买进货物，然后以较高价格卖给购货子公司，起着买卖中介的作用。在上述过程中，货物是由销货子公司直接运往购货子公司，并不通过再开票中心。再开票中心的作用是把跨国公司内部成员不同地区的贸易活动和应收、应付账款集中起来管理，从而有效地促进跨国公司内部的贸易往来。同时，通过再开票中心，可以更灵活、更有效地使用双边或多边净额结算，即两家或两家以上子公司参与相互交易的账款抵销结算，最后只交割所剩的净头寸，从而降低外汇暴露风险和资金转移费用。

其二，有利于提高跨国公司的整体税后利润水平。再开票中心一般设立在低税管辖区或避税港。跨国公司通过设立再开票中心，开展虚买虚卖的中介业务，借助转让定价手段，把有关子公司的部分利润转移至低税国家，从而减轻税负，增加公司的整体税后利润。

其三，有利于有效进行外汇风险管理。母公司资金部门通过再开票中心，可以将所有的贸易货币都采用开票中心指定的货币，从而对交易风险实行集中管理。再开票中心还可以采取套期保值等手段进行风险管理。

虽然再开票中心有众多优点，对国际企业的帮助与作用很大。但是，国际企业在决定设立再开票中心的时候，应该清楚地认识到其面临的障碍。比如建设一个再开票中心的成本较高，而且再开票中心的设立还会导致当地税务部门的频繁检查，以确定是否有逃税行为，这就会增加法律咨询费等专项费用。

三、存货管理

1. 国际存货管理的主要内容

国际存货管理是从跨国公司总体的角度研究总公司及其所属各个分公司存货资金占用的最优配置。与国内企业相比，其复杂性主要源于存货的周转和转移跨越国界，一方面不同的国家生产成本和储藏成本有差别，另一方面，关税、外汇限制和其他壁垒又限制存货的自由流动。国际存货管理的主要内容有超前或延迟购置存货和存货贮藏。这要把握一个度。这涉及由于通货膨胀或货币贬值导致的成本变动、投资于存货的资金成本、储存成本、存货供应不及时造成的损失之间的权衡问题。

2. 存货的超前购置

存货超前购置是指国际企业将多余的资金预先购置将来所需的存货，主要原因在于担心通货膨胀、货币贬值、原材料短缺、外汇限制等等。通常，跨国公司将多余的资金转换成硬通货会存在种种限制，这种情况下，应对策略之一便是存货的超前购置。另外，存货超前购置也是反通货膨胀策略的表现。

（1）如果子公司存货主要依赖进口，在预期当地货币贬值的情况下，应提前购置存货且尽可能多地购置。因为货币贬值后，进口成本会大大增加。

（2）如果子公司主要从当地购置存货，在预期货币贬值时，应尽量降低原材料、半成品的存货量。因为如果本地货币实际发生贬值，会大大减少以母公司货币表示的当地存货的价值。

（3）如果子公司既从国外购货，又在当地购货，在预期当地货币贬值的情况下，应努力减少当地存货的存量，同时超前购置进口存货。如果无法预见货币贬值的幅度和时间，那么子公司应设法保持同量的进口存货和当地存货，以减少外汇风险。

国际企业在制定存货超前购置决策时，应该充分考虑超前购置存货的成本，要对成本效益进行权衡。若超前购置成本大于延迟购置成本，则不应该进行存货的超前购置，尽量保持较低的存货量；反之则应超前购置。如果国际企业受到东道国政府的外汇管制，那么国际企业可以利用无适当投资机会的闲置资金超前购置存货，再将超前购置的存货低价出口，这样就可以起到逃避东道国政府外汇管制的作用。

3. 存货贮存问题

进行存货购置决策时，必须考虑存货的类型及是否依赖进口。一些国际企业会提前订货，储存大量的存货，然而保持较高的存货水平要付出昂贵的成本。持有大量存货涉及投资于存货的资金利息、储存费、存货损耗、存货跌价等问题，而供货短缺也会给企业生产经营带来很大的损失。供货短缺是许多依赖进口购置存货的企业面临的严重问题，因为货物的供给受到运输工具、运输距离和货币限制等因素的影响。因此，国际企业需要权衡确定最佳存货水平，既解决供货短缺的问题，保障企业的正常生产，又要尽可能降低存货持有成本。

第五节　外汇风险管理

一、外汇风险及其种类

（一）外汇风险的含义

外汇风险，又称汇率风险或外汇暴露，一般指在国际经济、贸易、金融活动中，一个组织、经济实体或个人的以外币计价的资产和负债因汇率变动而蒙受的意外损失或所得的意外收益。对外汇持有人来说，外汇风险可能有两个结果：或是遭受损失，或是获得收益。

由于国际企业是用多种货币进行经营的，因此，国际企业的外汇风险是指由于各国货币汇率的波动而可能给国际企业带来的赢利或者损失的不确定性。由于外汇汇率波动产生的汇率风险，广泛地存在于国际企业的产品销售、原材料购买、投资、融资等经营活动中。

（二）外汇风险的种类

根据外汇风险的作用对象及表现形式，国际企业面临的外汇风险可以划分为三类，即外汇经济风险、外汇折算风险、外汇交易风险。

1. 外汇经济风险

外汇经济风险又称外汇经营风险，是指意料之外的汇率变动通过影响企业生产销售数量、价格和成本，而引起企业未来一定期间内收益或现金流量发生变化的一种潜在风险。例如，当一国货币贬值时，出口商一方面因出口货物的外币价格下降有可能刺激出口，使其出口额增加而获益；另一方面如果出口商在生产中所使用的主要原材料依赖进口，因本国货币贬值会提高本币表示的进口品的价格，出口产品的生产成本就会增加。结果该出口商在将来的利润可能增加，也可能减少，其市场竞争能力及市场份额也将发生相应的变化，此种风险就属于经济风险。

可见，国际企业由于有大量的海外业务，因汇率波动而遭受经济风险的可能性远远高于只有本国业务的国内公司。经济风险对国际企业产生长期的影响。

2. 外汇折算风险

外汇折算风险又称为外汇会计风险，是指基于会计报表或报表合并的需要，企业将会计账簿上的有关项目由外币计量按一定的汇率折算成本币时，因外币升值或贬值而产生的外汇收益或损失。折算风险在国际企业合并国外分支机构或国外资产的财务报表中表现尤为突出。国际企业的海外子、分公司，一方面在日常经营活动中使用的是东道国的货币，另一方面它属于母公司，其资产负债表需要定期呈报其母公司，这时需要将东道国货币折算为母国货币。

外汇折算风险根据财务报表的类别，一般分为损益表风险和资产负债表风险。企业的现金流量表是在以上两表的基础上编制而成的，因而不需单独考虑其折算风险。当该公司将其外币计量的资产、负债、收入和费用折成以母国货币表示的有关项目时，汇率的变动就有可能给公司造成账面收益或损失，这是一种存量风险。但这并不一定代表子公司的实际经济状况发生了变化，该子公司的实际经营并没有因此而变化。

问与答

问：外汇折算的换算方法有哪些？

答：国际上主要有四种换算方法，即流动/非流动项目法、货币/非货币项目法、时态法和现行汇率法。

3. 外汇交易风险

外汇交易风险是指企业因进行跨国交易而取得外币债权或承担外币债务时，由于交易发生日的汇率与结算日的汇率不一致，可能使收入或支出发生变动的风险。这些风险包括：以即期或延期付款为支付条件的商品或劳务的进出口，在货物装运和劳务提供后，而货款或劳务费用尚未收付前，外汇汇率变化所发生的风险；以外币计价的国际信贷活动，在债权债务未清偿前所存在的汇率风险；海外筹资中的汇率风险；待履行的远期外汇合同，约定汇率和到期即期汇率变动而产生的风险。

二、外汇风险管理的程序

外汇风险管理是指涉外经济主体对外汇市场可能出现的变化采取相应的对策，以避免汇率变动可能造成的损失，即各经济主体在对涉外业务中存在的或有风险进行识别、估测、评价的基础上，优化组合各种外汇风险管理技术，对外汇风险实施有效的控制，尽可能降低外汇风险。外汇风险的管理一般要经过以下五个步骤。

1. 确定恰当的计划期和成本与风险管理目标

国际企业确定计划期的目的是为预测汇率变动、估计受险金额规定一个时间范围。一般而言，计划期应在一年以内，并要按季度来划分，如果汇率变动幅度较大，要适当缩短计划期。按照收益大于成本的原则，企业还应确定恰当的成本与风险管理目标。如果交易涉及的外汇金额很大，或者交易对企业事关重大，企业的主要目标就是控制风险，而降低成本的目标相对不重要。

2. 预测汇率变化情况

外汇风险产生的根本原因是汇率的变动，所以，预测汇率的变动情况是外汇风险管理工作中十分重要的步骤。汇率变化的预测包括相互联系的三个方面：变动的方向、变动的时间和变动的幅度。汇率变化情况的预测是一项非常复杂的工作，需要综合考虑下列因素：①国际货币储备的变化；②国际收支的变化；③贸易差额的变化；④通货膨胀程度；⑤金融与财政政策；⑥贸易政策；⑦其他影响汇率的因素。

3. 计算外汇风险的受险额并编制资金流量预算

计算外汇风险的受险额目的是从数量上确定企业，承受的外汇风险，为了正确计算，应分别按不同的币种、不同的结算期来分别计算。在计算过程中，若外币债权大于外币债务，其差额为正受险额，反之则称为负受险额。为了防止由于外汇风险管理而使企业的正常经营活动受到影响，确定企业正常经营所必需的资金流量，企业还必须编制资金流量预算。

4. 确定对外汇风险受险额是否采取行动

一般而言，在以下情况下，企业可不采取任何行动：①受险额是正值，而该种外币预计会升值，汇率变动后，企业将获得收益；②受险额是负值，而该种外币预计会贬值，汇率变动后，企业会获得收益；③受险额为零，不管汇率如何变动，也不存在外汇风险。

而在下列情况下，企业可以采取行动：①受险额是正值，而该种外币预计会贬值；②受险额是负值，而该种外币预计会升值；③受险额可能是正值也可能是负值，外币是升值还是贬值很难估计。

5. 选择适当的避险方法

国际企业要根据不同的避险方法的优缺点和使用范围，选择适当的避险方法。

三、外汇风险管理的方法

（一）外汇经济风险管理的方法

外汇经济风险分布跨国经营的各个方面，是一项非常复杂的风险，对国际企业的发展影响重大，因此经济风险的管理无论对于国际企业的财务主管还是最高决策层都是一项极其重要的工作。经济风险管理是通过对汇率变化对公司未来现金流量的影响做出预测并采取相应的措施。管理外汇经济风险的最有效的方法是采用多元化经营，使各方面的不利影响能相互抵消。

1. 生产上的多元化

在生产安排上，产品的品种、规格、质量尽可能做到多样化，使之能更好地适应不同国家、不同类型、不同层次的消费者需求。

2. 销售上的多元化

在销售上，力争使所生产的产品能尽快打入不同国家的市场，并力求采用多种货币进行结算。

3. 采购上的多元化

在原材料、零配件的采购方面，尽可能做到从多个国家和地区进行采购，并力争使用多种货币结算。

4. 筹资渠道的多元化

在筹资时，应尽量从多种资本市场上筹集资金，用多种货币计算应偿付的本息金额。如果出现有的外币贬值，而有的外币升值的现象，就可以使外汇风险相互抵消。

5. 投资的多元化

在投资上，尽量向多个国家和地区投资，创造多种外汇收入，以适当规避单一投资带来的风险。

（二）外汇折算风险管理的方法

国际企业进行外汇折算风险管理的基本策略是增加持有硬通货资产，减少硬通货负债；减少软通货资产，增加软通货负债。其途径主要有调整现金流量、签订远期合同、创造外汇资产组合等。通过调整现金流量来规避外汇风险的基本策略见表 10.2。

（三）外汇交易风险管理的方法

外汇交易风险管理的方法有两大类：一类是合约保值，主要包括在远期外汇市场、外汇期货市场和外汇期权市场上的保值；另一类是经营策略，指选择有利的计价货币，款项的提前或延迟支付等。

表 10.2 规避外汇风险的基本策略

硬通货（当地货币为硬通货）	软通货（当地货币为软通货）
• 购买当地货币远期 • 增加地方现金和有价证券持有量 • 放宽以当地货币进行计价的赊销条款 • 加速软通货应收账款的回笼 • 减少软通货物资的进口 • 减少在当地的借款 • 加速偿还应付款 • 推迟向母公司和其他子公司支付股利和特许权使用费 • 延迟子公司之间的应付款支付 • 加速子公司之间的应收账款回笼 • 以当地货币对出口销售进行计价，以外币（软货币）对进口进行计价	• 卖出当地货币远期 • 减少地方货币现金和有价证券持有量 • 收紧信用，减少以地方货币计价的应收款 • 延迟硬通货应收款的回笼 • 增加硬通货物资的进口 • 在当地借款 • 延迟应付款的支付 • 加速向母公司和其他子公司支付股利和特许权使用费 • 加速子公司之间的应付款支付 • 延迟子公司之间的应收款回笼 • 对出口以外币（硬通货）计价，对进口以当地货币计价

1. 远期外汇市场套期保值

国际企业可以在远期外汇市场上通过签订远期外汇合同来进行套期保值，规避风险。远期合同的具体做法是，出口商在签订贸易合同后，按当时的远期汇率预先卖出合同金额和币别的远期，在收到货款时再按原定汇率进行交割。进口商则预先买进所需外汇的远期，到支付货款时按原定汇率进行交割。

利用远期外汇市场套期保值可以固定企业未来现金流量的本币价值。但是，如果汇率的变化与企业预期相反，则企业可能会花费更多或减少收益。因此，是否采用远期外汇市场套期保值还取决于企业对未来汇率变化的估计。

2. 外汇期货市场套期保值

利用外汇期货市场进行套期保值，是指在期货市场上做一笔与现货市场上方向相反、金额和时期相同的交易，以放弃未来可能的利润为代价而避免未来可能遭受的损失。

如果国际企业选择保守策略进行风险管理，可能会对所有交易都用期货保值，这不仅会使公司负担大量的期货交易费用，还可能丧失汇率有利变动产生的利润；如果采用中间策略进行风险管理，只对预测汇率将有不利变动的交易进行期货套期保值，可能会使公司的风险管理更有效率。

3. 外汇期权市场套期保值

上述两种套期保值的方法，在外汇汇率变化与企业预期反向相反时，无法达到保值的目的。然而，通过外汇期权市场却能做到这一点，期权外汇市场会使企业摆脱不利的汇率波动，并且能够使企业从有利的汇率波动中受益。因为外汇期权合约可以根据市场汇率变动做任何选择，既可履约，也可不履约，最多损失期权费。这样的话，不管未来汇率如何变动，期权合约购买者的保值成本都不会超过期权的购买价格即期权费。

4. 选择有利的计价货币

国际企业通常是对未来的现金流入项目选择硬通货,对未来的现金流出项目选择软通货。在此，硬通货是指当前汇率稳定并预计有明显上升趋势的货币；软通货是指目前汇率不稳定，并预计汇率有明显下降趋势的货币。

国际企业应该选择可以自由兑换的货币，这样既便于资金调拨运用，同时也有助于转移货币的汇价风险，还可以根据汇率变化情况，随时在外汇市场上兑换。国际企业也可用本币计价结算，这会使得企业在清偿时不会发生本币与外币之间的兑换，从而降低外汇风险。

5. 在合同中订立汇率风险分摊条款或货币保值条款

当交易双方为使用何种计价货币发生争执时，多数情况下会在合同中加列一些条款以共同承担风险。汇率风险分摊条款或货币保值条款就是国际企业在订立合同时经常使用的条款。汇率风险分摊是指如计价货币汇率发生变动，即以汇率变动幅度的一半，重新调整价格，由双方分摊汇率变动带来的损失或利益；货币保值即选择某种与合同货币不一致的、价值稳定的货币，将合同金额用所选货币来表示，在结算或清偿时，按所选货币表示的金额用合同货币来完成收付。

6. 提前或延期结汇

当国际企业预计某种外币即将贬值时，应加速收款而延缓付款；当国际企业预计某种外币即将升值时，应推迟收款而加速付款。

复习思考题

1. 国际财务管理的内容包括哪几方面？国际财务管理有什么特点？
2. 国际企业筹资渠道有哪几种？
3. 国际金融市场有哪些？各自有哪些作用？
4. 在进行国际投资分析时，要对哪些方面进行分析评价？
5. 简述国际现金管理的目标和方法。
6. 外汇风险有哪几种，各种外汇风险管理的方法是什么？
7. 外汇风险管理的步骤有哪几个？

第十一章　金融衍生工具与风险管理

学习目标和要求

本章从金融衍生工具的基本理论出发，对金融衍生工具涉及的主要内容进行了较为全面、详细的介绍。通过本章的学习，了解各种金融衍生工具的含义、分类以及特点；熟悉风险的类型；掌握利用各种金融衍生工具进行风险管理的方法，即利用远期合约管理风险、期货合约管理风险、期权合约管理风险以及互换合约管理风险。

引导案例

自全球性金融危机爆发以来，世界金融市场不断发生企业因金融衍生工具投资失败而破产倒闭的事件（见表11.1）。中信泰富注册成立于中国香港，是大型国有企业中信集团在中国香港的六家上市公司之一。其在2006年3月以4.15亿美元收购澳大利亚两个分别拥有10亿吨的磁铁矿资产开采权的公司Sino Iron和Balmoral Iron全部股权，项目总投资42亿美元；2008年7月与13家银行签订24款外汇累计期权合约KODA，其中澳元累计期权合约高达90.5亿澳元；2008年9—10月，由于两次降息，澳元大幅度贬值，公司决定终止部分合约，至10月17日实际亏损8.07亿港元，仍然在生效的外汇合约按公允价值亏损147亿港元；2008年10月，中信泰富股价暴跌55%，在两个交易日内市值蒸发三分之二；2008年12月，与母公司中信集团达成重组协议，通过重组方案来弥补由于运用外汇期权合约所造成的亏损。

一些公司在运用金融衍生品时遭受了巨大的损失，引发了社会各界对金融衍生工具风险管理的关注。运用金融衍生工具进行投资时不应仅局限于关注衍生工具所带来的巨大利益，更不应该忽视衍生工具本身所拥有的“杠杆”特性，而应该从企业自身内部管理着手，加强对金融衍生工具的风险管理。

表 11.1　2008 年运用金融衍生工具发生巨额亏损的企业

上市企业	股票代码	年度浮亏/元（人民币）	衍生工具类型
中国国航	601111	−7 992 453 000	航油期权、利率互换
东方航空	600115	−6 501 336 000	利率互换、外汇套利、航油期权
江西铜业	600362	−1 051 137 463	临时定价安排、期货
美的电器	000527	−180 013 375	期货、外汇远期
华能国际	600011	−544 204 280	外汇合约
中国远洋	601919	−2 542 868 549	利率掉期
中信泰富	HK0267	−11 754 000 000	复杂远期合约

启发思考

（1）何为金融衍生工具？

（2）衍生工具主要包括哪几种以及各自的特点是什么？

（3）运用金融衍生工具进行投资时有哪些风险，以及如何进行相应的风险管理？

（4）为什么中信泰富和其他企业在运用衍生工具进行投资时会遭遇失败？

第一节　衍生工具与风险管理概述

一、金融衍生工具的定义

金融衍生工具，也称金融衍生产品，是与基础金融产品相对应的一个概念，指建立在基础产品或基础变量之上，其价格随基础金融产品的价格（或数值）变动而变动的派生金融产品。这里所说的基础产品是一个相对的概念，不仅包括现货金融产品（如债券、股票、银行定期存款单等），也包括金融衍生工具。根据《企业会计准则第 22 号——金融工具确认和计量》的规定，衍生工具包括远期合同、期货合同、互换和期权以及具有远期合同、期货合同、互换和期权中一种或一种以上特征的工具。

与其他金融工具不同的是，衍生工具本身并不具有价值，其价格是从可以运用衍生工具进行买卖的货币、汇率、证券等的价值衍生出来的。目前，在国际金融上普遍运用的衍生工具有期货、远期、期权和互换。

二、金融衍生工具的基本分类

1. 按照产品类型划分

根据产品类型，金融衍生工具可以分为远期合约、期货合约、期权合约以及互换合约。

（1）远期合约指合约双方同意在未来日期按照固定价格交换金融资产，承诺以当前约定的条件在未来进行交易的合约，会指明买卖的商品或金融工具种类、价格及交割结算的日期。远期合约主要包括远期外汇合约、远期利率协议、远期股票合约、远期债券合约。

（2）期货合约指由期货交易所统一制定的，规定在某一特定的时间和地点交割一定数量和质量商品的标准化合约。期货是指在约定的将来某个日期按约定的条件（包括价格、交割地点、交割方式）买入或卖出一定标准数量的某种资产。期货的价格则是通过公开竞价而达成的。期货按现货标的物的种类主要包括商品期货、外汇期货、利率期货、股票指数期货。

（3）期权合约指赋予其购买者在规定的期限内按双方约定的价格（简称协议价格或执行价格）购买或出售一定数量某种金融资产的权利的合约。它与期货合约的主要区别在于合约买方有权利而无义务一定要履行合约。期权合约主要包括股票期权、利率期权和货币期权。

（4）互换合约是一种交易双方签订的在未来某一时期相互交换某种资产的合约。更为准确地说，互换合约是当事人之间签订的在未来某一期间内相互交换他们认为具有相等经济价值的现金流的合约，较为常见的是利率互换合约和货币互换合约。互换合约中规定的交换货币是同种货币，则为利率互换；若是异种货币，则为货币互换。

2. 按照产品形态划分

根据产品形态，金融衍生工具可以分为独立衍生工具和嵌入式衍生工具。

（1）独立衍生工具是相对嵌入式衍生工具而言的，是指本身即为独立存在的金融合约，例如期货合约、期权合约或者互换合约。

（2）嵌入式衍生工具是嵌入非衍生工具（即主合同）中，使混合工具的全部或部分现金流量随特定利率、金融工具价格、商品价格、汇率、价格指数、费率指数、信用等级、信用指数或其他类似变量的变动而变动的衍生工具。例如目前公司债券条款中可能包含赎回条款、返售条款、转股条款、重设条款等。

想一想

除了以上的分类方法，还有没有其他的方法对金融衍生工具进行分类？

三、金融衍生工具的基本特点

金融衍生工具不同于传统的基础金融工具，有以下主要特点。

1. 衍生工具的价值受制于基础工具

金融衍生工具或者衍生产品是由传统金融产品派生出来的，由于它是衍生物，不能独立存在，其价值在相当程度上受制于相应的传统金融工具。这类能够产生衍生物的传统产品又称为基础工具。

由于是在基础工具上派生出来的产品，因此金融衍生工具的价值主要受基础工具价值变动的影响，例如，股票指数的变动影响股票指数期货的价格，认股证跟随股价波动。这是衍生工具最为独特之处，也是其具有避险作用的原因所在。

2. 衍生工具具有规避风险的职能

传统的金融工具滞后于现代金融工具，表现在其都带有原始发行这些金融工具的企业本身的财务风险。而且，在这些传统的金融工具中，所有的财务风险都是捆绑在一起的，处理分解难度相当大。衍生工具把这些财务风险松绑分解，进而再通过金融市场上的交易使风险分散化并科学地重新组合，来达到收益和风险的权衡。

3. 衍生工具构造具有复杂性

相对于基础工具而言，金融衍生工具特性显得较为复杂。这是因为：一方面对金融衍生工具如期权、互换的理解和灵活运用已经不易；另一方面衍生工具大多采用多种组合技术，这使得衍生工具更为复杂。所以说，衍生工具构造具有复杂性。

4. 衍生工具设计具有灵活性

金融衍生工具在设计和创新上具有很强的灵活性，可以通过对基础工具和金融衍生工具的各种组合，创造出大量的特性各异的金融产品。机构与个人参与衍生工具交易的目的主要有三类：①买卖衍生工具为了保值；②利用市场价格波动风险进行投机谋取暴利；③利用市场供求关系的暂时不平衡套取无风险的额外利润。针对不同的交易目的，就要有各种不同的交易品种来适应不同市场参与者的需要。衍生工具可根据各种参与者所要求的时间、杠杆比率、风险等级、价格等参数的不同进行设计、组合。因此相对其他金融工具而言，衍生工具的设计具有更大的灵活性。

5. 衍生工具运作具有杠杆性

金融衍生工具在运作时多采用财务杠杆方式，即采用交纳保证金的方式进入市场交易。这样市场的参与者只需动用少量资金，即可控制资金量巨大的交易合约。期货交易的保证金和期权交易中的期权费即是这一种情况。财务杠杆无疑可显著提高资金利用率和经济效益，但是另一方面也不可避免地带来巨大风险。近年来，一些国际大型机构在衍生工具的交易方面失利，很大程度上与这种杠杆的“放大”作用有关。

6. 衍生工具交易具有特殊性

金融衍生工具交易的特殊性主要表现在两个方面。①集中性。从交易中介机构看，主要集中在大型投资银行等机构。美国目前在全球金融衍生产品交易中占了相当大的比重，但是在美国 3 000 多个金融机构中，只有 300 多个从事此类交易，而且其中 10 家大型机构即占了交易量的 90%，可见交易的集中性。②灵活性。从市场分布看，部分交易活动是通过场外交易方式进行的，即用户主要通过投资银行作为中介方参与衍生工具交易，投资银行代为寻找对家或直接作为交易对手个别进行衍生工具交易，这些交易是非标准化的，这说明金融衍生工具具有很强的灵活性。

四、金融衍生工具的风险管理

（一）风险的类型

风险是指在特定条件下、特定时间内，某项决策实际成果偏离预期的可能性。金融衍生工具的风险可以划分为以下几大类。

（1）市场风险。市场风险是指市场价格变动或交易者不能及时以公允价格出售金融衍生工具而带来的风险。其中根据衍生工具价格变动的不同原因，又可以将市场风险划分为：①利率风险；②汇率风险；③商品价格风险；

（2）信用风险。信用风险也叫履约风险，是指因交易的一方不能履行合同规定的责任和义务而给另一方带来的风险。

（3）流动性风险。金融衍生工具的流动性风险主要包括两类，一类是与市场状况有关的市场流动性风险，另一类是与总的资金状况有关的资金流动性风险。其中，市场流动性风险是指由于缺乏合约对手而无法变现或平仓的风险。资金流动性风险是指交易方因为流动资金的不足，造成合约到期时无法履行支付义务，被迫申请破产，或者无法按合约要求追加保证金，从而被迫平仓，造成巨额亏损的风险。

（4）操作风险。操作风险是指因为交易主体的内部控制制度不严格，监控不到位，或由于人为错误、沟通不良、欠缺了解、未经授权或系统故障给投资者造成损失的风险。

（5）法律风险。法律风险是指因合约在法律上的缺陷或无法履行导致损失的风险。

（二）风险管理的策略

1. 形成有序的市场机制

发展金融衍生工具市场，首先必须深刻认识风险管理的重要性。风险管理关系市场命运，是市场兴衰成败的决定性因素。欲求市场健康发展，根本大计是形成一个有序的市场机制，这是金融衍生工具市场从失败到成功的基本经验。任何一个有序的金融衍生工具市场，必须具备以下四个基本条件：①市场制度的稳定性；②市场交易的公正性；③市场运作的规范性；④投资者合法权益的保障性。

2. 对会员实行严格管理

金融衍生工具市场风险管理的一项主要内容，就是对会员实行严格的管理。对会员实行管理主要有以下三个方面。

（1）资产控制。期货交易所对会员进行资产控制，并不是看会员注册资本多少，而是看其是否拥有与其交易部位相适应的流动资金数额。

（2）保证金管理。保证金一般是根据一定时间的价格波动幅度和会员的借贷信用状况，同时考虑结算方法和时限后确定的。确定一个比较合理的保证金水平并不是一件很容易的事，所以在执行过程中经常根据市场的实际价格波动情况而进行必要的调整。

（3）实行结算会员基金。实行结算会员基金，是近 20 年来在金融衍生工具市场不确定因素日益增多、价格波动起伏较大的背景下，对会员采取的一项重要措施，其目的是让制造风险者集体承担市场风险。

3. 完善结算制度

金融衍生工具市场风险管理的基本条件是建立完善的结算制度。金融衍生工具交易是以少量保证金为保证的信用交易，其本身潜藏着高倍数风险。金融衍生工具交易开始，就意味着风险的发生。风险首先是通过结算反映出来的，而且规避风险也是通过结算进行的。因此，实行风险管理应主要依靠结算运作系统进行。但要使结算系统能有效地运作，就必须从制度上做出周密的安排。

4. 建立合理的结算机构

金融衍生工具市场的有效运行，关键在于建立符合风险管理要求的结算机构。金融衍生工具市场的结算机构不应是一般的财务会计机构。金融衍生工具市场交易集中，每天成交数以万计的合约，金融衍生工具价格瞬息万变，大量的资金在投资者、经纪商、会员、结算会员以及结算机构之间频繁流动，如果仅依赖交易双方或者一般财务结算部门办理结算，显然是难以胜任的。

5. 实行法制化管理

金融衍生工具市场风险管理应在政府支持与监督下，实行法制化管理。随着金融衍生工具市场的快速发展，各国金融衍生工具市场不同程度地成为国际投资的重要领域，金融衍生工具交易和金融衍生工具价格对各国经济发挥着越来越重要的影响。但是，影响金融衍生工具价格变化的各种因素超越了国界，特别是来自外部的某些不确定因素，经常使金融衍生工具价格发生剧烈波动。甚至一些国家在政治、经济、军事等方面稍有变化，便迅速波及全球金融衍生工具市场，引起金融衍生工具价格的大起大落。这种受外部因素影响而形成的风险，不仅从整体上影响到金融衍生工具市场的稳定与发展，而且也影响到社会经济的稳定与发展。这种系统风险，仅靠金融衍生工具市场自身加强管理是难以解决的，必须强化国家的法制化管理。

从整体上讲，金融衍生工具交易的风险主要涉及市场风险、信用风险、流动性风险、操作风险和法律风险等基本类型。这些风险与股票、债券等基础金融工具的风险类似。本章将针对金融衍生工具市场中所特有的商品价格风险、汇率风险及利率风险进行重点阐述，并介绍如何利用远期合约、期货合约、期权合约和互换合约等手段对上述三类风险进行管理。

第二节　衍生工具与商品价格风险管理

商品价格风险是指由于商品价格变化而导致公司利润或公司股票市场价值发生波动的风险。

一、利用期货合约管理商品价格风险

（一）期货的概述

1. 期货的基本概念

期货是指在约定的将来某个日期按约定的条件（包括价格、交割地点、交割方式）买入或卖出一定标准数量的某种资产；而期货合约是期货交易的买卖对象或标的物，是由期货交易所统一制定的，规定了某一特定时间和地点交割一定数量和质量商品的标准化合约。一份标准的期货合约通常包括以下几方面的内容：①期货品种（金融期货或商品期货）；②每日价格波动限制（每日涨跌停板额限制）；③最后交易日；④最小变动价位；⑤交割条款（包括交割日、交割地点、交割形式等）。

期货交易是指交易双方在集中的交易所市场上以公开竞价的方式所进行的期货合约的交易。期货交易的最终目的并不是金融资产所有权的转移，而是通过买卖期货合约，规避现货价格风险或通过买卖获取差价收益。

2. 期货的分类

期货主要分为商品期货和金融期货。商品期货包括各种金属、农产品等；金融期货包括外汇期货、利率期货和股票指数期货等。具体分类如表 11.2 所示。

表 11.2 期货的分类

期货	商品期货	农产品期货（小麦、玉米、棉花、咖啡、生猪、活牛、木材、天然橡胶等）
		金属期货（铜、铅、锌、锡等）
		能源期货（原油、汽油、天然气、电力等）
	金融期货	外汇期货（货币期货）
		利率期货（短期利率期货和长期利率期货）
		股票指数期货

3. 期货的主要交易制度

（1）保证金制度。

保证金是期货交易双方履行其在期货合约中应承担义务的财力担保，以保证交易双方履行合约。保证金包括初始保证金和维持保证金。初始保证金是指签约成交每一份新期货合约时，买卖双方都必须向交易所缴纳存入其保证金账户的保证金，可用现金，也可用有价证券。初始保证金是按照合约价值的一定比率来计算，而不是交易中的定金或者交易者应付价款的一部分。维持保证金是指交易所规定的交易者在其保证金账户中所必须保有的最低余额的保证金水平。维持保证金通常为初始保证金的 75%左右。

根据价格的一般波动幅度，保证金比率大体上是合约价值的 5%～15%。这一比率由经纪人确定，但不得低于结算所为此规定的最低标准。

（2）逐日盯市制度（每日无负债结算制度）。

逐日盯市制度又称为每日无负债结算制度，是指每日交易结束后，交易所按照当日各合约结算价结算出所有合约的盈亏、交易保证金、手续费等费用，对应收应付的款项实行净额一次性划转，并相应增加或减少会员的结算准备金。

（3）限仓制度。

限仓制度是交易所为防止操纵市场和防止市场风险过度集中而对交易者持仓数量加以限制的制度。限仓的形式分为根据保证金数量规定的持仓限额、对会员的持仓限额和对客户的持仓限额等。限仓制度的原则主要有：近期月份严于远期月份；总量限仓与比例限仓相结合；相反方向头寸不可抵消；对机构与散户区别对待等。

（4）强行平仓制度。

当交易所会员或客户的交易保证金不足且未在规定时间内补足，或当会员或客户的持仓量超出规定的限额，或当会员或客户存在违规行为时，交易所为了防止风险进一步扩大，将其持有的未平仓合约进行强制性平仓处理，这就是强行平仓制度。

（5）大户报告制度。

大户报告制度是一种风险控制制度，是防止大户操纵市场行为的制度。期货交易所建立限仓制度后，当交易所会员或客户的持仓量达到交易所规定的数量时，必须向交易所申报有关开户、交易、资金来源、交易动机等情况，以便交易所审查大户的交易是否有过度投机和操纵市场的行为，并判断大户的交易风险状况。

（二）利用期货进行套期保值

套期保值，亦称为“对冲”，是指为配合现货市场上的交易，而在期货市场上做与现货市场上相同或相近商品但交易部位相反的买卖行为，以便将现货市场的价格波动的风险在期货市场上转移给第三者，最终实现保值的目的。

套期保值之所以能够达到规避价格风险的目的，有两个基本原理。第一，同一品种的商品，其期货价格和现货价格受到相同因素的影响，虽然波动的幅度会有所不同，但其价格的变动趋势和方向会趋于一致。保值者在期货市场上建立了与现货市场相反的头寸，则无论市场价格朝哪一方向变动，均可避免风险，实现保值。不过，在套期保值中，保值者一般只能做到保值，而不能获利。因为保值者在某一市场上获得的利润会被另一市场上的损失所抵消。第二，随着期货合约到期日的接近，期货价格与现货价格会逐渐聚合，在到期日，二者之间的差距（又称为基差）接近于零，两者价格大致相等，见图 11.1。

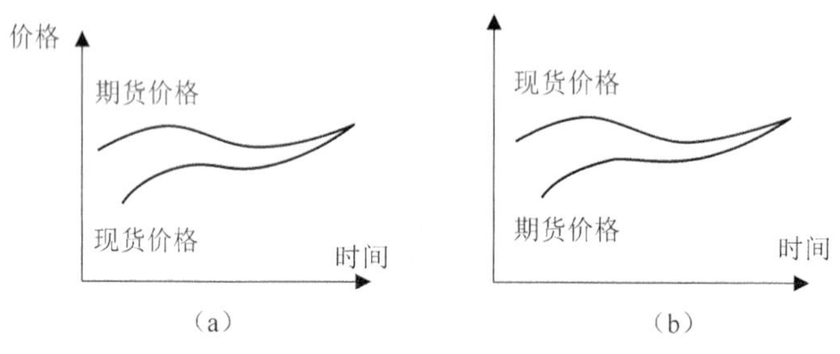

图 11.1 基差的变化

套期保值又分为买入套期保值和卖出套期保值。

（1）买入套期保值。买入套期保值又称为多头套期保值，是指在期货市场中购入期货，以期货市场的多头来保证现货市场的空头，从而规避价格上涨的风险。买入套期保值一般适用于投资者准备在将来某一时刻购买商品却担心商品涨价，或者某投资者在资产上做空头时，可用多头套期保值策略进行风险管理。

【例 11.1】 美国 ABC 公司 7 月计划五个月后购进 1 000 吨原油，当时原油的现货价格是每吨 380

美元，原油的期货价格为每吨 393 美元。经过分析，ABC 公司担心原油的价格在未来时期会上涨。为了防范由于原油价格上涨所带来的风险，于是 ABC 公司买入 1 000 吨原油期货。五个月后，原油的现货价格果然上涨，上涨至每吨 400 美元，而原油期货的价格为每吨 413 美元。ABC 公司于是在 12 月份买入现货，每吨亏损 20 美元；同时卖出原油期货，每吨赢利 20 美元。整个交易如表 11.3 所示。

表 11.3　买入套期保值交易表

	现货市场	期货市场
7 月	签订合同时承诺在 12 月购买 1000 吨原油，此时现货每吨价格 380 美元	在期货交易所买进 12 月到期的原油期货 1 000 吨，每吨价格 393 美元
12 月	现货市场上每吨原油价格是 400 美元。按现货价格购买 1 000 吨原油	当月原油期货价格接近现货价格，为每吨 413 美元，按此价格卖出原油期货 1 000 吨
结果	每吨亏损 20 美元	每吨赢利 20 美元

两个市场上的盈亏相抵，有效地锁定了由于商品市场价格波动所带来的风险。

（2）卖出套期保值。卖出套期保值又称为空头套期保值，是指在期货市场上出售期货，以期货市场上的空头来保证现货市场上的多头，从而规避价格下跌的风险。卖出套期保值一般适用于持有商品的交易商担心商品价格下跌的情况，以及适用于预测资产的未来销售。

【例 11.2】 美国 DEF 公司 3 月份计划六个月后销售 200 吨铜，价格按市价计算，当时铜的现货价格是每吨 7 000 美元，铜期货价格为每吨 7 150 美元。经过分析，DEF 公司担心铜的价格在未来时期会下跌，为了防范由于铜价格下跌所带来的风险，于是便卖出 200 吨铜期货。六个月后，铜的现货价格果然下跌，下跌至每吨 68 00 美元，而铜期货的价格为每吨 6 950 美元。DEF 公司于是在 9 月份卖出现货，每吨亏损 200 美元；同时买入期铜，每吨赢利 200 美元。整个交易如表 11.4 所示。

表 11.4　卖出套期保值交易表

	现货市场	期货市场
3 月	签订合同时承诺在 12 月提供 200 吨铜给客户，因此购买现货铜 200 吨，每吨价格 7 000 美元	在期货交易所卖出 12 月到期的期货铜 200 吨，每吨期货铜价格 7 150 美元
9 月	现货市场上每吨铜价格是 6 800 美元。按现货价格销售给客户 200 吨铜	当月期铜价格接近现货价格，为每吨 6 950 美元，按此价格买进期铜 200 吨
结果	每吨亏损 200 美元	每吨赢利 200 美元

两个市场上的盈亏相抵，有效地防止了现货市场上铜价格下跌所带来的风险。

新闻摘要

武汉一女子炒期货 4 万元做到 1 450 万后又变回 5 万元

武昌女期民万群是在2005年7月拿6万元涉足期货的，此前有10年的炒股经历，但步入期市后的两年时间，她的保证金从6万元缩水至4万元。

转折点发生在2007年8月下旬，万群开始重仓介入豆油期货合约。此后两三个月，豆油0805合约从7 800元/吨一路上涨至9 700元/吨，其间她不停地采取浮盈加仓策略。截至11月中旬，万群已有10倍的获利。进入2008年，豆油上涨速度越来越快，2月底，豆油0805已然逼近1.4万元/吨，万群的账面保证金达到1 450万元，她成了名副其实的“千万富翁”。

然而出于种种考虑，万群错过了最佳的减仓时机。3月7日和10日两天，豆油无量跌停，万群就是想平仓也平不了了，由于仓位过重，其巨大的账面盈利瞬间化为乌有。3月11日上午，连续两个交易日无量跌停的豆油期货终于再打开跌停板。但由于没有能力追加保证金，万群所持有的最后300手合约被强行平仓，最终，她的账户保证金只剩下了不到5万元。。

二、利用期权管理商品价格风险

（一）期权概述

期权（options）是一种选择权，期权的买方向卖方支付一定数额的期权费后，就获得这种权利，即拥有在一定时间内以一定的价格（执行价格）出售或购买一定数量的标的物的权利。

1. 期权的买方和卖方

购买期权的一方，即支付期权费，获得权利的一方，也被称为期权的多头。在期权合约所规定的有效期内，买方可以行权或者放弃行权，无论其是否行权，其所支付的期权费不予退还。

出售期权的一方获得期权费，因而承担着在规定的时间内履行该期权合约的义务。期权的卖方也被称为期权的空头。只要期权的买方决定行使权利，卖方只能履约，除了收取期权费外，期权合约没有赋予卖方其他任何权利。

期权的买方（多头）行使权利时，卖方（空头）必须按期权合约规定的内容履行义务。相反，买方可以放弃行使权利，此时买方只是损失期权费，而卖方则赚取期权费。期权买、卖双方的权利义务和风险收益如表 11.5 所示。

表 11.5　期权买、卖双方的权利义务和风险收益

	权利和义务不对称性	风险和收益不对称性
买权	买权方付出期权费，获得买（卖）权利	买权方付出期权费，获得无限受益权和有限损失（期权费）
卖权	卖权方获得期权费，履行卖（买）义务	卖权方获得有限收益（期权费），并承担无限损失

2. 协定价格

协定价格也称执行价格，是指期权合约所规定的、期权买方在行使权利时所实际执行的价格。即在期权交易中，协定价格是期权买卖双方事先确定的标的资产的交易价格。这一价格一旦确定，则在期权有效期内，无论期权标的物的市场价格上升或下降到什么程度，只要期权的买方要求执行期权，期权的卖方就必须以协定价格履行相应的义务。

3. 期权费

期权费是期权买方购买期权所赋予的权利时支付给期权卖方的代价，又称期权价格。期权费是由市场供需所决定的。通常，标的物的市场价格、协议价格、到期期限等都会影响期权费。一般来说，标的物市场价格越高，看涨期权的期权费越大；而协议价格越高，看涨期权的期权费越小。看跌期权正好相反。

4. 合约期限和到期日

合约期限是指合约签约至失效日止的有效日期，合约期限大多为三个月。到期日也称履约日或失效日，是执行期权合约进行实物交割的最后一天，即到了这一天，一个事先做了声明的期权合约必须履行交货，否则该期权失效。

5. 标的物或标的资产

标的物或标的资产是指选择购买或出售的资产。它包括股票、政府债券、货币、股票指数、商品期货等。值得注意的是，期权的卖方不一定拥有标的资产。期权是可以“卖空”的。期权的买方也不一定是真的想购买标的资产。因此，期权到期时双方不一定进行标的物的实物交割，而只需按照价差补足价款即可。

（二）期权的分类

1. 按照合约授予期权持有者权利的类别划分

按照合约授予期权持有者权利的类别,期权可分为看涨期权和看跌期权两大类。

看涨期权，又称延买期权或买入期权。购买这种期权可以获得在期权合约有效期内根据合约所确定的履约价格买进一种特定商品或资产的权利。只有当期权对应的标的物的市场价格在未来期间大于协议价格，期权的买方才有可能执行期权。

看跌期权，又称延卖期权或卖出期权。购买这种期权可以获得一种在未来一定期限内根据合约所确定的价格卖出一种特定商品或资产的权利。只有当期权对应的标的物的市场价格在未来期间小于协议价格，期权的买方才有可能执行期权。

2. 按照执行时间划分

按照执行时间的不同，期权可分为欧式期权和美式期权两大类。

欧式期权是指只有在合约到期日才被允许执行的期权，既不能提前，也不能推迟。目前国内的外汇期权交易都是采用欧式期权合同方式。

美式期权是指可以在期权到期日或到期日之前的任何一个营业日执行的期权。这种期权给予买方更大的灵活选择的权利。

3. 按协定价格与标的物市场价格的关系划分

按协定价格与标的物市场价格的关系不同，期权可以分为实值期权、平值期权和虚值期权三类。

实值期权是指如果立即执行期权，买方具有正的现金流；平值期权是指如果立即执行期权，买方的现金流为零；虚值期权是指如果立即执行期权，买方具有负的现金流。三者的关系见表 11.6。

表 11.6　实值期权、平值期权、虚值期权的对应关系

	看涨期权	看跌期权
实值期权	市场价格>执行价格	市场价格<执行价格
平值期权	市场价格=执行价格	市场价格=执行价格
虚值期权	市场价格<执行价格	市场价格>执行价格

（三）期权的基本策略

1. 买入看涨期权

买入看涨期权，是指买入买权，支付费用，获得在约定时间按照约定价格和约定数量买入某基础资产的权利。买入看涨期权形成的金融头寸，被称为“多头看涨头寸”。

【例 11.3】 投资人购买一项看涨期权，标的股票的当前市价为 80 元，执行价格为 80 元，到期日为一年后的今天，期权价格为 5 元。买入后，投资人就持有了看涨头寸，期待未来股价上涨以获取净收益。多头看涨期权的净损益有以下可能。

（1）股票市价小于或等于 80 元。看涨期权的买方不会执行期权，没有净收入，即期权到期日价值为零，其净损益为-5 元（期权价值 0 元-期权成本 5 元）。

（2）股票市价大于 80 元但小于 85 元。例如股票市价为 83 元，投资人会执行期权。以 80 元购买的 1 股股票，在市场上将其出售得到 83 元，净收入为 3 元（股票市价 83 元-执行价格 80 元），即期权到期日价值为 3 元，买方期权净损益为-2 元（期权价值 3 元-期权成本 5 元）。

（3）股票市价等于 85 元。投资人会执行期权，取得净收入 5 元（股票市价 85 元-执行价格 80 元），即期权到期日价值为 5 元。买方期权净损益为 0 元（期权价值 5 元-期权成本 5 元）。

（4）股票市价大于 85 元。假设股票市价等于 90 元，投资人会执行期权，取得净收入 10 元（股票市价 90 元-执行价格 80 元），即期权到期日价值为 10 元。买方期权净损益为 5 元（期权价值 10 元-期权成本 5 元）。

买入看涨期权到期日价值=Max（市价-执行价格，0）　　式（11-1）

买入看涨期权净损益=Max（市价-执行价格，0）-期权价格　　式（11-2）

多头看涨期权的损益状况，如图 11.2 所示。

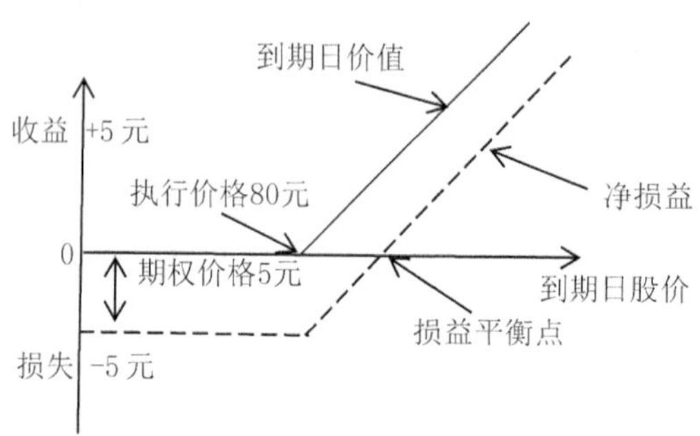

图 11.2　买入看涨期权

2. 卖出看涨期权

卖出看涨期权，是指卖出买权，获得费用，承担必须在约定时间按照约定价格和约定数量卖出某基础资产的义务。看涨期权的卖方收取期权费，成为或有负债的持有人，负债的金额不确定。他处于空头状态，持有看涨期权空头头寸。

卖出看涨期权到期日价值=-Max（市价-执行价格，0）　　式（11-3）

卖出看涨期权净损益=-Max（市价-执行价格，0）+期权价格　　式（11-4）

3. 买入看跌期权

买入看跌期权，是指买入卖权，支付费用，获得在约定时间按照约定价格和约定数量卖出某基础资产的权利。看跌期权的买方拥有以执行价格出售标的物的权利。

买入看跌期权到期日价值=Max（执行价格-市价，0）　　式（11-5）

买入看跌期权净损益=Max（执行价格-市价，0）-期权价格　　式（11-6）

4. 卖出看跌期权

卖出看跌期权，是指卖出卖权，获得费用，承担必须在约定时间按照约定价格和约定数量买入某基础资产的义务。看跌期权的卖方收取期权费，成为或有负债的持有人，负债的金额不确定。

卖出看跌期权到期日价值=-Max（执行价格-市价，0）　　式（11-7）

卖出看跌期权净损益=-Max（执行价格-市价，0）+期权价格　　式（11-8）

（四）利用期权进行套期保值

如前所述，也可以利用期权进行套期保值来规避商品的价格风险。即期权作为对冲风险的工具可以起到类似保险的作用。

1. 买入看跌期权

买入看跌期权可以规避商品价格下跌的风险。套期保值的目标：保护现货部位，规避价格下跌风险，同时保持价格上涨所带来的赢利。买入看跌期权类似于空头期货的保值策略，一般为生产商或贸易企业为了防止价格下跌所采取的保值策略。该种策略需要向期权的卖方支付期权费，但无需像期货那样缴纳保证金。

【例 11.4】 某棉花贸易企业库存有棉花，市场价格为 10 000 元/吨。该贸易企业担心将来棉花价格会下跌，于是在期权市场上买进三个月后到期，执行价格为 10 000 元/吨的棉花看跌期权，支付期权费 1 000 元/吨。现分析如下。

（1）棉花的价格上涨。假设棉花价格为 12 000 元/吨，现货部位赢利 2000 元/吨（企业可以在现货市场上卖出更高的价格），期权部位亏损（该企业一般不会行权，则损失期权费 1000 元/吨）。在这种情况下，企业可以卖出看跌期权，平仓了结或者放弃权利。现货市场上棉花价格上涨得越高，企业的总体赢利越大。

（2）棉花的价格下跌。假设棉花价格为 8 000 元/吨，现货部位亏损 2000 元/吨（10 000-8 000），期权部位赢利（企业一般会选择行权，可以以 8 000 元/吨价格买进，再以 10 000 元/吨卖出）。企业平仓了结后，在期权部位的赢利可以弥补现货部位的亏损。看跌期权的执行价格，为最低的卖出价。

可见，投资者持有现货或标的，通过买入看跌期权，价格下跌时，则可以有效锁定标的多头部位的风险，损失不会持续扩大。买入看跌期权，等于锁定了最低的卖出价格。在价格上涨时，期权的损失有限，可以享受更高卖出价格带来的好处，使赢利不断随着价格的上涨而提升。

2. 买入看涨期权

买入看涨期权可以规避商品价格上涨的风险。套期保值的目标：保护现货部位，规避价格上涨风险，同时保持价格下跌所带来的赢利。买入看涨期权类似于多头期货的保值策略，一般为加工企业为了防止采购成本上涨所采取的保值策略。该种策略需要向期权的卖方支付期权费，但无需像期货那样缴纳保证金。

【例 11.5】 某面粉厂三个月后需要采购加工用小麦，目前现货市场上小麦的市场价格为 1000 元/吨。为了规避小麦价格上涨风险，锁定生产成本，该面粉厂在期权市场上买入三个月后到期的小麦看涨期权。执行价格为 1 000 元/吨，支付期权费 50 元/吨。现分析如下。

（1）小麦的价格下跌。假设小麦的市场价格为 900 元/吨，现货部位赢利 100 元/吨（即企业在现货市场上能够以 900 元/吨的价格采购小麦），买入的看涨期权部位亏损（企业一般不会行权，则损失期权费 50 元/吨）。在这种情况下，企业可以卖出看涨期权，平仓了结或者放弃权利。小麦价格下跌得越多，面粉厂的总体采购成本越低。

（2）小麦的价格上涨。假设小麦的市场价格为 1 100 元/吨，采购成本上涨，现货部位亏损 100 元/吨（1 100-1 000），期权部位赢利 100 元/吨（该企业一般会执行期权，可以以 1 000 元/吨买进，再以 1 100 元/吨卖出）。平仓了结后，在期权部位的赢利可以弥补现货部位的亏损。对于面粉厂来说，看涨期权的执行价格，为最高的买入价。

利用期货、期权进行套期保值，有关具体的套期保值交易策略如表 11.7 所示。

表 11.7 套期保值交易策略表

价格风险	期　货	期　权
规避价格上涨风险	买入期货	买入看涨期权
规避价格下跌风险	卖出期货	买入看跌期权

第三节　衍生工具与汇率风险管理

汇率风险又称外汇风险或货币风险，主要来源于外汇汇率的不利变动。汇率风险通常用外汇风险暴露或风险敞口进行衡量。如第十章所述，汇率风险一般包括折算风险、交易风险和经济风险。

风险暴露，是指公司在各种业务活动中容易受到汇率变动影响的资产和负债的价值，或暴露在外汇风险中的头寸状况。一般来说，汇率的不确定性变动是外汇风险的根源，如果公司能够通过风险管理使外汇风险暴露为零，那么，无论未来汇率如何变动，公司面临的汇率风险基本上可以相互抵消。

风险敞口，是指外汇资产（或负债）由于汇率变动而可能出现增值和减值，这种增值和减值可能自然抵消，也可能被某种措施人为冲销。其中无法自然抵消也没有被人为冲销的外汇资产（或负债）就暴露在汇率变动的风险中，形成了汇率风险敞口。

一、利用远期外汇合约管理汇率风险

（一）远期外汇合约的概述

远期外汇合约是汇率的远期合约，是指外汇交易双方达成协议，约定将来交割的币种、金额、汇率、交割期限、起息日期、交割地点以及双方的权利义务等，并于将来进行实际交割的远期合同。即在合约到期时无论汇率如何变化，都应按照事先约定的汇率进行交割。

远期外汇合约中通常含有以下术语。

（1）起息日期。起息日期是指远期外汇买卖的交割日，因为从该日起，双方交付的款项开始计息。

（2）交割期限。交割期限分为三种：①标准交割日期，通常为 1 月、2 月、3 月、6 月、9 月、12 月其中以 3 月、6 月最为常见；②约定交割日期，即双方事先约定好一个固定的交割日期；③畸零期交割，即只确定一个期限，而不定具体日期，双方可以在此期限内的任何一天进行交割。

（3）远期汇率。远期汇率是指双方签约时约定好的未来交割的固定价格，到期实际汇率无论如何变动，均按此汇率交割。远期汇率的标价方法有两种：①直接标价法，是指直接标出远期汇率的实际价格；②间接标价法，是指报出远期汇率与即期汇率的差价，即远期差价。

（4）升水与贴水。升水是远期汇率高于即期汇率时的差额；贴水是远期汇率低于即期汇率时的差额。若远期汇率与即期汇率相等，那么就称为平价。就两种货币而言，一种货币的升水必然是另一种货币的贴水。

（二）利用远期外汇合约进行套期保值

远期外汇合约作为一种套期保值工具，是外汇期货的补充，基本可以应用于所有外汇交易风险的管理来锁定汇率水平，从而减少跨国交易和国际投资的风险，因此是市场上最发达的一种金融工具，也是理论研究中比较成熟的一种汇率风险管理策略。当企业在将来要收入或支出一笔外汇时，通常可以利用远期外汇市场进行套期保值，如做一笔和这笔外汇款项收支方向相反，但数额相同的远期外汇交易，以固定这笔款项的汇率。

【例 11.6】 一日本出口商向美国出口了一批产品，价款为 1 000 000 美元，双方商定货款于三个月后用美元支付，交易日的汇率为 JPY103.5060/US $ 1。由于美元走势疲软，三个月后美元可能更低，日本出口商有可能遭受损失，但也不排除美元升值的可能。

为避免损失，日本出口商与银行签订一份卖出三个月远期美元合约，汇率为 JPY102.4506/US $ 1（与三个月要收到的货款是相反的操作）。三个月后如果美元汇率为 JPY101.3450/US $ 1，美元贬值，日本出口商可以按 JPY102.4506/US $ 1 的汇率卖出美元，将减少损失。如三个月后美元汇率高于 JPY103.5060/US $ 1，该出口商也要按 JPY102.4506/US $ 1 卖出美元。

【例 11.7】 我国某公司 2015 年 9 月 1 日向美国 ABC 公司购买设备，用美元计价，货款共计 50 万美元，付款期 120 天。9 月 1 日的即期汇率为 1 美元=6.75 元人民币，该公司预测 12 月 31 日的即期汇率为 1 美元=6.81 元人民币。那么公司该怎样利用远期合约控制该笔风险？

具体分析

若该公司在 9 月 1 日与银行签订远期外汇合约，约定于 12 月 31 日以合约中规定的远期汇率 1 美元=6.81 元人民币购买 50 万美元，用以支付货款。则该公司这笔进口货款的应付人民币数额为 50 万×6.81=340.5 万元人民币。而 340.5 万元人民币在 9 月 1 日（成交时）就已确定，不受今后汇率变动（12 月 31 日实际即期汇率的高低）的影响，从而避免了汇率风险。

在上述例子中，在即期日签订远期外汇合约，把将要付出的外币，伴之以同等金额、相同时间的外币流入，这样就消除了汇率风险。这种远期合约方法操作简便，在合约签订日就可以签订“度身定制”的远期外汇合约（时间金额与合约下外币收入支出的时间金额完全一致），可以做到完美地规避汇率风险。

二、利用外汇期货合约管理汇率风险

外汇期货，又称为货币期货，是指交易双方在交易所内通过公开叫价的方式，买卖在未来某一日期以即期汇率交割一定数量外汇的期货合同的外汇交易，是一种在最终交易日按照当时的汇率将一种货币兑换成另外一种货币的期货合约。

外汇期货合约是标准化的远期外汇合约，交易币种、单位、数量、交割时间和地点都是统一规定的，只有价格是随时变动的。

1. 买入套期保值（多头对冲）

买入套期保值是指企业先在期货市场上买入与其将在现货市场上买入的现货外币数量相等、交割日期相同或相近的该外币期货合约，然后再将其卖出，以防止外汇汇率变动对现货市场上的交易带来风险的一种方法。

【例 11.8】 美国某企业欲从瑞士进口一批商品，五个月后付货款 500 000 瑞士法郎，目前现货市场上即期汇率为 6 460 美元/10 000 瑞士法郎。但经过分析，预测瑞士法郎价格在未来时期内将呈上升趋势。为了防范由于瑞士法郎价格上涨所带来的风险，该企业便在期货交易所购买了 4 份（瑞士法郎）外汇期货合约（每份合约 125 000 瑞士法郎），此时期货市场上汇率为 6 450 美元/10 000 瑞士法郎。五个月后，瑞士法郎价格果然上涨，上涨为 6 490 美元/10 000 瑞士法郎，而期货市场上汇率也上升为 6 489 美元/10 000 瑞士法郎。整个交易如表 11.8 所示。

假设每份合约管理手续费为 75 美元，则企业赢利 = 1 950−1 500−75×4=150（美元）。

企业利用期货进行买入套期保值的结果分析如下。

当期货汇率与现货汇率都上涨，即企业预测正确时，套期保值有三种结果。

（1）当期货汇率与现货汇率上涨幅度一致时，现货交易亏损则可以完全被期货交易赢利弥补，但会损失期货合约的手续费费用；

（2）当期货汇率上涨幅度大于现货汇率上涨幅度时，除现货交易亏损被期货交易完全弥补外还有盈余；

（3）当期货汇率上涨幅度小于现货汇率上涨幅度时，则可以减少部分现货交易亏损，其数额为期货交易盈余扣除期货合约手续费数额。

表 11.8　外汇期货多头套期保值

	现货市场	期货市场
7 月 5 日	卖出：500 000 瑞士法郎 汇率：6 460 美元/10 000 瑞士法郎 价值：323 000 美元	买入：4 份 12 月瑞士法郎期货，每份合约 125 000 瑞士法郎，共 500 000 瑞士法郎 汇率：6 450 美元/10 000 瑞士法郎 价值：322 500 美元
12 月 5 日	买入：500 000 瑞士法郎 汇率：6 490 美元/10 000 瑞士法郎 价值：324 500 美元	卖出：4 份 12 月瑞士法郎期货，每份合约 125 000 瑞士法郎，共 500 000 瑞士法郎 汇率：6 489 美元/10 000 瑞士法郎 价值：324 450 美元
结果	损失： 323 000−32 4500=−1 500（美元）	赢利： 324 450−32 2500=1 950（美元）

2. 卖出套期保值（空头对冲）

卖出套期保值是指企业先在期货市场上卖出与其将在现货市场上卖出的现货外币数量相等、交割日期相同或相近的该外币期货合约，然后再将其买入，以防止外汇汇率变动对现货市场上的交易带来风险的一种方法。

【例 11.9】 承【例 11.8】如果该企业是一家出口商，它在五个月后会收到 500 000 瑞士法郎的货款。而此时，该企业预测瑞士法郎价格将下跌，便在期货市场上先卖出期货合约。整个交易如表 11.9 所示。

表 11.9　外汇期货空头套期保值

	现货市场	期货市场
7 月 5 日	买入：500 000 瑞士法郎 汇率：4 060 美元/10 000 瑞士法郎 价值：203 000 美元	卖出：4 份 12 月瑞士法郎期货，每份合同 125 000 瑞士法郎，共 500 000 瑞士法郎 汇率：4 055 美元/10 000 瑞士法郎 价值：202 750 美元
12 月 5 日	卖出：500 000 瑞士法郎 汇率：4 015 美元/10 000 瑞士法郎 价值：200 750 美元	买入：4 份 12 月瑞士法郎期货，每份合同 125 000 瑞士法郎，共 50 000 瑞士法郎 汇率：4 000 美元/10 000 瑞士法郎 价值：200 000 美元
结果	损失：200 750−200 300=−2250（美元）	赢利：202 750−200 000=2 750（美元）

假设每份合约管理手续费为 75 美元，则企业赢利 = 2 750−2 250−75×4=200（美元）。

企业利用期货进行卖出套期保值的结果分析如下。

当期货汇率与现货汇率都下跌，即企业对汇率的预测正确时，卖出套期保值有三种结果。

（1）当期货汇率与现货汇率下跌幅度一致时，现货交易亏损则可以完全被期货交易赢利弥补，但会损失期货合约的手续费费用；

（2）当期货汇率下跌幅度大于现货汇率下跌幅度时，除现货交易亏损被期货交易完全弥补外还有盈余；

（3）当期货汇率下跌幅度小于现货汇率下跌幅度时，则可以减少部分现货交易亏损，其数额为期货交易盈余扣除期货合约手续费数额。

三、利用外汇期权管理汇率风险

（一）利用外汇期权进行套期保值

外汇期权，又称货币期权或外币期权，是期权的一种。外汇期权买卖的是外汇，即外汇期权是指期权的买方以支付一定的期权费作为代价，从而获得一种选择的权利，这种权利允许买方有权在未来某一特定时间或某特定时间之前按约定的汇率（协定汇率）向权利的卖方买进或卖出约定数额的外币，权利的买方也有权利选择不执行上述买卖合约。

外汇期权赋予持有者按照给定的汇率兑换货币的权利（而不是义务），允许期权买方锁定未来的汇率，能够使买方将汇率变动限制在不超过某一特定水平的范围内。

 课堂讨论

远期外汇合约、外汇期货合约与外汇期权合约有何联系与区别？利用三者进行套期保值，如何评价各自的保值效果？

外汇期权交易能够为客户提供外汇保值的方法，在汇率变动向有利方向发展时，又可以为客户提供从汇率变动中获利的机会，具有较大的灵活性。

【例 11.10】 美国某公司从英国进口设备，三个月后需要支付 1.25 万英镑。为固定进口成本，美国公司提前购入一份英镑买方期权（看涨期权）。期权费为每英镑 0.01 美元，一份英镑买方期权需支付期权费 125 美元。协定汇率为 1 英镑=1.7 美元。

（1）三个月后若英镑升值，1 英镑=1.75 美元，美国公司会行权，此时公司赢利 500 美元（1.25 万×1.75-1.25 万×1.70-125），现货市场实际亏损由 625 美元下降到 125 美元；

（2）三个月后若英镑贬值，1 英镑=1.65 美元，美国公司不会行权，此时期权市场亏损 125 美元，现货市场赢利 625 美元，公司实际赢利 500 美元（1.25 万×1.7−1.25 万×1.65−125）；

（3）三个月后若英镑汇率不变，美国公司可以行权也可以不行权，按照市场上的汇率购买英镑，则会损失期权费 125 美元。

【例 11.11】 我国某出口商向美国出口设备，双方约定三个月后以美元收回货款，货款金额为 100 万美元。为防止人民币汇率上升，固定出口收益，该出口商提前购入一份美元卖方期权（看跌期权）。期权费为每美元 0.02 元人民币，一份美元卖方期权需要支付期权费 2 万元人民币。协定汇率为 1 美元=6.09 元人民币。

（1）三个月后若美元发生贬值，1 美元=6.0 元人民币，该公司会行权，可以获利 7 万元人民币（100 万×6.09-100 万×6-2），现货市场实际亏损由 9 万元下降到 2 万元人民币；

（2）三个月后若美元发生升值，1 美元=6.2 元人民币，该公司不会行权，现货市场上获利 11 万元人民币，公司实际赢利 9 万元人民币（100 万×6.2−100 万×6.09−2）；

（3）三个月后若美元汇率不变，该公司可以行权也可以不行权，按照市场上的汇率出售美元，则会损失期权费 2 万元人民币。

（二）采用远期、期权套期保值与不采取策略进行比较

【例 11.12】 美国 ABC 公司将在 180 天后支付 20 万英镑，公司的选择有：①不保值；②远期外汇交易保值；③货币期权交易保值。该公司得到的金融行情如下：今天的即期汇率为 1 英镑=1.50 美元；180 天的远期汇率为 1 英镑=1.47 美元；期限为 180 天的 GBP 看涨期权执行价格为 1 英镑=1.48 美元，期权价格为每英镑 0.03 美元。

公司预测 180 天后，市场上的即期汇率水平如表 11.10 所示。

表 11.10　预测 180 天后的即期汇率水平

可能出现的结果	发生概率
$1.43£	20%
$1.46£	70%
$1.52£	10%

公司决定选择花费美元成本最少的方法进行套期保值。

解：（1）不进行套期保值。

180 天后 ABC 公司按当时即期汇率买入英镑的美元成本计算如表 11.11 所示。

表 11.11　美元成本计算

预期 180 天后的即期汇率水平	买入 20 万英镑需要支付的美元成本（美元）	概率
$1.43/£	28.6 万	20%
$1.46/£	29.2 万	70%
$1.52/£	30.4 万	10%

（2）进行远期外汇交易保值。

买入 180 天远期英镑 20 万，未来美元成本固定为£20 万 × 1.47 = $29.4 万。

（3）进行货币期权保值。

买入 180 天期 GBP 看涨期权。结果如下表 11.12 所示。

表 11.12　买入看涨期权交易结果

180 天后可能的即期汇率	行使还是放弃期权	每单位英镑的美元成本（含期权价格）（美元）	买入 20 万英镑的美元总成本（美元）	概率
$1.43/£	放弃	1.43+0.03=1.46	29.2 万	20%
$1.46/£	放弃	1.46+0.03=1.49	29.8 万	70%
$1.52/£	行使	1.48+0.03=1.51	30.2 万	10%

比较这几种结果可以看出，期权保值的结果有 80% 的概率成本高于远期交易。因此，两种保值策略中，远期外汇交易保值是较好的方法。不保值的成本更少（90% 概率），所以 ABC 公司也有可能不保值，除非 ABC 公司对风险的厌恶程度非常高，宁愿稳定未来现金流。

四、利用货币互换管理汇率风险

（一）货币互换概述

金融互换亦称掉期，是两个或两个以上的个体以特定方式在未来某一时段内交换一系列现金流的协议。互换交易主要分为货币互换和利率互换。

互换交易的基础主要是比较优势和分享利益，所以互换业务的本质在于分配由比较优势而产生的经济利益。根据比较优势理论，只要满足以下两个条件就可以进行互换交易：①双方对对方的资产或负债均有需求；②双方在两种资产或负债上各自存在比较优势。

货币互换又称“货币掉期”是指将一种货币的本金和固定利息与另一种货币等价本金和固定利息进行交换。这种互换可由银行提供中介，也可以是进行货币互换的其中一方直接与一家银行进行互换。进行货币互换的目的是将一种货币的债务换成另一种货币的债务，以减少借款成本或者防止由于远期汇率波动而造成的汇率风险。

知识拓展

亚当·斯密提出绝对优势理论，其指出每一个国家都具有生产某些特定产品的绝对有利的生产条件，进行专业化生产，然后进行彼此交换，则对所有交换国家都有利。

大卫·李嘉图创立了比较优势理论，其认为在两国都生产两种产品，且一国在这两种产品的生产上均处于有利地位，而另一国均处于不利地位的条件下，如果前者专门生产优势较大的产品，后面专门生产劣势较小（即具有比较优势）的产品，那么通过专业化分工和国际贸易，双方均能从中获益。

货币互换的一般流程是：①互换双方在合约生效日以约定的汇率交换等值本金；②在合约期内按照预先约定的日期依照所换货币的利率，支付相应的利息给对方；③合约到期时，再次按照原先的汇率换回本金。

（二）利用货币互换对冲汇率风险

货币互换合约可当作一系列的远期外汇合约的组合，因此对互换的研究很自然地成为对货币期货和远期外汇合约研究的扩展。货币互换也是一种组合型管理方法，但是一般应用于在对外货币资本借贷中控制汇率风险，例如利用货币互换锁定融资成本等等。

货币互换管理汇率风险的作用机理在于利用货币互换交易，有关主体可以将对自己不利的货币交换出去，再按照事先约定的汇率将其交换回来，使自己的实际收益或实际成本通过约定的汇率固定下来，从而达到控制汇率风险的管理目标。

【例 11.13】 我国A公司通过日本三菱银行获得一笔日元贷款，金额为10亿日元，期限五年，利率为固定利率4%，付息日为6月20日和12月20日。2010年12月20日起开始提款，2015年12月20日到期还款。公司提款后，将日元买成美元，用于从美国采购成套生产设备。产品出口得到的收入是美元收入，而没有日元收入。从以上情况来看，公司的日元贷款存在着汇率风险。

具体分析

公司借款是日元，日常的收支使用的是美元，2015年12月20日时，公司需要将美元收入换成日元还款，那么到时候如果日元升值，美元贬值（相对于期初汇率而言），则公司要用更多的美元来兑换成日元还款。这样，由于公司的日元贷款在借、用、还等方面存在着货币不统一，就存在汇率风险。

解决方案

A公司为控制汇率风险，决定与中国银行做一笔货币互换交易。双方规定，交易于2010年12月20日生效，2015年12月20日到期，使用汇率为125日元/美元，美元的固定利率为8%。

这一货币互换的交易过程如下。①在提款日（2010年12月20日）A公司与中国银行互换本金：A公司从三菱银行提取贷款本金，同时支付给中国银行；中国银行按照事先约定的汇率向A公司支付相应的美元。②在付息日（每年6月20日和12月20日）A公司与中国银行互换利息：中国银行按照日元利率4%向A公司支付日元利息；A公司将日元利息支付给三菱银行，同时按照约定的美元利率水平8%向中国银行支付美元利息。③在到期日（2015年12月20日）A公司与中国银行再次互换本金：中国银行向A公司支付日元本金；A公司将日元本金归还给三菱银行，同时按照约定的汇率向中国银行支付相应的美元。

从以上可以看出，由于在期初和期末，A公司与中国银行均按照事先规定的同一汇率（125日元/美元）互换本金，而且在贷款期间A公司只支付美元利息，而得到的日元利息收入正好用于归还原先三菱银行的日元贷款利息，使公司完全避免了未来的汇率变动风险。

上述交易的过程如图 11.3 所示。

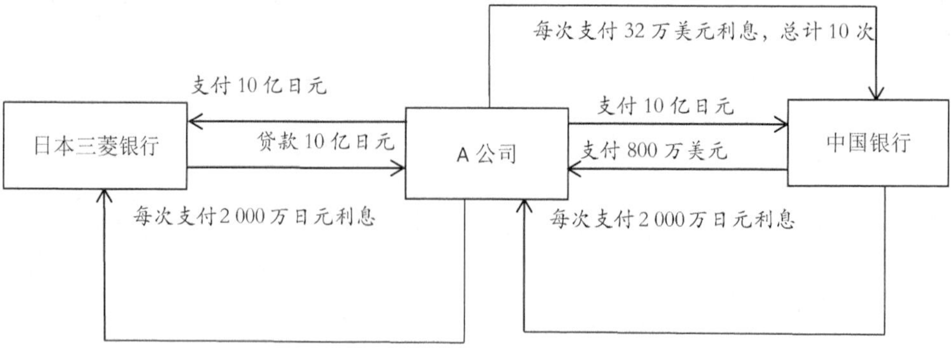

每次支付 32 万美元利息，总计 10 次
支付 10 亿日元
支付 10 亿日元
日本三菱银行
贷款 10 亿日元
A 公司
支付 800 万美元
中国银行
每次支付 2 000 万日元利息
每次支付 2 000 万日元利息

图 11.3　货币互换交易流程

第四节　衍生工具与利率风险管理

利率风险是指未预见的市场利率水平变化引起资产（债券）收益的不确定性。利率风险对资产价值的影响一般通过久期和凸性两个指标来衡量。

一、利用远期利率协议管理利率风险

（一）远期利率协议概述

远期利率协议（FRA）是一种利率的远期合同，买卖双方同意在未来一定时间（结算日），以商定的名义本金和期限为基础，由一方将协议利率与参照利率之间的差额的贴现额度支付给另一方。从本质上看，FRA 是以固定利率授予的一笔远期对远期的贷款，但没有实际贷款的义务。因此，FRA 属于表外的金融工具。

远期利率协议作为一种利率的远期合约，是合约双方基于避免将来实际收付时价格变动的风险而设计的，其中一方是为了避免利率上升的风险，而另一方是为了避免利率下降的风险。签订远期利率协议后，不管市场利率如何波动，协议双方将来收付资金的成本或收益总是固定在合同利率的水平上。例如，当参照利率上升时，表明协议购买方的资金成本加大，但由于他可以从协议出售方得到参照利率与协议利率的差价，正好弥补其加大了的资金成本，而协议出售方则固定了他的资金收益。反之，则正好相反。

此外，远期利率协议还包括如下要素。

1．FRA 的买方和卖方（见图 11.4）

承诺支付协议利率的为买方，也是结算日收到对方支付市场利率的交易方。买方向卖方支付从未来某一时刻开始的名义本金额的固定利率，同时向卖方收取相同名义本金额期限开始的浮动利率；而卖方向买方支付名义本金额期限开始的浮动利率，同时向买方收取相同名义本金额的固定利率。

远期利率协议
买方
固定利率（协议利率）
浮动利率（参照利率）
远期利率协议
卖方

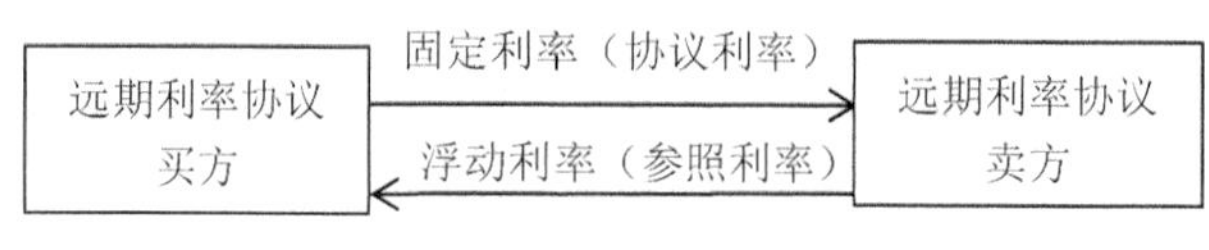

图 11.4　FRA 买卖双方的关系

2. 名义本金额

名义本金额是指合约双方约定的交易金额。之所以称为“名义本金”，是因为该金额并不进行实际交换，而仅仅作为双方计算利差的本金数额。

3. 协议利率

协议利率即交易双方商定的对名义本金额计算利息的基础，交易双方在这一利率上进行各自的保值，为交易双方在合同中商定的固定利率。

4. 参照利率

参照利率即远期利率协议所参照的、用于计算利差、进行利息保值的利率，为合同结算的市场利率，通常用英国伦敦银行同业拆借利率 LIBOR 表示。

5. 结算日

名义借贷的结算日期，是协议期限的起息日。

6. 结算金额

结算金额是指按照协议利率和参照利率差额计算的由当事人一方支付给另一方的金额。其计算公式如下：

$$\begin{aligned} SS &= P\times(L-R)\times\frac{D}{360或365}\div\left[1+\frac{L\times D}{360或365}\right] \\ &= \frac{(L-R)\times D\times P}{L\times D+360或365} \end{aligned} \quad 式（11\text{-}9）$$

式中：

P——名义本金；

L——参照利率或 LIBOR；

R——合同利率，即协议利率；

D——协议天数。

若合同货币为英镑，则年计息天数为 365 日，若为美元等其他货币，年计息天数为 360 日。

例如，2016 年 4 月 11 日，星期一，FRA 双方同意成交一份 1×4 金额为 120 万美元，利率为 6.5%的远期利率协议。合同货币就是美元，本金是 120 万美元，协议利率是 6.5%。其中 1×4 是指即期日与结算日之间为 1 个月，而即期日与交易日时隔 2 天，即期日与到期日之间的时间为 4 个月。理解几个时间点：①2016 年 4 月 11 日星期一，签约 FRA（交易日）；②2016 年 4 月 13 日星期三，即期日（2 天后）；③2016 年 5 月 11 日星期三，确定日；④2016 年 5 月 13 日星期五，结算日（起息日）；⑤2016 年 8 月 13 日星期六，到期日顺延；⑥2016 年 8 月 15 日星期一，到期日。

（二）利用远期利率协议进行套期保值

1. 多头套期保值

远期利率协议的多头套期保值，是指通过签订远期利率协议，并使自己处于多头地位（简称买入远期利率协议）以避免未来利率上升给自己造成损失。其结果是将未来的利率水平固定在某一水平上。该策略一般适用于打算在未来期间筹资的公司以及打算在未来某一时间出售现已持有的未到期的长期债券的持有者。

【例 11.14】 假设A银行根据其经营计划三个月后需向B银行拆进一笔2 000万美元，期限三个月的资金。A银行预测在短期内利率可能在目前5%（年利率）的基础上上升，从而将会增加其利息支出，增大筹资成本。为了降低资金成本，A银行采取通过远期利率协议交易将其在未来的利息成本固定下来。

A银行的具体操作是，按三个月期年利率5%的即期利率买进2 000万美元的远期利率协议，交易期限为三个月对六个月。三个月后，果真如预测一样，LIBOR上升为7%。这个时候，A银行采取了如下交易将利息成本固定下来。

（1）按三个月后远期利率协议交割日当天的LIBOR卖出三个月期2 000万美元的远期利率协议。由于利率上升，A银行可从远期利率协议交易中取得利差，计算结果如下：

$$\text{结算金}SS=\frac{2000\times(7\%-5\%)\times\frac{90}{360}}{1+7\%\times\frac{90}{360}}$$

$$=98280.1(\text{美元})$$

（2）按交割日LIBOR7%取得三个月期美元贷款19901719.9美元（20 000 000-98 280.1）。由此可计算出此笔借款利息支出为（20 000 000-98 280.1）×7%×90/360=348 280.1（美元）。在此基础上，再减去远期利率协议所得98 280.1美元，最终利息支出为250 000美元（348 280.1-98 280.1）。年利率计算为

$$\frac{250000\times4}{19901719.9}=5\%$$

由此可以看出，A银行通过远期利率协议交易，在LIBOR上升的情况下，仍将其利率固定在原来的水平上，从而避免了因利息支出增多，增大筹资成本的风险。

2. 空头套期保值

远期利率协议的空头套期保值与多头套期保值刚好相反，它是通过卖出远期利率协议来避免利率下降的风险，一般适用于打算在未来投资的投资者。

【例 11.15】 假设甲银行三个月后会收回一笔2 000万美元的贷款，并计划将这笔贷款再做三个月的短期投资。甲银行预测短期内利率将在目前7.5%的基础上下降，将使未来投资收益减少。为了减少损失，甲银行决定通过远期利率协议交易将其未来的收益固定下来。

甲银行的具体操作是，按7.5%的即期利率卖出2 000万美元的远期利率协议，交易期限为三个月对六个月。三个月后，如同预测的那样，利率下降为7%，由此甲银行做了以下交易来固定其收益。

按三个月后远期利率协议交割日当天的LIBOR买进三个月期的远期利率协议。由于利率水平下降，甲银行可从远期利率协议交易中获取利差收益SS。其计算结果如下：

$$SS=\frac{2000\times(7\%-7.5\%)\times\frac{90}{360}}{1+7.5\%\times\frac{90}{360}}=-24540(\text{美元})$$

其中负号代表利差支付方向为买方支付给卖方。

以远期利率协议交割日的LIBOR7%放贷三个月期20 024 540美元（20 000 000+24 540）的贷款。由于远期利率协议的利差收益在开始日已支付，因而可计入本金计算复利。甲银行此笔放贷款的利息收益为（20 000 000+24 540）×7%×90/360=350 430（美元）。在此基础上，加上远期利率协议所得24 540美元，最终收益为374 970美元。年利率计算为

$$\frac{374970\times4}{20024540}=7.5\%$$

由此可以看出，甲银行预测在短期内 LIBOR 利率下降的情况下，采取卖出远期利率协议的交易方式，将未来的收益固定到原有的水平上。

远期利率协议规避利率风险的功能与利率期货相同。通过远期利率协议，交易双方固定了远期利率水平，避免了利率变化可能造成的损失，但同时也失去了利率变化可能带来的收益。

二、利用利率期货管理利率风险

（一）利率期货的概述

1. 利率期货的定义

利率期货是以利率为标的物的期货合约，其基础资产是一定数量的与利率相关的各类固定收益金融工具。因此，利率本身不能直接作为利率期货合约的交易标的，必须通过某种特定的利率工具，如国债、存款凭证等作为利率期货交易的标的物。

利率期货产生的原因是利率的剧烈变动给金融业和跨国公司带来了巨大的利率风险，因此利率期货主要是针对市场上债务资产的利率风险而设计的，而进行利率期货交易主要是为了固定资金的价格，得到预先确定的利率，从而回避银行利率波动所带来的风险，其价格变化一般与利率变化呈反向变动。

2. 利率期货的分类

利率期货一般可分为短期利率期货和中长期利率期货。

短期利率期货又称货币市场类利率期货，是指期货合约标的在一年以内的各种利率期货。以货币市场的各类债务凭证为标的的利率期货均属于短期利率期货，其中代表为三月期美国国库券利率期货和三月期欧洲美元期货。短期利率期货具体包括各种期限的商业票据期货、国库券期货以及欧洲美元定期存款期货。

中长期利率期货又称资本市场类利率期货，是指期货合约标的在一年以上的各种利率期货。以资本市场的各类债务凭证为标的的利率期货均属于中长期利率期货，其中代表为长期美国国债期货和十年期美国中期国债期货。中长期利率期货具体包括各种期限的中长期国库券期货和市政公债指数期货。

目前，世界主要利率期货交易品种见表 11.13。

表 11.13　世界主要利率期货交易品种

合约种类	交易所	最小变动价位（最小变动值）	合约规模	合约月份
长期国债期货合约	CBOT（芝加哥期货交易所）	1/32 点（31.25 美元）	100 000 美元	3、6、9、12
十年期中期国债期货合约	CBOT	0.5/32 点（15.625 美元）	100 000 美元	3、6、9、12
五年期中期国债期货合约	CBOT	0.5/32 点（15.625 美元）	100 000 美元	3、6、9、12
两年期中期国债期货合约	CBOT	0.25/32 点（15.625 美元）	200 000 美元	3、6、9、12
90 天国库券期货合约	CME（芝加哥商品交易所）	0.01 点（25 美元）	1 000 000 美元	3、6、9、12
三个月欧洲美元期货合约	CME	0.01 点（25 美元）	1 000 000 美元	3、6、9、12
一个月 LIBOR 期货合约	CME	0.005 点（12.5 美元）	3 000 000 美元	连续 12 个月
三个月欧洲美元期货合约	SIMEX（新加坡国际金融交易所）	0.01 点（25 美元）	1 000 000 美元	3、6、9、12
三个月欧洲美元期货合约	LIFFE（伦敦国际金融期货交易所）	0.01 点（25 美元）	1 000 000 美元	3、6、9、12
三个月英镑利率期货合约	LIFFE	0.01 点（12.5 英镑）	500 000 英镑	3、6、9、12

最小变动价位用“基本点”来表示，而基本点，是指一个百分点的百分之一。表 11.13 中最小变动价位栏里的 0.01 点所代表的最小变动价位就为一个基本点，即年收益率变动的最小幅度为 0.01%。所以，交易单位为 1 000 000 美元的 90 天国库券期货合约，其最小变动价位，即最小变动值就为 25 美元（$1\ 000\ 000 \times 90/360 \times 0.01\%=25$）。

3. 利率期货的报价与定价

（1）短期利率期货。

短期利率期货以短期利率债券为基础资产，一般采用现金结算，其价格用 100 减去利率水平表示。

① 短期国库券期货合约。

短期国库券期货的报价方式不同于短期国库券本身的报价方式。IMM 90 天国库券期货通常采用 IMM 指数报价方式。所谓“IMM 指数”是 100 与贴现率的分子的差。

如果 Z 是短期国库券期货的报价，Y 是期货合约的现金价格，这意味着

$$Y=100-\frac{n}{360}(100-Z) \qquad \text{式（11-10）}$$

因此，若短期国库券期货收盘报价为 96，则对应的每张面值为\$100 的 90 天期国库券期货的价格就为

$$100-\frac{90}{360}\times(100-96)=\$99$$

即合约的总价值为\$990 000 99 × 1000000 ÷ 100=\$990 000。

如果交割的短期国库券距到期日还有 91 天或 92 天，只需将上式中的 n 替换成相应的天数即可。

② 欧洲美元期货合约报价。

与短期国库券期货的报价方式相类似，IMM 交易的三个月欧洲美元期货也采用指数报价法。但不同的是，此处用于计算期货报价的“指数”（Index）等于 100 与收益率的分子的差，而非贴现率。

欧洲美元期货合约在到期时是通过现金来结算的，因此，最后的交割结算价等于 100 减去合约最后交易日的三个月期伦敦同业拆借利率分子的差。到期日每份合约的价格则等于

$$10000(100-0.25R) \qquad \text{式（11-11）}$$

其中，R 为当时报出的欧洲美元的利率，即按季度计复利的 90 天期欧洲美元存款的实际利率。因此，可以说欧洲美元期货合约是基于利率的期货合约。例如，如果到期日确定的欧洲美元利率为 10%，则最终的合约价格就等于 10 000（100−0.25 × 10）= \$97 5000。

（2）中长期利率期货。

长期国债期货的报价与现货一样，均以美元和 1/32 美元报出，所报的价格是面值为 100 美元债券的价格。因此 90-05 的报价意味着面值 100 000 美元债券的价格是 90 156.25 美元 [1 000×(90+5/32)]。报价与购买者所支付的现金价格并不相同。

现金价格与报价之间的关系为

$$\text{现金价格=报价+上一个付息日以来的累计利息} \qquad \text{式（11-12）}$$

【例 11.16】 假设现在是 2000 年 11 月 10 日，2016 年 8 月 20 日到期，债券息票利率为 10%的长期国债的报价为 92-16（即 92.5 美元）。由于美国政府债券均为半年付一次利息，从到期日可以判断，

最近一次付息日是2000年8月20日，下一次付息日是2001年2月20日。2000年8月20到11月10日之间的天数为82天，2000年11月10日到2001年2月20日之间的天数为102天。一个100美元面值债券，在2月20日和8月20日支付的利息都是5美元（100×10%×6/12）。因此2000年11月10日的累计利息等于

$$\frac{82}{82+102}\times 5 = 2.23\text{（美元）}$$

该国债的现金价格为92.5美元+2.23美元=94.73美元。

（二）利用利率期货进行套期保值

利率期货属于期货合约的一种，具有套期保值的功能。即利率期货可以通过套期保值来规避利率风险。投资者可以利用利率期货来达到如下保值目的。①固定未来的收益率。利率期货合约可以用来固定从未来经营中所获得的现金流量的投资收益率或预期债券利息收入的再投资收益率。②固定未来的借款利率。利率期货合约可以用来锁定未来某一浮动借款合同的变动利息支付部分。

想一想

利率期货的套期保值策略与商品期货、外汇期货的套期保值策略有何区别？

1. 买入套期保值

为了防止利率下降造成的债券价格上升而使以后购买债券的成本升高，故进行买入套期保值交易。其适用情形包括：①计划买入固定收益债券，担心利率下降，导致债券价格上升；②按固定利率计息的借款人，担心利率下降，导致资金成本相对增加；③资金的贷方，担心利率下降，导致贷款利率和收益下降。

【例11.17】 3月15日，A公司预计6月15日将有一笔10 000 000美元收入，该公司打算将其投资于美国30年期国债。3月15日，30年期国债的利率为9.00%，该公司担心到6月15日时利率会下跌，故在CBOT（芝加哥期货交易所）买入100张6月份30年期国债期货合约，用来进行期货套期保值交易。具体操作过程如表11.14所示。

表11.14　买入套期保值交易表

	现货市场	期货市场
3月15日	利率为9.00%	买入100张6月30年期国债期货合约，价格为91-05
6月15日	利率为7.00%	卖出100张6月30年期国债期货合约，价格为92-15
结果	损失： 10 000 000×（7.00%-9.00%）×90/360=-50 000（美元）	赢利： （92-91）×100×1 000+（15-5）/32×100×1 000=131 250（美元）

从A公司套期保值的操作过程可以看出，期货市场的赢利弥补了现货市场的亏损，且还有81250美元（131 250-50 000）的赢利。

【例11.18】 B公司6月1日计划在9月1日借入期限为三个月，金额为1 000 000美元的借款，6月1日的利率是9.75%。由于担心9月1日利率会上升，于是在CBOT（芝加哥期货交易所）卖出90天期国库券期货合约，每张期货合约的面值为100万美元用来进行套期保值。其具体操作过程如表11.15所示。

表 11.15 卖出套期保值交易表

	现货市场	期货市场
6 月 1 日	计划 9 月 1 日借入三个月期的 1000 000 美元贷款，6 月 1 日借款利率为 9.75%	卖出 1 张 9 月 90 天期的国库券期货，价格为 90.25 美元
9 月 1 日	借入三个月期 1 000 000 美元贷款，利率为 12%	买入 1 张 9 月 90 天期的国库券期货，价格为 88.00 美元
结果	损失： 1 000 000×（9.75%−12%）×90/360=−5625（美元）	赢利： （90.25−88.00）×100×1=225 个基点，每个基点 25 美元，因此共赢利 225×25=5625（美元）

套期保值的结果表明，B 公司在期货市场上的赢利正好抵冲现货市场上利率上升所给公司带来的风险。虽然 B 公司在 9 月 1 日以 12%的利率借款，但是由于期货市场的赢利，B 公司实际上以 9.75%的利率借到了款项，从而锁定了借款成本。

根据式 11-10 所示，6 月 1 日：每张面值为 100 美元的 90 天期国库券期货价值为：$100-(100-90.25)\times\frac{90}{360}=97.5625$（美元）；每张合约的总价值为：$97.5625\times1000\,000\div100=975\,625$（美元）

9 月 1 日：每张面值为 100 美元的 90 天期国库券期货价值为：

$$100-(100-88.00)\times\frac{90}{360}=97\text{（美元）}$$

每张合约的总价值为：$97\times1000\,000\div100=970\,000$（美元）

所以在期货市场上，B 公司通过套期保值赢利 975 625-970 000=5 625（美元）

2. 卖出套期保值

为了防止利率上升造成债券价格下降的风险，应该进行卖出套期保值交易。其适用情形包括：①持有固定收益债券，担心利率上升，债券价格下跌或者收益率相对下降；②利用债券融资的筹资人，担心利率上升，导致融资成本上升；③资金的借方，担心利率上升，导致借入成本增加。

三、利用利率期权管理利率风险

（一）利率期权概述

1. 利率期权的定义

利率期权是一项权利与义务的交易。利率期权的买方通过支付一定的期权费，获得了一项权利，可以在到期日或期满前按照预先确定的利率（即执行价格），按一定期限借入或贷出一定金额的货币。利率期权是一项规避短期利率风险的有效工具。通过买入一项利率期权，可以在利率水平向不利方向变化时得到保护，而在利率水平向有利方向变化时得益。

2. 利率期权的分类

（1）根据利率期权的买方，可分为借款人期权和贷款人期权。

借款人担心未来利率水平上升，可以买入一项利率期权，买方有权在到期日或期满前按照执行价格借入一定金额和期限的资金。如果在到期日或期满前，市场利率高于执行价格，期权买方即借款人执行期权，获得利差的贴现金额，从而避免了利率上升的风险。如果市场利率低于执行价格，期权买方不会行权，获得利率下跌的收益。这种期权被称为借款人期权。借款人期权相当于看涨期权。

贷款人担心未来利率水平下跌，可以买入一项利率期权，买方有权在到期日或期满前按照执行价格贷出一定金额和期限的资金。如果在到期日或期满前，市场利率低于执行价格，期权买方即贷款人执行期权，获得利差的贴现金额，从而避免了利率下跌的风险。如果市场利率高于执行价格，期权买方不会行权，获得利率上升的收益。这种期权被称为贷款人期权。贷款人期权相当于看跌期权。

（2）根据规避风险的方向，利率期权可分为利率上限期权、利率下限期权和利率双限期权。

利率上限期权又称利率封顶期权，相当于利率看涨期权组合。期权的买方向卖方支付一定的期权费后，在合约有效期内的各利率交换日，当市场利率超过协定利率上限时，买方可以从卖方那里收到结算利息的差额。若市场利率低于协定利率，期权买方不会行权，交易双方不发生资金交割。利率上限期权是为了在浮动利率制下锁定融资成本而产生。

利率下限期权又称利率保底期权，相当于利率看跌期权组合。当市场利率低于协定利率下限时，卖方将支付利率下限与市场利率的差额。利率下限期权是为了锁定投资收益而产生的，其原理与利率上限期权一样，只是一个为上限，一个为下限而已。

利率双限期权由一个利率上限多头和利率下限空头组合而成，即不但设定了最高的利率水平（上限），而且还设定了最低的利率水平（下限），因此它可以将利率确定在两者之间的某一范围内。

（二）利用利率期权进行套期保值

1. 利用利率上限期权进行套期保值

利率上限期权可以为拥有浮动利率债务的借款人提供规避利率风险的有效手段。为了防范一段时期内利率上升的风险，借款人可以购买一项利率上限期权，把利率上升的幅度，固定在执行价格以下，从而锁定借款成本。

一笔利率上限期权交易中，交易双方应明确的内容有借款本金、有效期限、执行价格（设定的利率上限）、付息期限、市场利率以及交割金额。

在进行资金交割时，交割金额计算公式为

$$S=A\times(L-K)\times\frac{T}{B} \qquad \text{（式 11-13）}$$

其中：

S——每期交割金额；

A——利率上限交易金额；

L——市场利率；

K——执行价格；

T——每个付息期限的天数；

B——一年的天数，一般取值为 360 或 365。

【例 11.19】 A 公司获得一笔浮动利率贷款，金额为 200 万美元，每半年支付一次利息，利率水平按六个月 LIBOR 确定。A 公司担心在今后的三年内市场利率会上升，使其增加借款成本。于是该公司买入一项利率上限期权，金额为 200 万美元，有效期限三年，执行价格 8%，市场利率为六个月的 LIBOR，期权费率为 3%。公司将支付期权费金额 60 000 美元（2 000 000 × 3%）。

假定六个月的 LIBOR 为 9%，高于执行价格 8%，因此 A 公司会执行期权，获得期权卖方支付的交割金额为 S=2 000 000 ×（9%-8%）× 1/2=10 000（美元）。在付息日，A 公司按市场利率支付利息，利息金额为 2 000 000 × 9% × 1/2=90 000（美元）。在三年的有效期内，共有六个付息日，在每一个付息日，该公司应分摊的期权费为 60 000÷6=10 000（美元）。

因此，A 公司实际承担的利率成本为

$$\frac{90000+10000-10000}{2000000}\times 2$$
$$=9\%$$

如果六个月的 LIBOR 为 7%，低于执行价格 8%，则 A 公司放弃行权，当期期末不发生资金交割。在付息日，该公司按市场利率 7%支付利息（利息金额=2 000 000 × 7% × 1/2=70 000 美元），此时公司实际承担的利率水平将是 8%。

$$\frac{70000+10000}{2000000}\times 2$$
$$=8\%$$

总之，当市场利率高于执行价格时，9%就成为借款人所需承担的最高利率水平。通过购买一项利率上限期权，借款人的浮动利率借款可以避免市场利率大幅上升所带来的不利影响；且借款人实际承担的利率水平随着市场利率的下降而下降。

表 11.16 显示在不同市场利率水平下，借款人在每一个付息日实际承担的利率水平。

表 11.16 市场利率水平下借款人在每一个付息日实际承担的利率水平

市场利率水平	6%	7%	8%	9%	10%
实际利率水平	7%	8%	9%	9%	9%

2. 利用利率下限期权进行套期保值

利率下限期权可以为借出浮动利率债务的贷款人提供规避利率风险的有效手段。为了防范一段时期内利率下降的风险，贷款人可以购买一项利率下限期权，把利率下降的幅度，固定在执行价格以上。

利率下限期权与利率上限期权有关交易的内容相似，只是规避利率风险的方向不同而已。即利率上限期权规避利率上升风险；利率下限期权规避利率下跌风险。

利率下限期权的交割金额的计算公式为

$$S=A\times(K-L)\times\frac{T}{B}\qquad\text{（式 11-14）}$$

其中：

S——每期交割金额；

A——利率下限交易金额；

L——市场利率；

K——执行价格；

T——每个付息期限的天数；

B——一年的天数，一般取值为 360 或 365。

【例 11.20】 B 银行发放了一笔浮动利率贷款，金额为 500 万美元，每半年收取一次利息，利率水平按三个月 LIBOR+0.2%确定。B 银行担心在今后的三年内，美元市场利率会下降，减少其利息收入。因此 B 银行买入一项利率下限期权以规避利率风险，金额为 500 万美元，有效期限三年，执行价格为 6%，市场利率为三个月的 LIBOR，期权费率为 1.5%。B 银行将支付期权费金额 75 000 美元（5 000 000×1.5%）。

如果三个月的 LIBOR 为 5%，低于执行价格 6%，则 B 银行会执行期权，获得期权卖方支付的交割金额为 S=5 000 000×（6%-5%）× 1/2=25 000（美元）。在付息日，B 银行按三个月的 LIBOR+0.2%收取浮动利率利息，利息金额为 5 000 000 ×（5%+0.2%）× 1/2=130 000（美元）。在三年的有效期内，共有六个付息日，在每一个付息日，该银行应分摊的期权费为 75 000÷6=12 500（美元）。因此，B 银行实际获得的利率水平为

$$\frac{130000+25000-12500}{5000000}\times 2$$
$$=5.7\%$$

如果三个月的 LIBOR 为 7%，高于执行价格 6%，则 B 银行不会选择行权，在当期的期末不会发生资金交割。在付息日，该银行按市场利率（7%+0.2%）收取利息[利息金额=5 000 000 ×（7%+0.2%）×1/2=180 000 美元]，此时 B 银行实际获得的利率水平将是

$$\frac{180000-12500}{5000000}\times 2$$
$$=6.7\%$$

总之，当市场利率低于执行价格时，5.7%就是 B 银行作为贷款人在有效期内所获得的最低利率水平。通过购买一项利率下限期权，贷款人的浮动利率资产可以避免市场利率大幅下跌所带来的不利影响，且贷款人实际获得的利率水平随着市场利率的上升而上升。

表 11.17 显示在不同市场利率水平下，贷款人在每一个付息日实际获得的利率水平。

表 11.17　在不同市场利率水平下，贷款人在每一个付息日实际获得的利率水平

市场利率水平	4%	5%	6%	7%	8%	9%
实际利率水平	5.7%	5.7%	5.7%	6.7%	7.7%	8.7%

四、利用利率互换管理利率风险

（一）利率互换概述

利率互换是指交易双方将同种货币的资产或者债务按不同形式的利率进行交换，即在这种互换里，甲方同意在某一期限内向乙方支付以名义本金乘以事先约定的固定利率产生利息的现金流，乙方也同意在同样期限内向甲方支付相当于同一名义本金按浮动利率产生利息的现金流，而且两种利息的现金流均属于同一币种。由于是同一种货币，通常不涉及交换本金，本金只是用来计算利息而已。

利率互换一般指融资型利率互换，其存在的基本条件是进行利率互换的双方存在融资成本的差异。因此，他们利用各自在资本市场上的比较优势融资，然后再进行利率互换。即一方具有固定利率的比较优势，但是希望以浮动利率筹资；另一方具有浮动利率的比较优势，但是希望以固定利率筹资。通过利率互换，双方均可获得他们所希望的融资形式，同时又发挥了他们各自的借款优势。

问与答

问：货币互换与利率互换在进行互换时有什么区别？

答：货币互换和利率互换最大的区别在于，货币互换的本金在期初和期末都要进行交换。

一笔标准的利率互换协议主要由五个因素决定：名义本金、固定利率、浮动利率（一般由三个月 LIBOR 或六个月 LIBOR 确定）、到期日以及固定利息和浮动利息的支付频率。

利率互换一般包括固定利率与固定利率的互换、浮动利率与浮动利率的互换以及固定利率与浮动利率的互换，但是最常见的利率互换是浮动利率和固定利率的互换。

（二）利用利率互换对冲利率风险

一般来说，当利率看涨时，将浮动利率债务转换成固定利率较为理想，而当利率看跌时，将固定利率债务转换成浮动利率较好，从而达到规避利率风险，降低债务成本的目的，便于债务管理。

公司通常利用利率互换来改变它们面临的利率波动风险。企业支付的贷款利率之所以会波动，主要有以下原因：①市场无风险利率可能会发生变化；②企业的信用程度会随着时间的变化而改变。通过利率互换，企业就可以选择承受哪些利率风险以及规避哪些利率风险。

【例 11.21】 甲公司现有 1 亿美元的固定利率借款。该公司认为它的借款结构过于偏重固定利率，期望能够增加浮动利率负债的比重。由于甲公司资信等级较高（AAA），在浮动利率市场上，可以按 LIBOR+0.4%的利率借款。但是甲公司无意增加其负债总额，而是期望将现有的一笔 5 000 万美元，固定利率为 10%，剩余期限三年的借款与其他企业进行利率互换。与此同时，乙公司可以以六个月 LIBOR+1.0%的浮动利率借入美元贷款，但它希望其资产负债表中能够有一些固定利率的债务。由于乙公司资信等级较低（BBB），如直接从金融市场上举借，只能借入利率为 11.8%，期限为三年的固定利率债务。具体如表 11.18 所示。

表 11.18　甲乙两公司借款的利率

	资信等级	固定利率	浮动利率
甲公司	AAA 级	10%	6 个月 LIBOR+0.4%
乙公司	BBB 级	11.8%	6 个月 LIBOR+1.0%
利率差		1.8%	0.6%

下面分两种情况分别对双方进行利率互换进行说明。

（1）甲、乙双方直接商洽（无居间银行安排），按照当前的固定利率与浮动利率水平达成了利率互换协议：甲公司按照 11%向乙公司收取固定利率利息，乙公司按照 LIBOR+0.5%向甲公司收取浮动利率利息，如图 11.5 所示。

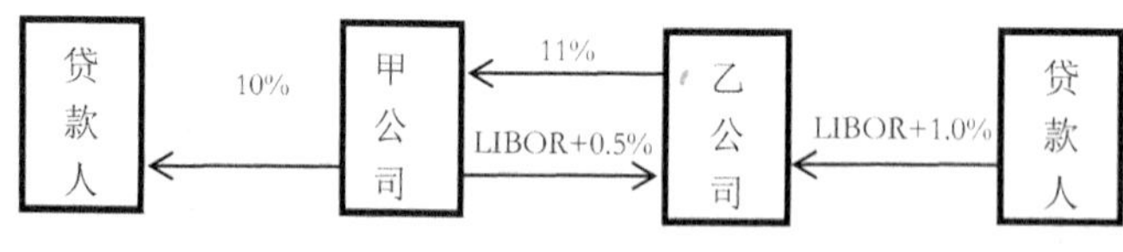

图 11.5　利率互换

具体计算过程如表 11.19 所示。

表 11.19　利率互换计算过程（无居间行）

甲公司	乙公司
从乙公司收取固定利率 11% 支付固定利率贷款人 10% 降低利息支出 1% 直接举债浮动利率 LIBOR+0.4%	从甲公司收取浮动利率 LIBOR+0.5% 支付浮动利率贷款人 LIBOR+1.0% 提高利息支出 0.5% 直接举债固定利率 11.8%

续表

甲公司	乙公司
支付乙公司浮动利率 LIBOR+0.5% 提高利息支出 0.1% 利息支出净降低 0.9%	支付甲公司固定利率 11% 降低利息支出 0.8% 利息支出净降低 0.3%
甲、乙公司的总利差 1.2%=固定利率 1.8%–浮动利率 0.6%	

互换结果如表 11.20 所示。

表 11.20　互换结果（无居间行）

公司	互换前成本	互换方式	互换后成本	成本降低
甲公司	10%	付给乙公司 LIBOR+0.5%利息，从乙公司收取 11%利息	9.1%	0.9%
乙公司	LIBOR+1%	付给甲公司 11%利息，从甲公司收取 LIBOR+0.5%利息	LIBOR+0.7%	0.3%

通过互换，甲、乙公司每年可分别减少利息成本 45 万美元和 15 万美元。

（2）通过居间银行安排进行利率互换，甲、乙双方的协议条款同上。在与居间银行的关系中，甲公司按照 LIBOR+0.7%对居间银行支付浮动利率，乙公司按 11.2%向居间银行支付固定利率，浮动利率部分均为六个月的 LIBOR 利率。假定互换交易的付款日期与贷款的付息日期相同，如图 11.6 所示。

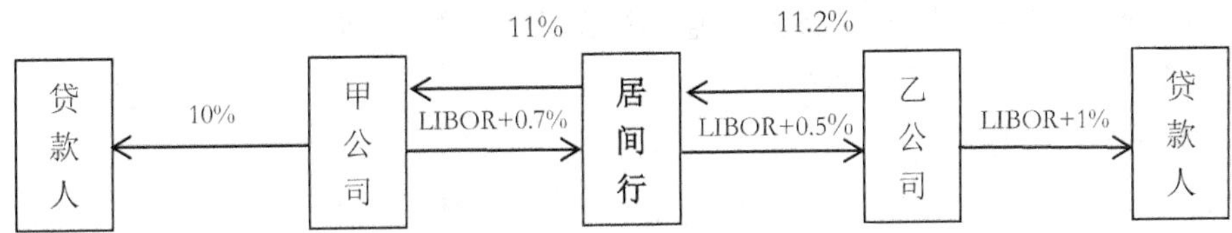

图 11.6　利率互换

具体计算过程如表 11.21 所示。

表 11.21　利率互换计算过程（有居间行）

甲公司	乙公司
从乙公司收取固定利率 11% 支付固定利率贷款人 10% 降低利息支出 1% 直接举债浮动利率 LIBOR+0.4% 支付居间银行浮动利率 LIBOR+0.7% 提高利息支出 0.3% 利息支出净降低 0.7%	从甲公司收取浮动利率 LIBOR+0.5% 支付浮动利率贷款人 LIBOR+1.0% 提高利息支出 0.5% 直接举债固定利率 11.8% 支付居间银行固定利率 11.2% 降低利息支出 0.6% 利息支出净降低 0.1%
居间银行获得利息收入 0.4% [（11.2%–11%）+（LIBOR+0.7%–LIBOR+0.5%）]	
甲、乙公司及居间银行的总利差为 1.2%=固定利率 1.8%–浮动利率 0.6%	

互换结果如表 11.22 所示。

表 11.22　互换结果（有居间行）

公司	互换前成本	互换方式	互换后成本	成本降低
甲公司	10%	付给居间银行 LIBOR+0.7%利息，通过居间银行从乙公司收取 11%利息	9.3%	0.7%
乙公司	LIBOR+1%	付给居间银行 11.2%利息，通过居间银行从甲公司收取 LIBOR+0.5%利息	LIBOR+0.9%	0.1%

复习思考题

1. 何为金融衍生工具？

2. 在总体上，金融衍生工具投资包括哪些风险？

3. 什么是期货合约？什么是期权合约？两者各有哪些不同之处？

4. 期货合约有哪些类型？

5. 初始保证金与维持保证金有何不同？

6. 多头套期保值与空头套期保值有何区别？

7. 远期合约与期货合约有何联系与区别？

8. 什么是看涨期权和看跌期权？

9. 远期外汇合约中的升水与贴水有何区别？

10. 利率期货的套期保值策略与商品期货、外汇期货的套期保值策略有何区别？

11. 2016 年 4 月 4 日星期一，双方同意成交一份 1×4，金额为 500 万美元，利率为 5%的远期利率协议，确定日市场利率为 7%。请指出：①1 × 4 的含义；②起算日；③确定日；④结算日；⑤到期日；⑥结算金额。

12. 利率期权的种类有哪些？进行套期保值时，交割金额如何计算？

13. 利率互换与货币互换有何区别？

14. 利率互换应当怎样操作？

参考文献

[1] 谷祺，王棣华. 高级财务管理. 大连：东北财经大学出版社，2006.

[2] 张延波. 高级财务管理. 北京：中央广播电视大学出版社，2004.

[3] 伍中信. 高级财务管理理论. 上海：立信会计出版社，2002.

[4] 陆正飞，朱凯. 高级财务管理. 杭州：浙江人民出版社，2000.

[5] 陆正飞，王化成，宋献中. 当代财务管理理论主流. 大连：东北财经大学出版社，2004.

[6] 杨雄胜. 高级财务管理. 大连：东北财经大学出版社，2004.

[7] 王化成. 高级财务管理学. 北京：中国人民大学出版社，2003.

[8] 王化成. 财务管理理论结构. 北京：中国人民大学出版社，2006.

[9] 曹凤岐. 证券投资学. 北京：北京大学出版社，2000.

[10] 张鸣. 高级财务管理. 上海：上海财经大学出版社，2006.

[11] 黄岩，李元旭. 上市公司财务失败预测实证研究. 系统工程理论方法应用，2001（1）.

[12] 刘淑莲. 高级财务管理理论与实务. 大连：东北财经大学出版社，2005.

[13] 张玲. 财务危机预警分析判断模型. 数量经济技术经济研究，2000（3）.

[14] 周首华，陆正飞，等. 现代企业财务理论前沿专题. 大连：东北财经大学出版社，2000.

[15] 门明. 金融衍生工具原理与应用. 北京：对外经济贸易大学出版社，2006.

[16] 周首华. 论财务危机的预警分析——F 分数模式. 会计研究，1996（8）.

[17] 威斯通，等. 兼并重组与公司控制. 唐旭，等，译. 北京：经济科学出版社，1998.

[18] 李凤鸣. 内部控制与风险防范. 北京：经济科学出版社，1998.

[19] 郭复初. 财务专论. 上海：立信会计出版社，1998.

[20] 郭复初. 公司高级财务. 上海：立信会计出版社，2001.

[21] 汤姆·科普兰，蒂姆·科勒，杰克·默林. 价值评估. 贾辉然，等，译. 北京：中国大百科全书出版社，1998.

[22] 汪平. 财务估价论. 上海：上海财经大学出版社，2000.

[23] 刘淑莲，任翠玉. 高级财务管理. 大连：东北财经大学出版社，2014.

[24] 哈特. 企业合同与财务结构. 贾方城，译. 上海：上海三联书店，上海人民出版社，1998.

[25] 迈克尔·波特. 竞争战略. 陈小悦，译. 北京：华夏出版社，1998.

[26] 陆正飞. 企业发展的财务战略. 大连：东北财经大学出版社，1999.

[27] 汤谷良. 高级财务管理. 北京：中信出版社，2006.

[28] 詹姆斯·C. 范霍恩，小约翰·M. 瓦霍维奇. 现代企业财务管理. 郭浩，徐琳，译. 北京：经济科学出版社，2002.

[29] 王化成. 财务管理研究. 北京：中国金融出版社，2006.

[30] 王筱萍，薛耀文，陈庆杰. 高级财务管理. 北京：清华大学出版社，2008.

[31] 李维安. 现代公司治理研究. 北京：中国人民大学出版社，2001.

[32] 张兆国. 高级财务管理. 武汉：武汉大学出版社，2002.

[33] 杜胜利. 企业经营业绩评价. 北京：经济科学出版社，1999.

[34] 彼得·F. 德鲁克，等. 公司绩效测评. 李焰，江娅，译. 北京：中国人民大学出版社，1999.

[35] 姜英兵. 高级财务管理. 北京：北京交通大学出版社，2012.
[36] A. L. 埃巴. 经济增加值——如何为股东创造财富. 北京：中信出版社，2001.
[37] 王化成. 企业业绩评价模式研究. 管理世界，2004（4）.
[38] 席酉民. 企业集团竞争力与业绩综合评价. 北京：机械工业出版社 2002.
[39] 王静，李淑平. 高级财务管理. 武汉：武汉理工大学出版社，2007.
[40] 陈超. 高级公司财务管理案例. 上海：复旦大学出版社，2008.
[41] 斯科特，等. 现代财务管理基础. 金马，译. 北京：清华大学出版社，2007.
[42] 唐任伍，董结. 西方并购动因与并购效应理论的发展. 经济学动态，2003（2）.
[43] 王淑秀，李建军. 财务通则与企业财务管理规章制度设计. 上海：立信会计出版社，2010.
[44] 王淑敏. 财务管理体系设计全案. 北京：人民邮电出版社，2012.
[45] 企业内部控制编审委员会. 企业内部控制基本规范及配套指引案例讲解(2016 年版). 上海：立信会计出版社，2016.
[46] 潘淑娟. 金融发展开放与国际金融衍生工具. 北京：中国金融出版社，2003.
[47] 卢建华. 企业财务管理体系优化分析——基于鲁西化工集团的案例. 财会通讯，2014（11）.
[48] Robert Bruner. Where M&A Pays and Where It Strays:a Survey of The Research. *Journal of Corporate Finance*,Vol. 16,2004.
[49] Aoseph P Weber. Shareholder Wealth Effects of Pooling-of-Interests Accounting:Evidence From the SEC'S restriction on Share Repurchases Following Pooling Transaction. *Journal of Accounting & economics*,Vol. 37,2004.
[50] Richard Rool. The Hubris Hypothesis of Corporate Takeover. *Journal of Business*,Vol. 99,1986.
[51] Black F shcoles M. The Pricing of Option and Corporate Liabilities. *Journal of Political Eeconomy*,may-june,1973.
[52] Modigliani F,Merton H Miller. Corporation Income Taxes and The Cost of Capital:A Correction. *the American Ecomomica Review*,Vol. 53,1963.
[53] Gorden M J. the Investment,Financing and Valuation of The corporation,Irvin,1962.